성년후견제도의 이해와 활용

변호사 이 현 곤

고시계사

개정판 서문

성년후견제도가 시행된 지 횟수로 5년이 지났다. 그리고 책이 발간된 지도 3년이 지났다. 그 동안 많은 변화가 있었다. 먼저 금치산, 한정치산의 유예기간이 2018. 7. 1.부터 소멸되어 성년후견제도로 완전한 제도의 통일이 이루어졌다. 가사소송법이 개정되어 2018. 5. 1.부터 시행되었다. 2014. 특별법으로 발달장애인 지원 및 권리보장에 관한 법률(발달장애인법)이 제정되어 발달장애인에 대한 성년후견지원의 근거가 마련되었다. 그리고 2015. 치매관리법이 제정되었고, 문재인 대통령의 당선 이후 치매국가책임제가 국가 정책으로 시행되면서 2018. 9. 20.부터 치매환자에 대한 성년후견지원이 실시되게 되었다. 가정법원 또한 서울가정법원에 후견센터를 개소하였고, 후견감독사건에 대해 따로 사건번호를 부여하여 후견에 대한 지원 및 감독업무를 강화하고 있다.

이처럼 짧은 시간 내에 성년후견에 대한 관심이 고조되고 여러 정책들이 시행되고 있는 것은 매우 고무적인 일이다. 처음 이 책을 내었을 때만해도 출판을 위해 그 내용을 설명하는 것이 여간 어려운 일이 아니었다. 하지만 몇 년 동안 성년후견제도에 대한 인식이 많이 확산되면서 점점 생활에 필요한 제도로 인식되어 가고 있다는 것에 큰 보람을 느낀다. 하지만 그럼에도 지적 장애인과 치매노인 그리고 그 가족들의 기대에 부응하기에는 아직까지 많이 모자란 실정이다.

이번 개정판은 그 동안 새로 바뀐 제도들과 변화한 내용들을 보완하고, 좀 더 쉽게 이해할 수 있도록 내용을 가다듬는데 힘을 쏟았다. 성년후견제도가 앞으로 더 발전해서 지적장애인과 치매노인들을 위한 큰 안식처가 되었으면 좋겠다.

2018. 10.

변호사 이 현 곤

머리말

2013. 7. 1.부터 개정 민법이 효력을 발생하여 우리나라에 성년후견제도가 본격적으로 시행되었다. 성년후견제도는 치매노인이나 발달장애인 등 정신적 제약으로 인해 정상적인 사무처리 능력이 없거나 부족한 사람들에게 후견을 실시하여 일상생활에서 그 부족한 능력을 보충해주는 제도이다. 즉 이들이 후견인을 통하여 법률행위를 할 수 있도록 함으로써 그 사람의 재산관리와 신상보호 사무를 원활하게 할 수 있게 하는 것이다. 개정 민법 시행 이전에는 수 십 년 간 금치산, 한정치산 제도가 활용되어 왔다. 금치산, 한정치산 제도 역시 근본 취지는 후견인을 통한 법률대리와 재산관리 등을 한다는 점에서는 성년후견제도와 마찬가지이나 부족한 행위능력을 보충해준다는 관점에서 접근하기 보다는 이들에 대한 행위능력을 제한하는데 초점이 맞추어져 있었기 때문에 장애인의 인권보장이라는 측면에서 많은 비판이 있었다. 개정 민법의 성년후견제도는 행위능력의 제한 또는 박탈이라는 관점에서 벗어나 행위능력의 보충 및 원조라는 발상의 전환을 이루었고, 후견제도가 후견을 받는 피후견인을 위한 제도라는 본래의 취지를 살리도록 하기 위해서 마련된 제도이다.

그러나 어떠한 제도이든 간에 처음부터 나쁜 의도로 만들어진 것은 없을 것이고 제도가 성공적으로 운영되지 못하는 것은 제도가 본래의 취지에 맞게 운영되지 못하였기 때문인 경우가 대부분이다. 따라서 성년후견제도가 그 취지에 맞게 정신적 제약을 가진 사람들의 권익 향상을 위해 이바지하기 위해서는 그 제도의 구체적 내용이 잘 정비되고 적절하게 적용되어 운영되는 것이 가장 중요한 문제라고 할 수 있다. 개정 민법은 성년후견제도에 관하여 추상적인 밑그림을 그리고 있을 뿐 구체적인 세부사항은 하위법령과 실무적인 적용에 의하도록 맡겨져 있다. 따라서 법을 적용하고 운영하는 가정법원과 은행, 지방자치단체 등 관련기관에서 내용들을 구체적으로 채워가야 하는데 제도를 처음 시행하는 단계에서 내용을 하나하나 채워나가는 작업은 결코 쉬운 일이 아니라고 생각된다. 우리나라는 후견에 대한 전통이 미약하고 다른 나라의 예를 타당성의 검토 없이 그대로 우리 현실에 적용할 수도 없다. 또 어떤 사람들이 어떤 경우에 후견을 청구하게 될 것인지, 후견인이 어떠한 권한을 부여받고 후견업무를 해야 할 것인지, 후견인의 업무 수행과정에서 발생할 문제점들은 무엇인지 등에 관하여 아직까지 자료가 축적되어 있지 않기 때문에 앞으로도 상당기간 많은 시행착오가 있을 것으로 예상된다. 성년후견제도에 대한 홍보 및 국민적 인식도 많이 부족한 실정이다.

필자는 서울가정법원에 근무하는 동안 대법원의 성년후견준비TFT에 참여하여 2년간 성년후견제도의 본격적인 시행을 앞둔 여러 가지 준비작업과 대법원 규칙 등의 제정 작업에 참여할 기회가 있었고, 2013. 2.부터 2014. 2.까지 1년간 가정법원에서 가사비송재판을 담당하면서 성년후견 사건을 처리할 기회를 가지게 되었다. 아울러 보건복지부와 업무협약을 통해 발달장애인들에 대한 성년후견지원사업에도 참여하였다. 또 변호사로 활동하면서 여러 건의 후견관련 사건을 담당하고 있다. 이런 경험을 통해 성년후견제도가 우리사회에 어떻게 정착되어야 하고, 앞으로 발생할 문제점들이 무엇인지, 성년후견사건이 어떻게 심리되고 처리되어야 하는지, 후견인의 역할은 무엇인지, 후견사무에 관하여 어떤 감독이 이루어져야 하는지 등에 대하여 나름대로의 생각과 견해를 갖게 되었다. 이 책을 쓰게 된 이유 또한 필자가 가진 경험과 생각을 마음속에 품는데 그치지 않고 이를 많은 사람들과 공유하여 성년후견제도가 우리사회에 제대로 정착되는 데 작으나마 보탬이 되도록 하고 싶어서이다.

이 책은 성년후견을 청구하려 하는 사람과 후견인으로 활동하려는 사람을 주된 대상으로 하였다. 이 책의 내용은 기본적으로는 개정된 성년후견제도에 관한 것이기는 하나 기존의 미성년자에 대한 후견제도 역시 상당 부분 개정되었기 때문에 이에 관한 내용도 후반부에 추가하였다. 후견에 대하여는 용어를 통일적으로 쓰기가 어려워 경우에 따라 좁은 의미의 성년후견만을 의미하기도 하고, 성년후견, 한정후견, 특정후견, 임의후견을 포함하는 넓은 의미로 쓰기도 하고, 미성년후견까지 포함하는 용어로 쓰기도 하였다. 원래 이 책을 쓰게 된 경위는 성년후견제도를 법을 모르는 일반인들도 쉽게 이해하고 접근할 수 있도록 하기 위한 것이었는데 결과적으로 전문가들만이 접근할 수 있는 책이 되지 않았나 하는 아쉬움이 든다. 또 지금은 내용의 쉽고 어려움을 떠나 많은 오류가 있지 않을까 걱정될 뿐이다. 그럼에도 불구하고 이 책이 성년후견제도를 이해하고 활용하고자 하는 많은 사람들에게 길잡이가 될 수 있기를 기대해본다.

2015. 2.

변호사 이 현 곤

He Ain't Heavy He's My Brother

The Hollies

The road is long with many a winding turn
That leads us to who knows where, who knows when
But I'm strong, strong enough to carry him
He ain't heavy, he's my brother
인생의 길은 멀고 많은 굴곡이 있고,
끝이 어디인지 언제일지 그 누군가만이 아는 그곳으로 우릴 데려가요.
하지만 나는 그 길을 그와 함께 갈 만큼 충분히 강해요.
그는 짐이 아니라 내 형제니까요.

So on we go, his welfare is of my concern
No burden is he to bear, we'll get there
For I know, he would not encumber me
He ain't heavy, he's my brother
그래서 우린 나아가요. 그가 잘 생활할 수 있을까 하는 것이 제 관심사이죠.
그가 짊어질 짐은 없습니다. 우린 그곳에 닿을 테니까요.
나는 알고 있어요. 그는 나를 성가시게 하지 않아요.
그는 짐이 아니라 나의 형제입니다.

If I'm laden at all, I'm laden with sadness
That everyone's heart isn't filled with the gladness of love for one another
나는 무척이나 슬플 거예요.
모든 사람의 마음이 다른 이에 대한 사랑으로 가득 차 있지 않다면 말이죠.

It's a long, long road from which there is no return
While we're on the way to there why not share
And the load doesn't weigh me down at all
He ain't heavy, he's my brother
돌아갈 수 없는 멀고 먼 길입니다.
우리는 그 길의 여정에서 왜 서로 돕고 나누지 않는 걸까요?
그 짐은 나를 지쳐 주저앉게 하지 않아요.
그는 짐이 아니라 나의 형제이니까요.

He's my brother
He ain't heavy, he's my brother.
그는 나의 형제이고,
짐이 아니라 나의 형제입니다.

Content

제1편 성년후견제도의 소개

제2편 성년후견심판의 청구

제7편 후견계약과 임의후견

제10편 후견의 종료

제11편 후견사무의 종료와 사후 처리

제12편 후 견 신 탁

제13편 기타 후견절차와 관련된 제문제

제14편 후견제도의 정착을 위한 향후 과제

부 록

제1편

성년후견제도의 소개

1 성년후견이란 무엇인가?

* 성년후견이란 말 그대로 성년에 이른 사람에 대하여 후견을 행한다는 의미이다. 미성년자에게는 부모 등 친권자가 있으므로 이들이 후견인으로서의 역할을 한다. 하지만 성인은 자신의 능력과 판단으로 사회생활을 하고 법률행위를 하는 존재이므로 후견이 필요하지 않은 것이 원칙이다. 결국 성년후견이란 법적으로는 성인이지만 실질적으로 혼자서 자립적인 사회생활과 법률행위를 할 수 없게 된 사람을 위해 후견인을 두어 이들을 지원한다는 의미를 담고 있다.

1. 후견제도가 필요한 이유

누구나 건강하고 온전한 정신으로 평생을 살아가게 되기를 바라지만 자신의 의지와 상관없이 정신능력이 쇠퇴하고 판단력을 잃어버리게 되는 경우가 찾아올 수 있다. 정신도 육체와 마찬가지로 성장과 쇠퇴의 과정을 거치기 때문이다. 갑작스러운 사고나 질병 등으로 인해 올바른 판단을 할 수 없게 되는 경우도 있다. 때로는 태어날 때부터 정신적인 장애를 갖게 될 수도 있다.

이러한 사람들은 혼자의 능력으로는 정상적인 사회생활을 할 수 없기 때문에 누군가 그 역할을 보충해주어야 한다. 이렇듯 어떤 사람의 부족한 정신능력을 다른 누군가의 도움에 의하여 보충해주는 것이 후견제도의 취지이다. 그 도움은 가족에 의하여 이루어지는 것이 보통이지만 가족이 없거나, 가족들 사이에 분쟁이 있거나, 가족이 그의 신변과 재산을 제대로 보호할 수 없는 상태라면 제3자가 그 역할을 하게 될 수도 있다. 후견인의 활동과 역할에 의해 본인은 부족한 정신능력을 보충 받게 되어 신병에 관한 도움을 받을 수 있고 적절하게 자신의 재산을 유지·관리할 수 있게 된다. 다리가 불편한 사람이 보행기를 이용하고 귀가 불편한 사람이 보청기를 이용하듯이 정신능력이 부족한 사람은 그 부족한 판단능력을 후견에 의존할 수 있다. 또 부족한 정신능력을 보충하여 이들이 사회에서 소외되지 않고 정상적으로 일상생활을 영위할 수 있게 하고, 자신의 남아 있는 능력을 발휘할 기회를 가지며, 감정적으로 행복을 느낄 수 있도록 하는 것이다.

후견은 후견을 필요로 하는 본인뿐만이 아니라 그의 가족들이나 주변 사람들을 위해서도 필요한 제도이다. 본인의 미숙한 행위능력은 그 자신뿐 아니라 그를 둘러싼 가족과 또 이해관계 있는 여러 사람들에게 영향을 미친다. 가족들이 그 모든 책임을 떠안게 될 수도 있다. 본인에게 재산이 있는 경우라면 이를 차지하기 위하여, 그렇지 않은 경우라면 부담을 회피하기 위하여 가족 사이에 갈등과 다툼이 생긴다. 이러한 이유로 본인에게 생긴 불행이 가족들 전체의 불행으로 확대되게 된다. 하지만 적절한 후견이 뒷받침 될 수 있다면 본인과 가족들 모두에게 바람직한 결과를 가져올 수 있다.

한편, 피후견인은 후견인을 통해 도움을 받지만, 후견인에게도 누군가의 도움이 필요할 수 있다. 그리고 때로는 후견인에 대하여 감독과 통제가 필요할 수도 있다. 그래서 후견에 대한 문제는 자신의 문제에서, 가족의 문제로, 그리고 국가와 사회의 문제로 확대되는 것이다. 따라서 적절한 후견제도를 완비하고 관리하는 것은 본인과 후견인 모두를 위해 필요한 일이다.

2. 과거의 후견제도

서구 사회는 오랜 후견[1]의 전통을 가지고 있다. 하지만 우리 사회는 역사적으로 후견의 전통이 없기 때문에 후견은 우리 문화에서 아직은 생소한 제도이다. 그러나 노령, 장애 등으로 후견을 필요로 하거나 그 가족으로서 후견을 해야 할 필요성은 우리 생애 전반에 걸쳐 흔하게 발생해왔다. 다만, 우리 사회는 이러한 것들을 후견이라는 개념보다는 부모에 대한 효도 혹은 자녀에 대한 책임과 가족에 대한 희생

1) 후견은 “guardianship”, 후견인은 “legal guardian”이라고 부른다.

등으로 이해해왔고, 이것이 전통적인 가족공동체 내에서 후견을 대신하는 역할을 해왔다.

개정전 민법은 후견이 필요한 사람들에 대하여 금치산 또는 한정치산선고를 통해 법적인 행위무능력자로 만든 다음[2], 혈연관계에 따라 누가 후견인이 될지 순서를 법으로 규정하였고[3], 이들이 후견인으로서 모든 권한을 행사할 수 있도록 만들고, 후견인에 대한 권한 통제는 친족회[4]에 의하도록 규정하였다. 따라서 가족 안에서 모든 권한과 책임을 가져 가족 외부에서는 관여할 수가 없도록 되어 있었다. 여기에는 치매노인이나 장애인에 대한 책임은 가족 내부의 문제라는 기본적인 인식이 바탕이 되어 있었던 것으로 보인다. 그럼에도 불구하고 부모와 가족을 봉양해야 한다는 전통적인 효와 가족사상이 이 제도를 지탱할 수 있는 힘이 되었다고 볼 수 있다. 또 한 가지 개정전 민법의 금치산, 한정치산제도는 정신능력이 부족한 사람 그 자신이 제도의 주체가 되지 못하고 주로 그 가족들을 위한 제도로 기능하였다는 점도 간과할 수 없는 부분이다. 가족 중 누군가에게 정신적인 문제가 있다면 본인보다 그 주변의 가족이 더 큰 고통을 겪을 수 있는 것이므로 그러한 접근방식이 전혀 이유가 없는 것은 아니다. 그렇지만 후견제도는 근본적으로 후견인을 위한 제도가 아니라 후견을 받는 본인을 위한 제도이므로, 이러한 접근방식이 후견제도의 본래 목적을 잃어버리고 후견제도의 발전을 가로막는 요소가 되었다고 할 것이다.

---

2) '행위능력'이란 독자적으로 법률행위를 유효하게 할 수 있는 능력을 말한다. 이에 반하여 '행위무능력자'란 단독으로 유효한 법률행위를 완전히 할 수 없는 자로 개정전 민법에 의하면, 미성년자, 금치산자, 한정치산자가 이에 해당하는 것으로 설명되었다. '금치산선고'는 자기행위의 결과를 합리적으로 판단할 의사능력이 없는 심신상실(心神喪失)의 상태에 있는 자, '한정치산선고'는 심신박약(心神薄弱) 또는 낭비자(浪費者)로서 자기나 가족의 생활을 궁박하게 할 염려가 있는 자로서, 본인·배우자, 4촌 이내의 친족, 호주·후견인·검사 등의 청구에 따라 가정법원이 선고한다. 이와 같이 법원으로부터 선고를 받은 사람을 '금치산자', '한정치산자'라고 하였다.

3) 개정전 민법은 금치산, 한정치산 선고가 되면 본인의 배우자, 직계혈족, 3촌 이내의 방계혈족의 순서로 후견인이 되고, 동순위의 혈족이 수인인 경우에는 연장자가 후견인이 되도록 규정하였다.

4) 친족회라 함은 무능력자의 보호 등 가족 · 동족집단의 중요한 사항을 결정하기 위하여 친족이 협의하는 합의체(合議體)를 말한다. 개정전 민법은 후견사무의 감독기관으로 친족회를 두었으나 2013년 개정민법은 친족회 제도를 폐지하였다.

또한 개정전 민법의 금치산, 한정치산제도는 법원에서 본인의 정신능력만을 심리한 다음 그 정도에 따라 장애가 중한 경우 금치산선고, 그보다 가벼운 경우 한정치산선고를 할 수 있을 뿐 재판부로서도 별다른 재량의 여지가 없었고, 나머지 부분 즉, 누가 후견인이 될 것인지, 후견의 범위를 어떻게 정할 것인지 등에 관한 사항은 모두 법 규정에 의하여 자동으로 이루어지게 되어 있었다. 후견인은 법정 순위에 따라 배우자, 직계혈족, 3촌 이내의 방계혈족의 순위로 후견인이 되고, 동순위인 경우 연장자가 후견인이 되었다. 누가 가장 후견인으로 적합한 사람인지 여부는 재판부가 판단할 필요가 없었다. 또 후견의 범위와 후견인의 권한에 대하여도 금치산자에 대하여는 취소권, 대리권이, 한정치산자에 대하여는 동의권, 대리권이 후견인에게 부여되는 것으로 법에 정해져 있고 그 권한범위가 달리 정해질 여지가 없었다. 이러한 후견인의 권한은 부동산의 처분 등 특정한 행위를 하는 경우에 친족회의 동의를 얻도록 하는 것과 본인의 치료를 위해 정신병원 등에 격리할 경우 등에 법원의 허가를 얻도록 한 것 이외에 별다른 제한도 규정되어 있지 않았다. 또한 후견인의 의무와 책임이 제대로 명시되지 않아 모든 것을 후견인의 선의에 기댈 수밖에 없는 문제가 있었다.

그럼에도 불구하고 금치산, 한정치산 제도가 수십 년간 별다른 문제제기 없이 유지될 수 있었던 것은 (1) 가족에 대하여 행위무능력자의 낙인을 찍는 것은 수치라는 생각으로 인해 금치산, 한정치산 청구가 많이 이루어지지 않았고, (2) 부모가 생전에 자녀들에게 재산을 증여하거나 가산(家産)이라는 개념에 의해 재산관리를 장성한 자녀들 특히 장남에게 맡기도록 하여 치매노인의 재산관리 등에 관한 문제가 많이 발생할 여지가 적었으며, (3) 지금처럼 의료기술이 발전하지 않아, 노령인구의 증가로인한 치매환자가 많지 않았고, (4) 전통적인 가족공동체와 지역공동체가 유지되고 있는 동안에는 다른 가족 구성원과 이웃에 의한 감시와 감독이 이루어질 수 있었다는 점 등을 그 이유로 들 수 있다.

개정전 민법의 금치산, 한정치산 제도

1. 금치산 제도

금치산자(禁治産者)란 심신상실(心神喪失)의 상태(常態)에 있는 자로 법원으로부터 금치산선고를 받은 자를 말한다(제12조). 청구권자는 본인, 배우자, 4촌 이내의 친족, 후견인 또는 검사이며 법원은 심리결과 본인이 이와 같은 상태에 있다고 인정되는 경우 심판으로 금치산선고를 하게 된다.

금치산선고가 이루어지면 그 선고를 받은 자의 배우자, 직계혈족, 3촌이내의 방계혈족의 순위로 후견인이 된다(933조, 934조). 후견인은 이와 같은 법정 순위에 따라 자동으로 정해지며 법원이 후견인을 따로 선임하는 경우는 법정후견인이 존재하지 않는 경우에 한한다(제936조).

금치산선고의 효과로서 피후견인은 행위무능력자가 된다. 금치산자의 법률행위는 언제라도 취소할 수 있으며(제13조), 다만 금치산자의 행위를 후견인이 추인하면 유효로 된다(제143조). 후견인은 금치산자를 대신하여 법률행위의 대리권을 가진다. 금치산자의 행위능력과 후견인의 취소권, 대리권은 민법에 의해 정해지며, 법원은 그 권한범위를 달리 정할 수 없다.

금치산자에 대한 감독기관은 친족회(親族會)이다. 친족회는 언제든지 후견인에 대하여 그 임무수행에 관한 보고와 재산목록의 제출을 요구할 수 있고 피후견인의 재산상황을 조사할 수 있다(제953조). 그리고 후견인이 1. 영업을 하는 일, 2. 차재(借財) 또는 보증을 하는 일, 3. 부동산 또는 중요한 재산에 관한 권리의 득실변경을 목적으로 하는 행위를 하는 일, 4. 소송행위를 하는 일에 대하여 후견인은 친족회의 동의를 얻어야 한다. 동의를 얻지 못한 행위는 피후견인 또는 친족회가 이를 취소할 수 있다(제950조).

2. 한정치산 제도

한정치산자(限定治産者)란 심신이 박약(薄弱)하거나 재산의 낭비로 자기나 가족의 생활을 궁박하게 할 염려가 있는 자로서 법원으로부터 한정치산선고를 받은 사람을 말한다(제9조). 심신박약이란 의사능력이 없는 상태는 아니지만 자신의 행위의 의미나 결과를 합리적으로 판단할 능력이 부족한 상태를 말한다. 그리고 낭비자란 경제적으로 궁박에 이를 정도로 재산을 함부로 소비하는 습성을 지닌 사람을 말한다. 청구권자는 본인, 배우자, 4촌 이내의 친족, 후견인 또는 검사이며 법원은 심리결과 본인이 이와 같은 상태에 있다고 인정되는 경우 심판으로 한정치산선고를 하게 된다(제9조).

한정치산선고가 이루어지면 금치산선고와 마찬가지의 순서로 법정후견인이 정해진다.

한정치산자의 행위능력은 기본적으로 미성년자와 동일하다(제10조). 후견인은 동의권과 대리권을 갖는다. 한정치산자가 법률행위를 함에는 법정대리인의 동의를 얻어야 한다. 그러나 권리만을 얻거나 의무만을 면하는 행위는 그러하지 아니하다. 동의를 얻지 못한 행위는 취소할 수 있다(제5조). 다만, 법정대리인이 범위를 정하여 처분을 허락한 재산, 법정대리인이 허락한 특정한 영업에 대하여는 한정치산자는 유효한 행위능력을 가진다(제6조, 제8조). 한정치산자의 행위능력과 후견인의 동의권, 대리권은 민법에 의해 정해지며, 법원은 그 권한 범위를 달리 정할 수 없다.

친족회에 의한 후견사무의 감독은 금치산의 경우와 같다.

3. 사회의 변화와 새로운 제도의 필요성

우리 사회는 수 십 년간 급격하고 역동적인 변화를 겪어왔고 지금도 놀랄 만큼 빠른 속도로 변화가 진행되고 있다. 과거에 금치산, 한정치산 제도가 불완전함에도 불구하고 그런대로 유지될 수 있었던 것은 그 당시 상황에서 나름대로의 사회, 문화적인 이유가 있기 때문이었다. 그러나 급격한 사회 변화와 전통사회의 붕괴로 인해 이제는 더 이상 유지될 수 없는 상태가 되었고, 이를 대체하는 새로운 제도의 필요성이 대두될 수밖에 없게 되었다. 가장 중요한 변화로는 노령인구의 증가를 들 수 있다. 의학의 발달로 평균수명이 연장되고 노령인구가 급격히 증가하였는데 이러한 노령인구의 증가는 치매 등 정신적 제약을 가지게 되는 사람들이 그만큼 많아졌다는 것을 의미한다. 한편 결혼과 출산율의 감소로 이들을 부양해줄 젊은 가족들이 전체 인구에서 차지하는 비중은 점점 감소하고 있는데, 이는 노인들이 더 이상 가족에게 의지할 수 없고 스스로 자신의 노년을 책임져야 한다는 것을 뜻한다. 또 고령자들이 자녀들에게 재산을 일찍 물려주지 않고 끝까지 보유하고 있으려는 경향을 띄게 되었다. 그러나 한편으로는 재산을 보유하고 있는 상태에서 정신적 제약이 오게 된다면 더 이상 스스로 이를 유지 관리할 수 없게 되는 위험성이 그만큼 증가하게 된다.

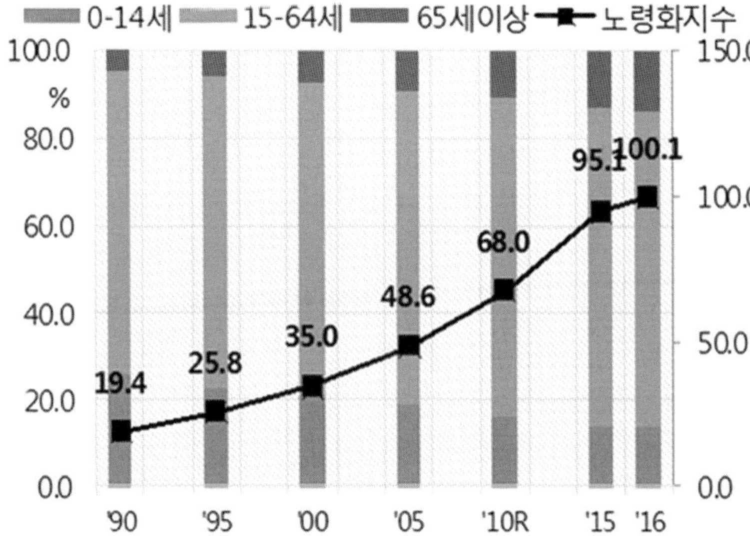

1990년부터 2016년까지 우리나라 연령별 인구구조 및 노령화지수 추이
(자료 : 통계청 제공, 출처 : 조선일보)

또 한가지 중요한 변화는 장애인에 대한 권리의식의 향상이다. 발달장애나 지적장애인도 인간다운 생활을 할 수 있게 하여야 한다는 의식이 사회전반으로 확대되어 이들을 위한 후견의 필요성이 대두되었다. 특히 발달장애 등 지적장애인을 자녀로 둔 부모들은 자신이 자녀들을 돌볼 수 있는 여력이 있는 동안에는 이러한 자녀들을 책임질 수 있으나, 여력이 다하여 더 이상 자녀를 돌볼 수 없게 되거나 자신들의 사후에 자녀들이 어떻게 주위로부터 적절한 도움을 받으며 인간다운 생활을 할 수 있을까 하는 데 대한 많은 걱정을 하고 있다. 성년후견제도가 도입된 배경에는 이러한 지적장애인을 자녀로 둔 부모들의 헌신적인 노력이 뒷받침되어 있다.

여기에 더불어 전통적인 대가족 제도의 붕괴로 친족회가 더 이상의 역할을 할 수 없게 된 점, 급격한 도시화로 전통적인 지역 생활공동체가 유지될 수 없게 된 점 등이 기존의 금치산, 한정치산제도를 대신할 새로운 성년후견제도를 도입하게 된 배경이 되었다.

4. 성년후견제도의 입법경위와 배경

우리나라는 2008년 UN의 '장애인권리협약'을 비준하여 국내에서도 위 협약의 법적 효력이 발생하였다. 장애인권리협약은 장애인이 권리박탈의 대상이 아니라 권리보호를 받는 주체가 되어야 하고 이들의 자율성과 인권이 존중되어야 한다는 것을 선언하고 있다. 우리나라는 일본이 2000년 성년후견제도를 도입한 것을 계기로 장애우권익문제연구소 등에서 이를 관심 있게 지켜보며 연구를 시작하였고, 2004년 17개의 장애인 단체와 노인단체 등이 주축이 되어 성년후견추진연대가 발족하였으나 법을 제정하는 데에는 이르지 못하였다. 그러나 그 후 장애인단체에서 17대 대통령선거 당시 각 당의 대선후보자들에게 성년후견제도의 도입을 요구하여 공약에 반영하도록 하였다. 이후 법무부에서 민법개정위원회를 출범시켜 2009년 9월 성년후견제 도입을 골자로 하는 민법 개정안을 입법예고하고, 2009년 10월 나경원 의원 등 16인이 특별법으로 장애성년후견법안을 발의하였으며, 2010년 1월 박은수 의원 등 39인에 의하여 성년후견제 도입을 골자로 하는 민법 개정안을 발의하였다. 이들 3개의 법안이 법사위 논의를 거쳐 2011년 2월 18일 국회 본회의를 통과하여 2013년 7월 1일부터 개정 민법이 시행되게 된 것이다.[5]

5) 박은수, 알고 이용하자 성년후견제도, 46-49면 참조

news1

성년후견제 첫날...8명 후견심판 청구

기사입력 2013-07-01 12:02 기사원문 스크랩 본문듣기 · 설정

공감 댓글 요약봇 가

News1 오대일 기자

〈성년후견제도가 시행된 2013. 7. 1.자 기사〉

5. 성년후견제도의 이념

성년후견제도는 기존의 무능력자제도와는 다른 새로운 이념을 담고 있다. 그 중 가장 중요한 부분은 후견인을 위한 후견이 아니라 후견을 받는 본인을 위해 후견이 이루어져야 한다는 것이다. 이는 후견제도가 본래 제도의 취지에 따른 기본으로 돌아가야 한다는 것이기도 하다. 그리하여 새로이 도입된 성년후견제도의 기본 이념은 '본인의 의사와 잔존능력의 존중'으로 설명된다. 그렇기 때문에 후견은 본인의 의사에 부합하고 본인이 원하는 방향으로 이루어져야 한다. 또한 후견은 본인의 부족한 부분을 채워주는 방식으로 이루어져야 하고 본인이 혼자 할 수 있는 부분은 스스로 할 수 있도록 지원해야 한다. 본인의 의사 존중과 잔존능력의 존중이라는 이념은 이를 통해 이들이 가능한 최대한도에서 정상적인 사회의 구성원으로서 활동할 수 있도록 하기 위함이다. 이는 우리나라가 2008년에 가입한 UN장애인권리협약 제12조가 정하는 '장애인의 법적 능력 향유에 있어서의 차별금지'와도 기본적으로 그 맥락을 같이 한다.

이러한 이념에 기초한 후견제도의 기본원칙은 '필요성의 원칙'과 '보충성의 원칙'이다. '필요성의 원칙'이란 본인의 필요에 의하여 후견이 이루어져야 하고, 본인에게 필요한 이상으로 후견인이 관여해서는 안 되며, 본인을 위해 필요한 것이 아닌 가족이나 주변의 필요에 의해 후견이 이용되어서도 안 된다는 것을 말한다. '보충성의 원칙'이란 본인이 스스로 사무를 처리할 수 있거나 위임 또는 후견계약 등을 통해 필요한 목적을 달성할 수 있다면 그에 의해야 하고, 그렇지 못한 경우에 비로소 법정후견이 개시되어야 한다는 것을 말한다.

이것과 더불어 현대의 후견제도를 설명하는 원칙으로 '정상화(normalization)의 원칙'이 있다. 이는 지적장애인이나 고령자를 시설에 격리하기보다는 가급적 사회공동체내에서 정상적인 삶을 영위할 수 있도록 하자는 것을 말한다. 이는 덴마크에서 장애인의 부모들이 시작한 운동으로 자신의 자녀들이 보호라는 명분으로 시설에서 생활하는 것이 아닌 사회 내에서 정상적인 삶을 영위하기를 바라는 마음에서 주창된 것으로 오늘날 장애인 권리운동의 기본 원칙으로 자리 잡게 되었다.

결국, 이러한 성년후견의 이념과 원칙은 결국 본인을 위해 꼭 필요한 최소한의 범위에서 후견이 이루어지고 그 후견의 내용은 본인이 후견을 통해 정상적인 삶을 영위하는 데 맞추어져야 한다는 것으로 설명될 수 있다.

* '본인의 의사존중'을 구체적 사안에서 후견인이 적절히 구현해내는 것은 쉽지 않은 일이다. 왜냐면 현재 본인의 판단능력이 미약한 상태에서 그 의사를 무조건적으로 존중해줄 수는 없기 때문이다. 이러한 경우 후견인이 본인의 의사를 존중하고 행위를 할 기준은 기본적으로 피후견인이 판단능력이 있었다면 그러한 결정을 하였을 것인가 하는 것이다. 이를 '대행적 판단'이라고 한다. 이를 확인하기 위해서는 본인이 판단능력이 있을 때 했던 여러 의사표시가 고려되어야 한다. 그리고 또 하나의 고려요소는 후견인이 객관적으로 피후견인의 '최선의 이익'을 위해 행동할 것을 요구한다. '대행적 판단'과 '최선의 이익'은 때로는 상호 충돌할 수도 있는데, 기본적으로는 이를 조화시키기 위해 노력하되 최선의 이익이 아니라 하더라도 본인의 의사가 고려되어야 한다. 그리고 대행적 판단에도 최선의 이익이라는 고려요소가 한계로 작용할 수 있다.

6. 현실적인 문제들

어떻게 생각하면 이러한 내용들은 너무나 당연한 원칙이라고 볼 수도 있지만 이와 같은 원칙이 뿌리를 내리게 된 것은 불과 현대사회에 접어든 이후부터이다. 그 이전에는 정신적 장애를 가진 사람은 보호의 객체 또는 격리의 대상으로만 취급되었을 뿐 이들이 후견을 통하여 부족한 부분을 보충 받고 스스로 주체적인 삶을 영위하도록 해야 한다는 관념은 생각되지 못하였다. 금치산, 한정치산제도 또한 본인을 보호하기 위한 제도라기보다는 본인의 판단능력의 제약으로 인해 가족공동체의 재산이 함부로 감소되는 것을 방지한다는 '가산의 보호(家産의 保護)'의 색체가 강했다. 그래서 금치산, 한정치산선고가 청구되는 대부분의 사안들은 무능력자 본인을 보호하기 위한 목적보다는 가족들이 상속받을 재산을 미리 보전하기 위한 목적이 강하였다고 할 수 있다. 성년후견제도는 후견제도가 가족이나 주변인의 이해관계보다는 본인의 의사와 본인의 이익을 위해 이루어지도록 하는 것을 목적으로 한다. 그렇기 때문에 필요성, 보충성, 정상화의 원칙 등의 새로운 이념이 논의되는 것이다.

하지만 '본인의 의사와 잔존능력의 존중'이라는 이념이 구체적·개별적 사안에서 어떻게 적용되는 것이어야 하는지는 분명치 않다. 예컨대 정신능력이 부족한 사람에 대하여 어떤 방법으로 본인의 진정한 의사를 도출해낼 수 있는지, 본인의 의사가 꼭 본인에게 바람직한 것인지, 또 잔존능력의 활용은 어떤 방법으로 이루어질 수 있는지 등의 문제를 실질적으로 구체화해나가는 작업은 결코 쉽지 않은 일이다. 보충성, 필요성, 정상화의 원칙에 합치되는 후견의 내용과 방법을 정하는 것 또한 마찬가지이다. 결국 이러한 이념이 현실에서 타당성 있게 적용되기 위해서는 다양한 경험과 사건의 축적 그리고 사회적 합의가 도출되는 과정이 필요하다. 본인의 주관적인 의사와 객관적으로 본인에게 필요한 후견의 범위가 적절하게 균형을 잡을 수 있는 범위에서 후견의 내용이 정해지도록 하여야 할 것이다.

또 본인을 위한 후견으로 제도와 이념이 바뀌었다 하더라도 정신능력이 미약한 본인이 스스로 법원에 후견을 청구하는 경우는 드물 것이고, 대부분의 경우는 가족이나 이해관계가 있는 상속인들이 후견을 청구하게 되는 지금의 경향이 바뀌게 될 것 같지는 않다. 이 경우 본인은 재판과정에서 자신의 의사를 적극적으로 전달하기 어렵기 때문에 청구인이나 주변 사람들의 의사가 법원의 심리과정을 지배하게 될 것이며, 이 과정에서 가족들 사이에 다툼이 발생한다면, 결국 본인의 의사와 상관없이 분쟁의 한가운데 서게 될 수밖에 없다. 이는 재판과정에서 흔히 발생하는 문제이기도 하다. 그래서 본인은 자신을 위한 후견재판임에도 불구하고 분쟁의 소용돌이 속에서 가족들의 눈치를 보며 불안해하게 된다. 그래서 후견재판 자체가 본인에게 더 큰 불행을 안겨주게 되는 것은 흔치 않은 일이다. 금치산, 한정치산제도가 성년후견제도로 바뀌어 진 후에도 이러한 문제가 완전히 해결될 수 있는 것은 아니다. 그럼에도 불구하고 새로운 후견제도는 종전의 제도에 비하여 중요한 근본적인 개선이 이루어진 것은 분명하다. 적어도 사건의 관계인들이 재판 과정에서 자신들의 이익을 직접적으로 드러내기보다는 본인을 위한 후견이 목적임을 내세우지 않을 수 없게 되었기 때문이다.

7. 제도의 내용

개정민법은 성년후견과 관련하여 다음과 같은 새로운 내용들을 담고 있다. 먼저 후견을 성년후견, 한정후견, 특정후견, 임의후견의 네 가지 종류로 나누었다. 당사자들은 각각의 특성에 맞는 후견제도를 이용할 수가 있다. 각각의 후견 내에서도 법원은 당사자의 청구와 본인의 상태, 필요성을 고려하여 후견의 내용과 범위를 비교적 자유롭게 정할 수 있다. 누가 후견인이 되는지에 관하여도 법원이 직권으로 자유롭게 정할 수 있다. 종전처럼 법정순위에 따라 후견인이 자동으로 지정되는 것이 아니고, 또 친족뿐 아니라 제3자도 후견인이 될 수 있도록 하였다. 후견이 개시된 이후에도 법원은 후견감독인을 선임하여 후견을 감독하게 하거나 아니면 법원이 직접 후견인을 감독할 수 있도록 하였다. 법원이 감독을 행하는 경우 후견인은 필요한 경우 후견사무 수행에 있어서 법원의 사전허가 또는 지시를 받아야 하고, 또 사후에 이를 보고하여야 한다. 따라서 새로운 후견제도 하에서 법원은 재판기관

뿐만 아니라 감독기관의 역할을 함께 수행한다. 이러한 새로운 제도의 목적은 후견사무가 본인의 복리를 위해 제대로 이루어질 수 있도록 하려는데 있다.

*** 각 후견유형의 비교 ***

유형	성년후견	한정후견	특정후견	임의후견
개시 사유	정신적 제약으로 사무처리 능력이 지속적으로 결여된 경우	정신적 제약으로 사무처리 능력이 부족한 경우	정신적 제약으로 일시적 후원 또는 특정사무의 후원이 필요한 경우	정신적 제약으로 사무처리 능력이 부족한 경우
청구 권자	본인, 배우자, 4촌 이내의 친족, 미성년후견인, 미성년후견감독인, 한정후견인, 한정후견감독인, 특정후견인, 특정후견감독인, 검사, 지방자치단체의 장	본인, 배우자, 4촌 이내의 친족, 미성년후견인, 미성년후견감독인, 성년후견인, 성년후견감독인, 특정후견인, 특정후견감독인, 검사, 지방자치단체의 장	본인, 배우자, 4촌 이내의 친족, 미성년후견인, 미성년후견감독인, 검사, 지방자치단체의 장	본인, 배우자, 4촌 이내의 친족, 임의후견인, 검사, 지방자치단체의 장
본인의 행위능력	원칙적으로 제한됨	법원에서 정한 바에 따라 제한됨	행위능력 제한되지 않음	행위능력 제한되지 않음
후견인의 권한	포괄적인 취소권, 대리권	법원에서 정한 범위 내에서의 동의권, 대리권	법원에서 정한 범위 내에서의 대리권	계약에서 정한 대리권

8. 성년후견 등 사건의 접수 추이

가. 성년후견사건의 증가내역 (출처 서울가정법원)

성년후견제도는 도입된 이후 지금까지 매우 빠른 속도로 증가하고 있다. 아래 표를 보면 성년후견제도가 시행된 이후 불과 몇 년 만에 후견사건이 급격히 증가하고 있음을 알 수 있다.

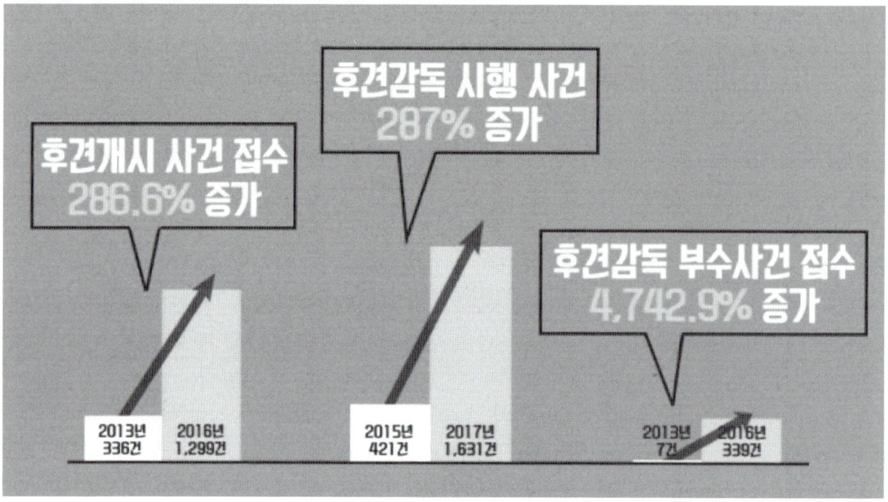

나. 정신적 제약의 종류[6)]

가정법원에 성년후견이 청구된 사람들의 정신적 제약의 종류를 보면 치매와 뇌병변 등 노인에 대한 비율이 높고 발달장애와 정신장애에 대한 비율은 상대적으로 낮음을 알 수 있다.[7)]

6) 김성우, 성년후견제도의 현황과 과제 (2016. 11.) 참조

7) 발달장애의 경우는 대부분 지방자치단체 등에서 공공후견의 일환으로 청구된 경우이다.

		빈도(건)	비율(%)
정신적 제약의 종류	뇌병변	408	41.6
	치매	255	26.0
	발달장애	218	22.2
	정신장애	73	7.4
	기타 정신적 제약	27	2.8
	합계	981	100.0

성년후견의 종류와 내용 2

* 다음 사례들은 각각의 후견유형별로 대표적인 것들을 모은 것이다. 이러한 사안들에서 후견제도가 이용될 수 있다는 것을 이해하면 된다.

사례 1) A씨는 일찍 남편과 사별한 후 혼자 자녀들을 키우면서 힘들게 장사를 하여 많은 재산을 모았다. 그런데 수년전부터 치매증세가 오기 시작하여 현재는 자녀들조차 알아보지 못할 정도로 증세가 악화되어 요양원에서 홀로 생활하고 있다. A씨의 자녀들은 모친의 재산을 차지하기 위해 서로 다투고 있을 뿐 노모를 부양하지 않고 요양원에 방치하고 있어, A씨의 신병과 재산이 전혀 보호되지 못하고 있는 형편이다(성년후견).

사례 2) B씨 부부에게는 발달장애를 가지고 태어난 아들 C군이 있다. C는 이제 성인이 되었고 간단한 일상생활에 필요한 행위 정도는 스스로 수행할 수 있으나 물건의 구입, 근로계약이나 법률행위 등을 하기 위해서는 항상 누군가의 도움이 필요한 상태이다. B씨 부부는 C가 성년이 되어 더 이상 법적인 친권을 행사할 수 없어 걱정이고, 자신들이 나이가 들어 C를 돌볼 여력이 없게 되거나, 사망한 이후 C가 혼자 어떻게 살아갈 수 있을지에 관하여 많은 걱정을 하고 있다. 그리고 부부가 더 이상 C를 돌볼 수 없게 된 이후에도 C가 시설에서 생활하기보다는 누군가의 도움아래 스스로 일상생활을 영위해나가기를 바라고 있다(한정후견).

사례 3) D씨는 갑작스런 교통사고를 당한 후 의식을 잃었다가 극적으로 회복하였다. D씨는 아직 병원에서 요양 중인데 건강이 점진적으로 호전되고는 있으나 상당기간 동안 안정을 취해야 하고 판단능력이 아직 완전히 회복되지 않은 상태이다. 그런데 그 동안 D씨 소유의 부동산 관리 및 임료징수 업무 등의 사무를 누군가가 처리해야 할 필요성이 있다(특정후견).

사례 4) E씨는 현재 건강하고 아직까지 판단능력에 아무런 문제가 없으나 점차 나이가 들어감에 따라 향후 자신이 치매나 질병, 사고 등으로 판단능력을 상실할 경우를 대비하여 미리 재산이나 자신의 신상에 관한 대비책을 마련해두고 싶다. 하지만 어떻게 하는 것이 좋은 방법이 될지 여부를 알지 못하고 고민 중이다(임의후견).

1. 4가지 후견제도

성년후견제도는 유형에 따라 성년후견, 한정후견, 특정후견, 임의후견 4가지로 나뉜다. 그 중 어떤 유형의 후견을 선택할 것인지는 후견을 청구하는 당사자가 선택하는 것이지만 법원은 심리과정에서 보다 적합한 유형의 후견으로 변경을 요구할 수 있다. 각각의 후견유형은 고정되어 있는 것이 아니라 그 안에서도 그 내용과 범위를 구체적, 탄력적으로 정할 수 있다. 후견을 이와 같이 유형별로 선택할 수 있게 하고, 그 안에서 다시 구체적으로 후견의 내용과 범위를 지정할 수 있도록 한 것이 우리 후견제도의 특징이다. 이러한 입법방식은 한편으로는 당사자로 하여금 다양한 선택을 보장해주는 것이기도 하지만 다른 한편으로는 후견의 내용이 지나치게 복잡해지고 이해하기 어렵게 될 수 있는 단점도 있다.

후견의 유형 중에서 본인의 행위능력을 가장 많이 제한하고 후견인의 권한이 큰 것은 성년후견이고, 그 다음이 한정후견, 특정후견의 순이다. 성년후견, 한정후견, 특정후견은 그 내용과 범위가 법률과 법관의 재량에 의하여 정해지는 것이므로 이를 법정후견이라고 하여 임의후견과 구별하고 있다. 임의후견은 그 내용과 범위를 당사자가 계약에 의하여 정하고 후견인을 스스로 선택한다는 점에서 법정후견과 근본적인 차이가 있다. 즉 법원의 개입이 최소화되는 것이다. 그러나 임의후견이라고 하여 모든 내용을 아무런 제한 없이 당사자 사이에서 정할 수 있는 것은 아니다. 간단히 요약하면 성년후견은 본인의 행위능력이 포괄적으로 제한되고 후견인은 취소권과 대리권을 행사할 수 있다. 한정후견은 법원이 정한 범위 내에서 본인의 행위능력이 제한되고 후견인은 법원이 지정한 권한범위 내에서 동의권과 대리권을 행사할 수 있다. 특정후견은 본인의 행위능력을 제한하지 않으며 후견인은 특정한 사무의 범위와 기간을 지정받아 대리권을 행사할 수 있다. 임의후견은 본인의 행위능력이 제한되지 않으며 후견의 내용은 계약에 정한 바에 따른다. 아래에서는 이들 후견제도의 특징을 간략하게 소개해보기로 한다.

2. 성년후견

요약 : 성년후견은 정신적 제약으로 사무처리 능력이 지속적으로 결여된 사람을 대상으로 한다. 성년후견인은 피후견인의 법률행위와 관련하여 원칙적으로 제한이 없는 포괄적인 취소권과 대리권을 가진다.

가. 대 상

정신적 제약의 정도가 큰 사람이 성년후견의 대상이 된다. 민법은 이를 '질병, 장애, 노령, 그 밖의 사유로 인한 정신적 제약으로 사무를 처리할 능력이 지속적으로 결여된 사람'이라고 규정하고 있다.[1] 즉, 사무처리 능력이 지속적으로 결여될 정도로 정신적 제약이 있는 상태에 있어야 한다. 단, 그 제약은 정신적인 것이어야 하기 때문에 신체적 장애로 인해 사무처리 능력이 결여된 경우는 성년후견의 대상이 될 수 없다. 정신적 능력에 문제가 없다면 신체적 제약이 있다 하더라도 타인에게 사무를 위임하여 처리할 수 있기 때문이다.[2] 여기에서 정신적 제약이란 치매, 발달장애, 정신분열, 지능장애 등을 모두 포함하며, 그 밖에 사고로 인한 뇌손상 또는 뇌졸중 등 기질적 이유로 정신적인 제약이 생긴 경우도 포함된다. 다만 그 정신적 제약의 원인이 무엇이든 간에 그 제약의 정도는 사무처리 능력이 지속적으로 결여될 정도에 이르러야 한다. 예컨대 뇌졸중 등으로 의식이 불명한 상태이거나, 중증 치매로 가족을 알아보지 못할 정도 또는 집을 혼자서 찾아오지 못하는 등 통상적인 사회활동이나 경제활동을 혼자서 전혀 할 수 없을 정도라면 이에 해당한다고 할 수 있다.

나. 청구권자

성년후견개시심판은 본인 스스로 또는 그 배우자나 4촌 이내의 친족이 청구할 수 있다. 종전에 이미 후견이 개시되어 있는 경우에는 그 후견인 또는 후견감독인이 청구할 수 있으며, 검사와 지방자치단체도 청구권자로 되어 있어 가족이 없는 무연고자에 대해서도 청구가 가능하다(민법 제9조 제1항).

1) 민법 제9조 제1항

2) 이 경우에는 민법상 위임의 규정들이 적용된다.

나. 관 할

성년후견 사건은 후견을 필요로 하는 본인[3]의 주소지를 관할하는 가정법원에 청구하여야 한다(가사소송법 제44조 1의2). 성년후견사건은 가정법원의 전속관할이므로 일반 법원에 이를 청구해서는 안 된다. 다만, 가정법원이 설치되지 아니한 지역에서는 각 지방법원 또는 지원이 관할법원이 된다. 성년후견 신청은 전자사건으로 접수가 가능하다[4]. 주소지와 실제 거소지가 다른 경우(요양원 입원 등)에도 원칙적으로 주민등록상의 주소지에 의하는 것이 좋다.

라. 심판청구절차

성년후견 심판을 청구하는 경우에는 '심판청구서'를 작성하여 이를 가정법원에 접수하여야 한다. 심판청구서에는 청구인, 사건본인[5]의 인적사항, 심판청구의 취지, 청구의 원인사실 등이 기재된다. 그 외에 후견심판청구 절차의 특별한 첨부서류로 '사전현황설명서'가 있다. 사전현황설명서는 청구인 또는 가족이 작성하는 것으로 후견개시 여부를 판단하기 위하여 법원이 요구하는 기초적인 자료를 제공하는 것이다. 심판청구서에는 청구인이 원하는 후견의 범위와 후견인 후보자를 함께 기재하도록 하고 있다. 하지만 법원은 여기에 전적으로 기속되는 것은 아니고 이를 참고로만 삼아 판단한다.

---

3) 피후견인 또는 피후견인이 될 사람

4) 다만, 성년후견·한정후견개시심판, 특정후견심판이 확정된 이후의 후견에 관한 사건(후견감독사건 및 후견감독부수사건)은 피후견인의 주소지가 변경되더라도 후견개시 등의 심판을 한 가정법원(항고법원이 후견개시 등의 심판을 한 경우에는 그 제1심 법원인 가정법원)이 관할한다(가사소송법 제44조 제1항 제1의 2호). 그러나 가정법원은 피후견인의 이익을 위하여 필요한 경우에는 직권 또는 후견인, 후견감독인, 피후견인, 피후견인의 배우자·4촌 이내의 친족, 검사, 지방자치단체의 장의 신청에 따른 결정으로 개시심판 확정된 이후의 후견에 관한 사건의 관할 가정법원을 피후견인의 주소지의 가정법원으로 변경할 수 있다(가사소송법 제44조 제2항).

5) 가사비송 사건에서 당사자는 아니나 심판의 대상이 되는 사람을 사건본인이라 하는데, 여기에서는 피후견인 또는 피후견인이 될 사람을 가리킨다.

마. 심 리

성년후견사건의 심리과정은 보통 정신감정, 가사조사, 본인심문의 3단계 절차를 거친다. 다만 이것은 일반적인 경우에 그렇다는 이야기이고 반드시 이 모든 과정을 거치는 것은 아니다. 그리고 그 절차에 있어서 순서가 정해져 있는 것도 아니다.

성년후견개시심판을 하기 위해서는 원칙적으로 본인의 정신상태에 대하여 의사의 감정을 거쳐야 한다. 다만 본인의 정신상태를 판단할만한 충분한 자료가 있는 경우에는 감정절차를 생략할 수 있다(가사소송법 제45조의2 제1항). 가사조사는 가정법원에 소속된 가사조사관이 청구인과 본인, 관계인 등을 조사하여 후견의 필요성, 후견의 범위, 누가 후견인으로 적합한지 여부 등을 파악하여 담당법관에게 조사보고서를 작성하여 이를 참고하도록 하는 절차이다. 가정법원은 성년후견개시심판을 하는 경우 후견을 받게 될 본인의 진술을 들어야 한다. 그 방법은 법관이 본인을 직접 심문하는 것이 원칙이다. 다만 본인이 식물인간 상태 등으로 의사를 표현할 수 없는 등의 사정이 있는 경우에는 심문을 하지 않을 수 있다(가사소송법 제45조의3 제1항, 제2항).

바. 심판과 등기

법원은 이와 같은 심리절차를 거친 후에 성년후견개시의 심판을 한다. 심판문에는 성년후견을 개시한다는 취지와 후견인의 선임 및 후견인의 권한범위에 관한 사항이 함께 기재된다. 그리고 위 심판이 확정되면 직권으로 후견등기부에 위 사항에 대한 등기가 이루어진다.

사. 후견인의 권한과 의무

성년후견개시심판이 확정되면 후견인에게 심판에서 정한 권한과 의무가 발생한다. 성년후견인에게는 보통 세 가지의 권한이 주어지는데, 그것은 법률행위의 취소권(민법 제10조), 법정대리권(민법 제938조) 그리고 피후견인의 신상에 관한 결정권(민법 제947조의2)이다. 즉, 성년후견인은 피후견인이 임의로 한 법률행위를 취소할 수 있으며, 피후견인을 대리하여 법률행위를 할 수 있다. 이와 같은 성년후견인의 취소권과 대리권은 그 범위가 포괄적인 것이어서 특별한 제한이 없는 한 피후견인에 대한 전반적인 모든 권한을 행사할 수 있다. 그러나 성년후견제도의 취지상 피후견인이 스스로 할 수 있는 행위에 대해서는 후견인이 개입해서는 안 되며 보충적으로만 이를 행사하여야 한다. 또한 법원은 후견개시 심판을 하면서 성년후견인의 취소권과 대리권의 일부를 제한할 수 있다. 예컨대 피후견인 소유의 부동산을 처분하거나 담보를 제공하는 법률행위를 하는 경우 법원의 사전허가를 받도록 하는 등이 대표적이다. 이러한 심판문상의 제한이 없는 경우에도 민법은 성년후견인이 피후견인이 거주하는 부동산을 처분하는 경우에는 법원의 허가를 받도록 규정하고 있다(민법 제947조 제5항). 신상에 관한 결정권은 피후견인이 어디에서 거주할 것인지, 특정한 치료를 받을 것인지, 정신병원 등에 격리할 수 있는지 등에 관한 결정권을 말한다. 이러한 신상에 관한 결정권은 법원이 심판에서 후견인에게 권한을 부여한 경우에만 성년후견인이 행사할 수 있고, 권한이 부여된 경우에도 피후견인이 스스로 신상에 관한 사항을 결정할 수 있는 상태라면 성년후견인이 이에 반하여 마음대로 결정을 해서는 안 된다.

아. 감 독

후견인의 후견사무는 후견감독인이 감독하거나 법원이 직접 감독한다. 후견감독인이 선임된 경우에는 후견감독인이 후견사무를 감독한다. 그러나 후견감독인은 필수적 기관은 아니므로 후견감독인이 선임되지 않는 경우가 대부분이다. 따라서 후견감독인에 의한 감독은 일반적인 감독 방법은 아니고 법원에 의한 감독이 주된 감독 방법이 된다. 법원에 의한 후견사무의 감독은 다음과 같은 방법으로 이루어진다. 법원은 성년후견개시 심판을 하면서 성년후견인에게 보통 두 가지의 보고의무를 명한다. 첫 번째는 후견개시 직후 재산목록보고서를 작성하는 것이고, 두 번째는 정기적으로 후견사무보고서를 제출하도록 하는 것이다. 이러한 법원의 감독 명령은 심판문에 적시되어 있는 경우도 있고 심판 이후에 개별적인 명령으로 부과될 수도 있다. 재산목록보고서 및 후견사무보고서는 가정법원이 정한 양식에 따라 작성하면 된다. 법원은 이를 통해 후견사무가 적절하게 이루어지고 있는지 여부를 감독하고 필요한 조치를 하게 된다.

3. 한정후견

요약 : 한정후견은 정신적 제약으로 사무처리 능력이 부족한 사람을 대상으로 한다. 한정후견인은 피후견인의 법률행위와 관련하여 법원이 정한 범위 내에서 동의권과 대리권을 가진다.

가. 대 상

질병, 장애, 노령, 그 밖의 사유로 인한 정신적 제약으로 사무를 처리할 능력이 부족한 사람을 대상으로 한다(민법 제12조 제1항). 따라서 성년후견의 경우보다 경미한 정도의 정신적 제약을 가진 사람이 한정후견의 대상이 되는 것이 원칙이다. 정신적 제약의 정도를 제외한 나머지 부분은 성년후견의 경우와 같다. 종전 민법상 한정치산 선고는 '낭비자'도 그 대상이 되도록 하였는데 개정민법은 이를 삭제하였다. 다만 낭비의 원인이 정신적 제약으로 인한 것이라면 한정후견의 대상이 될 수 있다.

나. 청구권자, 관할, 심판청구절차

한정후견개시 사건의 청구권자, 관할, 심판청구절차는 성년후견의 경우와 같다.

다. 심 리

본인에 대한 심문, 정신감정의 절차 및 방법은 성년후견의 경우와 같다. 한정후견은 성년후견보다는 본인의 잔존능력을 더 활용하도록 하고 행위능력을 덜 제한하는 것이므로 본인에 대한 심문이나 정신감정 절차가 덜 중요할 것이라고 생각할 여지도 있다. 그러나 정신적 능력이 지속적으로 결여된 사람 중에는 누가 봐도 명백한 중증 환자가 많고, 오히려 정신적 능력이 부족한 사람 중에는 그 정도가 애매한 사람들이 많기 때문에 한정후견이라고 하여 본인심문절차나 정신감정절차가 성년후견에서 보다 덜 중요하게 되는 것은 아니다.

라. 심판과 등기

이에 관해서는 성년후견절차에서와 같다.

마. 후견인의 권한과 의부

한정후견인에게는 보통 세 가지의 권한이 주어진다. 그것은 법률행위의 동의권(민법 제13조), 대리권(민법 제959조의4) 그리고 피후견인의 신상에 관한 결정권이다. 그 중 신상에 관한 결정권은 성년후견의 경우와 같다. 그러나 동의권과 대리권은 포괄적으로 주어지는 것이 아니고 법원이 심판에서 범위를 정한 부분에 한해서 주어지는 것이라는 점에서 성년후견과 근본적인 차이가 있다. 즉 법원은 한정후견 개시 심판시 피후견인이 한정후견인의 동의를 받아야 하는 행위를 정할 수 있는데 그 정해진 범위 내에서 한정후견인은 피후견인이 행한 법률행위에 대하여 동의 여부를 결정할 수 있고 동의 없이 한 법률행위에 대하여 사후에 동의권을 행사하거나 그 법률행위에 대한 취소권을 행사할 수 있다(민법 제13조 제3항 본문). 피후견인의 행위능력은 한정후견인이 동의권을 갖는 범위 내에서만 제한되고, 그렇지 않은 부분에 대하여는 완전한 행위능력을 가진다. 또한 동의권이 부여된 행위에 대하여도 그것이 일용품의 구입 등 일상생활에 필요하고 그 대가가 과도하지 않은 행위는 피후견인이 혼자 할 수 있다(민법 제13조 제3항 단서). 한정후견인의 법률행위 대리권은 법원이 그 범위를 정하여 부여한 범위 내에서만 인정된다. 그리고 동의권과 대리권의 범위는 반드시 일치할 필요는 없다.

* 참고 : 한정후견에서 피후견인이 후견인의 동의를 받도록 하는 행위를 정하는 것은 큰 의미가 있다. 피후견인에게 정신적 제약이 있다고 하여 가족들이 무조건 후견심판을 청구하지는 않고 보통은 그렇게 할 수 밖에 없는 계기가 되는 사건이 있기 마련인데 이것은 대부분 후견인의 동의권이 문제가 되는 사안들이다. 이를테면 피후견인 명의로 휴대폰을 개설해서 몇 백만 원의 요금이 납부되었다든지, 홈쇼핑 등을 통해서 필요 없는 물품을 다량 구매하였다든지, 다른 사람의 꾐에 빠져 통장을 개설해주었다가 보이스피싱 사기로 수사를 받게 되었다든지 하는 경우에 재발방지를 위해서 한정후견개시심판을 청구하게 되는 것이다. 이렇게 정신적 제약이 있는 사람들에게 접근하여 상품판매, 서비스이용계약체결 등을 하도록 하는 경우가 흔치 않고, 현대사회에서는 계약의 내용이 복잡하고 이해하기 힘든 경우가 많으므로 이러한 법률행위에 대하여 후견인에게 동의권을 부여하도록 한다면 가족들이 그러한 문제를 예방할 수 있게 되는 것이다. 다만 이 경우에도 장래에 대하여 예방을 할 수 있을 뿐 이미 이루어진 부분에 관하여는 원칙적으로 계약의 무효를 주장할 수 없다는 것을 알아야 한다.

바. 감 독

한정후견인에 대한 감독부분은 기본적으로 성년후견에서와 같다. 한정후견인은 재산목록작성의무가 법에 의하여 강제되지 않는 점에서 성년후견과 차이가 있으나, 법원에서 제출을 요구하는 경우에는 그에 따라야 하는 것은 동일하다.

4. 특정후견

요약 : 특정후견은 일정 기간 또는 특정 사무에 대한 후견을 말한다. 특정후견심판이 되더라도 피후견인의 법적 능력은 제한되지 않는다. 따라서 취소권, 동의권은 특정후견인에게 부여되지 않는다. 특정후견인은 법원에서 정한 기간 또는 범위 내에서 법률행위 대리권만을 가진다.

가. 대 상

질병, 장애, 노령, 그 밖의 사유로 인한 정신적 제약으로 일시적 후원 또는 특정한 사무에 관한 후원이 필요한 사람이 그 대상이 된다(민법 제14조의2 제1항). 특정후견은 본인의 정신적 제약의 정도를 기준으로 하기 보다는 특정한 사안에 관한 또는 특정한 기간을 정한 후견이라는 점에서 성년후견, 한정후견과 구별된다. 하지만 후견이 필요한 범위가 정신적 제약의 정도와 밀접하게 관련될 수밖에 없기 때문에 통상적으로는 성년후견, 한정후견의 경우보다 정신적 제약의 정도가 낮은 사람이 그 대상이 되는 것이 보통이다.

다만, 공공후견사업의 일환으로 후견이 이루어지는 경우에는 피후견인의 행위능력을 제한하지 않는 것을 원칙으로 하고 있고, 통상적으로 후견인의 임기가 정해지기 때문에 특별한 경우를 제외하고는 특정후견심판으로 청구를 하는 것을 원칙으로 하고 있다.

나. 청구권자, 관할, 심판청구절차

특정후견의 청구권자, 관할, 심판청구절차는 성년후견의 경우와 기본적으로 같다. 단, 성년후견인, 성년후견감독인, 한정후견인, 한정후견감독인은 청구권자가 될 수 없는데, 그것은 본인에게 이미 성년후견 또는 한정후견이 개시되어 있어 특정후견이 별도로 필요하지 않기 때문이다.

다. 심 리

특정후견 사건의 심리에서도 본인을 심문하여 의사를 확인하여야 한다(가사소송법 제45조의3 제1항 제1호). 다만 특정후견은 본인의 의사에 반하여 할 수 없다는 점에서 성년후견, 한정후견에서와 차이가 있다(가사소송법 제45조의3 제2항). 또 특정후견은 성년후견, 한정후견과 달리 원칙적으로 정신감정을 요구하지 않는다. 그 대신에 의사나 그 밖에 전문지식이 있는 사람의 의견을 듣도록 정하고 있다. 이 의견은 전문가의 말로써 진술하거나 진단서 등을 제출받아 확인할 수 있다. 특정후견은 본인의 행위능력을 제한하지 않기 때문에 심판절차를 간이하게 하는 대신 본인의 의사를 더 중시하는 쪽으로 절차를 규정하였다(가사소송법 제45조의2 제2항).

라. 심판과 등기

이에 관해서는 성년후견, 한정후견절차에서와 같다.

마. 후견인의 권한과 의무

특정후견인은 특정된 사무 또는 특정된 기간 동안 후견사무에 대한 대리권을 가진다. 후견인에게 피후견인이 행한 법률행위의 취소권과 동의권은 인정되지 않는다. 특정후견은 성년후견, 한정후견과 달리 반드시 특정후견인을 선임해야 하는 것은 아니다. 후견인을 선임하지 않고 법원이 직접 후견에 필요한 조치를 취할 수도 있다. 그러나 실무상 거의 대부분의 경우 후견사무의 원활성을 도모하기 위하여 특정후견인을 선임하고 있다. 특정후견에서 피후견인은 행위능력을 제한받지 않기 때문에 특정후견이 이루어진 경우에도 일반인과 다름없는 완전한 행위능력을 갖는다. 따라서 특정후견인은 취소권이나 동의권을 행사할 수는 없고, 후견이 필요한 사무에 관한 대리권만을 부여받는다(민법 제959조의11). 따라서 특정후견이 되었다 하더라도 피후견인은 후견인을 통하지 않고 직접 유효한 모든 법률행위를 할 수 있다. 법원은 특정후견 심판에서 후견이 필요한 사무의 범위와 후견인의 대리권의 범위, 그리고 후견의 기간을 지정한다(민법 제14조의2 제3항). 또 법원은 특정후견인을 통하지 않고서도 직접 본인을 후원하기 위하여 필요한 처분을 할 수 있다(민법 제959조의12, 제954조). 특정후견인의 임기는 특정후견심판에서 정한 기간 또는 해당 후견사무가 종료할 때까지이다.

특정후견인이 피후견인의 신상에 관한 결정권을 가질 수 있는지에 대해서는 법률에 명확한 근거가 없다. 하지만, 가정법원이 특정후견심판을 통해 이를 특별히 후견인의 권한범위에 포함시켰다고 한다면 후견인이 그 권한을 가지게 된다고 보아야 할 것이다[6].

바. 감 독

법원은 특정후견인에 대해서도 후견감독인을 선임하거나 직접 후견사무에 대한 감독을 행할 수 있다.

6) 특정후견인에게 피후견인의 신상에 관한 결정대행권한을 부여할 수 없다고 보는 견해로는 김성우, 성년후견실무(박영사 2018), 114쪽 참조. 다만 이 경우에도 가정법원은 피후견인의 후원을 위하여 필요한 처분을 명할 수 있고(민법 제959의8), 위 처분이 재산관리에 한정된다고 할 수 없으므로, 가정법원이 후견적 지위에서 심판으로 피후견인의 신상에 대한 처분을 하는 것은 가능하다고 한다.

5. 임의후견

요약 : 임의후견은 당사자 사이의 계약에 따라 이루어지는 후견으로서, 후견계약을 공정증서에 의해 체결하고, 등기한 다음, 후견개시 사유가 발생하면, 법원에 후견감독인 선임을 청구하는 과정을 거쳐 후견이 개시된다. 임의후견안의 권한 범위는 원칙적으로 특정후견과 같다.

가. 후견계약

임의후견은 당사자 사이의 계약에 의한 후견을 말한다. 앞서 본 성년후견, 한정후견, 특정후견이 법원의 재량적인 판단에 의하여 후견의 개시여부, 후견의 내용, 후견인의 선임이 이루어지는 것과 달리 임의후견은 사적자치의 원칙에 따르고 법원의 개입은 필요최소한으로 제한된다. 임의후견이 이루어지기 위해서는 먼저 후견계약이 체결되어야 한다. 후견계약은 장차 후견을 받을 사람과 후견인이 될 사람 사이에 이루어지는 계약이다. 후견계약이 체결된 이후 '후견이 필요한 사유[7)]'가 발생하면 일정한 절차를 거쳐서 후견계약에 정한 내용에 따른 후견이 이루어지게 되는 것이다. 다만 후견계약을 체결할 당시 후견을 받을 본인이 후견계약의 내용을 이해하고 결정할 수 있는 정도의 의사능력이 필요하다. 후견계약의 내용은 보통 본인의 재산관리 및 신상보호에 관한 사무의 전부 또는 일부를 후견인이 될 사람에게 위탁하고 그 위탁사무에 관한 대리권을 수여하는 것으로 정해진다(민법 제959조의14 제1항).

나. 후견계약의 형식과 등기

후견계약에는 몇 가지 제한이 있다. 후견계약은 공정증서에 의하여 작성되어야 하고, 이를 미리 등기해두어야 한다(민법 제959조의14 제2항, 제959조의15 제1항).

7) 질병, 장애, 노령, 그 밖의 사유로 사무를 처리할 능력이 부족한 상황이 된 경우를 말하는데 이 또한 후견계약에서 그 사유를 구체적으로 정할 수 있다.

다. 임의후견감독인의 선임

후견계약이 효력을 발생하기 위해서는 법원에 의하여 임의후견감독인이 선임되어야 한다. 후견계약에서 정한 후견개시사유가 발생하면 본인 또는 후견인 등은 가정법원에 임의후견감독인의 선임을 청구하여야 한다. 법원은 후견계약의 내용과 다른 후견을 정하거나 후견인을 다른 사람으로 선임할 수는 없지만, 임의후견인이 후견인으로서 적당하지 않다고 판단하는 경우에는 임의후견감독인을 선임하지 않는 심판을 할 수 있다. 법원이 임의후견감독인을 선임하는 심판이 확정되면 그 때부터 후견계약이 효력을 발생한다. 임의후견인과 달리 임의후견감독인은 법원이 직권으로 선임하며 당사자가 미리 임의후견감독인을 지정할 수는 없다(민법 제959조의15)[8]. 후견계약의 체결은 사적자치의 원칙에 따르도록 하지만 후견이 잘 이루어지는지 여부에 관해서는 법원이 선임한 감독인에 의한 감독을 받도록 한 취지이다. 임의후견이 개시되더라도 본인의 행위능력은 제한되지 않는다[9].

라. 후견계약의 종료

본인은 임의후견감독인이 선임되기 전까지 후견계약을 철회할 수 있다. 다만, 후견계약의 철회 또한 후견계약과 마찬가지로 공정증서로 작성되어야 한다(민법 제959조의18 제1항). 그러나 임의후견감독인이 선임되어 후견이 개시된 이후에는 임의로 후견계약을 철회할 수 없고 후견계약을 철회하기 위해서는 법원에 후견계약 종료심판을 청구하여야 한다(민법 제959조의18 제2항). 법원의 심판이 없더라도 본인이 사망하거나, 임의후견인의 비위행위 등으로 임의후견인이 해임되어 후견인이 없게 되면 후견계약은 종료한다.

8) 다만, 청구인이 임의후견감독인선임을 청구하면서 특정인 또는 특정 법인을 후견감독인후보자로 정하여 가정법원에 요청하는 것은 무방하다.

9) 따라서 임의후견은 법정후견의 유형 중 특정후견과 그 내용에 있어서 가장 유사하다.

3 개정민법의 시행과 금치산·한정치산 선고의 효력

개정민법이 2013. 7. 1.부터 시행되었으므로 그 이후부터는 개정법에 따라 성년후견 등의 사건으로 청구를 해야 하고 금치산·한정치산은 이제 더 이상 청구할 수 없다. 기존에 금치산·한정치산청구 사건으로 진행되던 사건들은 개정민법 시행일부터 성년후견 등 사건으로 자동 전환된다. 하지만 이미 금치산·한정치산 선고를 받아 확정된 사건에 대하여는 개정민법 시행일로부터 5년간 금치산·한정치산 선고의 효력이 유지되고, 그 기간이 지난 후에는 장래에 대하여 그 효력을 상실한다(민법 부칙 제2조). 따라서 2018. 7. 1.부터 기존의 금치산·한정치산 선고는 모두 그 효력을 상실하므로 기존에 이미 금치산·한정치산선고를 받은 사람은 2018. 7. 1. 부터 완전한 행위능력자가 됨을 주의할 필요가 있다. 따라서 후견사무의 존속이 필요한 경우에는 이들에 대하여 새로이 성년후견 등을 법원에 청구하여야 한다.

제2편

성년후견심판의 청구

성년후견심판을 청구하기 전에 고려해야 할 것들

1

* 분쟁이 있다고 하여 모두가 소송을 하는 것은 아니듯이 후견사유가 있다고 해서 모두가 후견심판을 청구하는 것은 아니다. 후견심판을 청구하기 위해서는 먼저 심판을 받아야 할 필요성이 있어야 하고, 후견인이 될 경우 어떻게 해야 하는지를 고려해야 한다. 그리고 후견심판에 필요한 시간과 비용에 관해서 더 생각을 해두는 것이 좋다. 아래에서 정한 '성년후견심판을 청구하기 전에 고려해야 할 것들'에 관해 미리 생각해 보는 것이 도움이 될 것이다.

사례1) H씨는 노령으로 사지마비와 언어능력을 상실하고 향후에도 증세가 호전될 가능성이 없는 상태이다. I는 딸로서 모친을 정성껏 돌보아 왔으나 치료비와 요양비 부담이 크고 본인도 형편이 넉넉하지 못한 처지로 H씨 소유의 부동산을 처분하여 요양비를 부담하려고 하나 H씨 본인이 아니고서는 이를 처분할 방법이 없다(성년후견, 재산관리).

사례2) O는 뇌수술 후 회복되지 못하고 식물인간 상태로 있다. O는 이와 관련하여 보험회사와 사이에 보험금 소송이 진행 중인에 본인이 의식불명으로 소송을 수행할 법정대리인이 필요하다. 처가 법정대리인으로서 소송수행자격을 얻게 되기를 원하고 O의 신상 및 재산관리와 관련하여 포괄적인 권한을 수여받게 되기를 원한다(성년후견, 소송행위대리).

사례3) J씨는 만 84세의 노인으로 치매판정을 받았고 큰 딸과 함께 생활하고 있다. J씨에게는 재산이 조금 있는데 사업을 하는 작은 아들이 기회만 있으면 J씨를 꾀어 재산을 처분해 사업에 보태줄 것을 부탁하고 있다. 큰 딸은 부친이 아들의 부탁을 거절하지 못하고 얼마 남지 않은 재산을 작은 아들에게 모두 주어버릴까 걱정이다(한정후견, 재산처분행위 방지).

사례4) F씨는 교통사고 후 청각장애와 정신능력 장애가 온 후 현재까지 회복이 되지 않고 있는데, 주변 사람들이 찾아와 각종 서류에 도장을 찍게 하여 위 서류들이 부동산 담보대출용으로 사용되어 수 억 원이 넘는 채무를 부담하게 되었고 이로 인해 파산직전까지 몰려 있다. 그럼에도 주변사람들이 F씨에게 접근하여 때로는 감언이설로 때로는 위협으로 겁박하여 채무를 부담하도록 하게하고 있다. 가족들은 후에 이 사실을 알게 되었으나 F씨의 정신능력의 문제로 인해 앞으로도 이런 일들이 발생하는 것을 예방하고자 한다(한정후견, 동의권 행사).

사례5) P는 발달장애 2급으로 어릴 때부터 치료를 받아왔다. P에게는 모친과 형이 있는데 그동안 모친이 P를 주로 돌보아 왔으나 얼마 전 사망하였다. 형은 모친의 상속재산을 정리하고 임대차보증금을 수령하여야 하나 P가 위 보증금반환채권의 상속지분을 가지고 있으나 이를 수령하여 관리할 능력이 없으므로, 형이 대리권을 받아 보증금을 수령하여 이를 동생을 위해 사용할 계획이다. 그러나 P의 주변 친척들은 형을 믿지 못하고 있는데 형이 최근 사업을 실패하여 타에 많은 채무를 부담하고 있기 때문이다. 하지만 누군가 P의 재산을 관리해야 한다는 점에 대하여는 공감을 하고 있다(한정후견, 전문가후견인).

사례6) C는 지적장애 3급으로 어릴 때 부모로부터 버려져 할머니와 생활해왔는데 몇 년 전 할머니가 사망하자 친척 할아버지와 함께 살고 있다. C는 주거지 인근의 복지관, 교회 등의 도움을 받고 장애연금과 기초생활수급금으로 생활하고 있다. C는 돈에 대한 개념이 부족하여 장애인연금과 수당을 잘 관리하지 못하고 함부로 써버리고, 주위의 꾐에 빠져 쓸모없는 물건들을 구매하고, 보호작업장에 취업하여 일을 하다가도 쉽게 그만두는 등 혼자 힘으로는 금전관리, 법적인 문제 등을 해결할 수 없다. 그런데 함께 생활하는 친척 할아버지 또한 연로하여 C를 제대로 보호해줄 수 없는 상황이다. C는 누군가의 도움을 받아야 하나 가족이나 친인척에 의한 도움을 받을 수 없다(특정후견, 공공후견인).

1. 살펴보기

후견은 제도의 기본취지가 후견을 받게 될 본인을 위한 것이기는 하지만 본인 스스로의 의지나 요청에 의해 후견이 이루어지는 경우는 흔치 않다. 대부분 가족이나 주변 사람의 필요나 요청에 의해 후견절차가 진행된다. 후견심판을 청구하는 경우는 보통 어떤 특정한 사건을 통해 후견의 필요성이 발생하였기 때문이다. 예를 들자면 본인이 뇌졸중 등으로 의식을 잃고 쓰러져 병원에 입원하여 있는 중 가족들이 치료비를 마련하기 위해서 본인 명의의 예금을 인출해야 하거나, 본인 명의로 된 부동산을 처분해야 한다든지 하는 것들이다. 처음에는 후견의 필요성에 대하여 전혀 알지 못하다가 은행 담당직원으로부터 본인이 아니면 인출을 할 수 없으니 법원에서 심판을 받아오라는 말을 듣고 후견제도를 알아보는 경우가 보통이다. 가족 중 일부가 치매에 걸린 본인을 이용하여 재산을 몰래 빼돌리고 처분하려 한다든지 하는 문제가 발생하여 이를 해결하기 위한 방법을 찾던 중 후견제도를 접하게 되는 경우도 있다. 후견을 청구하게 된 사정은 여러 가지가 될 수 있지만 그렇다고 하여 후견이 기본적으로 후견을 받는 사람을 위한 제도라는 점이 달라지는 것은 아니다. 또 후견은 당사자들이 당장 원하는 것만을 해결해주는 일회적인 절차가 아니고 일단 후견이 개시되면 지속성이 생기기 때문에 본인의 건강상황과 재산상태를 파악한 후 장래 본인을 위해 필요한 것이 무엇인지를 미리 체크해볼 필요가 있다. 그런 연후에 그 필요성에 가장 적합한 후견이 무엇인지, 또 후견의 범위를 어느 정도로 정해서 청구할지 여부를 미리 검토해야 한다. 마지막으로는 청구인이 후견인후보자로서 적합한지 아니면 다른 후견인후보자를 추천할 것인지 여부를 확인할 필요가 있다.[1)]

2. 성년후견심판을 청구할 필요성은 무엇인가?

후견심판을 청구하게 되는 원인은 다양하지만 처음 후견심판을 청구할 때 당사자가 갖게 되는 필요성은 몇 가지 항목으로 유형화될 수 있다. 이를 살펴보기로 한다.

· 본인명의의 예금인출이 필요한 경우
· 본인명의의 부동산을 관리하거나 처분할 필요성이 있는 경우

본인이 집안의 경제를 책임지는 가장이거나 나이가 많은 경우로 갑자기 쓰러져 의식불명상태가 되거나 치매가 이미 많이 진행된 상태인 때 이들을 돌보는 가족들의 필요에 의하여 청구가 이루어지는 경우가 보통이다. 본인명의로 된 예금을 인출해야 하거나 부동산을 처분하여 병원비를 충당하거나 관리하는 부동산에 세입자를 내보내거나 하는 등으로 관리 또는 처분의 필요성이 생긴 때이다. 이 경우 본인을 돌봐야 하는 배우자나 자녀 등이 청구인이 되고 또 이들이 후견인이 되는 경우가 대부분이다. 이러한 사안에서는 후견인이 본인의 재산 관리 및 처분에 관한 대리권을 부여받는 것이 주된 목적이 된다.

1) 임의후견은 당사자들이 미리 체결하는 계약의 형식을 띠는 것이므로 뒤에 따로 서술하기로 한다.

· 지적장애를 가진 자녀가 함부로 물건을 구입하거나 서비스계약을 체결하거나 채무를 부담하게 되는 등으로 문제가 발생한 경우

중증 정신지체장애인이 아닌 한 외관상 지적장애인인지 여부가 분명하지 않은 경우가 많다. 이러한 자녀가 성인이 된 후에 휴대폰 계약을 체결하고 요금을 미납하거나 하는 등으로 통신사에서 독촉장이 날아오는 경우가 있다. 주변사람의 꾐에 빠져 통장을 개설해주는 등 타인에게 이용당하여 신용불량자가 되는 경우도 있다. 하지만 정신적 능력이 떨어진다는 이유만으로 계약이 쉽사리 무효가 되는 것은 아니기 때문에 가족들이 이를 알게 되었을 때에는 이미 돌이킬 수 없는 경우가 많다. 또 당장 이것을 해결하였다 하더라도 향후에 같은 문제가 재발할 소지가 많기 때문에 이를 예방적으로 차단할 필요성이 생긴다. 이러한 사안에서는 본인을 돌보는 부모나 형제가 후견인이 되는 것이 보통이다. 이러한 사안에서는 본인이 혼자서 특정한 법률행위를 할 때 후견인의 동의를 받도록 하는 것이 주된 목적이 된다. 후견인이 사후에 본인의 행위를 취소할 수 있게 하기 위함이다.

· 본인이 혼자 생활할 능력이 부족하여 주변의 도움이 필요한 경우

지적장애인이 누군가의 도움 없이 사회생활을 온전히 해나가지는 쉽지 않은 일이다. 사회보장수급신청과 관리, 직장생활을 하는 경우는 급여의 관리, 공과금 등 각종 요금의 납부, 집안에 필요한 생필품의 구입, 서비스계약의 체결 등 일상생활의 하나하나에 누군가의 도움이 필요하다. 가족이나 이웃이 이를 도와줄 수 있으나 법적인 문제로 대리권을 부여받을 필요가 있는 경우가 많다. 이러한 경우 조력자가 법적 후견인이 되어 대리권을 부여받을 수 있다. 이는 본인을 더 잘 도울 수 있게 권한을 부여받도록 하는 것이다. 이들의 후견인으로 가족 또는 공익을 목적으로 한 공공후견인이 선임되는 것이 보통이다.

· 형제들 중 일부가 부모의 재산을 관리하면서 이를 유용하고 있다고 판단되는 경우

부모가 연로한 경우 장남이나 다른 형제자매들 중 한 명이 부모를 모시면서 그 재산을 함께 관리하는 경우가 많다. 부모가 정신능력이 온전한 경우에는 부모의 의사에 따르게 되지만 치매나 뇌졸중 등으로 더 이상의 판단능력이 상실된 경우에는 사정이 달라진다. 남은 재산을 다른 형제가 일방적으로 관리하면서 빼돌린다는 의심이 들 때가 있고 실제로 그렇게 되는 경우가 많다. 예전에는 금치산·한정치산선고가 되어도 후견인의 순위가 법정되어 배우자, 직계비속 중 최연장자의 순으로 가기 때문에 배우자 또는 장남이 자동으로 후견인이 되는 경우가 많았다. 하지만 개정민법은 본인에게 가장 적당한 사람을 법원이 후견인으로 선임하도록 하고 있으므로 재산을 투명하고 공정하게 관리할 적당한 사람을 후견인으로 선임해줄 것을 청구할 수 있다. 이는 후견심판을 구하는 청구인에게는 장래 본인으로부터 상속받을 재산을 미리 보존하기 위한 이익이 있고, 본인에 대하여도 생전에 재산의 유용을 방지할 수 있는 이점을 함께 가진다. 다만 이러한 사건에서는 형제들 사이의 다툼으로 인해 재판이 길어질 수 있고 가족 간에 불화가 더 깊어질 수도 있음을 염두에 두어야 한다. 따라서 변호사 등 법률전문가의 조력을 받을 필요성이 있다. 형제들 사이에 협의가 되지 않을 경우에는 이해관계 없는 제3자가 후견인으로 선임될 가능성도 있다.

· 본인에 대한 격리시설 입원 등의 조치 등 신상에 관한 결정권이 필요한 경우

후견인은 본인의 재산관리에 관한 사무만을 하는 것이 아니고 신상보호에 관한 사무도 처리한다. 또 본인이 신상에 관한 사항을 스스로 결정할 수 없을 때 후견인이 이를 대신해서 결정할 수 있는 권한을 부여받을 수 있다. 민법은 본인이 자신의 신상에 관하여 상태가 허락하는 범위에서 단독으로 결정하되 그렇지 못한 경우 법원으로부터 권한을 부여받은 후견인이 이를 대신하여 결정하도록 하고 있다. 다만 후견인이 그러한 권한을 부여받은 경우에도 정신병원 등에 강제격리 조치를 하는 경우에는 법원의 허가를 받아야 한다. 후견인으로서는 장래 발생할 수 있는 상황에 대비하여 신상에 관한 결정권한을 미리 부여받을 필요가 있다.

3. 어떤 후견을 청구할 것인가?

성년후견, 한정후견, 특정후견은 각각 나름의 장점과 단점을 가지고 있으므로 각각의 특성을 고려하여 후견의 유형을 선택해야 한다. 후견 유형을 선택할 때 중요하게 고려되어야 할 사항은 본인의 정신상태, 필요한 후견의 범위, 심판절차의 기간과 비용 및 후견의 지속성 여부 등이다. 성년후견은 종전의 행위무능력자 제도와 달리 본인의 의사와 잔존능력의 존중을 기본 이념으로 하고 필요성과 보충성의 원칙에 따르기 때문에 가급적 본인의 행위능력을 덜 제한하도록 하고 후견은 필요 최소한의 범위에 그칠 것을 요구하고 있으므로 후견의 유형을 선택할 때 이 부분을 특별히 고려할 필요가 있다.

따라서 본인에게 생활에 필요한 어느 정도의 정신능력이 남아 있는 경우에는 함부로 성년후견을 청구해서는 안 되고 이보다 약한 단계의 후견인 한정후견이나 특정후견을 청구하여야 한다. 반면에 본인의 정신능력이 매우 미약하여 사무를 처리할 능력이 결여된 경우라 하더라도 본인이 거동을 할 수 없는 등 혼자서 아무런 법률행위를 할 수 없는 경우라면 후견인이 취소권이나 동의권을 행사할 필요가 없으므로 한정후견이나 특정후견을 청구해도 무방하다. 한정후견이나 특정후견은 본인의 행위능력을 덜 제한하는 것이고, 대체적으로 그 법적 요건이 간이하기 때문이다. 따라서 후견의 유형을 선택하는 데에는 본인의 정신적 제약의 정도와 필요한 후견의 범위를 함께 고려하야 한다.

4. 후견의 범위를 어떻게 할 것인가?

후견의 범위는 당사자가 청구한 대로 이루어지는 것이 아니라 법원이 직권으로 판단하여 적당한 범위로 제한 또는 변경될 수 있다. 경우에 따라서는 법원이 직권으로 그 범위를 확장할 수도 있다. 따라서 청구인이 후견심판청구를 하면서 후견의 범위를 처음부터 정확하게 특정할 필요는 없다. 심리과정을 거치면서 추후에 이를 구체화 하면 된다. 하지만 당사자가 왜 후견을 청구하게 되었는지를 법원이 정확히 이해할 수 있어야지만 그에 맞는 적절한 후견의 범위를 지정해줄 수 있는 것이므로 후견심판을 청구하게 된 사유와 재산의 정도, 본인의 상태 등이 심판청구서에 명확하게 기재되어 있어야 한다. 또 심판청구 당시 후견의 범위를 넓게 구할수록 법원의 심리 범위도 그만큼 많아지기 때문에 소송이 지연될 우려가 있다. 청구인은 이러한 점을 고려해서 적당한 범위로 한정하여 후견을 청구하도록 하여야 한다. 다만 심판청구 당시 향후에 예상할 수 있는 일들을 미리 지정해두는 것이 나중에 후견범위의 변경 등 심판을 따로 하지 않아도 되는 편의가 있다는 점도 고려해야 한다.

5. 누가 후견인이 될 것인가?

피후견인에게는 '좋은 후견인'이 선임되어야 한다. 좋은 후견인은 본인의 사무를 처리할 적절한 능력과 본인을 성심껏 위하는 자세가 되어 있는 사람이어야 한다. 누가 후견인이 될 것인가는 매우 중요한 문제이고, 어쩌면 후견절차에서 모든 것을 통틀어 가장 중요한 부분이라고 할 수 있다. 후견사무를 이해하고 법률행위를 대리할 수 있는 자질이 있고 권한을 남용하지 않으며 본인을 위해 성심 성의껏 힘쓸 수 있는 선한 후견인이 선임된다면 후견에서 발생할 수 있는 모든 문제점이 해결될 수 있기 때문이다. 후견의 유형이나 범위, 권한의 지정 등 나머지 문제들은 모두 부차적인 문제일 뿐이다.

본인의 가족이 후견을 청구하는 경우에는 가족 중 한 명을 후견인후보자로 정하여 청구하는 것이 보통이다. 후견인후보자에게 특별한 하자가 없고 나머지 가족들이 동의한다면 법원은 본인과 가족들의 뜻을 존중하여 후보자인 가족을 후견인으로 선임한다. 본인의 배우자, 자녀, 부모가 후견인후보자인 경우 이들이 가장 본인과 밀접한 관계를 가지고 있고 그 외에 다른 적합한 후보자가 없는 것이 대부분이므로 이들이 후견인으로 선임되는 것은 당연하다고 볼 수 있다. 다만 가족인 후견인후보자가 이미 연로하여 오랫동안 후견을 할 수 없거나 건강상의 문제로 사무처리를 대신할 수 없는 경우에는 적당한 다른 사람을 후견인후보자로 미리 조율하여 신청할 필요가 있다.

본인에게 관리할 재산이 많고 재산관계가 복잡하거나 가족들 사이에 다툼이나 분쟁이 심한 경우에는 가족 중 한명을 후견인으로 선임하기 곤란한 경우도 있다. 특히 재혼가정으로 자녀들의 부모가 다른 경우에는 의견일치를 보기가 어렵다. 이러한 경우에는 가족 중 가장 중립적인 사람을 후견인으로 정하되 가족들 간에 합의로 후견의 범위를 사전에 조율하거나 그렇지 못할 때에는 전문가 등 제3자를 후견인으로 하여야 한다. 그런데 보통 후견을 청구한 청구인이 본인의 후견인이 되고자 하고 이와 대립되는 다른 가족 구성원이 이해관계인으로 소송에 참가하여 청구인이 후견인으로 선임되는 것을 반대하는 경우가 많다. 이러한 사안에서는 실질적으로는 조율이 잘 되지 못하여 제3자가 후견인으로 선임될 수 있다. 또 이와 반대로 본인에게 가족이 없거나 가족 중 누구도 후견인이 되지 않으려고 하거나 가족이 후견사무를 수행할만한 여력이 없는 경우도 있다. 이러한 경우에는 지방자치단체나 복지기관에서 후견을 청구하여 공공후견인(시민후견인)[2]이 선임되도록 할 수 있다. 공공후견인은 무보수로 일하거나 요건에 해당되면 지방자치단체나 해당 복지기관에서 실비를 지원받는다. 가족 중 후견이 필요함에도 불구하고 후견사무를 감당할 수 있는 적당한 후보자가 없는 경우에는 바로 법원에 후견을 청구하기 보다는 해당 지방자치단체나 본인이 지원받는 복지기관에 도움을 청하여 후견을 청구하도록 요청하는 것이 바람직하다.

◉ 후견심판을 청구할 때 가족들 사이에 미리 의견을 조율하여 후견유형, 후견범위, 후견인후보를 정하는 것이 매우 중요하다. 가족들간의 입장이 다르거나 분쟁이 발생하는 경우에는 후견심판 청구 절차가 지연될 수밖에 없고, 당사자들이 예상했던 결과와 다른 결정이 되는 경우가 많다. 이러한 결론을 원하지 않는다면 미리 본인 및 가족들의 의견을 동일화하고, 이에 따른 동의서를 받는 것이 바람직하다.

2) 공공후견인과 시민후견인은 공익적인 목적으로 후견사무를 처리한다는 점에서 비슷한 의미로 쓰이고 있다. 보건복지부에서는 시민후견인보다는 공공후견인을 정식명칭으로 사용하고 있으므로 이에 따르기로 한다.

6. 후견인 결격사유

다음의 경우에는 후견인 결격사유에 해당하여 후견인이 될 수 없다(민법 제937조).

1. 미성년자
2. 피성년후견인, 피한정후견인, 피특정후견인, 피임의후견인
3. 회생절차개시결정 또는 파산선고를 받은 자
4. 자격정지 이상의 형의 선고를 받고 그 형기(刑期) 중에 있는 사람
5. 법원에서 해임된 법정대리인
6. 법원에서 해임된 성년후견인, 한정후견인, 특정후견인, 임의후견인과 그 감독인
7. 행방이 불분명한 사람
8. 피후견인을 상대로 소송을 하였거나 하고 있는 자[3)]
9. 제8호에서 정한 사람의 배우자와 직계혈족. 다만, 피후견인의 직계비속은 제외한다.[4)]

미성년자나 피후견인은 현재 후견을 받고 있는 대상이므로 다른 사람의 후견인이 될 수 없음은 당연하다. 회생절차나 파산선고를 받은 사람, 자격정지 이상의 형을 선고받아 형기 중에 있는 사람, 법원에서 해임된 법정대리인, 후견인 등은 후견인으로서 적절한 임무수행을 기대할 수 없으므로 결격사유로 규정한 것이다. 행방이 불분명한 사람은 사실상 후견인으로 될 수 없다. 피후견인을 상대로 소송을 하였거나 하고 있는 자 또한 소송당사자이기 때문에 후견인이 될 수 없다. 피후견인으로부터 소송을 제기당한 경우도 마찬가지이다. 소송당사자의 배우자와 직계혈족도 후견인

---

3) 8호에서 규정한 소송은 재산 및 신분에 관한 소송, 본안 및 보전, 집행소송 등이 모두 포함된다. 다만 형식적으로 소송에서 반대 당사자의 관계에 있다는 이유만으로 결격이 되는 것은 아니고, 실질적으로 이해관계가 대립하는 경우에만 결격이 된다고 해석하여야 한다(김성우, 성년후견실무 37쪽 주 69 참조).

4) 민법이 2016. 12. 20. 법률 제14409호로 개정되면서 9호가 신설되었다. 개정전 민법 제937조 제8호는 '피후견인을 상대로 소송을 하였거나 하고 있는 자 또는 그 배우자와 직계혈족'을 후견인 결격자로 규정하고 있었는데 이에 따르면 부모가 이혼소송 중에 있는 경우 자녀들이 후견인이 될 수 없는 등 가족 중 의도치 않은 후견인결격자가 발생하게 되는 문제가 있었으므로, 8호 중 '그 배우자와 직계혈족 부분'을 삭제하고 9호를 신설하게 된 것이다.

이 될 수 없지만, 그 배우자와 직계혈족이 피후견인의 직계비속에 해당되는 경우에는 결격자가 아니므로 후견인이 될 수 있다.

성년후견개시심판에서 청구인과 사건본인은 소송상대방으로서의 지위에 있지 않기 때문에 청구인은 후견인결격자가 되지 않는다[5].

	유형	결격자 해당 여부	조문
1	부모의 이혼소송 중 아버지에 대해 후견개시심판이 청구되었다.	배우자는 결격자에 해당됨	8호
		아버지의 자녀들은 결격자에 해당 안 됨	9호 단서
2	동생에 대하여 후견개시심판이 청구되었는데, 예전에 형이 동생을 상대로 민사소송을 제기한 전력이 있다.	형과 형의 배우자, 직계비속(아들)은 결격자에 해당됨	8호, 9호
		그 부모 또한 결격자에 해당됨	9호 본문[6]
		형을 제외한 다른 형제자매와 그 자녀들은 결격자에 해당 안 됨	9호 본문

7. 후견에 따르는 비용은 어떻게 감당할 것인가?

후견사무는 후견인의 노력과 봉사로 이루어지는 것이다. 따라서 후견인에 대하여는 후견사무에 대한 노력의 대가로 보수가 지급될 수 있는데, 보수는 피후견인의 재산에서 지급된다. 하지만 친족후견인, 전문가후견인, 공공후견인에 따라 보수 수여 여부는 달라질 수 있다.

5) 성년후견 등 사건은 '라'류 가사비송사건으로서 상대방이 없는 사건으로 분류된다.

6) 9호 단서는 피후견인의 직계비속만을 결격자에서 제외한다고만 규정하고 있으므로, 피후견인의 직계존속은 결격자에 해당하게 된다.

피후견인의 친속 또는 가족은 피후견인에 대한 부양의무가 있고 또 장래 자신이 받을 상속재산을 보존하고 관리한다는 차원에서 후견업무를 맡게 되는 점 등을 고려하여 친족이 후견인이 되는 경우에는 후견사무에 대한 보수를 지급하지 않는 것이 원칙이다. 다만 특별한 사정이 있는 경우에는 법원이 결정으로 친족후견인의 후견사무에 대한 보수를 정할 수 있다. 또 피후견인이 그 동안 집안의 가장으로서 가족을 부양해왔다면 가족에 대한 부양의무는 그대로 유지되는 것이므로 부양대상이 되는 친족후견인은 후견을 통해 본인재산을 관리하면서 생활비를 지급받는 방법으로 그 동안의 부양관계를 그대로 유지할 수 있다.

친족이 아닌 제3자가 후견인으로 선임되는 경우에는 피후견인의 재산에서 보수가 지급되는 것이 원칙이다. 피후견인의 자력이 충분하고 전문적인 재산관리가 필요하다면 제3자인 전문가를 후견인으로 선임하여 적절한 보수를 지급하는 것이 피후견인을 위해서도 도움이 된다. 후견사무의 보수는 피후견인의 재산에서 지급되는 것이므로 본인의 자력이 충분하다면 후견을 청구하는 가족이 그 보수의 지급을 걱정할 필요는 없다. 다만, 법원은 심리과정에서 전문가후견인을 선임할 것을 전제로 하여 심판 전에 청구인 또는 관계인에게 후견사무 보수로 일정 금액의 예납을 미리 명하기도 하는데, 이러한 예납명령은 심문종결 후 후견개시심판 전에 주로 이루어진다.

피후견인에게 충분한 자력이 없고 후견인으로 적당한 친족도 없는 경우에는 앞서 언급한 공공후견인제도를 이용하여야 한다. 청구인 또는 관계인은 법원에 후견인후보자로서 공공후견인을 선임해줄 것을 요청할 수 있다. 일정한 요건에 해당하는 경우 법원은 공공후견인을 선임하며, 이 경우 피후견인의 재산에서 보수가 지급되지는 않게 된다.[7]

7) 청구인이 미리 공공후견인을 섭외하여 청구를 할 필요는 없다. 법원에서 피후견인의 자력이 부족하고 적당한 친족후견인이 없다고 판단하면 직권으로 공공후견인을 선임할 수 있다. 후견심판 청구를 하면서 그 취지를 기재하면 족하다.

후견심판청구서의 작성 2

* 성년후견등 사건의 심판청구서는 그 종류에 따라 성년후견개시, 한정후견개시, 특정후견 심판청구서가 있다. 특정후견은 시기와 종기가 한꺼번에 정해져 있기 때문에 '개시'라는 말을 붙이지 않는다. 아래에 있는 심판청구서는 서울가정법원 홈페이지에 게시되어 있는 심판청구서 양식이다. 후견에 관한 각종 양식은 대법원 대국민서비스 홈페이지(http://www.scourt.go.kr/portal/main.jsp) 또는 서울가정법원 홈페이지(http://slfamily.scourt.go.kr/)를 방문하여 메뉴에서 '양식'을 클릭하여, 해당 청구서를 검색하면 필요한 청구서 양식을 다운받을 수 있다.

1. 성년후견개시 심판청구서

가. 예 시

성년후견개시 심판청구서

청구인 ○ ○ ○ (전화)
주민등록번호
주소
사건본인과의 관계

사건본인 ○ ○ ○ (출생연월일 / 성별)
주민등록번호(외국인등록번호)
주소
등록기준지(국적)

청 구 취 지

1. 사건본인에 대하여 성년후견을 개시한다.
2. 사건본인의 성년후견인으로 ○○○(주민등록번호
   주소)를 선임한다.

라는 심판을 구합니다.

청 구 원 인

1. 청구인은 사건본인의 아들입니다.
2. 사건본인은 약 7년 전부터 노인성 치매 증세가 나타나 병원에서 치료를 받아 왔는데, 3년 전부터 상태가 급격히 악화되어 OO병원에서 요양 중에 있습니다. 현재 사건본인은 아들인 청구인조차 알아보지 못할 정도이므로 일상생활의 사무를 처리할 능력이 전혀 없고, 향후에도 증세가 호전될 가능성이 매우 희박합니다.
3. 청구인은 아들로서 사건본인을 정성껏 돌보아 왔으나 치료비와 요양비 부담이 만만치 않

고, 사건본인 소유 부동산의 관리에 많은 어려움을 겪고 있으므로, 이 사건 심판을 통해 성년후견인으로서의 지위를 인정받고, 사건본인의 부동산을 관리하여 그 수익을 사건본인을 개호하는 비용으로 사용하고자 합니다.

4. 사건본인의 성년후견인으로는 아들인 청구인이 선임되기를 원하며, 그 권한의 범위는 별지 기재와 같이 정해지기를 원합니다.
5. 이러한 이유로 이 사건 청구에 이르게 되었습니다.

성년후견인 후보자	성명	
	주소	
	주민등록번호	
	직업	
	사건본인과의 관계	

첨 부 서 류

1. 가족관계증명서, 기본증명서, 주민등록표등(초)본(사건본인) 1통
2. 가족관계증명서, 주민등록표등(초)본(청구인 및 후견인후보자) 1통
3. 사건본인의 후견등기사항전부증명서(말소 및 폐쇄사항 포함)
   또는 후견등기사항부존재증명서(전부) 1통
4. 청구인 및 후견인후보자와 사건본인과의 관계를 밝혀줄 자료 1통
   (가족관계증명서, 제적등본 등)
5. 후견인 후보자의 범죄경력조회 회보서(실효된 형 포함) 1통
6. 선순위 추정상속인들의 동의서(인감날인 및 인감증명서 첨부 필요) 1통
7. 진단서 및 진료기록지 등 1통
8. 사전현황설명서/재산목록/취소권·동의권·대리권 등 권한범위 각 1부
9. 기타(소명자료) 각 1부

2018. ○. ○.

위 청구인 ○ ○ ○ (인)

○○가정법원 귀중

☞ 유의사항

1. 관할법원은 사건본인의 주소지 가정법원입니다.
2. 위 첨부서류 이외에도 절차진행에 따라 추가서류가 필요할 수 있습니다.
3. 정신감정을 하는 것이 원칙이고, 정신감정시 감정 예납이 필요하며 추가비용(검사비, 입원비 등)이 발생할 수 있습니다.
4. 청구인이 청구한 후견인후보자가 후견인으로 반드시 지정되는 것은 아닙니다.
5. 후견인후보자의 범죄경력·수사경력조회회보서, 신용조회서 등 추가서류가 필요할 수 있습니다.
6. ☎ 란에는 연락 가능한 휴대전화번호(전화번호)를 기재하시기 바랍니다.

Ⅰ. 취소할 수 없는 피성년후견인의 법률행위의 범위

성년후견인은 피성년후견인이 행한 법률행위에 대한 취소권을 가집니다. 다만 일용품의 구입 등 일상생활에 필요하고 그 대가가 과도하지 아니한 법률행위는 성년후견인이 취소할 수 없습니다. 가정법원은 이외에 성년후견인이 취소할 수 없는 피성년후견인의 법률행위의 범위를 따로 지정할 수 있습니다.

성년후견인이 민법상의 일반원칙에 따른 취소권을 갖기를 원한다면 취소권 제한 없음, 그 외에 특별히 취소할 수 없는 법률행위의 범위를 지정하고 싶은 경우에는 취소권 제한 있음에 체크해주시고, 취소권 제한이 있는 경우에는 그 범위를 구체적으로 기재하여 주십시오.

□ 취소권 제한 없음

□ 취소권 제한 있음

- □ ______________________________
- □ ______________________________
- □ ______________________________
- □ ______________________________

Ⅱ. 성년후견인의 법정대리권의 범위

성년후견인은 피성년후견인에 대하여 포괄적인 법정대리인이 됩니다. 다만 가정법원은 성년후견인이 가지는 법정대리권의 범위를 따로 정할 수 있습니다.

성년후견인이 피성년후견인에 대하여 포괄적인 법정대리권을 갖기를 원한다면 법정대리권 제한 없음, 법정대리권의 범위를 따로 정하고 싶은 경우에는 법정대리권 제한 있음에 체크해주시고, 법정대리권 제한이 있는 경우에는 그 범위를 구체적으로 기재하여 주시되, 특히 후견인의 대리권 행사에 법원의 허가가 필요하다고 보이는 행위가 있으면 그 범위도 구체적으로 기재하여 주십시오.

<table><tr><td>
□ 법정대리권 제한 없음

□ 법정대리권 제한 있음

아래 사항에 대하여는 후견인에게 법정대리권이 없음
□ ____________________
□ ____________________

아래 사항은 후견인의 대리권 행사에 법원의 허가를 필요로 함
□ ____________________
□ ____________________
</td></tr></table>

Ⅲ. 성년후견인이 피성년후견인의 신상에 관하여 결정할 수 있는 권한의 범위

후견인이 신상에 관한 결정 권한을 부여받은 경우에도 피후견인은 자신의 신상에 관하여 그의 상태가 허락하는 범위에서 단독으로 이를 결정할 수 있습니다. 피후견인이 스스로 결정할 수 없는 상태에 있는 경우에만 후견인이 이를 대신하여 결정할 수 있습니다.

피후견인을 치료 등의 목적으로 정신병원이나 그 밖의 다른 장소에 격리하려는 경우, 피후견인이 의료행위의 직접적인 결과로 사망하거나 상당한 장애를 입을 위험이 있을 때에는 별도로 가정법원의 허가를 받아야 합니다. 다만 허가절차로 의료행위가 지체되어 피후견인의 생명에 위험을 초래하거나 심신상의 중대한 장애를 초래할 때에는 사후에 허가를 청구할 수 있습니다.

□ 신상에 관한 결정권한 없음

□ 아래 사항에 관하여 피후견인이 스스로 결정을 할 수 없는 경우 후견인이 결정권을 가짐

1. □ 의료행위의 동의
2. □ 거주·이전에 관한 결정
3. □ 면접교섭에 관한 결정
4. □ 우편·통신에 관한 결정
5. □ 사회복지서비스 선택 또는 결정
6. □ 기타 사항
   □ ______________________
   □ ______________________

Ⅳ. 권한분장에 관한 사항(후견인을 2명 이상 선임 청구하는 경우)

□ 위 각 권한은 후견인들이 각자 행사할 수 있음

□ 위 각 권한은 후견인들이 공동으로 행사함

□ ______________________

□ ______________________

〈별지〉 후견인 후보자에 관한 사항.

□ 회생절차개시결정 또는 파산선고를 받은 자

□ 자격정지 이상의 형의 선고를 받고 그 형기 중에 있는 사람

□ 피후견인을 상대로 소송을 하였거나 하고 있는 자 또는 그 배우자와 직계혈족

□ 해당사항 없음

※ 별지 양식의 해당사항에 V표시한 후 관련자료와 함께 제출하여 주시기 바랍니다.

나. 설 명

(1) 심판청구서

성년후견개시 심판청구서는 청구인, 사건본인, 청구취지, 청구원인, 후견인후보자, 첨부서류, 별지로 나뉜다. 청구인은 후견개시 심판청구를 한 사람을 말한다. 사건본인 또는 그 배우자, 4촌 이내의 친족 등이 청구권자가 됨은 앞에서 설명한 것과 같다. 사건본인은 심판에 의하여 장차 후견을 받게 될 사람을 말한다. 심판이 확정되어 후견이 개시되면 사건본인은 피후견인이 된다. 청구취지는 청구인이 원하는 심판의 주문을 기재한 것이다. 청구원인은 그 청구를 뒷받침하는 내용을 기재한 부분이 된다. 어떤 이유로 성년후견개시 심판에 이르게 되었는지를 설명하는 부분인데 여기에는 청구인과 사건본인의 관계, 사건본인의 정신상태, 심판청구에 이르게 된 경위, 후견개시 심판을 통해 무엇을 얻고자 하는지, 그리고 누가 후견인이 되기를 원하는지 등을 기재해야 한다. 지나치게 상세히 기재할 필요는 없다. 필요한 나머지 구체적인 부분은 뒤에서 설명하는 사전현황설명서에 따로 기재하면 되기 때문이다. 후견인후보자란에는 후견인후보자의 인적사항을 기재하면 된다. 청구인이 후보자가 될 수도 있고, 후보자를 2인 이상의 복수로 기재할 수도 있으며, 적당한 후보자가 없는 경우에는 기재를 생략하고 법원에서 후보자를 정해줄 것을 구할 수도 있다. 후견인후보자가 청구인이 아닌 경우에는 그가 누구인지 여부와 법원에서 소환이 가능한 주소 등을 특정해주어야 한다.

(2) 첨부서류

성년후견개시 심판에 필요한 첨부서류는 양식에 기재되어 있는 것과 같다. 심판청구서를 접수할 때 위 첨부서류를 모두 갖출 필요는 없으나 필요한 첨부서류를 제출하지 않은 경우 법원에서 보정명령을 통해 추가로 제출을 명하기 때문에 재판이 지연될 수 있다. 따라서 미리 첨부서류를 확인하고 필요한 서류를 다 제출하는 것이 좋다. 다만 위에서 기재한 첨부서류는 재판에 필요한 기본서류일 뿐 이것 이외에도 법원이 추가로 증거서류 등을 요구할 수 있으므로 첨부서류를 제출한다고 하여 필요한 사항을 모두 제출한 것은 아님을 명심해야 한다.

(3) 별 지

성년후견심판청구서의 별지는 후견의 내용과 범위를 표시하는 것이다. 법원이 성년후견개시 심판을 하면 심판문에 후견의 내용과 범위를 정하는 별지가 첨부되고 이는 후견등기부에 그대로 등재된다. 성년후견의 경우 후견인은 취소권, 대리권, 신상에 관한 의사결정권을 가지므로, 별지에 각각의 권한의 유무 및 범위를 정해야 한다. 성년후견의 경우에는 후견인이 포괄적인 법률행위 취소권과 대리권을 가지므로 특별히 제한이 없는 권한을 후견인이 갖기를 원할 경우 '취소권 제한 없음' 또는 '대리권 제한 없음'에 표시하면 되고, 특정한 부분에 대하여만 권한을 가지기를 원할 경우에는 '제한 있음' 란에 표시한 후 후견인의 권한이 제한되는 부분을 추가로 표시하면 된다. 성년후견의 기본이념이 필요성과 보충성의 원칙이므로 심판청구서에 제한 없음 표시를 하였다 하더라도 법원이 판단하여 제한이 필요한 사항을 지정할 수 있다. 후견인이 사건본인의 부동산을 처분하거나 담보제공을 하거나 하는 행위에 대하여는 법원의 허가를 받도록 미리 정하는 경우가 많다. 신상에 관한 결정권한은 법률행위가 아닌 부분에 관한 사항으로 본인의 자유를 구속할 수 있기 때문에 포괄적으로 인정되지 않고 사전에 법원으로부터 권한을 받은 범위에서만 후견인이 그 권한을 행사할 수 있다. 신상에 관한 결정권 역시 법원이 청구인의 의사에 구애되지 않고 범위를 달리 지정할 수 있다.

다. 사전현황설명서

사전현황설명서는 성년후견개시 심판청구서의 첨부서류 중 하나이다. 법원이 원하는 후견심판에 필요한 정보를 사전에 미리 청구인으로 하여금 답변하도록 한 서면이다. 사전현황설명서는 피후견인이 될 사람의 신상정보와 재산정보, 그리고 가족들 사이에 다툼이 있는지, 피후견인이 법원에 출석하여 심문을 받을 수 있는 상태인지, 향후 개시될 후견에 관하여 복잡한 전문지식이 필요한지 여부 등 법원이 필요한 정보를 청구인으로 하여금 미리 답변하도록 한 질의서라고 볼 수 있다. 심판청구서의 청구원인에 기재할 사항을 누락됨이 없도록 항목별로 따로 정하여 제출하도록 하였다. 사전현황설명서의 칸이 모자라는 경우에는 항목을 별도로 떼어내어 별지로 첨부해도 무방하다. 심판청구서의 청구원인과 중복이 되더라도 상관없다.

사전현황설명서의 재산상황 부분에 대해서는 초기에 청구인이 자료수집에 한계가 있을 수밖에 없으므로, 모든 내역을 자세하게 작성할 필요는 없다. 다만 개괄적으로라도 피후견인의 재산상태 및 소득과 지출을 알 수 있도록 작성하는 것이 좋다. 그리고 부동산등기부 등 관련 자료들도 함께 첨부하도록 한다.

[양 식]

사전현황설명서

<table>
<tr><td colspan="2">1. 사건본인에 관한 사항</td></tr>
<tr><td>가. 현재 한정치산자 또는 금치산자인지</td><td>예□ 아니오□</td></tr>
<tr><td>나. 한정후견·특정후견·임의후견을 받고 있는지</td><td>예□ 아니오□</td></tr>
<tr><td>다. 현재의 심신 상태 및 치료 상황</td><td></td></tr>
<tr><td>라. 현 거주지 및 현재 누구와 동거하고 있는지</td><td></td></tr>
<tr><td>마. 재산상황(목록으로 작성하여 별지로 첨부 가능)</td><td></td></tr>
<tr><td>바. 의견진술을 위하여 법원출석이 가능한지 여부</td><td></td></tr>
<tr><td>사. 치료받은 병원 이름 및 치료받은 기간</td><td></td></tr>
<tr><td colspan="2">2. 성년후견을 청구하게 된 동기와 목적</td></tr>
<tr><td colspan="2"></td></tr>
<tr><td colspan="2">3. 이 사건 청구에 관한 사건본인의 선순위 상속인들의 의견</td></tr>
<tr><td>가. 선순위 상속인들 명단</td><td></td></tr>
<tr><td>나. 동의자(동의서 첨부)</td><td></td></tr>
<tr><td>다. 부동의자</td><td></td></tr>
</table>

재 산 목 록

▣ 재산내역

1. 부동산(등기사항전부증명서 첨부)
2. 예금
3. 보험
4. 주식, 펀드
5. 자동차
6. 현금, 귀금속
7. 채권
8. 기타 자산
9. 채무
10. 순재산 합계

▣ 소득 및 지출 내역

1. 소득목록
   가. 급여
   나. 임대료 수익
   다. 이자수입
   라. 사회보장수급액
   마. 기타
2. 지출목록
   가. 정기적 지출
   나. 비정기적 지출
3. 순소득액

라. 그밖에 필요한 서류들

(1) 진단서

사건본인이 후견을 청구하기 전에 병원에서 진료를 받은 사실이 있다면 해당 병원에서 발급한 진단서(소견서 또는 의무기록)를 첨부하여 제출할 필요가 있다. 다만 진단서는 심리에 필요한 참고자료에 불과할 뿐이고 법원이 진단서만을 근거로 후견개시 심판을 하는 것은 아니다. 법원은 필요한 경우 의료기관에 사건본인에 대한 감정촉탁을 의뢰하여 그 결과에 따라 후견의 종류와 범위를 정하게 된다. 하지만 심판청구 당시 제출한 진단서는 법원의 심리방향을 정하는 중요한 기초자료가 되므로 심판청구시 반드시 이를 제출하는 것이 좋다.

진단서와 의무기록만으로 후견개시 여부가 확실히 판명될 수 있는 경우에는 감정절차가 생략될 수 있다. 다만, 감정절차가 생략될 수 있으려면 정신적 제약으로 사무처리 능력이 결여되었고, 그 상태가 지속적이며 회복의 가능성이 없다는 취지가 함께 기재될 필요가 있다.[1]

(2) 동의서

후견에 관하여 사건본인에게 부모, 배우자, 형제자매 등 가족이 있는 경우 이들이 청구인의 후견청구 및 후견인이 되는 것에 동의한다는 내용을 담은 동의서를 제출할 필요가 있다. 동의서에는 인감도장을 날인하고 인감증명서를 첨부하도록 한다. 후견에 관하여 가족들 사이에 다툼이 있는지 여부는 매우 중요하기 때문에 사전에 가족들 간에 미리 조율하여 의견을 일치시키면 재판이 지연되는 것을 방지할 수 있다. 법원이 동의여부를 제출하도록 하는 가족의 범위는 원칙적으로 사건본인의 1순위 상속인들이다. 주로 배우자와 직계비속이 이에 해당한다.[2] 동의서를 받지 못한 경우에는 사전현황설명서에 그 취지를 기재하면 된다. 법원은 동의서가 제출되지 않은 1순위 상속인에 대해서는 주민등록초본을 제출받아 의견

1) 김성우, 성년후견실무, 34쪽 참조

2) 후견을 받게 될 사건본인의 동의서도 함께 받아서 제출하는 것이 좋다.

소회서를 송부한다.[3)]

가족들 사이에서 후견에 관해 이견 또는 다툼이 있거나 행방을 알지 못하는 경우에는 동의를 받을 수 있는 사람에 대해서 만이라도 동의서를 제출하는 것이 좋다. 가족 중 일부가 외국에 거주하는 경우에는 동의서를 제출할 때 국내에 송달장소를 미리 신고해 둔다면 법원문서가 원활하게 송달될 수 있어 소송이 지연되는 것을 방지할 수 있다.[4)]

(3) 사진자료 등

사건본인의 상태가 어떤지는 진단서만을 가지고 판단하기 어려운 경우가 많고 사건본인이 법원에 출석하여 의견을 진술할 수 있는 상태인지 여부를 확인하기 위해서는 사건본인의 현재 입원하고 있는 요양원에서 사건본인의 생활 등을 촬영한 사진자료를 제출하면 도움이 된다. 필요한 경우 이를 동영상으로 제출할 수도 있다.

(4) 장애인등록증

사건본인에 대하여 장애인복지법상 장애등급심사규정에 의한 장애판정이 있는 경우 장애인등록증 등 이와 관련한 자료를 제출하여야 한다.

(5) 후견등기사항부존재증명서

사건본인과 후견인후보자의 후견등기사항부존재증명서를 발급받아 제출하여야 한다. 이는 사건본인에 대해서는 현재 다른 후견을 받고 있는지 여부를 확인하기 위해, 후견인후보자에 대해서는 결격사유를 확인하기 위한 목적으로 제출되는 것이다.

3) 주민등록등초본을 제출할 수 없는 경우에는 법원에 보정명령을 발령해줄 것을 요청하면 된다. 법원의 보정명령을 받으면 그 보정명령서를 가지고 주민센터에서 주민등록을 발급받을 수 있고, 이를 법원에 제출하면 된다.

4) 가족 중 일부가 해외에 거주하고 있고, 동의서도 제출되지 않고 있으면 의견조회절차로 인해 재판이 지연되는 상황이 발생할 수 있다.

(6) 범죄경력·수사경력 회보서 및 신용정보조회서

이는 후견인후보자의 결격사유를 확인하기 위한 자료인데, 범죄경력·수사경력 조회서는 경찰서를 방문하여 발급받아야 하는데, 법원에서는 '실효된 형 포함'으로 제출을 요구한다. 신용정보조회서는 한국신용정보원 홈페이지에 접속하여 인터넷으로 발급받으면 된다. 후견인후보자가 이를 제출하지 못하는 경우 법원에서 직권으로 조회하여 회신을 받을 수도 있다.

2. 한정후견개시심판청구서

가. 양 식

한정후견개시심판청구

청구인 ○ ○ ○ (전화)
주민등록번호
주소
사건본인과의 관계

사건본인 ○ ○ ○
주민등록번호(외국인등록번호)
주소
등록기준지(국적)

청 구 취 지

1. 사건본인에 대하여 한정후견을 개시한다.
2. 사건본인의 한정후견인으로 ○○○(주민등록번호 ,
주소)를 선임한다.

라는 심판을 구합니다.

청 구 원 인

1. 청구인은 사건본인의 모친입니다.
2. 사건본인은 정신지체장애인입니다. 사건본인은 성인이 되었으나 정신적 제약으로 인해 사무를 처리할 능력이 부족하므로 후견인의 조력을 받을 필요성이 있습니다.
3. 청구인은 사건본인의 모친으로 주소지에서 함께 생활하고 있고 앞으로도 아들인 사건본인을 돌보아야 하므로, 청구인이 사건본인의 한정후견인으로 지정되기를 원합니다.

4. 사건본인이 한정후견인의 동의를 받아야 하는 행위 및 한정후견인의 대리권의 범위, 한정후견인이 사건본인의 신상에 관하여 결정할 수 있는 권한의 범위는 각 별지 기재와 같이 지정해주기를 바랍니다.

한정후견인 후보자	성명	
	주소	
	주민등록번호	
	직업	
	사건본인과의 관계	

첨 부 서 류

1. 가족관계증명서, 기본증명서, 주민등록표등(초)본(사건본인) 1통
2. 가족관계증명서, 주민등록표등(초)본(청구인 및 후견인후보자) 1통
3. 사건본인의 후견등기사항전부증명서(말소 및 폐쇄사항 포함) 또는 후견등기사항부존재증명서(전부) 1통
4. 청구인 및 후견인후보자와 사건본인과의 관계를 밝혀줄 자료 (가족관계증명서, 제적등본 등) 1통
5. 후견인 후보자의 범죄경력조회 회보서(실효된 형 포함) 1통
6. 선순위 추정상속인들의 동의서(인감날인 및 인감증명서 첨부 필요) 1통
7. 진단서 및 진료기록지 등 1통
8. 사전현황설명서/재산목록/취소권·동의권·대리권 등 권한범위 각 1부
9. 기타(소명자료) 각 1부

2018. ○. ○.

위 청구인 ○ ○ ○ (인)

○○가정법원 귀중

☞ **유의사항**

1. 관할법원은 사건본인의 주소지 가정법원입니다.
2. 위 첨부서류 이외에도 절차진행에 따라 추가서류가 필요할 수 있습니다.
3. 정신감정을 하는 것이 원칙이고, 정신감정시 감정료 예납이 필요하며 추가비용(검사비, 입원비 등)이 발생할 수 있습니다.
4. 청구인이 청구한 후견인후보자가 후견인으로 반드시 지정되는 것은 아닙니다.
5. ☎란에는 연락 가능한 휴대전화번호(전화번호)를 기재하시기 바랍니다.

Ⅰ. 피한정후견인이 한정후견인의 동의를 받아야 하는 행위의 범위

I. □ 한정후견인의 동의를 받아야 하는 행위 없음

II. □ 피후견인이 아래 사항에 관한 행위를 함에 있어서는 후견인의 동의를 받아야 함. 다만 법원의 허가사항으로 정한 사항에 관하여는 후견인이 동의를 함에 있어 사전에 법원의 허가를 받아야 함

1. 재산관리

가. □ 부동산의 관리·보존·처분

□ 처분

□ 구입

□ 임대차계약의 체결·변경·종료

□ 보증금의 수령 및 반환

□ 전세권, 담보권 설정계약의 체결·변경

□ 부동산의 신축·증축·수선에 관한 계약의 체결·종료

나. □ 예금 등의 관리

□ 예금 계좌의 개설·변경·해약·입금·이체·인출

□ 증권 계좌의 개설·변경·해약·입금·이체·인출

다. □ 보험에 관한 사항

□ 보험계약의 체결·변경.종료

□ 보험금의 수령

라. □ 정기적 수입 및 지출에 관한 관리

□ 정기적 수입(임료, 연금, 사회보장급여 등)의 수령과 이에 관한 제반절차

□ 정기적 지출(임료, 요금, 보험료, 대출원리금 등)과 이에 관한 제반절차

□ 기존 채무의 변제 및 이에 관한 제반절차

마. □ 상속의 승인, 한정승인 또는 포기 및 상속재산의 분할에 관한 협의

바. □ 물품의 구입·판매, 서비스 이용계약의 체결·변경·종료

사. □ 유체동산, 증서 및 중요문서 등의 보관 및 관리

아. □ 근로계약에 관한 사항

□ 근로계약의 체결 · 변경 · 종료

□ 임금의 수령

자. □ 금전, 유체동산 등의 차용 · 대여 · 증여

차. □ 보증행위

2. 신상보호

가. □ 개호 및 복지서비스의 이용

□ 개호서비스 이용계약의 체결·변경·종료 및 비용의 지급

□ 복지시설 · 요양시설 입소계약의 체결·변경·종료 및 비용의 지급

나. □ 의료계약의 체결·변경·종료 및 비용의 지급

3. 기타

가. □ 소송행위 등

□ 위에서 정한 각 행위와 관련한 분쟁의 처리

□ 소송행위 및 변호사 등에 대한 소송위임

나. □ 취소권 행사 후 원상회복과 관련한 사항

다. □ 기타 사항

□ ____________________

□ ____________________

4. 법원의 허가사항

□ ____________________

□ ____________________

□ ____________________

□ ____________________

Ⅱ. 한정후견인의 대리권의 범위

I. □ 한정후견인의 대리권 없음

II. □ 후견인은 아래 사항에 관하여 대리권을 가짐. 다만 법원의 허가사항으로 정한 사항에 관하여는 후견인이 대리행위를 함에 있어 사전에 법원의 허가를 받아야 함

1. 재산관리

가. □ 부동산의 관리·보존·처분

□ 처분

□ 구입

□ 임대차계약의 체결·변경·종료

□ 보증금의 수령 및 반환

□ 전세권, 담보권 설정계약의 체결 · 변경

□ 부동산의 신축·증축·수선에 관한 계약의 체결·종료

나. □ 예금 등의 관리

□ 예금 계좌의 개설 · 변경 · 해약 · 입금 · 이체 · 인출

□ 증권 계좌의 개설 · 변경 · 해약 · 입금 · 이체 · 인출

다. □ 보험에 관한 사항

□ 보험계약의 체결·변경·종료

□ 보험금의 수령

라. □ 정기적 수입 및 지출에 관한 관리

□ 정기적 수입(임료, 연금, 사회보장급여 등)의 수령과 이에 관한 제반절차

□ 정기적 지출(임료, 요금, 보험료, 대출원리금 등)과 이에 관한 제반절차

□ 기존 채무의 변제 및 이에 관한 제반절차

마. □ 상속의 승인, 한정승인 또는 포기 및 상속재산의 분할에 관한 협의

바. □ 물품의 구입 · 판매, 서비스 이용계약의 체결 · 변경 · 종료

사. □ 유체동산, 증서 및 중요문서 등의 보관 및 관리

아. □ 공법상의 행위(세무신고 등)

2. 신상보호

가. □ 개호 및 복지서비스의 이용

□ 개호서비스 이용계약의 체결·변경·종료 및 비용의 지급

□ 복지시설·요양시설 입소계약의 체결·변경·종료 및 비용의 지급

나. □ 의료계약의 체결·변경·종료 및 비용의 지급

다. □ 공법상의 행위(주민등록, 공적의료보험, 국민기초생활수급의 신청 및 갱신 등)

3. 기타

가. □ 소송행위 등

□ 위에서 정한 각 행위와 관련한 분쟁의 처리

□ 소송행위 및 변호사 등에 대한 소송위임

나. □ 취소권 행사 후 원상회복과 관련한 사항

다. □ 기타 사항

□ ______________________________

□ ______________________________

4. 법원의 허가사항

□ ______________________________

□ ______________________________

□ ______________________________

□ ______________________________

Ⅲ. 한정후견인이 피한정후견인의 신상에 관하여 결정할 수 있는 권한의 범위

후견인이 신상에 관한 결정 권한을 부여받은 경우에도 피후견인은 자신의 신상에 관하여 그의 상태가 허락하는 범위에서 단독으로 이를 결정할 수 있습니다. 피후견인이 스스로 결정할 수 없는 상태에 있는 경우에만 후견인이 이를 대신하여 결정할 수 있습니다.

피후견인을 치료 등의 목적으로 정신병원이나 그 밖의 다른 장소에 격리하려는 경우, 피후견인이 의료행위의 직접적인 결과로 사망하거나 상당한 장애를 입을 위험이 있을 때에는 별도로 가정법원의 허가를 받아야 합니다. 다만 허가절차로 의료행위가 지체되어 피후견인의 생명에 위험을 초래하거나 심신상의 중대한 장애를 초래할 때에는 사후에 허가를 청구할 수 있습니다.

□ 결정권한 없음

□ 아래 사항에 관하여 피후견인이 스스로 결정을 할 수 없는 경우 후견인이 결정권을 가짐

1. □ 의료행위의 동의
2. □ 거주·이전에 관한 결정
3. □ 면접교섭에 관한 결정
4. □ 우편·통신에 관한 결정
5. □ 사회복지서비스 선택 또는 결정
6. □ 기타 사항
   - □ ______________________
   - □ ______________________

Ⅳ. 권한분장에 관한 사항

□ 위 각 권한은 후견인들이 각자 행사할 수 있음
□ 위 각 권한은 후견인들이 공동으로 행사함
□ ______________________________
□ ______________________________

〈별지〉 후견인 후보자에 관한 사항.

□ 회생절차개시결정 또는 파산선고를 받은 자
□ 자격정지 이상의 형의 선고를 받고 그 형기 중에 있는 사람
□ 피후견인을 상대로 소송을 하였거나 하고 있는 자 또는 그 배우자와 직계혈족
□ 해당사항 없음

※ 별지 양식의 해당사항에 V표시한 후 관련자료와 함께 제출하여 주시기 바랍니다.

사전 현황 설명서

1. 사건본인에 관한 사항		
가. 현재 한정치산자 또는 금치산자인지	예□	아니오□
나. 성년후견·특정후견·임의후견을 받고 있는지	예□	아니오□
다. 현재의 심신 상태 및 치료 상황		
라. 현 거주지 및 현재 누구와 동거하고 있는지		
마. 재산상황(목록으로 작성하여 별지로 첨부 가능)		
바. 의견진술을 위하여 법원출석이 가능한 지 여부		
사. 치료받은 병원 이름 및 치료받은 기간		
2. 한정후견을 청구하게 된 동기와 목적(구체적으로 기재)		
3. 이 사건 청구에 관한 사건본인의 선순위 상속인들의 의견		
가. 선순위 상속인들 명단		
나. 동의자(동의서 첨부)		
나. 부동의자		

재 산 목 록

▣ 재산내역

1. 부동산(등기사항전부증명서 첨부)
2. 예금
3. 보험
4. 주식, 펀드
5. 자동차
6. 현금, 귀금속
7. 채권
8. 기타 자산
9. 채무
10. 순재산 합계

▣ 소득 및 지출 내역

1. 소득목록
   가. 급여
   나. 임대료 수익
   다. 이자수입
   라. 사회보장수급액
   마. 기타
2. 지출목록
   가. 정기적 지출
   나. 비정기적 지출
3. 순소득액

나. 설 명

기본적인 사항은 성년후견개시 심판청구서의 기재례와 같다. 다만 한정후견은 심판청구 당시 후견인에게 필요한 동의권, 대리권의 범위를 별지에 미리 표시하여야 하는데 그 내용이 복잡하므로 주의를 요한다. 먼저 후견을 청구하게 된 이유를 살펴보고 그에 필요한 사항을 제일 먼저 체크해야 한다. 그 다음으로 본인의 상태를 볼 때 앞으로 계속 후견이 필요한 사항을 체크해야 한다. 후견은 필요성과 보충성의 원칙에 의하므로 본인의 잔존능력을 최대한 보장하고 후견을 위해 필요한 최소한의 사항만을 체크하도록 하는 것이 좋다.

3. 특정후견심판청구서

가. 양 식

특정후견심판청구

청구인　　○ ○ ○ (전화　　　　　　　　　　)
　　　　　주민등록번호
　　　　　주소
　　　　　사건본인과의 관계

사건본인　○ ○ ○
　　　　　주민등록번호(외국인등록번호)
　　　　　주소
　　　　　등록기준지(국적)

청 구 취 지

1. 사건본인에 대하여 특정후견을 한다.
2. 사건본인의 특정후견인으로 ○○○(주민등록번호　　　　　　　　　　,
　주소　　　　　　　　　　　　　　)를 선임한다.

라는 심판을 구합니다.

청 구 원 인

1. 사건본인은 노령으로 인하여 .... 합니다.
2. 특정후견을 필요로 하는 기간 및 사무는 다음과 같습니다.
　가. 기간 :
　나. 사무 :
3. 이와 같이 사건본인에게 후원이 필요하여 이건 청구에 이르렀습니다.

4. 청구인은 사건본인의 특정후견인으로 다음과 같은 사람을 추천합니다.

특정후견인 후보자	성명	
	주소	
	주민등록번호	
	직업	
	사건본인과의 관계	

첨 부 서 류

1. 가족관계증명서, 기본증명서, 주민등록표등(초)본(사건본인) 1통
2. 가족관계증명서, 주민등록표등(초)본(청구인 및 후견인후보자) 1통
3. 사건본인의 후견등기사항전부증명서(말소 및 폐쇄사항 포함)
   또는 후견등기사항부존재증명서(전부) 1통
4. 청구인 및 후견인후보자와 사건본인과의 관계를 밝혀줄 자료 1통
   (가족관계증명서, 제적등본 등)
5. 후견인 후보자의 범죄경력조회 회보서(실효된 형 포함) 1통
6. 선순위 추정상속인들의 동의서(인감날인 및 인감증명서 첨부 필요) 1통
7. 진단서 및 진료기록지 등 1통
8. 사전현황설명서/재산목록/취소권·동의권·대리권 등 권한범위 각 1부
9. 기타(소명자료) 각 1부

2018. ○. ○.

위 청구인 ○ ○ ○ (인)

○○가정법원 귀중

나. 설 명

특정후견 사건은 후견의 기간, 사무의 범위, 대리권의 범위를 표시하여야 한다. 특정후견은 본인의 행위능력을 제한하지 않기 때문에 후견인의 취소권이나 동의권은 기재할 수 없다. 오로지 대리권만을 기재할 수 있다. 그리고 그 대리권은 특정한 후견사무를 위한 것이기 때문에 후견사무의 범위를 정하여야 한다. 후견의 기간은 특정후견 사무의 시기와 종료일을 말한다. 예를 들자면 다음과 같다.

기간 : 특정후견심판 확정일부터 2021. 3. 31.까지
사무의 범위 : 별지 기재 부동산의 처분행위 및 이와 관련된 부수절차
대리권의 범위 : 위 부동산의 매매계약의 체결, 매매대금의 수령, 이와 관련된 제반절차 및 분쟁의 처리, 소송행위

대리권의 범위가 복잡할 경우에는 한정후견개시심판청구서의 별지 중 대리권의 범위 부분을 가져와서 체크하여 제출해도 무방하다.

특정후견에서 기간을 반드시 정해야 하는 것은 아니나 종료일이 정해지지 아니하면 사무가 종료한 것을 확인하기 어려우므로 특정후견이 언제 종료되었는지를 알 수 없는 문제가 발생할 수 있다. 따라서 가급적 기간을 정해야 하고, 그 후에 필요하다면 기간을 연장하는 방법으로 하는 것이 좋다. 특정후견심판청구에 필요한 첨부서류는 기본적으로 성년후견, 한정후견의 경우와 같다.

후견심판청구서의 제출 및 접수 3

성년후견 등 사건의 심판청구서는 사건본인(피후견인이 될 사람)의 주소지의 관할 가정법원에 이를 제출하여 접수하면 된다. 사건본인의 주민등록지가 주소지가 되는 것이 원칙이다. 가정법원이 설치되어 있지 않은 지방법원에서는 각 지방법원 및 지원이 관할이 된다. 성년후견 등에 관한 사건은 가사비송사건 중 '라'류 사건[1]으로 가정법원의 전속관할이다. 외국인인 경우에도 대한민국에 상거소 또는 거소가 있는 경우 성년후견 등 사건의 심판을 청구할 수 있다. 성년후견 등 심판청구 사건은 전자소송의 대상이기 때문에 전자사건으로 접수할 수 있다.

1) '라'류 가사비송사건은 상대방의 존재를 전제로 하지 아니하는 비쟁송적인 것으로서 조정의 대상으로 되지 않고, 가정법원의 후견적 허가나 감독처분이 요구되는 사건을 말한다.

제3편

성년후견의 심판과 후견의 개시

심리절차 1

* 성년후견 사건의 심리절차는 빠를 수도 있고, 늦을 수도 있으며, 간단할 수도 있고, 복잡할 수도 있다. 가사사건의 대부분이 그렇듯이 사건이 어려워지고 복잡해지는 것은 청구인과 다른 입장을 가진 이해관계인들이 있을 때이고 그들의 대응에 따라 심리절차가 영향을 받기 때문이다.

1. 심판절차의 개관

성년후견 등 개시 심판청구 사건의 심리는 담당 재판부가 사건본인의 판단능력의 정도, 필요한 후견의 범위, 적절한 후견인의 선임 및 사후 감독을 효과적으로 행하기 위한 정보를 얻는 과정이다. 사건이 접수되면 법원은 당사자가 필요한 서류를 모두 제출하였는지 적절한 심판청구서의 청구원인 및 청구취지가 제대로 기재되었는지를 확인한 후 보정명령을 한다. 그리고 보정서가 제출되면 본격적인 심리절차에 들어가 사건에 따라 가사조사, 정신감정, 당사자 심문절차를 진행한 후 심리를 종결하고, 성년후견개시 심판을 하고 후견인을 선임한다.

2. 절차흐름도

후견사건 심리의 일반적인 절차는 다음과 같다.

〈후견사건 심리의 일반적인 절차〉

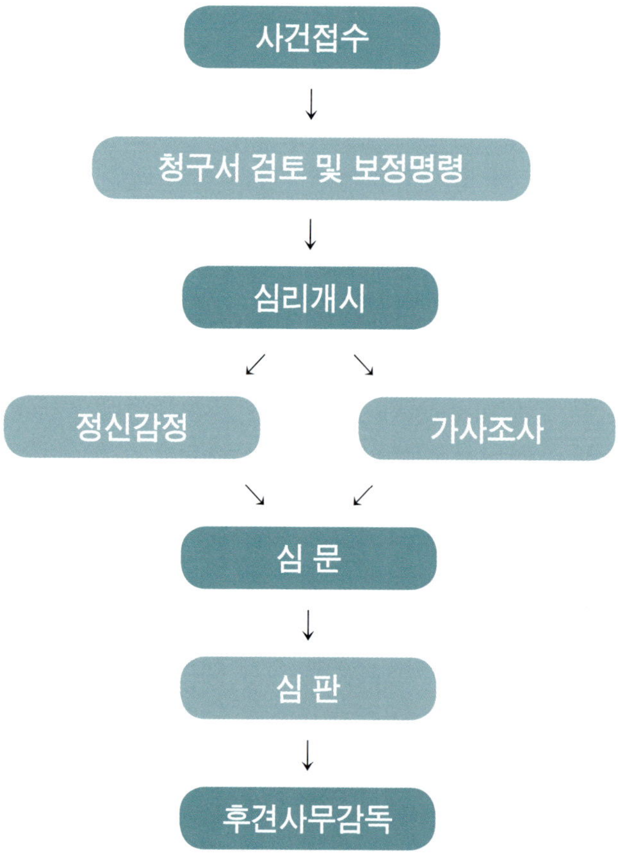

성년후견사건의 심리절차 2

* 후견사건에서 심판청구서를 접수할 때 가장 유념해야 할 부분은 필요한 기본서류를 꼼꼼히 체크해서 이를 모두 제출하는 것이다. 보정명령이 나오면 그만큼 심리절차가 지연될 수밖에 없기 때문이다.

* 한편으로는 청구인이 제출할 수 없는 서류들을 법원의 보정명령을 통해 발급받을 수 있으므로, 이를 적절히 이용하는 것도 많은 도움이 된다.

1. 보정명령

법원은 심판청구서가 접수되면 사건을 담당 재판부에 배당하고, 담당 재판부는 관할과 사건에 대하여 필요한 서류가 구비 되었는지 여부를 먼저 확인한 후 보정명령을 통해 미비된 서류를 제출하도록 명한다. 이와 더불어 감정료를 미리 예납하게 하기도 한다. 보정명령은 보통 다음과 같은 양식에 의하여 이루어진다. 청구인은 보정명령을 받은 후 그에 따른 보정서와 첨부서류를 함께 제출하여야 한다. 보정명령이 이루어지지 않은 경우에는 법원은 심리를 더 이상 진행하지 않고 청구서에 대한 각하결정을 하여 사건을 종결할 수 있다.

당사자 본인의 것이 아닌 주민등록등본, 후견등기사항부존재증명서 등 필요서류는 청구인이 직접 관공서에서 발급받을 수 없으나, 법원의 보정명령이 나오면 이를 제시하고 발급받을 수 있다. 법원의 보정명령은 사전에 미리 발급받을 수 없는 필요서류들을 관공서에서 발급받을 수 있는 권능을 부여한다. 따라서 필요한 경우에는 서류 발급을 위하여 법원에 보정명령을 내려줄 것을 요청할 필요도 있다.

[보정명령 양식]

서 울 가 정 법 원
보 정 명 령

사　　건　2018느단oooo 성년후견개시
청 구 인　김ㅇㅇ
사건본인　이ㅇㅇ

청구인은 이 명령 송달일부터 10일 안에 다음 사항을 보정하기 바랍니다.

보 정 할 사 항

1. 청구인 및 사건본인의 후견등기사항부존재증명(전부)을 제출해 주십시오.
2. 사건본인의 가족 중 OOO의 동의서를 제출하거나, 이를 제출할 수 없는 경우에는 송달 가능한 주소를 밝혀 주십시오.

2018. 0. 0.

판사　ㅇ ㅇ ㅇ

※ 문의사항 연락처 : 서울가정법원 제o단독 법원주사 ooo 전화 (02) ooo-oooo 팩스 (02) ooo-oooo

2. 가사조사

*** 가정법원은 직권주의가 적용되는 사건들이 많기 때문에 사실관계를 조사하고, 재판부의 적절한 판단자료들을 수집하기 위하여 가사조사관을 두고 있다. 가사조사관은 당사자와 관계인을 대면, 방문, 전화 등을 통해 조사하고, 그 결과에 대한 보고서를 재판부에 제출한다. 가사조사절차는 원칙적으로 당사자만이 참여할 수 있고, 변호사는 입회하지 못한다. 가사조사절차에서는 가급적 조사관과 대립각을 세우지 말고 자신의 형편과 입장을 설득력 있게 전달하는 것이 좋다.**

가사조사는 가사재판에 특유한 절차로서 가정법원에서 사건의 심리를 위하여 가정법원에 소속된 조사관에게 사건에 대한 조사를 명하고, 조사관이 판사의 명에 따라 필요한 사항을 조사하여 보고하는 제도를 말한다. 성년후견 사건은 가사비송 재판의 일종으로 직권주의가 적용되는 분야이므로 법원은 당사자가 제출한 증거만으로 판단하지 않고 직접 필요한 사항에 관한 조사를 할 수 있다. 법원이 해당 사건에 대하여 가사조사회부 결정을 하면 사건기록은 가사조사절차가 종결될 때까지 담당조사관에게 인계되며 조사관은 재판부가 명한 사항을 조사한 후 조사보고서를 작성하여 담당 재판부에 보고한다. 담당재판부는 당사자가 제출한 증거자료와 조사관이 작성한 조사보고서를 종합적으로 검토하여 심리의 방향 및 심판의 내용을 정하게 된다.

성년후견 등 개시 심판에서 가사조사관이 조사할 사항은 보통 사건본인의 인지능력 및 정신상태, 사건본인의 현재 생활상태 및 감호상황, 사건본인의 재산내역, 관리상황, 사건본인에게 필요한 후견의 범위, 누가 후견인이 될 것인지 여부 및 후견인 후보자의 적합성 여부, 이에 대한 가족들의 의견 등이다. 가사조사관은 조사를 위해 청구인, 사건본인 및 그 가족들을 면담하고, 필요한 경우 사건본인의 주거지나 요양원 등에 방문하여 현장을 확인하고 자료를 수집한다. 조사관은 조사를 통해 밝혀진 사항을 조사보고서를 작성하여 담당 재판부에 보고한다.

성년후견 사건에서 가사조사가 필수적인 것은 아니나 후견환경에 대한 조사가 필요하거나 재산관계에 다툼이 있거나 기타 필요한 경우 재판부의 명령에 의해 가사조사가 이루어지고 있다. 청구인과 그 가족은 조사관에 의해 후견사건에 대한 조사만을 받는 것이 아니라 조사관과 협의 하에 필요한 후견에 관하여 정보를 얻고 상담을 통해 적절한 후견의 범위를 정하는데 도움을 받을 수도 있다.

[조사명령 양식]

조 사 명 령

사　　건　　2014느단OOOO
청 구 인
사 건 본 인

조사관은 다음사항을 조사하여 빠른 시일 내 서면으로 보고하여 주시기 바랍니다.

조사사항

1. 기본조사 및 자료수집
2. 사건본인의 인지능력 및 정신상태(필요시 출장조사)
3. 사건본인의 현재 생활
4. 사건본인의 재산내역, 관리현황
5. 사건본인에게 필요한 후견의 범위
6. 누가 후견인이 될 것인지 여부 및 향후 후견계획
7. 기타 조사관이 필요하다고 판단한 사항

2018. o. o.

판사　O O O

3. 본인의 의사확인과 당사자 심문

가. 본인의 의사확인

성년후견 등 사건은 비송사건으로서 법원의 심문이 필수적인 절차는 아니다. 그러나 민법은 가정법원은 성년후견개시의 심판을 함에 있어 본인의 의사를 고려하여야 한다고 규정하고 있고(민법 제9조 제2항), 이를 한정후견에 대하여도 그대로 적용한다(민법 제12조 제2항). 이는 성년후견개시 심판을 함에 있어 본인의 의사를 존중하도록 하는 의미이다. 다만 이는 후견심판 절차에서 본인의 의사를 존중하고 고려한다는 것일 뿐 법원이 본인의 의사에 전적으로 구속된다는 의미는 아니다. 따라서 본인이 반대하더라도 성년후견, 한정후견을 개시할 수 있다. 단, 특정후견 사건에 대해서는 민법은 특정후견은 본인의 의사에 반하여 할 수 없다고 규정하여 본인의 명시적 의사에 반하여 특정후견을 할 수 없도록 하였다(민법 제14조의2 제2항).

나. 사건본인의 진술청취

본인의 의사를 확인하는 방법은 여러 가지가 있을 수 있으나 그 중 가장 기본적인 것은 법원의 심문절차이다. 가사소송법은 가정법원이 성년후견 개시 심판을 하는 경우 피성년후견인이 될 사람의 진술을 들어야 하며, 다만 피성년후견인이 될 사람이 의식불명 그 밖의 사유로 자신의 의사를 표명할 수 없는 경우에는 그러하지 않다고 규정하고 있다(가사소송법 제45조의3 제1항). 사건본인의 진술을 청취하여 의사를 확인하는 것은 판사가 사건본인을 직접 대면하여 심문하는 것을 원칙으로 한다. 그러나 사건본인이 건강상의 문제 등으로 법원에 출석하여 진술을 할 수 없는 경우에는 진술청취를 하지 않을 수 있다. 이 경우에도 법원은 가사조사관의 출장조사 등을 통해 사건본인의 의사를 직접 확인하고 의견을 청취할 수 있다. 이러한 원칙은 한정후견과 특정후견에서도 마찬가지로 적용된다. 가정법원이 사건본인의 심문 또는 출장조사를 통해 확인하는 주된 내용은 사건본인의 정신적 제약의 정도, 그리고 사건본인의 후견과 관련한 의사이다. 이와 같은 방법으로 파악한 사건본인의 의사는 후견의 개시여부, 후견의 내용, 후견인이 선임에 관한 참고사항이 되어 법원의 판단에 영향을 미치게 된다.

사건본인의 의견을 청취할 때 법관 또는 가사조사관은 후견의 개시에 관한 본인의 의사, 후견인후보자에 대한 의사 등에 관하여 의견을 듣게 되는데, 그 외에 사건본인의 정신상태에 관하여도 직접 심문을 하여 후견이 필요한지 여부 및 그 정도를 함께 파악하는 것이 보통이다.

다. 청구인 및 관계인의 의견제시

법원이 심문기일을 지정하는 경우 청구인이 출석해야 하므로 청구인은 심문기일에 자신의 의견을 제시할 수 있다. 법원은 후견인후보자와 후견감독인 후보자의 의견을 들어야 한다(가사소송법 제45조의3 제1항). 또한 청구인 이외의 상속인인 가족이나 사건본인과 생활을 같이하는 이해관계인이 있는 경우 법원은 이들에 대해서도 의견을 진술할 기회를 줄 수 있으며, 그렇지 않은 경우에도 이들이 후견개시 사건의 절차에 참가하여 자신의 의견을 개진할 수 있다. 사건본인의 가족들 사이에서 재산문제 등으로 다툼이 있는 경우 청구인과 이해관계가 대립되는 다른 가족이 후견개시 사건에 참가신청을 하는 것이 보통이다.

4. 정신감정

*** 정신감정절차는 입원감정, 진료기록감정, 방문감정 등의 방법이 있는데, 가장 많이 이루어지는 것은 진료기록감정이다. 사건본인이 그 동안 진료 받은 병원의 의무기록 사본을 첨부하여 법원에 감정을 신청하는 방법이 가장 보편적이다. 현재 서울가정법원과 업무협약을 체결한 감정기관은 국립정신건강센터(구 국립서울병원)와 서울아산병원이다.**

가. 감정의 원칙과 예외

가정법원이 성년후견을 개시하는 심판을 할 경우에는 피성년후견인이 될 사람의 정신상태에 관하여 의사에게 감정을 시켜야 한다(가사소송법 제45조의2 제1항 본문). 이 때 감정을 담당하는 의사는 보통 정신건강의학과(신경정신과) 전문의가 될 것이나 특별한 경우에는 신경외과 등 다른 의사에 의한 감정이 이루어질 수도 있다. 다만 판사는 의사의 감정결과에 전적으로 구속되는 것이 아니고 법률적인 관점에서 후견의 필요성 여부와 그 범위에 대하여 독자적으로 판단을 한다. 일반적인 경우에는 전문가인 의사의 의견을 충분히 고려하여 결정하게 된다. 의사에 의한 정신감정이 원칙이기는 하나 예외적으로 피성년후견인이 될 사람의 정신상태를 판단할 만한 충분한 자료가 있는 경우에는 정신감정 절차를 생략할 수 있다(가사소송법 제45조의2 제1항 단서). 후견개시의 심판은 본인의 행위능력을 제한하고 재산관리를 제약하는 등 피후견인의 이익에 중대한 영향을 미치는 것이므로 신중한 접근이 필요하지만 이로 인해 절차의 지연과 당사자에 대한 과도한 경제적 부담을 줄 수 있다는 점을 고려하여 양자를 적절하게 조화하도록 한 것이다. 정신감정이 필요하지 아니한 예외에 해당하는 경우로는 공신력 있는 진단서를 통해 본인에게 정신적 제약이 있음이 외견상 명백하고, 본인을 둘러싼 가족들 사이에서 이해관계의 대립이 없는 경우가 이에 해당할 수 있다. 본인이 장애인복지법에 의한 장애판정을 받은 경우에는 이를 참고로 할 수도 있다. 그러나 특별한 사정이 없는 한 본인에 대한 정신감정을 시행하는 것이 원칙이다. 또 입증방법이 간이해진다고 하여 본인의 정신상태를 판단하는 법관의 심증의 정도가 달라지는 것은 아니다.

한정후견의 경우에도 정신감정에 관한 원칙은 성년후견의 경우와 같다(가사소송법 제45조의2 제1항). 한정후견은 성년후견에 비해 정신적 제약이 낮은 사람을 대상으로 하는 경우가 많지만 그렇다고 해서 정신감정의 필요성이 덜한 것은 아니다. 오히려 정신적 제약의 정도가 명확하지 않아 감정의 필요성이 더 큰 경우도 많으므로 이를 일률적으로 단정짓기는 곤란하다.

특정후견의 경우에는 정신감정을 원칙으로 하지는 않는다. 대개 성년후견이나 한정후견에 비해 정신적 제약의 정도가 낮고 본인의 행위능력을 제한하지 않기 때문이다. 다만 정신감정을 하지 않더라도 특정후견의 심판을 할 경우에는 의사나 그 밖에 전문지식이 있는 사람의 의견을 들어야 한다. 이러한 의견은 진단서 또는 이에 준하는 서면으로 이를 대체할 수 있다(가사소송법 제45조의2 제2항). 본인에 대한 진단서나 진료기록, 장애증명서 등이 이에 해당된다. 특정후견 심판의 경우에도 필요한 때에는 법원이 정신감정을 명할 수 있음은 물론이다.

나. 정신감정의 방법

실무상 법원에 의한 감정은 '진료기록감정'과 '신체감정'으로 나뉜다. 진료기록감정은 본인에 대한 그 동안의 진료기록을 제출받아 이를 감정기관에 송부하여 하는 감정을 말하고, 신체감정은 본인이 직접 감정기관에 입원 또는 외래로 방문하여 감정을 받는 방법이다. 여기에는 외래감정과 입원감정의 방법이 있다. 실무상으로는 진료기록감정에 의하는 경우가 대부분이다.[1)]

◉ 감정회피의 문제

후견개시 사건에서 본인 또는 가족이 감정을 거부하는 경우가 있다. 이 경우 법원이 감정을 강제할 수는 없다. 다만, 본인의 정신상태에 문제가 있다는 점을 의심할만한 상당한 정황이 인정됨에도 끝까지 감정을 거부할 경우에는 감정미비로 정신적 제약을 인정할 자료가 부족함을 이유로 기각하기 보다는 나타난 제반 증거와 정황을 토대로 하여 법원이 재량으로 후견개시심판을 하게 되는 것이 실무상 추세이다. 그렇지 않다면 감정거부 또는 회피를 제재할 수단이 없기 때문이다.

5. 심문의 종결

* 성년후견 사건에서 법정에서 재판장에 의해 심문기일이 진행되는 것은 보통 1회이며, 1회 심문 후 사건이 종결되는 것이 보통이다. 따라서 심문기일 이전에 필요한 모든 자료를 제출하는 것이 바람직하다.

당사자가 제출한 증거와 법원의 가사조사, 사건본인에 대한 심문, 정신감정 등의 절차를 거친 후 법원은 심문을 종결하고 후견개시의 심판을 한다. 심문의 종결은 글자 그대로 심문절차를 종결한다는 의미일 뿐이므로 심문종결 후에도 당사자나

1) 서울가정법원에서는 업무협약체결 병원인 국립정신건강센터나 서울아산병원에 감정촉탁을 하는 경우, 2018년을 기준으로 보통 진료기록감정은 감정비용 38만원(행정비용 3만원 별도), 외래감정은 기본감정료(감정료 작성비용 포함) 38만원에 실비로 심리검사에 대한 추가비용(중증인 경우 10만원, 기본심리검사를 하는 경우 25만원 ~ 40만원)이 소요된다. 입원감정 비용은 일반 병원에서 700만원 내지 800만원 정도 소요되는데 비하여 협약병원에서는 300만원(최대금액) 정도라고 한다(김성우, 성년후견실무 43쪽 참조).

이해관계인은 추가적인 증거자료나 의견을 제출할 수 있다. 다만 판결절차와 달리 법원은 심문종결 후 심판기일을 따로 지정하지 않기 때문에 이와 같은 추가 증거나 의견은 심문종결 후 빠른 시간 내에 이를 제출하여야 한다. 이를 제출하기 전에 심판이 날 수 있기 때문이다. 법원은 필요한 경우 심문을 재개하여 다시 심문기일을 지정할 수도 있고, 심문종결 후 추가적인 석명이나 소명자료를 요구할 수도 있다. 심판기일은 따로 지정되지 않고 법원은 필요한 판단이 완료된 후에 심판문을 작성하여 당사자에게 송달하는 것으로 심판의 결과를 고지한다.

* 이해관계인의 참가

후견심판을 청구한 청구인과 사건본인을 제외한 나머지 이해당사자는 위 심판절차에 어떻게 참가하여 의견을 진술할 수 있을까? 여기에는 다음과 같은 방법이 있다.

① 이해관계인의 의견진술 : 후견심판에 대하여 이해관계가 있는 사람은 재판절차에서 의견을 진술할 수 있다. 특히 사건본인에 대한 잠재적 1순위 상속인들에 대해서는 후견심판청구가 있는 경우 청구인에게 동의서를 받아오도록 하거나, 그렇지 않은 경우 의견진술요청서를 송부한다. 따라서 적어도 잠재적 1순위 상속인은 심판청구가 진행되고 있는 사실을 알 수 있고, 이에 대한 의견을 진술할 기회가 주어진다. 의견진술은 서면에 의하여도 되고, 가사조사가 이루어진 경우 조사관에게 직접 의견을 진술할 수도 있다.

② 소송참가 : 소송절차에 이해관계가 있는 사람은 법원의 허가를 받아 참가를 할 수 있다. 절차에 참가한 사람은 소송당사자로서의 지위를 인정받는다(가사소송법 제37조).

③ 후견심판청구 : 이해관계 있는 당사자가 기존의 후견절차 진행 중 자신이 청구인이 되어 별도의 후견심판을 청구할 수도 있다. 이는 중복소송이 아니며 이때는 기존의 후견심판절차와 함께 절차가 진행되는 경우가 보통이다.

후견의 심판과 후견의 개시 3

* 후견개시 심판문을 일반인이 제대로 이해하기 쉽지 않다. 이는 후견이라는 개념 자체가 아직 낯설기 때문이기도 하고, 우리 법이 너무 복잡하게 입법이 되어 있기 때문이기도 하다. 그 중에서도 한정후견개시 심판문이 가장 복잡한 형식으로 되어 있다. 후견개시 심판문은 주된 주문보다는 뒤에 첨부된 별지 기재사항이 더 중요하고 이것이 후견사무의 권한범위의 기초가 된다.

1. 성년후견의 개시심판

성년후견 개시심판은 심문 종결 후 약간의 시간이 경과한 후 이루어진다. 당사자가 심판일을 미리 확인할 수는 없다. 심판기일을 따로 지정하지 않는 비송사건의 특성이기 때문이다. 특별한 다툼이 없는 사건의 경우에는 심문종결 후 심판이 빨리 이루어지고 다툼이 있고 쟁점이 많은 경우에는 심판이 늦어지기도 한다. 성년후견 개시 사건의 심판문은 다음과 같다.

가. 심판문 양식

서 울 가 정 법 원
심 판

사 건 2018느단0000 성년후견개시
청 구 인 김OO (460000-200000)
주소 서울 OOO OOO
사건본인 이OO (340000-1000000)
주소 서울 OOO OOO
등록기준지 서울 OOO OOO

주 문

1. 사건본인에 대하여 성년후견을 개시한다.
2. 사건본인의 성년후견인으로 이OO(주민등록번호, 주소)를 선임한다.
3. 취소할 수 없는 사건본인의 법률행위의 범위, 성년후견인의 법정대리권의 범위 및 성년후견인이 사건본인의 신상에 관하여 결정할 수 있는 권한의 범위는 각 별지 기재와 같다.
4. 성년후견인은 이 심판 확정일로부터 2개월 이내에 사건본인의 재산목록[기준일 : 이 심판 확정일, 안심상속(후견인) 원스톱 서비스 조회 또는 상속인(후견인) 금융거래조회서비스 조회 결과를 첨부할 것]을 작성하여 이 법원에 제출하여야 한다.
5. 성년후견인은 이 심판 확정일로부터 1년이 경과한 날을 시작으로 매년 후견사무보고서(기준일 : 매년 이 심판 확정일과 같은 월, 일)를 작성하여 이 법원에 제출하여야 한다.

이 유

이 사건 청구는 이유 있으므로 주문과 같이 심판한다.

2018. 0. 0.

판사 이OO

Ⅰ. 취소할 수 없는 피성년후견인의 법률행위의 범위 취소권 제한 없음 Ⅱ. 성년후견인의 법정대리권의 범위 법정대리권 제한 있음 아래 사항은 성년후견인의 대리권 행사에 법원의 허가를 필요로 함. 부동산의 처분행위, 담보제공행위 Ⅲ. 성년후견인이 피성년후견인의 신상에 관하여 결정할 수 있는 권한의 범위 아래의 사항에 관하여 피후견인이 스스로 결정할 수 없는 경우 성년후견인이 결정권을 가짐 1. 의료행위의 동의 2. 거주·이전에 관한 결정 3. 면접교섭에 관한 결정 4. 사회복지서비스 선택 또는 결정

심판문에는 사건번호, 청구인, 사건본인, 주문, 이유가 기재되고 주문의 일부로 별지가 첨부된다. 심판문의 주문에는 성년후견을 개시한다는 취지, 후견인의 선임, 후견의 내용에 관한 사항이 적시되며, 후견의 구체적인 내용은 별지로 첨부한다. 이러한 기본주문 이외에 법원은 후견인에 대해서 후견감독을 행하기 위한 보고 또는 지시사항을 주문에 추가할 수 있다. 성년후견개시청구를 인용하는 심판에는 특별한 이유를 기재하지 않는 것이 보통이다.

나. 해 설

(1) 성년후견의 개시

성년후견의 개시는 사건본인에 대하여 성년후견의 효과를 발생시키도록 하는 주문이다. 성년후견의 개시심판은 심판일로부터 효력이 발생하는 것은 아니고 그 심판이 확정됨으로써 비로소 효력이 발생한다. 통상 심판문을 송달받고 항고기간인 2주가 도과되면 심판이 확정된다. 성년후견개시심판이 확정되면 사건본인은 피후견인이 되고 선임된 후견인에게 성년후견인으로서 법적 지위가 발생하며 심판의 내용에 따라 피후견인의 행위능력이 제한되고, 후견인에게 취소권, 대리권 등이 부여된다.

(2) 후견인의 선임

성견후견이 개시되면 피후견인에게 후견인이 필요하므로 성년후견의 개시와 동시에 법원은 후견인을 선임한다. 청구인이 후견인이 되는 경우가 많으나 다툼이 있거나 보다 적합한 후견인 후보자가 있는 경우에는 법원이 직권으로 다른 후견인을 선임할 수 있다. 다른 후견인을 선임하는 경우에 후견인이 될 사람으로부터 미리 동의를 구하는 것이 보통이다. 후견인이 선임된 경우에도 후견개시심판이 확정되어야지만 후견인으로서 권한과 의무가 시작된다.

(3) 후견인의 권한범위

성년후견에서 후견인은 피후견인이 행한 법률행위에 대한 취소권, 피후견인에 대한 법정대리권을 갖는다. 취소권과 대리권의 범위는 특별한 정함이 없는 경우 제한 없이 포괄적으로 인정된다. 위 예시된 심판문에서는 후견인의 취소권은 제한 없이 포괄적으로 인정하였으나, 후견인의 대리권에 대하여는 부동산의 처분 또는 담보제공행위에 관하여 법원의 허가를 받도록 제한하였다. 법원이 심판에서 정한 제한 또는 법률에 의한 제한사항 이외에는 후견인은 포괄적인 취소권과 대리권을 행사할 수 있다. 다만, 민법 제947조의2에 규정된 사항들에 대하여는 심판문의 기재 여부와 상관없이 법원의 허가를 받아야 한다(피후견인이 거주하는 부동산의 처분행위 등).

위 심판에서는 취소권과 대리권 이외에도 후견인에게 피후견인의 신상에 관한 결정권한을 추가로 부여하였다. 의료행위에 대한 동의, 거주·이전에 관한 결정, 사회복지서비스 선택 또는 결정에 관한 권한은 법률행위에 관한 사항은 아니지만, 피후견인이 이에 관한 의사결정을 할 수 없을 때에는 위 심판에 따라 성년후견인이 결정권을 대신 행사할 수 있다.

(4) 재산목록 및 후견사무보고서 제출의무

성년후견인은 선임된 후 지체 없이 피후견인의 재산을 조사하여 2개월 내에 그 목록을 작성할 의무가 있다(민법 제941조 제1항). 재산목록을 가정법원의 명령에 의하여 작성, 제출할 경우에는 법원이 정한 양식에 의하여야 한다. 재산목록의 객관성을 기하기 위해 법원에서는 피후견인의 금융재산과 관련하여 안심상속(후견인) 원스톱 서비스 조회 또는 상속인(후견인) 금융거래조회서비스 조회 결과를 함께 제출하도록 명하는 것이 통상적이다. 위 각 서비스는 인터넷으로 조회가 가능하다.

법원은 통상적으로 후견인에게 매년 1회 후견사무보고서의 작성 및 제출을 명하는데, 후견사무보고서 또한 법원이 정한 양식에 따라 작성하여야 한다.

2. 한정후견개시심판

가. 심판문 양식

서 울 가 정 법 원

심 판

사 건 2018느단0000 한정후견개시
청 구 인 OOO (700000-0000000)
주소 서울 OOO OOO OOO
사 건 본 인 OOO (790000-1000000)
주소 서울 서울 OOO OOO OOO
등록기준지 OOO OOO OOO

주 문

1. 사건본인에 대하여 한정후견을 개시한다.
2. 사건본인의 한정후견인으로 OOO(주민등록번호, 주소)을 선임한다.
3. 사건본인이 한정후견인의 동의를 받아야 하는 행위의 범위, 한정후견인의 대리권의 범위 및 한정후견인이 사건본인의 신상에 관하여 결정할 수 있는 권한의 범위는 각 별지 기재와 같다.
4. 한정후견인은 이 심판 확정일로부터 2개월 이내에 사건본인의 재산목록[기준일 : 이 심판 확정일, 안심상속(후견인) 원스톱 서비스 조회 또는 상속인(후견인) 금융거래조회서비스 조회 결과를 첨부할 것]을 작성하여 이 법원에 제출하여야 한다.
5. 한정년후견인은 이 심판 확정일로부터 1년이 경과한 날을 시작으로 매년 후견사무보고서(기준일 : 매년 이 심판 확정일과 같은 월, 일)를 작성하여 이 법원에 제출하여야 한다.

이 유

이 사건 청구는 이유 있으므로 주문과 같이 심판한다.

2018. 00. 00.

판사 이OO

Ⅰ. 피한정후견인이 한정후견인의 동의를 받아야 하는 행위의 범위

피한정후견인이 아래 사항에 관한 행위를 함에 있어서는 한정후견인의 동의를 받아야 함. 다만 법원의 허가사항으로 정한 사항에 관하여는 후견인이 동의를 함에 있어 사전에 법원의 허가를 받아야 함

1. 재산관리

가. 부동산의 관리·보존·처분

처분

구입

임대차계약의 체결·변경·종료

보증금의 수형 및 반환

전시권, 담보권 설정계약의 체결·반영

나. 예금 등의 관리

예금 계좌의 개설·변경·해약·입금·이체·인출

증권 계좌의 개설·변경·해약·입금·이체·인출

다. 보험에 관한 사항

보험계약의 체결·변경·종료

보험금의 수령

라. 물품의 구입·판매, 서비스 이용계약(휴대폰·신용카드 개설 등)의 체결·변경·종료

마. 금전, 유체동산 등의 차용·대여·증여

바. 보증행위

Ⅱ. 한정후견인의 대리권 범위

한정후견인은 아래 사항에 관하여 대리권을 가짐. 다만 법원의 허가사항으로 정한 사항에 관하여는 한정후견인이 대리행위를 함에 있어 사전에 법원의 허가를 받아야 함.

1. 재산관리

가. 부동산의 관리·보존·처분

처분

구입

임대차계약의 체결·변경·종료

보증금의 수령 및 반환

전세권, 담보권 설정계약의 체결·변경

나. 예금 등의 관리

예금 계좌의 개설·변경·해약·입금·이체·인출

증권 계좌의 개설·변경·해약·입금·이체·인출

다. 보험에 관한 사항

보험계약의 체결·변경·종료

보험금의 수령

라. 정기적 수입 및 지출에 관한 관리

정기적 수입(임료, 연금, 사회보장급여 등)의 수령과 이에 관한 제반절차

정기적 지출(임료, 연금, 보험료, 대출원리금 등)과 이에 관한 제반절차

기존채무의 변제 및 이에 관한 제반절차

마. 물품의 구입·판매, 서비스 이용계약(휴대폰·신용카드 개설 등)의 체결변경종료

바. 공법상의 행위(세무신고 등)

2. 신상보호

가. 개호 및 복지서비스의 이용

개호서비스 이용계약의 체결·변경·종료 및 비용의 지급

복지시설·요양시설 입소계약의 체결·변경·종료 및 비용의 지급

나. 의료계약의 체결·변경·종료 및 비용의 지급

다. 공법상의 행위(주민등록, 공적의료보험, 국민기초생활수급의 신청 및 갱신 등)

3. 기타

가. 소송행위 등

위에서 정한 각 행위와 관련된 분쟁의 처리

소송행위 및 변호사 등에 대한 소송위임

나. 취소권 행사 후 원상회복과 관련한 사항

Ⅲ. 한정후견인이 피한정후견인의 신상에 관하여 결정할 수 있는 권한의 범위

아래사항에 관하여 피후견인이 스스로 결정을 할 수 없는 경우 성년후견인이 결정권을 가짐

1. 의료행위의 동의

2. 사회복지서비스 선택 또는 결정

나. 해 설

(1) 한정후견의 개시 및 후견인의 선임

한정후견의 개시 및 후견인의 선임은 성년후견 개시의 경우와 같다.

(2) 후견인의 권한범위

한정후견에서 후견인은 피후견인이 행한 법률행위에 대하여 법원이 부여한 범위 내에서 동의권과 대리권을 갖는다.

(3) 법원에 대한 보고의무

성년후견의 경우와 같다.

3. 특정후견심판

가. 심판문 양식

서 울 가 정 법 원
심 판

사 건 2018느단0000 특정후견
청 구 인 김OO (000000-0000000)
겸 사건본인 주소 서울 OOO OOO
등록기준지 서울 OOO OOO
대리인 OOO

주 문

1. 사건본인에 대하여 특정후견을 한다.
2. 사건본인의 특정후견인으로 박OO(주민등록번호, 주소)을 선임한다.
3. 특정후견에 관한 사항은 별지 기재와 같다.
4. 사건본인의 특정후견감독인으로 사회복지법인 OO(법인등록번호, 사무소 , 대표자)을 선임한다.
5. 특정후견인은 2019. 12. 31.을 시작으로 2021. 12. 31.까지 매년 12. 31. 후견사무보고서 [사건본인의 신상보호사무에 관하여 사진 10매 이상을 첨부할 것]를 작성하여 특정후견감독인에게 제출하여야 한다.
6. 특정후견감독인은 매년 특정후견인으로부터 후견사무보고서를 제출받은 때로부터 1개월 내에 후견감독사무보고서를 작성하여 위 후견사무보고서와 함께 이 법원에 제출하여야 한다.[1)]

1) 특정후견의 경우에는 후견감독인이 선임되는 것이 통상의 실무례이므로, 후견감독인 선임을 전제로 한 주문례를 표시하였다.

이 유

이 사건 청구는 이유 있으므로 주문과 같이 심판한다.

2018. 0. 0.

판사 이 O O

특정후견에 관한 사항

특정후견의 기간
2015. 8. 31. 까지
특정후견 사무
일상생활에서의 진료
사회복지서비스의 이용
특정후견인의 대리권 범위
예금계좌의 시설, 변경, 해약, 입금, 이체, 인출
정기적 수입(사회보장급여, 연금 등)의 수령과 이에 관한 제반절차
정기적 지출(임료, 요금, 보험료 등)과 이에 관한 제반절차
기존채무의 변제 및 이에 관한 제반절차
일상생활에 필요한 물품의 구입, 서비스 이용계약(휴대폰, 신용카드 개설 등)의 체결, 변경, 종료
의료계약의 체결, 변경, 종료 및 비용의 지급
공법상의 해위(주민등록, 공적의료보험, 국민기초생활수습의 신청 및 갱신)

나. 해 설

(1) 특정후견

특정후견은 심판에 개시와 종료가 함께 정해지기 때문에 특정후견개시심판이라고 하지 않고 그냥 특정후견심판이라고 한다. 이러한 이유로 주문의 문구를 '특정후견을 개시한다'라고 하지 않고 사건본인에 대하여 '특정후견을 한다'라고 기재한다.

(2) 특정후견인

성년후견이나 한정후견과 달리 특정후견의 경우에는 후견인을 반드시 선임해야 하는 것은 아니나 실무적에서는 특정후견에서 원활한 후원사무 처리를 위해 특정후견인을 선임하는 경우가 거의 대부분이다. 특정후견인은 특정후견에 관한 사항(별지)에 정한 바에 따라 대리권을 가지게 된다.

(3) 특정후견에 관한 사항

특정후견은 영속적인 후견이 아니라 일시적인 후견이므로, 후견의 기간과 사무의 범위를 심판에서 정해야 한다. 보통 특정후견에 관한 사항으로 정하는 것은 위에서 보는 바와 같이 (1) 특정후견의 기간, (2) 특정후견 사무, (3) 특정후견인의 대리권의 범위이다. 특정후견인의 대리권의 범위는 특정후견의 기간과 특정후견 사무의 범위내로 제한된다. 특정후견이 기간이 만료되면 별다른 심판 없이 특정후견은 종료된다.

(4) 특정후견감독인

위 심판문에서는 후견인의 선임과 더불어 후견감독인을 함께 선임하여 후견인의 후견사무를 감독하도록 하였다. 후견감독인의 감독범위는 법률에 정해진 내용에 따른다. 법원은 후견감독인으로 하여금 감독을 잘 하고 있는지 여부를 확인하기 위하여 감독보고서를 제출하도록 명할 수 있다.

심판의 고지와 통지 및 불복 4

* 후견심판의 고지는 심판문을 서면으로 송달하는 방법에 의한다. 가사비송사건은 선고일을 따로 지정하지 않기 때문에 심판문을 송달하기 전에 미리 날짜를 알 수는 없으나, 보통 심문종결일로부터 1개월 이내에 고지가 되는 것이 보통이다. 심판문의 송달은 심판의 확정, 불복기간의 기산일이 되기 때문에 매우 중요하다.

1. 심판의 고지와 통지 (규칙 제35조)

성년후견 등의 개시사건은 가사비송사건에 해당하는데 가사비송사건의 심판은 당사자와 절차에 참가한 이해관계인에게 고지하여야 하고(가사소송규칙 제25조), 그 외에 후견인 및 후견감독인에게도 고지하여야 한다(규칙 제35조 제1항). 따라서 심판의 고지대상은 청구인, 참가인, 심판에 의해 선임된 후견인, 후견감독인이다. 사건본인은 고지대상은 아니나 가사소송규칙은 심판이 있는 때에 사건본인에게 이를 통지하도록 규정하고 있다(규칙 제35조 제2항). 고지는 심판문을 대상자에게 송달하는 것으로 하고, 당사자가 심판문을 송달 받은 때 고지가 이루어진 것으로 본다.

당자사와 참가인에게 고지가 도달해야 즉시항고기간이 진행되므로, 후견심판을 빨리 확정짓기 위해서는 송달여부를 정확히 확인할 필요가 있다.[1)]

1) 사건본인에 대하여 고지가 아닌 통지로 정한 것은, 사건본인이 의사능력이 없는 경우 고지의 효력이 발생하지 않아 심판이 확정되지 않게 되는 것을 방지하기 위함이다. 실무상 사건본인에 대한 통지는 심판 확정의 요건이 아닌 것으로 보는 경우가 통례이나 아직 이에 대한 입장이 통일되어 있지 않아 전산상 담당실무관이 확정처리를 하지 않는 경우가 발생한다. 청구인과 절차에 참가한 이해관계인에 대한 심판문의 송달로 항고기간이 진행되고, 사건본인에 대한 통지의 송달여부는 즉시항고 기간과 무관하다고 봄이 타당하다(김성우, 성년후견실무 79쪽 참조).

2. 즉시항고 (규칙 제36조)

성년후견심판에 관한 불복은 즉시항고에 의한다. 즉시항고란 보통항고에 대립되는 것으로 재판의 성질상 신속히 확정지어야 할 결정에 대하여 개별적으로 인정되는 불복신청방법이다. 성년후견 등의 개시사건은 가사비송사건으로서 즉시항고의 대상이다. 즉시항고를 할 수 있는 사람의 범위는 가사소송규칙(제36조)에 정해져 있다. 성년후견개시, 한정후견개시, 특정후견 심판에 대해서는 그 청구권자(본인, 배우자, 4촌 이내의 친족, 후견인, 검사, 지방자치단체의 장)가 즉시항고권을 가진다. 본인이 임의후견을 받고 있는 경우에는 임의후견인과 임의후견감독인도 즉시항고권자가 된다. 가사소송규칙에서 정한 구체적인 즉시항고권자의 범위는 다음과 같다.

제36조(즉시항고) ① 법 제2조 제1항 제2호 가목에 정한 심판사항 중 다음의 각 호 각 목에서 정하는 심판에 대하여는 해당 각 호 각 목에서 정하는 자가 즉시항고를 할 수 있다.

1. 성년후견에 관한 심판

가. 성년후견의 개시 심판 : 민법 제9조 제1항에 규정한 자(본인, 배우자, 4촌 이내의 친족, 미성년후견인, 미성년후견감독인, 한정후견인, 한정후견감독인, 특정후견인, 특정후견감독인, 검사 또는 지방자치단체의 장) 및 임의후견인, 임의후견감독인

나. 성년후견인·성년후견감독인의 변경 심판 : 변경 대상 성년후견인·성년후견감독인

다. 피성년후견인의 격리에 대한 허가, 피성년후견인에 대한 의료행위의 동의에 대한 허가 및 피성년후견인이 거주하는 건물 또는 그 대지에 대한 매도 등에 대한 허가 심판 : 피성년후견인, 친족, 성년후견인, 성년후견감독인, 검사, 지방자치단체의 장

2. 한정후견에 관한 심판

가. 한정후견의 개시 심판 : 민법 제12조 제1항에 규정한 자(본인, 배우자, 4촌 이내의 친족, 미성년후견인, 미성년후견감독인, 성년후견인, 성년후견감독인, 특정후견인, 특정후견감독인, 검사 또는 지방자치단체의 장) 및 임의후견인, 임의후견감독인

나. 한정후견인·한정후견감독인의 변경 심판 : 변경 대상 한정후견인·한정후견감독인

다. 피한정후견인의 격리에 대한 허가, 피한정후견인에 대한 의료행위의 동의에 대한 허가 및 피한정후견인이 거주하는 건물 또는 그 대지에 대한 매도 등에 대한 허가 심판 : 피한정후견인, 친족, 한정후견인, 한정후견감독인, 검사, 지방자치단체의 장

3. 특정후견에 관한 심판

가. 특정후견의 심판 : 민법 제14조의2 제1항에 규정한 자(본인, 배우자, 4촌 이내의 친족, 미성년후견인, 미성년후견감독인, 검사 또는 지방자치단체의 장) 및 임의후견인, 임의후견감독인

나. 특정후견인·특정후견감독인의 변경 심판 : 변경 대상 특정후견인·특정후견감독인

4. 임의후견에 관한 심판

가. 임의후견감독인의 변경 심판 : 변경 대상 임의후견감독인

나. 임의후견인의 해임 심판 : 본인, 임의후견인

다. 후견계약 종료의 허가 심판 : 민법 제959조의18 제2항에 규정한 자(본인, 임의후견인)

② 법 제2조 제1항 제2호 가목에 정한 심판사항 중 다음의 각 호에서 정하는 심판에 대하여는 제27조에 정한 자 이외에 해당 각 호에서 정하는 자도 즉시항고를 할 수 있다.

1. 성년후견의 종료청구 기각 심판 : 민법 제11조에 규정한 자(본인, 배우자, 4촌 이내의 친족, 성년후견인, 성년후견감독인, 검사 또는 지방자치단체의 장)
2. 성년후견인·성년후견감독인의 변경청구 기각 심판 : 민법 제940조에 규정한 자(피후견인, 친족, 후견감독인, 검사, 지방자치단체의 장)
3. 한정후견의 종료청구 기각 심판 : 민법 제14조에 규정한 자(본인, 배우자, 4촌 이내의 친족, 한정후견인, 한정후견감독인, 검사 또는 지방자치단체의 장)
4. 한정후견인·한정후견감독인의 변경청구 기각 심판 : 민법 제959조의3 제2항, 제959조의5 제2항에 따라 준용되는 같은 법 제940조에 규정한 자(피후견인, 친족, 후견감독인, 검사, 지방자치단체의 장)
5. 특정후견인·특정후견감독인의 변경청구 기각 심판 : 민법 제959조의9 제2항, 제959조의10 제2항에 따라 준용되는 같은 법 제940조에 규정한 자(피후견인, 친족, 후견감독인, 검사, 지방자치단체의 장)

6. 임의후견감독인의 변경청구 기각 심판 : 민법 제959조의16 제3항에 따라 준용되는 같은 법 제940조의7에 따라 다시 준용되는 같은 법 제940조에 규정한 자(피후견인, 친족, 후견감독인, 검사, 지방자치단체의 장)
7. 임의후견인의 해임청구 기각 심판 : 민법 제959조의17 제2항에 규정한 자(임의후견감독인, 본인, 친족, 검사 또는 지방자치단체의 장)

즉시항고기간은 고지를 받은 날로부터 2주일이다(가사소송법 제43조 제5항). 초일은 산입되지 않는다. 즉시항고의 기간은, 특별한 규정이 있는 경우를 제외하고는, 즉시항고를 할 수 있는 자가 심판을 고지받는 경우에는 그 고지를 받은 날부터, 심판을 고지받지 아니한 경우에는 청구인(청구인이 수인일 때에는 최후로 심판을 고지받은 청구인)이 심판을 고지받은 날부터 진행한다(규칙 제31조). 즉시항고는 심판을 한 원심 가정법원에 즉시항고장을 제출함으로써 한다(규칙 제28조).

즉시항고의 범위와 관련하여 살펴보면, 후견개시 심판에서는 보통 후견개시와 더불어 후견인의 선임, 후견인의 권한범위의 지정 등이 함께 이루어지는데, 후견개시에는 승복하지만 선임된 후견인에 대해 이의가 있거나 지정된 권한범위에 이의가 있는 경우가 있다. 그러나 이러한 경우에도 그 중 일부에 대해서만 즉시항고를 할 수 없으므로 후견개시심판 전부에 대해 즉시항고를 하여야 한다. 후견개시심판에 대해서 즉시항고가 이루어지면 나머지 심판사항도 함께 항고심의 심판대상에 포함되므로 항고심에서 불복하는 부분을 다투면 된다. 그렇지 않고 후견인 선임 부분 또는 권한범위의 일부만을 정해서 즉시항고를 할 수는 없다. 후견의 개시는 이런 나머지 부분과 일체를 이루는 것이기 때문이다.

3. 후견개시심판 확정의 효과 및 부속절차

가. 후견의 개시

후견개시심판이 즉시항고기간의 도과 또는 대법원의 심판으로 확정되면 그때부터 후견개시의 효력이 발생하고, 후견인으로서의 지위가 발생하며, 후견사무를 유효하게 처리할 수 있는 권한이 생긴다. 후견인으로서의 권한과 의무 또한 후견개시심판이 확정된 때부터 발생한다.

다만, 성년후견의 경우 후견인은 재산조사와 목록작성을 완료하기까지는 긴급 필요한 경우가 아니면 그 재산에 관한 권한을 행사하지 못한다(민법 제943조 본문). 그러나 이로써 선의의 제삼자에게 대항하지 못한다(민법 제943조 후문).

나. 후견등기

후견개시심판이 확정되면 가정법원은 지체 없이 후견등기사무를 처리하는 사람에게 후견등기부에 등기할 것을 촉탁하고(가사소송법 제9조), 후견등기관이 전산정보에 입력하는 방법으로 등기를 한다(후견등기에 관한 규칙 제3조 제2항). 단, 후견개시심판은 확정된 때로부터 효력을 발생하는 것이지 등기된 때부터 효력이 발생하는 것은 아니다.

다. 후견감독사건으로의 전환

후견개시심판이 확정되면 가정법원은 직권으로 기본후견감독사건을 개시한다. 그리고 기존의 사건번호는 후견감독사건번호로 전환된다(후견사건은 '느단'으로 표시되는데, 감독사건은 '후감'으로 표시된다). 기본후견감독사건은 특별한 사정이 없는 한 해당 후견이 종료될 때까지 계속된다. 그리고 가정법원의 후견감독과 관련한 절차는 기본후견감독사건을 중심으로 이루어진다.[2] 기본후견감독 사건번호는 대법원의 '나의 사건검색'에서 기존의 후견개시 사건번호로 검색하면 새로 부여된 감독사건번호를 확인할 수 있다.

2) 김성우, 성년후견실무 154쪽 참조

기본내용

청사배치

사건번호	2017느단00000	사건명	[전자] 성년후견 개시 심판청구
청구인	이O원	상대방	
재판부	가사21단독(비송) (가) (전화:02-2055-7171(라류), 7180(후견))		
접수일	2017.12.26	종국결과	2018.03.07 인용
병합구분	없음		
상소일		상소각하일	
송달료, 보관금 종결에 따른 잔액조회	잔액조회		
판결도달일		확정일	2018.03.29

최근기일내용

상세보기

일자	시각	기일구분	기일장소	결과
2018.03.06	14:15	심문기일	507호 법정	심문종결

, 최근 기일 순으로 일부만 보입니다. 반드시 상세보기로 확인하시기 바랍니다.

최근 제출서류 접수내용

상세보기

일자	내용
2018.01.30	청구인 소송대리인 이현곤,최현준 보정서 제출
2018.02.02	한국신용정보원 신용정보조회 회신 제출
2018.02.02	경찰청 경찰청 사실조회회신 제출
2018.03.23	후견인 이O원 친족후견인 교육참가 확인서 제출

, 최근 제출서류 순으로 일부만 보입니다. 반드시 상세보기로 확인하시기 바랍니다.

관련사건내용

법원	사건번호	구분
서울가정법원	2018후감00000	후견사건

* 대법원 홈페이지에서 '나의 사건검색'을 하면 이와 같은 진행상황을 볼 수 있다. 아래 부분에 '관련사건내용'을 보면 사건번호가 2018후감00000으로 표시되어 후견감독사건으로 전환된 것을 확인할 수 있다. 감독사건으로 전환된 이후에는 각종 신청은 위 감독사건 번호에 의해야 한다.

제4편

성년후견등기

후견등기란

1

* 후견인은 후견사무를 처리할 때 후견등기에 관한 증명서를 발급받아 상대방에게 이를 제출하여야 한다. 후견등기는 후견의 공시방법이기는 하나 부동산등기와 달리 누구나 자유롭게 열람할 수 있는 것은 아니다. 피후견인의 거래상대방은 스스로 후견심판이 있는 지를 확인할 수 없는 것이 원칙이므로, 본인 또는 후견인으로 하여금 후견개시 여부와 후견인의 자격에 관해 증명서를 발급받아 오도록 요구하여야 한다.

1. 후견등기의 의미

후견등기제도는 성년후견, 한정후견, 특정후견, 후견계약에 관한 사항을 일반에게 알리기 위한 새로운 공시제도이다. 민법은 성년후견제도를 도입하면서 피후견인과 거래의 상대방을 보호하고, 후견인의 권한범위를 명확하게 하기 위해 후견등기제도를 도입하였다. 후견등기는 부동산등기와 달리 등기부를 따로 발급받는 형태는 아니고 전산에 입력된 사항을 그 용도에 따라 당사자 또는 이해관계인이 증명서를 발급받을 수 있는 방법으로 되어 있다. 즉, 하나의 후견등기부를 발급받는 것이 아니라 여러 가지 종류의 증명서 중 필요한 부분을 선택하여 발급받을 수 있도록 되어 있다. 개정전 가사소송법은 금치산, 한정치산에 관한 사항을 가족관계등록부에 등재하도록 규정하고 있었다. 그러나 가족관계등록부는 거래관계를 공시하는 것이 아니라 가족관계를 공시하는 것이고, 또 가족관계등록부에 금치산, 한정치산자로 등재하는 것은 호적을 더럽힌다는 낙인효과를 주어 당사자들의 반감이 적지 않았다. 이러한 이유로 보다 적절한 공시방법을 정하고 낙인효과를 없애기 위해 새로운 형식의 후견등기부를 마련하게 된 것이다. 다만, 미성년후견의 경우는 현행대로 가족관계등록부에 기재하여 공시하는 것을 그대로 유지하고 있다.

후견에 관한 심판이 확정되면 법원은 직권으로 후견사항을 등기하도록 촉탁하여 후견등기부에 이를 등재한다. 당사자가 이를 위해 따로 등기신청을 할 필요는 없다. 심판이 확정되어야만 등기가 이루어지는 것이므로 확정 전에는 등기부에 등재되지 않는다. 다만 심판 확정 전이라도 직무대행자 선임 사전처분이나 임시후견인 선임 사전처분 등이 확정된 경우에는 이에 관한 등기가 이루어진다.

2. 후견등기부의 편성

가. 인적 편성주의

후견등기부는 인적편성주의를 취하고 있다. 사람을 기준으로 등기부를 편성을 한다는 뜻이다. 부동산등기부가 물적편성주의를 채택하여 개별 부동산을 기준으로 등기부가 편성되어 있는 것과 대비된다. 후견등기부가 인적편성주의를 위하고 있으므로, 어느 개인에 대한 후견등기부는 그 개인에 대한 모든 후견사항을 담고 있다. 다만 발급받는 증명서의 종류에 따라 후견사항의 전부 또는 일부만을 증명할 수 있도록 하고 있는 것이다.

나. 관할 및 전산화

후견등기사무는 사건본인의 주소지 가정법원의 관할이다. 후견등기사무는 관할 가정법원에 근무하는 후견등기관이 처리한다. 후견등기부는 전산화되어 있기 때문에 후견등기관이 전산화되어 있는 등기부에 등기사항을 기록하는 방식으로 사무를 처리한다. 그리고 후견등기부는 영구보존되지만 후견종료등기가 되었을 때에는 후견등기기록이 폐쇄된다.

3. 후견등기부의 기록사항

후견등기부에는 다음과 같은 사항이 기록되어 등재된다(후견등기에관한법률 제25조). 이를 나누어 보면 형식적 사항, 후견의 내용과 관련하여 가정법원이 정한 사항, 후견계약에 관한 사항, 사전처분에 관한 사항 등으로 구분할 수 있다.

가. 형식적 사항

① 후견의 종류, 심판을 한 가정법원, 사건의 표시 및 재판확정일
② 피후견인의 성명, 성별, 출생연월일, 주민등록번호 및 등록기준지(외국인인 경우에는 외국인등록번호 및 국적)
③ 후견인의 성명, 주민등록번호 및 주소 또는 사무소(법인의 경우에는 법인명칭과 법인등록번호 및 주된 사무소, 외국인의 경우에는 위와 같다.)
④ 후견감독인이 선임된 경우에는 후견감독인의 성명, 주민등록번호 및 주소 또는 사무소
⑤ 후견이 종료한 경우 그 사유 및 연월일
⑥ 그 밖에 대법원 규칙으로 정한 사항

나. 후견의 범위와 내용에 관한 사항

후견의 범위와 내용은 성년후견, 한정후견, 특정후견에 따라 다르기 때문에 이를 구분하여 보면 다음과 같다. 일반적으로는 후견심판문의 별지 내용이 그대로 스캔되어 후견등기부에 등재된다.

① 가정법원이 성년후견과 관련하여 정한 다음 사항[1)]
가) 취소할 수 없는 피성년후견인의 법률행위의 범위
나) 성년후견인의 법정대리권의 범위
다) 성년후견인이 피성년후견인의 신상에 관하여 결정할 수 있는 권한의 범위
② 가정법원이 한정후견과 관련하여 정한 다음 사항
가) 피한정후견인이 한정후견인의 동의를 받아야 하는 법률행위의 범위
나) 한정후견인의 대리권의 범위
다) 한정후견인이 피한정후견인의 신상에 관하여 결정할 수 있는 권한의 범위
③ 가정법원이 특정후견과 관련하여 정한 다음 사항
가) 특정후견의 기간 또는 사무의 범위

1) 그 범위를 변경한 경우에는 그 변경된 범위, 이하 같다.

나) 피특정후견인의 후원을 위하여 필요한 처분을 명한 경우에는 그 내용
다) 특정후견인에게 대리권을 수여한 경우 그 기간이나 범위
라) 특정후견인의 대리권 행사에 가정법원이나 특정후견감독인의 동의를 받도록 명한 경우에는 그 내용

④ 가정법원이 여러 명의 성년후견인등 또는 성년후견감독인등이 공동으로 또는 사무를 분장하여 그 권한을 행사하도록 정한 경우에는 그 취지

다. 후견계약에 관한 사항(법 제26조)

① 후견계약과 관련된 공정증서를 작성한 공증인의 성명, 소속, 그 증서의 번호 및 작성 연월일
② 후견계약의 본인의 성명, 성별, 생년월일, 주민등록번호 및 등록기준지
③ 임의후견인의 성명, 주민등록번호 및 주소 또는 사무소
④ 후견계약의 본인의 재산관리 및 신상보호에 관하여 임의후견인의 권한의 범위를 정한 경우에는 그 범위
⑤ 임의후견감독인이 선임된 경우에는 그 성명, 주민등록번호 및 주소 또는 사무소 및 심판을 한 가정법원, 사건의 표시, 재판 확정일
⑥ 수인의 임의후견인 또는 임의후견감독인이 공동으로 또는 사무를 분장하여 권한을 행사하도록 정한 경우에는 그 취지
⑦ 후견계약이 종료한 경우에는 그 사유 및 연월일
⑧ 그 밖에 대법원규칙으로 정하는 사항

라. 사전처분에 관한 사항

성년후견, 한정후견, 특정후견, 후견계약에 관하여 사전처분이 있는 경우에는 그에 관한 사항을 등기한다. 임시후견인 또는 직무대행자의 선임과 그 권한범위에 관한 사항이 기록되는 것이 보통이다.

후견등기사항 증명서 2

1. 증명서의 종류와 용도

가. 종 류

후견등기사항증명서는 등기사항의 전부 또는 일부를 증명하기 위해 발급받는 서류이다. 등기된 사항에 대하여 증명이 필요한 경우에는 가정법원의 후견등기관에게 사용목적을 지정하여 후견등기기록에 기록되어 있는 사항의 전부 또는 일부(기록이 없는 경우에는 그러한 취지)를 증명하는 서면인 등기사항증명서의 발급을 청구할 수 있다(법 제15조 제1항).

후견등기사항증명서의 종류는 다음과 같이 7가지가 있다(규칙[1] 제33조).

① 후견등기사항증명서(말소 및 폐쇄사항 포함)
② 후견등기사항증명서(말소사항 포함)
③ 후견등기사항증명서(현재 유효사항)
④ 후견등기사항증명서(후견별)
⑤ 후견등기사항증명서(사전처분)
⑥ 후견등기사항증명서(퇴임전 사항)
⑦ 후견등기사항부존재증명서

나. 용 도

후견등기사항증명서는 후견을 받고 있는 사실 또는 후견을 받고 있지 않는 사실을 증명하는데 쓰인다. 이와 같은 증명은 피후견인 본인, 후견인, 거래상대방 모두

1) 후견등기에 관한 규칙

에게 필요한 경우가 있다. 먼저 후견인으로서는 후견사무를 수행하기 위해 현재 피후견인에 대하여 후견이 개시되어 있고 자신이 후견인으로 선임되었으며 후견인의 권한범위로 어떤 역할을 수행할 수 있는지를 관공서, 은행, 거래상대방 등에게 알리고 이를 증명할 필요가 있으므로 항상 후견등기사항증명서를 발급받아 소지하고 있을 필요가 있다. 피후견인 또한 자신이 행한 법률행위를 취소하거나 누가 자신의 후견인인지를 알릴 필요가 있으므로 후견등기사항증명서를 발급받을 필요가 있다. 후견을 받지 않는 사람인 경우에도 공공기관 취업, 각종 자격의 취득 등을 위해 결격사유에 해당하지 않음을 증명하기 위해 후견등기사항부존재증명서를 발급받아 제출할 필요가 있다. 제3자의 경우도 거래 상대방이 현재 후견을 받고 있는 상태인지를 확인하기 위해 상대방의 후견에 관한 증명을 확인할 필요성이 있다. 이와 같이 후견등기사항증명서는 후견과 관련된 모든 사안에서 후견의 유무, 후견인의 자격, 후견의 범위 등을 확인하는 증빙자료가 된다.

2. 후견등기사항증명서 양식

후견등기사항증명서는 유형에 따라 7가지 종류가 있다. 증명서의 제목에 그 유형이 적시되어 있고, 각각의 유형에 따른 내용이 담겨져 있다. 그 중 후견에 관한 과거, 현재의 모든 사항이 담겨져 있는 것은 후견등기사항증명서(말소 및 폐쇄사항 포함)이고, 현재의 후견사항이 모두 담겨져 있는 것은 후견등기사항증명서(현재 유효사항)이다. 현재 후견사항이 없다면 후견등기사항부존재증명서로 발급이 된다. 그 중 가장 많이 쓰이는 후견등기사항증명서 양식을 보자면 다음과 같다.

후견 등기사항증명서(성년후견)

등기고유번호 000000-2018-000000

【사건본인】

(사건본인에 관한 사항)

사항번호	구 분	내 용
1	후견등기기록작성	[성명] 홍길동 [성별] 남 [출생연월일] 1950년 1월 1일 [주민등록번호] 500101-1010101 [등록기준지] 서울 서초구 법원로1길 1 [등기] 서울가정법원 2018년 1월 1일 접수 제1호

등기일련번호 000000-2018-000000-000

【성년후견사항】

(후견개시 및 종료에 관한 사항)

사항번호	등기목적	내 용
1	성년후견개시	[심판법원] 서울가정법원 [사건의표시] 2018느단10001 [재판확정일] 2018년 5월 1일 [등기] 서울가정법원 2018년 5월 15일 접수 제111호

(후견인에 관한 사항)

사항번호	등기목적	내 용
1	성년후견인선임	[성명] 이현곤 [주민등록번호] 801010-1000000 [주소또는사무소] 서울 서초구 법원로1길 1 [대리권등목록] 2018성년101 [등기] 서울가정법원 2018년 5월 15일 접수 제111호

대리권등목록 2018성년101

I. 취소할 수 없는 피성년후견인의 범률행위의 범위

취소권 제한 없음

II. 성년후견인의 법정대리권의 범위

법정대리권 제한 있음

아래 사항은 성년후견인의 대리권 행사에 법원의 허가를 필요로 함

가. 금전을 빌리는 행위

나. 의무만을 부담하는 행위

다. 부동산 또는 중요한 재산의 처분 또는 담보제공행위

라. 상속의 단순승인, 포기 및 상속재산의 분할에 관한 협의

마. 소송행위 및 이를 위한 변호사 선임행위

III. 성년후견인이 피성년후견인의 신상에 관하여 결정할 수 있는 권한의 범위

아래 사항에 관하여 피성년후견인이 스스로 결정을 할 수 없는 경우 성년후견인이 결정권을 가짐

1. 의료행위의 동의
2. 거주·이전에 관한 결정
3. 면접교섭에 관한 결정
4. 사회복지서비스 선택 또는 결정

수수료 1,200원 영수함 발행법원 서울가정법원

이 증명서는 후견등기기록의 내용과 틀림없음을 증명합니다.

서기 0000년 00월 00일

법원행정처 등기정보중앙관리소 전산운영책임관 등기정보중앙관리소전산운영책임관인

후견 등기사항부존재증명서(전부)

구 분	신청대상자
성 명	김본인
주민등록번호	801010-2000211

수수료 1,200원 영수함　　　　　　　　발행법원 ○○가정법원

위 사람에 대하여 현재 효력이 있는 성년후견, 한정후견, 특정후견, 임의후견, 사전처분에 관한 후견등기사항이 전부 부존재함을 증명합니다.

서기 0000년 00월 00일

법원행정처 등기정보중앙관리소 전산운영책임관

3. 후견등기사항증명서의 신청 및 발급

가. 후견등기사항증명서

후견등기사항증명서를 발급받기 위해서는 가정법원에 발급신청을 하여야 한다. 후견등기사항은 사람의 프라이버시와 관련된 정보를 담고 있으므로 아무나 발급을 신청할 수 없고 일정한 범위로 신청권자가 제한된다. 신청권자는 다음과 같다(후견등기에 관한 법률 제15조).

제15조(등기사항증명서의 발급 등) ① 다음 각 호에 규정된 자는 후견등기관에게 사용 목적을 지정하여 후견등기부에 기록되어 있는 사항의 전부 또는 일부를 증명하는 서면(기록이 없는 경우에는 그러한 취지를 증명하는 서면을 포함하며, 이하 "등기사항증명서"라 한다)의 발급을 청구할 수 있다.

1. 피성년후견인등 또는 후견계약의 본인
2. 제1호에 규정된 사람의 배우자 또는 4촌 이내의 친족(이하 "배우자등"이라 한다)
3. 성년후견인, 한정후견인 또는 특정후견인(이하 "성년후견인등"이라 한다)
4. 성년후견감독인, 한정후견감독인 또는 특정후견감독인(이하 "성년후견감독인등"이라 한다)
5. 임의후견인, 임의후견감독인, 미성년후견인 또는 미성년후견감독인
6. 제3호부터 제5호까지의 규정에 따른 각 직(職)에서 퇴임한 자(자기와 관련된 기록사항으로 한정한다)
7. 유언집행자, 상속재산관리인 등 제1호에 규정된 사람의 「민법」상 법정대리인
8. 국가 또는 지방자치단체(그 직무수행을 위하여 필요한 경우로 한정한다)
9. 소송·비송사건·민사집행의 각 절차에서 등기사항증명서를 제출할 필요가 있는 자(법원의 보정명령서, 사실조회서 등 등기사항증명서를 제출하도록 하는 취지의 법원 문서가 있는 경우로 한정한다)
10. 다른 법령의 규정에 따라 등기사항증명서를 제출할 필요가 있는 자
11. 그 밖에 대법원규칙으로 정하는 정당한 이해관계가 있는 자

② 제27조에 따른 사전처분에 관한 등기사항증명서에 대한 발급청구권자는 대법원규칙으로 정한다.
③ 후견등기관은 제1항 및 제2항의 청구가 후견등기부에 기록된 자에 대한 사생활의 비밀을 침해하는 등 부당한 목적에 의한 것이 분명하다고 인정할 때에는 등기사항증명서의 발급을 거부할 수 있다.
④ 등기사항증명서를 발급받거나 제출받은 자는 이를 그 사용 목적 외의 용도로 사용하여서는 아니 된다.
⑤ 등기사항증명서의 발급청구는 관할 가정법원이 아닌 가정법원에 대하여도 할 수 있다.

제3항의 '부당한 목적'이란 일반적으로 타인에게 알리고 싶지 않은 사항을 정당한 사유 없이 단지 호기심으로 알고자 하거나 후견등기부에 기록된 사항을 범죄에 이용하려는 등의 경우를 말한다. 부당한 목적인지 여부는 등기사항증명 신청서의 신청인란과 사용목적란의 기재 및 소명자료의 내용으로 판단하되, 신청인란이나 사용목적란의 기재가 없거나 허위로 기재된 경우에는 부당한 목적이 있는 것으로 판단할 수 있다(대법원 등기예규 제1497호 제5조). 등기사항증명서는 후견이 개시된 가정법원 뿐만 아니라 전국 어느 가정법원에서도 발급받을 수 있다.

법 제15조 제1항 제1호의 '정당한 이해관계가 있는 자'란 다음의 경우에 해당하는 사람을 말한다(규칙 제31조 제3항).

1. 법 제15조제1항제1호, 제3호부터 제6호까지 규정된 자의 상속인 또는 포괄승계인으로서 사건본인의 과거 어느 시점의 행위능력이나 피상속인 권한 등의 확인을 위하여 등기사항증명서의 발급이 필요한 자
2. 그 밖에 공익목적상 합리적 이유가 있는 경우로서 대법원예규가 정하는 자

등기사항증명서는 신청권자 본인이 아닌 대리인도 발급을 받을 수 있는데, 대리인이 등기사항증명서의 발급이나 등기신청서등의 열람을 신청할 때에는 신청서에 그 권한을 증명하는 서면과 위임자의 주민등록증·운전면허증·여권·외국인등록증·국내거소신고증 등의 신분증명서 사본을 첨부하여야 한다(규칙 제31조 제6항).

나. 사전처분이 있는 경우의 발급신청권자

사전처분이 있는 경우에는 ① 사전처분의 본인 배우자등(배우자 또는 4촌 이내의 친족), ② 성년후견인등(성년후견인, 한정후견인 또는 특정후견인), 성년후견감독인등(성년후견감독인, 한정후견감독인 또는 특정후견감독인), 임의후견인, 임의후견감독인의 직무대행자, ③ 임시후견인이 등기사항증명서를 발급받을 수 있다(규칙 제32조).

다. 후견등기사항부존재증명서

본인이 후견을 받지 않고 있다는 사실을 증명할 필요가 있을 때에는 본인의 후견등기기록이 없다는 취지를 증명하는 후견등기사항부존재증명서의 발급을 신청할 수 있다. 신청권자는 발급대상인 본인이다. 후견등기사항부존재증명서를 발급받는 절차와 신청서 양식과 안내는 서울가정법원 홈페이지 '자주 묻는 질문'란에 자세히 안내되어 있다.

등기사항 부존재증명서 발급신청서(기재례)

<table>
<tr><td rowspan="4">신청
대상자
(사건본인)</td><td>성 명</td><td colspan="4">이몽룡</td></tr>
<tr><td rowspan="2">주민등록번호</td><td colspan="4">450101-1234567</td></tr>
<tr><td colspan="4">※주민등록번호가 없는 경우에는 생년월일을 기재</td></tr>
<tr><td>등록기준지</td><td colspan="4">방문신청시에는 기재 불요
※ 우편청구시에만 기재</td></tr>
<tr><td rowspan="2">신청내용</td><td colspan="5">□ 전부 부존재증명서 ……………………………………………(1)통</td></tr>
<tr><td colspan="5">□ 일부 부존재증명서 (☞ 아래 중 하나 이상을 선택) ………………( )통
□ 성년후견 □ 한정후견 □ 특정후견 □ 임의후견 □ 사전처분</td></tr>
<tr><td>주민등록
번호
뒷자리
공개여부</td><td>□공개

□비공개</td><td>공개
신청
사유</td><td colspan="3">□ ① 신청대상자의 주민등록번호를 정확하게 기재한 경우
□ ② 신청인이 신청대상자이거나 그 배우자, 4촌 이내의 친족, 성년후견인등, 임의후견인 및 그 대리인인 경우
□ ③ 신청인이 재판상 필요를 소명한 경우
□ ④ 공무원이 직무상 필요를 소명한 경우</td></tr>
<tr><td>※ 수수료</td><td colspan="5">등기사항 부존재증명서 1통당 1,200원</td></tr>
<tr><td>사용목적</td><td colspan="5">“구체적”으로 “반드시” 기재하여야 합니다
(ex 공무원 임용, 부동산중개업 인허가 등)</td></tr>
<tr><td>소명자료</td><td></td><td colspan="4">신분증, 가족관계증명서</td></tr>
<tr><td rowspan="3">신 청 인
(오 신 분)</td><td>성 명</td><td>성춘향(인) (서명)</td><td>신청인자격</td><td colspan="2">신청대상자의 배우자</td></tr>
<tr><td>주민등록번호</td><td>550202-2345678</td><td>연락처</td><td colspan="2">010-123-4567</td></tr>
<tr><td>주 소</td><td colspan="4">서울 서초구 강남대로 193(양재동 25-3)</td></tr>
<tr><td>접수번호</td><td colspan="5">2014년 7월 1일
서울가정법원 후견등기관 귀하</td></tr>
<tr><td colspan="6">------------------------절 취 선------------------------
접 수 증
접수일자: 20 . . .　　신청인 성명:
접수번호:　　납부수수료액:
교부예정시간:　　서울가정법원 후견등기관 (인)</td></tr>
<tr><td colspan="6">※ 법 제42조 제2호 : 거짓이나 그 밖의 부정한 방법으로 다른 사람의 등기사항증명서를 발급받거나 등기신청서등을 열람한 사람은 3년 이하의 징역 또는 2천만 원 이하의 벌금에 처하게 됩니다.
※ 법 제8조 제4항 : 발급대상이 아닌 사람에게 고의로 발급하여 후견등기에 관한 비밀을 누설한 사람도 같은 처벌을 받습니다.</td></tr>
</table>

1. **신청대상자**란에는 증명서 발급대상자의 성명과 주민등록번호를 기재하세요.

2. **신청내용**에는 "전부 부존재증명서"에 체크하세요
("전부 부존재증명서"에 체크하면 하단의 모든 내용이 포함된 증명서가 발급됩니다.)

3. **주민등록번호 뒷자리 공개여부**란은 "공개"로 체크하세요
(특별한 사정이 없는 이상 증명서를 제출할 기관 입장에서는 당사자의 동일성 확인을 위해서는 주민등록번호가 공개된 증명서가 필요하며, 원하시는 경우 주민등록번호가 비공개된 증명서 발급도 가능하지만, 위와 같은 이유로 다시 신청하여야 할 경우도 발생할 수 있음을 알려드립니다)

4. **공개신청사유**
해당내용에 체크하되 일반적인 경우 ②항에 체크하세요
① 신청대상자의 주민등록번호를 정확하게 기재한 경우
② 신청인이 신청대상자이거나 그 배우자, 4촌 이내의 친족, 성년후견인등, 임의후　견인 및 그 대리인인 경우
☞ 본인, 친족등, 후견인, 대리인이 신청하는 경우 체크
③ 신청인이 재판상 필요를 소명한 경우
☞ 법원의 보정명령 등에 따라 신청하는 경우 체크
④ 공무원이 직무상 필요를 소명한 경우
☞ 국가 및 지자체에서 신청하는 경우 체크

5. **사용목적**
구체적으로 반드시 기재하여야 합니다.
예시 – 경찰 공무원 임용, 미용사 자격증 취득, 학교 운영위원 선출, 택시 매매, 특수차량 매매, 법인 대표(임원) 등기

6. 소명자료

본인이 신청하실 경우 "신분증"

대리인이 신청하실 경우 "신분증, 위임장"

친족 등이 신청하실 경우 "신분증, 가족관계증명서"

7. 신청인

증명서 발급을 위해 방문하여 신청하시는 분의 인적사항을 기재합니다. 신청인이 발급대상자와 동일하다고 하더라도 전부 기재하여야 합니다. 대리인이 신청하는 경우에는 신청인란에 대리인의 인적사항을 기재하여야 합니다. 주소란은 지번 또는 건물번호를 반드시 기재해주세요.

별지 제4호 양식(규칙 제31조제2항) 위임장

접수공무원의 수임인 신분확인 (인)			
수임인 성 명		수임인 주민등록번호	

위 임 장(기재례)

위임받은 사람(대리인)

성 명 : 홍 길 동

주민등록번호 : 801234 - 1234567

주 소 : 서울 서초구 강남대로 193

위임인 임 꺽 정 는(은) 아래 행위에 관한 권한을 위 홍 길 동 에게 위임합니다.

- 아 래 -

「후견등기에 관한 법률」 제15조 및 「후견등기에 관한 규칙」 제31조 제3항, 제32조에 따른 후견 등기사항증명서의 발급 신청서 제출 및 수령 또는 후견등기신청서등의 열람 신청서 제출 및 열람 등에 관한 일체의 행위

2014 년 월 일 | 날인 또는 서명 |

위임인 성 명: 임 꺽 정 (서명)

주 소 : 서울 서초구 서초동 123

주민등록번호 : 701234 - 1234567

전 화 번 호 : 010-1234-5678

○ 첨부서류

1. 위임인(임꺽정)의 신분증명서(주민등록증, 운전면허증,여권 등) 사본 1부

※ 유의사항

타인의 서명 또는 인장의 도용 등으로 허위의 위임장을 작성하여 증명서의 신청 또는 수령한 경우에는「형법」 제231조 등에 따라 5년 이하의 징역 또는 1천만원 이하의 벌금형에 처해집니다.

4. 후견등기신청서의 열람

등기사항증명서의 발급을 청구할 수 있는 사람은 특별한 사유가 있는 경우 등기신청서 등의 열람을 청구할 수 있다(후견등기에 관한 법률 제17조). 단, 등기신청서 등을 열람하기 위해서는 등기신청행위의 효력에 다툼이 있거나 이에 준하는 특별한 사정이 있음을 소명하여야 한다. 열람의 신청방법은 등기사항증명서의 발급과 같은데, 대리인이 등기신청서등의 열람을 신청할 때에는 신청서에 그 권한을 증명하는 서면과 위임자의 주민등록증·운전면허증·여권·외국인등록증·국내거소신고증 등의 신분증명서 사본을 첨부하여야 한다. 전자문서로 작성된 등기신청서등의 열람 신청은 관할 가정법원이 아닌 다른 가정법원에서도 할 수 있다. 또 가정법원에서 열람한 신청서 등의 등본 또는 초본을 작성해줄 수는 없고 신청인이 원하는 경우 인증 없는 사본의 형태로 줄 수 있을 뿐이다. 등기신청서등의 열람은 후견등기관이 보는 앞에서 하여야 한다. 다만, 등기신청서등이 전자문서로 작성된 경우에는 전자적 방법에 의하여 그 내용을 보게 하거나 그 내용을 기록한 서면을 교부하는 방법으로 한다(규칙 제35조).

제5편

후 견 인

후견인의 지위와 역할 1

* 후견인이 피후견인을 위해 해야 할 업무의 범위를 정확히 파악하는 것은 쉽지 않은 일이다. 심판문에도 후견사무의 범위가 명확히 정해지지 않는 것이 보통이다. 하지만 후견인이 피후견인의 상태를 잘 알고 있다면 거기에서 후견사무의 범위는 저절로 정해질 수 있게 된다. 단, 후견개시심판에 의해 선임된 후견인의 기본적인 사무는 '법적' 후견사무라는 점을 이해해야 한다.

사례1) G씨는 오래전부터 치매를 앓아 왔는데 몇 년 전부터는 상태가 매우 좋지 않아 중증치매센터에서 요양 중이었다가 큰 아들이 데려와 돌보고 있다. G씨에게는 두 아들과 딸이 있는데 큰 아들이 G씨를 간호한다는 명목으로 동생들의 접근을 차단하고 G씨의 재산을 어떻게 관리처분하고 있는지 여부를 전혀 알려주지 않고 있다. 그러나 두 동생들은 모친에게 접근할 방법이 없어 현재 모친의 상태를 전혀 알지 못하고 있다(성년후견, 신상보호사무).

사례2) N은 30년 전부터 경마에 손을 대어 직장을 퇴직한 현재까지도 계속해서 일주일에 수 백만원씩 경마도박, 복권 등에 돈을 탕진하고 있다. N은 더 이상 수입이 없고 아파트도 담보로 잡아 돈을 빌려 경마에 탕진한 바 있는데, 처로서는 이를 계속해서 만류해왔으나 N의 충동조절장애와 알콜중독 등의 문제로 전혀 아무런 효과를 보지 못하고 있는 형편이다(한정후견, 재산관리사무).

1. 후견인의 지위의 발생

후견인은 법원으로부터 권한을 부여받아 피후견인을 위해 후견사무를 처리하는 사람이다. 성년후견 등 사건의 개시심판이 확정되면, ① 후견인으로서의 직무가 시작되고, ② 후견인의 권한과 의무가 발생하며, ③ 사건본인은 피후견인(후견을 받는 사람)으로서의 지위를 갖게 된다. 후견인은 피후견인을 위한 권리의 옹호자로서 후견인 자신을 위해서가 아니라 피후견인을 하여 사무를 처리하여야 한다. 후견인은 후견사무에 대하여 법원이 정하는 바에 따라 적정한 보수를 피후견인의 재산에서 지급받을 수 있다.

2. 후견인의 사무처리의 범위

후견인에게는 피후견인의 재산관리와 신상보호에 관한 사무를 처리할 권한과 의무가 주어진다. 이와 같은 사무를 처리하기 위하여 후견인은 법원으로부터 후견사무에 필요한 법률행위의 취소권, 동의권, 대리권, 신상에 관한 결정권 등의 권한을 부여받는다. 성년후견과 한정후견의 경우 피후견인은 혼자서 유효하게 행할 수 있는 법률행위 능력이 일정부분 제한된다. 후견 사무의 범위와 후견인의 권한의 범위는 밀접하게 관련되어 있으나 반드시 일치하는 것은 아니다. 후견인이 해야 할 재산관리 사무와 신상보호 사무의 범위는 잠재적으로는 후견이 필요한 모든 범위에 걸쳐 있는 것이지만, 피후견인의 능력에 비추어 본인이 할 수 있는 범위에서는 피후견인이 직접 사무를 처리하거나 스스로 결정을 하도록 하고, 피후견인이 할 수 없는 범위에 대하여만 보충적으로 후견인이 권한을 위임받은 범위 내에서 후견사무를 처리하도록 해야 한다. 예를 들자면 피후견인이 TV, 가스 등 이용계약을 스스로 체결할 수 있다면 후견인이 이에 관한 사무를 처리할 필요가 없으나 피후견인이 그러한 능력이 없다면 후견인이 대리권을 행사하여 계약을 체결할 의무가 있다. 다만 후견인에게 그러한 부분에 대한 대리권이 부여되어 있지 않다면 후견인이 이를 할 수 없게 되는데 이는 심판 당시 피후견인이 그러한 사무를 스스로 처리할 수 있다고 법원이 판단하였기 때문이다. 이와 같이 피후견인이 스스로 처리할 수 있는 범위 내의 사무는 후견인의 사무처리 범위에 포함되지 않는다. 하지만 피후견인의 능력 여하에 따라 장차 후견인의 사무처리 범위에 포함될 수도 있다. 이와 달리 특정후견인의 경우에는 처음부터 후견인의 사무처리 범위가 정해져 있으므로 그 범위 내에서의 사무만을 처리하면 된다. 요약하자면, 성년후견, 한정후견에서 후견인에게 부여된 취소권, 동의권, 신상에 관한 결정권은 후견 사무처리를 원활하게 하기 위하여 후견인에게 부여된 권능일 뿐 그 자체가 사무처리의 범위는 아닌 것이다. 후견인의 실질적인 사무처리의 범위는 이와 같이 법원에서 부여된 권능의 한계 내에서 피후견인이 스스로 처리할 수 있는 부분을 제외한 나머지 부분이라고 할 수 있다.

한편, 후견인의 사무처리의 범위는 법적인 사무인 것이 원칙이고 사실적인 사무를 후견인이 직접 처리해야 한다는 것을 뜻하지는 않는다. 즉 후견인은 피후견인을 위하여 적정한 수입과 재산의 범위 내에서 요양과 일상생활을 영위할 수 있도록 사무를 처리할 의무가 있으나 피후견인에 대한 간호와 생필품의 구입, 집안일 등을 후견인이 직접 하여야 한다는 것은 아니다. 후견인의 사무는 법적인 역할을 통해 주거지에 대한 유지·보수계약의 체결, 요양시설과의 계약 및 요양비의 지급, 개호가 필요한 경우 개호인과의 계약체결, 피후견인의 자력이 부족한 경우 복지기관 등 각종 사회복지서비스를 이용할 수 있도록 보조하는 것 등을 말한다. 피후견인과 같이 생활하는 친족후견인의 경우에는 사실적인 개호행위를 같이 하는 경우도 많을 것이나 이러한 사무가 후견인으로서의 직접적인 의무는 아니다. 결국 후견인의 사무처리는 피후견인이 자립적인 생활을 할 수 있는 법적인 환경을 마련해주는데 있다고 할 수 있다.

3. 후견인의 유형과 역할

후견인은 친족후견인, 전문가후견인, 공공후견인(시민후견인)의 세 가지 유형으로 분류된다. 친족후견인은 피후견인의 배우자, 자녀, 부모 등 친족이 후견인으로 선임되는 것으로 가족에 의한 후견을 말한다. 친족후견인은 피후견인의 상태를 가장 잘 파악하고 있고 생활을 함께 한다는 점에서 장점이 있으나 법적인 부분의 지식이 부족할 수 있고, 가족들 사이에 이해관계의 다툼이 심한 경우에는 그 중 한 사람을 후견인으로 선임하기 곤란한 경우가 발생할 수 있다는 단점이 있다. 전문가후견인은 변호사, 법무사, 세무사, 사회복지사 등 해당 분야의 전문지식을 활용하여 후견인으로서의 역할을 수행할 수 있는 장점이 있으나 후견인에 대한 보수를 지급하여야 하므로 재산이 없는 피후견인의 경우에는 전문가 후견인을 선임하기 곤란하고 또 친족후견인처럼 생활 밀착형으로 후견사무를 처리할 수 없는 단점이 있다. 공공후견인은 피후견인에게 별다른 재산이 없고 적당한 친족후견인도 없는 경우에 공적 부조의 일환으로 선임되는 후견인을 말한다. 공공후견인은 무보수 또는 최소한의 경비만을 지급받고 후견사무를 처리한다는 점에서 직업후견인과 다르다. 공공후견인은 특별한 비용 없이 후견사무를 지원받을 수 있다는 장점이 있으나 국가나 지방자치단체 등의 지원이 따르지 않는 이상 공공후견인의 이용이 활성화되기는 쉽지 않다.

가정법원의 임무는 피후견인에게 좋은 후견인을 선임해주는 것이다. 좋은 후견인이란 자신의 이익보다는 피후견인의 이익을 위하여 성심껏 후견활동을 할 마음가짐이 되어 있고, 후견인으로서 적절한 법적 지식과 훈련을 받은 사람을 말한다. 하지만 법원은 피후견인의 가족관계와 재산관계 등을 고려하여 그 범위 내에서 선택가능한 사람 중에서 후견인을 선임할 수밖에 없기 때문에 모든 사건에서 좋은 후견인을 찾아내어 선임하는 것이 쉬운 일은 아니다. 한편, 후견인으로 선임된 사람은 어떤 경위로 후견인이 되었든 간에 피후견인을 위해 충분한 능력과 자격과 마음가짐을 갖춘 좋은 후견인이 되도록 노력하여야 한다. 후견인으로서의 자질과 활동은 항상 누군가에 의해 평가를 받기 마련이다.

4. 후견사무의 진행흐름

후견사무의 전반적인 흐름을 살펴보면 다음과 같다.

후견사건 기록검토 및 현황 파악

↓

피후견인의 재산조사 및 후견계획 수립

↓

재산목록보고서 작성 및 제출

↓

후견사무 (재산관리사무 및 신상보호사무) 실시

↓

후견사무보고서 제출

↓

후견인 보수 및 후견사무비용 청구

↓

사무종료에 따른 계산 및 재산의 인도

후견사무의 시작 2

* 후견인이 후견사무를 시작할 때는 처음단계가 가장 중요하다. 처음부터 피후견인의 정신상태와 필요한 후견사무, 가족들 및 이해관계인들의 입장 등을 잘 파악하여야 후견인으로서의 임무를 수행함에 있어서 분쟁이 발생하는 것을 예방할 수 있고, 가족들과 주변으로부터 신뢰를 얻을 수 있기 때문이다. 후견인이 신뢰를 잃게 된다면 이를 회복하기는 쉽지 않다. 성실하고 좋은 후견인이라는 인상을 피후견인과 그 가족들에게 심어주는 것이 중요하다. 그 중에서도 가장 중요한 것은 피후견인과의 신뢰와 관계설정이다.

1. 후견인의 선임과 승낙

가정법원은 당사자의 신청에 구속되지 않고 직권으로 후견인을 선임한다. 다만, 가정법원이 후견인을 선임할 때에는 피후견인의 의사를 존중하여야 하며, 그 밖에 피후견인의 건강, 생활관계, 재산상황, 후견인이 될 사람의 직업과 경험, 피후견인과의 이해관계의 유무(법인이 후견인이 될 때에는 사업의 종류와 내용, 법인이나 그 대표자와 피후견인 사이의 이해관계의 유무를 말한다) 등의 사정을 고려하여야 한다(민법 936조).

가정법원이 후견인을 선임할 경우 후견인의 사전승낙을 받을 것을 요건으로 정하고 있지는 않다. 그러나 가정법원이 후견인을 선임하는 심판을 하는 경우 자신이 전혀 예측하지 못한 상태에서 후견인으로 선임되는 경우는 별로 없다. 심판청구서에 후견인 후보자로 정해져 있는 사람(청구인 자신인 경우가 많다)을 후견인으로 선임하게 되는 경우에는 특별히 후견인 후보자의 의사를 물어보지는 않는다. 그렇지 않은 경우에는 가정법원이 후견인 선임 전에 후보자에게 미리 후견인으로 선임될 수도 있음을 고지하고 승낙 여부에 관한 답변을 들은 다음에 후견인으로 선임하게 되는 것이 보통이다. 청구인이나 심판청구서에 기재된 후견인이 아닌 다른 사람이 선임되는 경우에는 대부분 전문가후견인이거나 공공후견인인 경우이다. 전문가

후견인 또는 공공후견인으로 선임될 경우 가정법원으로부터 미리 자신이 후견인으로 선임될 수도 있다는 연락이 오기는 하지만 후견인 후보자로서는 승낙을 하기 전에 피후견인이 될 사람의 정신상태나 재산관계, 사건의 내용에 관한 정보를 충분히 알아내기는 어렵다. 그렇지만 일단 승낙하여 후견인으로 선임된 이상 함부로 후견인의 직무를 사임하거나 후견인 변경을 청구할 수는 없으므로, 어떠한 사안에서든 누구에 대하여든 후견인으로 역할을 하겠다는 마음가짐이 되어 있어야 한다. 그렇지 않다면 후견사건의 내용을 개략적이라도 문의하여 미리 파악해둘 필요가 있다.

2. 후견사무를 위해 파악할 것들

자신이 후견인으로 선임이 되었다면 후견인으로서 후견사무를 수행하기 위해 다음과 같은 사항을 미리 파악해둘 필요가 있다. 선임된 후견인이 처음으로 해야 할 일은 후견사건의 심판문을 정독하여 후견의 유형 및 후견인의 권한 범위를 확인하는 일이다. 제3자 후견인의 경우에는 가정법원에 후견사건 기록의 열람·복사를 신청하여 사건의 내용과 피후견인의 정신능력의 정도를 파악하여야 하고 피후견인과 그 가족을 면담하여 피후견인의 상태와 현재의 개호상황, 재산관리상황 등을 파악하여야 한다. 그 다음으로는 피후견인이 이용가능한 사회복지혜택이 있는지를 파악하여야 한다. 이와 같이 후견인의 직무와 피후견인의 상태에 대한 파악이 완료되면 구체적인 후견계획을 수립하고 재산목록을 작성한 후 필요한 조치들을 해나가도록 해야 한다. 이를 구체적으로 살펴보면 다음과 같다.

가. 후견인의 권한과 직무범위의 이해

(1) 심판문의 이해

후견개시 심판이 이루어지면 심판문이 후견인에게 송달된다. 심판은 보통 심문종결 후 1개월 내에 이루어지나 재판부의 사정이나 사건의 난이도 등에 따라 그보다 지연될 수 있다. 판결절차와 달리 심판은 따로 선고기일이 지정되지 않기 때문에 심판일을 미리 확인할 수 있는 방법은 없다. 심판문이 송달되어야 심판이 이루어진 것이 비로소 확인된다. 심판문은 당사자의 표시, 주문, 이유, 별지로 구분된다. 당사자의 표시에는 청구인과 사건본인의 성명, 주민등록번호, 주소 등 인적 사항이 기재된다. 주문은 심판문의 가장 중요한 사항으로 후견개시 청구에 대한 법원의 최종적인 판단이 기재되어 있다. 후견개시 사건에서 주문은 사건본인에 대한 후견의 종류, 누가 후견인으로 선임되었는지, 후견인의 직무의 범위, 그리고 부가처분으로 후견인이 법원에 보고해야 할 사항 등이 적시되어 있다. 심판의 이유는 기재하지 않는 것이 보통이나 심판을 기각하거나 특별히 사유를 설명할 필요가 있는 경우에는 이유를 간략하게 기재하기도 한다. 그 중 후견인의 권한 범위는 별지에 표시되고, 별지의 기재 내용이 그대로 후견등기부에 표시된다. 따라서 후견인의 권한범위를 파악하기 위해서는 별지에 기재된 내용을 여러 번 숙지하는 것이 가장 중요하다.

(2) 후견인의 후견사무의 범위

후견인은 피후견인의 재산을 관리하고 신상보호에 관한 사무를 처리할 의무가 있다. 성년후견인과 한정후견인의 직무범위는 피후견인의 재산관리와 신상보호사무 전반에 미친다. 후견인의 권한범위가 한정되어 있다고 하여 이러한 후견사무의 범위가 제한되는 것은 아니다. 다만 피후견인의 능력에 따라 후견인이 관여하지 않아도 될 사무에 관하여는 후견인이 직무를 수행할 필요가 없을 뿐이다. 하지만 후견인의 직무범위는 보충적인 것이므로 피후견인이 스스로 할 수 있는 영역까지 후견인이 임의로 간섭을 해서는 안 된다. 성년후견, 한정후견에서 후견인의 직무범위는 피후견인의 재산관리 및 신상보호에 관한 전반적인 사무에서 피후견인이 스스로 할 수 있는 부분을 제외한 나머지 부분이라고 이해하면 될 것이다. 이에 관하여는 후견인의 사무범위는 후견인의 권한범위에서 정한 부분에만 한정되고 나머지 부분에 관하여는 피후견인의 능력여하에 관계없이 후견인의 사무를 처리할 수 없다고 보는 반대견해도 있다. 다만, 특정후견에서는 후견인의 직무범위가 심판문에 구체적으로 설시되어 있기 때문에 심판에서 정한 사무에 관하여만 후견인이 직무를 수행할 수 있다. 따라서 특정후견에서는 후견인의 직무범위가 비교적 명확하다고 할 수 있다. 후견인의 후견사무의 범위는 결국 피후견인이 될 사람의 정신적 능력과 필요한 사무의 범위를 파악해야만 그 범위를 정할 수 있게 된다.

(3) 후견인의 권한범위

후견인에게는 후견사무를 처리할 수 있도록 취소권, 동의권, 대리권 등의 법적 권능이 부여된다. 후견인의 직무범위는 후견인이 처리해야 할 사무의 범위를 의미한다는 점에서 후견인에게 부여된 법적 권능의 범위인 권한범위와 구별된다. 일반적으로 성년후견인에게는 피후견인이 행한 법률행위에 대한 취소권과 피후견인의 대리하여 법률행위를 할 수 있는 대리권이 부여된다. 한정후견인에게는 피후견인이 행한 법률행위에 대한 동의권과 대리권이 부여된다. 특정후견인에게는 특정 사무를 처리할 수 있는 대리권이 부여된다. 후견인은 자신에게 취소권, 동의권, 대리권이 부여되지 않은 행위에 대하여는 권한을 행사하지 못한다. 이러한 취소권, 동의권, 대리권은 심판문의 별지에 상세히 적시되어 있으므로, 이를 숙지하여 권한범위를 정확히 파악하여야 한다. 후견인의 권한범위에 해당하지 않는 사항은 원칙적으로 후견사무의 범위에 포함되지 않는다.

나. 피후견인의 상태 파악

후견인이 피후견인의 가족이나 친족일 경우에는 피후견인의 상황을 잘 알고 있으므로 특별히 피후견인의 생활이나 정신상태를 파악하는데 많은 정보가 필요하지는 않다. 그러나 생활을 같이 하는 친족이라 하더라도 객관적인 상태에 관한 정보가 부족할 수도 있으므로, 필요한 경우 심판기록을 열람하여 피후견인의 정신상태에 관한 진단서, 감정서, 조사보고서 등을 활용할 필요가 있다.

제3자 후견인인 경우에는 피후견인의 정신능력의 정도, 현재 생활관계, 주변의 가족, 인간관계 등을 새로이 조사하여 이를 파악해두어야 한다. 그래야만 피후견인을 위한 후견의 범위를 정할 수 있기 때문이다. 피후견인에 대한 정보는 후견개시사건의 심판기록을 열람하여 파악할 수 있으나, 그 외에도 생활을 같이하는 가족, 친지, 입소해 있는 요양원 관계자 등을 면담하여 피후견인의 상태를 파악하여야 한다. 그 중 가장 중요한 부분은 피후견인 본인을 직접 면담하여 그 의사를 물어보고 상태를 파악하는 일이다. 피후견인은 정신적 능력의 제약으로 인하여 자신의 의사를 분명히 표현하지 못할 수 있으므로 본인 면담 이외에 주변관계를 조사하여야만 피후견인의 상태를 정확히 파악할 수 있다. 피후견인을 면담할 때 비로소 처음 대면하는 경우가 보통일 것이므로 자신이 피후견인을 위해 봉사하는 사람이라는 점을 분명히 하고 좋은 인상을 심어줄 필요가 있다. 신뢰관계가 형성되어야만 본인이 자신의 정확한 상태를 이야기할 수 있고, 또 후견인으로서 편하게 업무를 수행할 수 있을 것이기 때문이다.

다. 이용 가능한 각종 사회복지제도의 파악

피후견인은 질병, 노령 등으로 인하여 정신적 제약을 가진 사람이므로 각종 사회보장혜택을 받을 수 있다. 그러나 본인의 능력의 제약 또는 후견개시 이전에 돌봐줄 친족이 없는 등의 관계로 인해 사회보장 혜택을 받지 못하고 있는 경우가 있을 수 있으므로, 후견인으로서는 피후견인에게 제공되는 사회복지서비스가 어떤 것이 있는지, 그 혜택을 받고 있는지 여부 등을 확인할 필요가 있다. 이는 피후견인 본인을 위해서뿐만 아니라 후견인이 업무를 원활하게 수행하기 위해서도 각종 사회복지서비스를 이용하는 것이 큰 도움이 된다.

라. 재산상태의 파악

후견인이 피후견인의 재산관리에 관한 사무를 처리하기 위해서는 먼저 피후견인의 재산상태를 파악하여야 한다. 성년후견인은 취임 후 2개월 이내에 피후견인의 재산목록을 작성할 의무가 있고(민법 제941조 제1항), 한정후견인의 경우에도 법원이 재산목록의 작성을 요구할 수 있는데 이와 같은 재산상태 파악은 후견인이 향후 법원에 제출할 보고서의 기초자료가 된다. 피후견인의 재산은 적극재산 외에 채무 등 소극재산을 모두 포함하며, 현재의 재산상태를 파악하는 것 이외에 수입과 지출이 어떻게 이루어지고 있는지를 전반적으로 파악하는 것이 중요하다.

피후견인의 재산상태는 먼저 피후견인 본인과 그 가족들의 진술, 보관하고 있는 예금통장, 증서 등을 토대로 개략적인 재산상태를 파악할 수 있고, 법원의 사건기록을 열람하여 이를 파악할 수 있는데, 보다 정확한 재산상태를 확인하기 위해서는 재산조회절차를 이용하는 것이 필요하다.

① 안심상속(후견인) 원스탑서비스

가장 많이 이용되는 재산조회서비스이다. 행정안전부에서 제공하는 서비스로, 상속인(또는 후견인)에 대한 6종의 재산조회(금융재산, 토지, 자동차, 국민연금 가입이력, 국세, 지방세)를 개별기관을 일일이 방문하지 않고 한 번의 통합신청으로 확인할 수 있는 서비스이다. 신청은 ① 인터넷(정부24, http://www.gov.kr)으로 신청하는 방법과 ② 시·구/ 읍면동 주민센터 등을 방문하여 신청하는 방법이 있다. 통상 재판부에서 후견인 선임을 하면서 재산목록 작성시 안심상속(후견인) 원스탑서비스조회결과를 제출하도록 명하는 경우가 많다.

피후견인의 금융자산은 접수일 기준으로 파악된 금융 채권·채무를 포함한다. 예금은 잔액, 보험은 가입여부, 투자상품은 예탁금 잔고 유무를 제공한다. 은행, 농협, 수협, 신협, 산림조합, 새마을금고, 상호저축은행, 보험회사, 증권회사, 자산운용사, 선물회사, 카드사, 리스사, 할부금융회사, 캐피탈, 은행연합회, 예금보험공사, 예탁결제원, 신용보증기금, 기술신용보증기금, 주택금융공사, 한국장학재단, 미소금융중앙재단, 한국자산관리공사, 우정사업본부, 종합금융회사, 대부업 신용정보 컨소시엄 가입 대부업체에 있는 채권 또는 채무를 확인할 수 있다.

국세, 지방세는 피후견인의 국세·지방세 체납액, 납기가 남은 국세·지방세, 국세 환급액을 확인할 수 있다.

안심상속(후견인) 원스탑서비스의 신청방법 및 절차 안내는 다음과 같고, 후견인의 경우에는 방문신청만 가능하고, 온라인 신청은 허용되지 않는다.

안심상속(후견인) 원스톱서비스 제공[1)]

○ 의미 : 상속인(또는 후견인)이 금융내역·토지·자동차·세금·연금가입유무 등 사망자(또는 피후견인) 재산의 조회를 시군, 읍면동에서 한 번에 통합신청하는 서비스

○ 지원내용 : 상속인(또는 후견인)이 금융내역(예금·보험·증권 등)·토지·자동차·세금(지방세·국세)·연금(국민·공무원·사학·군인)가입유무 등 사망자(또는 피후견인) 재산의 조회를 시구, 읍면동에서 한 번에 통합신청하는 서비스입니다.

○ 수수료 없음
※ 구비서류 제출을 위한 수수료는 별도

○ 신청시기 : 사망신고 동시에 또는 사망일이 속한 달의 말일부터 6개월 이내
※ 피후견인 재산조회는 기간 제한 없음

○ 신청자격
1) 방문신청
- 상속인 : 제1순위 상속인(직계비속, 배우자), 제2순위 상속인(직계존속, 배우자), 제3순위 상속인(형제, 자매) / 대습상속인, 실종선고자의 상속인
- 후견인 : 법원에 의해 선임된 성년후견인 및 권한 있는 한정후견인[2)]

2) 온라인 신청
- 상속인 : 제1순위 상속인(직계비속, 배우자), 제2순위 상속인(직계존속, 배우자)
※ 다만, 제1순위 상속인의 상속포기로 인한 제2순위 상속인은 제외

○ 신청방법
- (방문신청) 시구청 및 읍면동 주민센터 직접 방문 → 사망자 재산조회 등 통합처리 신청서 및 구비서류 제출

1) 정부24 민원안내 참조

2) 특정후견인, 임의후견인은 해당되지 않는다.

- (온라인신청) 정부24 (www.gov.kr)접속 → 공인인증서 본인인증 → 신청서 작성 → 구비서류(가족관계증명서) 교부 신청 및 수수료 결제 → 접수처(주민센터)에서 확인·접수 → 접수증 출력

○ 구비서류
- (사망자 재산조회 신청 시) 신분증, 가족관계증명서 등 상속관계 증빙서류
- (피후견인 재산조회 신청 시) 신분증, 후견등기사항전부증명서 또는 성년(한정)후견개시심판문 및 확정증명원
- (사망자 등 재산조회 신청의 취소·변경 신청 시) 신분증, 사망자 등 재산조회 통합처리 신청 접수증

○ 조회결과 확인방법
- (금융내역) 문자 또는 금융감독원 홈페이지(www.fss.or.kr)
- (국세) 문자 또는 국세청 홈택스 홈페이지(www.hometax.go.kr)
- (국민연금) 문자 또는 국민연금공단 홈페이지(www.nps.go.kr)
- (공무원·사학·군인연금) 문자
- (토지·지방세) 문자·우편·방문 중 선택
- (자동차) 접수처에서 안내(온라인 신청시 문자·우편·방문 중 선택)

○ 처리기간
- 국세·금융내역·연금 조회 : 총20일
- 자동차 조회 : 즉시(근무시간 내 3시간)
- 토지·지방세 조회 : 총7일

○ 근거법령
- 전자정부법
- 민원 처리에 관한 법률 시행령
- 사망자 등 재산조회 통합처리에 관한 기준

② 상속인금융거래조회서비스

후견인은 피후견인의 예금 등 확인을 위해 금융감독원에 피후견인의 금융자산을 일괄적으로 조회할 수 있는 금융거래조회서비스를 신청하여 이용할 수 있다. 이 제도는 상속인이 피상속인의 금융재산 및 채무를 확인하기 위하여 금융기관을 일일이 방문하여야 하는 번거로움을 덜기 위해 금융감독원이 각 금융협회 및 금융회사의 협조를 얻어 제공하는 서비스로서, 원래 상속인들을 위해 마련된 것이나 후견인도 이를 이용할 수 있도록 하고 있다.

위 서비스는 조회 신청일을 기준으로 피상속인 명의의 모든 금융채권(명칭여하를 불문하고 각종예금, 보험계약, 예탁증권, 공제 등), 채무(명칭 여하를 불문하고 대출, 신용카드이용대금, 지급보증 등 우발채무 및 특수채권 등) 및 피상속인 명의의 국민주, 미반환주식, 대여금고 및 보호예수물, 보관어음 등의 정보가 있는 금융회사를 알려주고 있다. 다만 조회가 불가능한 일부 금융회사가 있으므로 이 경우 별도로 해당 금융회사에 직접 조회하여야 한다(각 금융협회 홈페이지나 담당자를 통해 조회 불가능한 회사 확인 가능). 위 조회서비스를 상속인뿐만 아니라 성년후견인도 조회가 가능하므로 성년후견개시 심판이 확정되면 성년후견인은 금융감독원에 금융거래 조회를 신청할 수 있다. 한정후견인도 권한범위에 금융기관에 대한 예금인출, 조회권한 등이 포함되어 있다면 이용이 가능하다. 단, 한정후견인이나 특정후견인, 임의후견인에 대하여 대리권에 조회권한이 명확히 적시되어 있지 않은 경우에는 법원으로부터 조회권한을 대리권의 일부로 부여받을 필요가 있다. 금융거래조회는 금융회사의 계좌존재유무(예금의 경우 금액 수준)와 채무금액을 통지하므로 잔액, 거래내역 등 상세한 내역은 해당 금융회사를 방문하여 별도의 절차를 거쳐 자세한 거래내역을 확인하여야 한다. 조회결과는 각 금융협회에서 문자메시지 등을 이용하여 신청인에게 통보하고 각 금융협회 홈페이지에 조회결과를 개시한다. 상속인금융조회신청서는 금융감독원 홈페이지(http://www.fss.or.kr)에서 양식을 다운받을 수 있다. 다만, 상속인금융조회를 통해 피후견인의 계좌가 모두 거래정지가 되는 경우가 있으므로 이 부분을 주의하여야 한다.

* 참조 : 상속인 금융거래조회서비스 안내문

상속인 금융거래조회서비스 안내문

□ 상속인 금융거래조회 서비스는 상속인이 피상속인의 금융재산 및 채무를 확인하기 위하여 금융회사를 일일이 방문하여야 하는 번거로움을 덜어드리고자 금융감독원이 각 금융협회 및 금융회사의 협조를 얻어 제공하는 서비스입니다. 동 서비스는 조회신청일 기준으로 피상속인 명의의 모든 금융채권(명칭여하를 불문하고 각종예금, 보험계약, 예탁증권, 공제 등), 채무(명칭여하를 불문하고 대출, 신용카드이용대금, 지급보증 등 우발채무 및 특수채권, CB사가 보유한 비금융상거래채무정보 등) 및 피상속인 명의의 국민주, 미반환주식, 대여금고 및 보호예수물, 보관어음 등의 정보가 있는 금융회사와 신용정보관리규약에 규정한 공공정보(체납정보 등)* 및 상조회사 가입여부를 알려드립니다. 다만 조회가 불가능한 일부 금융회사가 있으므로 이 경우 별도로 해당 금융회사에 직접 조회하셔야 합니다. (각 금융협회 홈페이지나 담당자를 통해 조회 불가능한 회사 확인 가능)

* 일정기간 이상 체납한 일정금액 이상의 국세·지방세·관세·과태료·고용보험료·산재보험료·임금의 체납(불), 채무불이행자 결정 사실, 신용회복지원 정보 등(한국신용정보원에서 관리·보유)

** 전국 지자체의 '안심상속 원스톱서비스'를 이용하는 경우 지방세(체납·고지세액), 자동차(소유내역), 토지(소유내역)정보 신청 가능, 다만 사망일이 속한 달의 말일로부터 6개월이내에만 신청이 가능

※ 상조회사는 선수금을 은행에 예치(또는 지급보증)하여 보전하고 있는 업체만 대상이며, 상조회사 가입사실은 신청서상의 피상속인의 성명, 생년월일, 휴대폰번호 3개 정보가 상조회사 가입시 제출한 정보와 모두 일치하는 경우에만 확인할 수 있습니다.(지자체 접수시 피상속인의 휴대폰번호가 기재되지 않은 경우 확인 불가)

□ 상속인의 위임을 받아 대리인이 신청을 하는 경우 조회결과는 대리인에게 통지됩니다.(단, 연금 가입 여부는 상속인에게만 통지)

□ 상속인 금융거래조회 절차는 다음과 같습니다.

절차	
신청서 접수(내방접수만 가능) (접수처 : 금융감독원, 전 은행(수출입은행, 외은지점제외), 농·수협단위조합, 우체국, 삼성생명 고객프라자, 한화생명 고객센터, KB생명 고객플라자, 교보생명 고객플라자, 삼성화재 고객플라자, 유안타증권) * 사망신고 접수를 담당하는 시청이나 구청, 읍·면·동 주민센터 민원실에서도 접수 가능	
⇩	
각 금융협회에 피상속인 등의 금융거래조회 요청	(금융감독원 ⇒ 금융협회 등)
⇩	
각 금융협회에서 소속 금융회사에 조회 요청	(금융협회 등 ⇒ 금융회사)
⇩	
금융회사에서 조회결과를 소속 금융협회에 통지	(금융회사 ⇒ 금융협회 등)
⇩	
금융협회에서 조회결과를 취합 후 신청인에게 조회완료 통보 및 조회결과 홈페이지 게재	(금융협회 등 ⇒ 신청인)

* 접수처인 금융회사에 사망자 등의 금융거래가 없어도 신청가능

□ 상속인이 미성년자인 경우 만14세이상은 본인이나 법정대리인(또는 후견인)이 신청할 수 있으며, 만14세미만은 법정대리인(또는 후견인)만 신청이 가능합니다.

□ 상속인 금융거래조회는 금융회사의 계좌존재 유무와 예금액·채무액을 통지하므로 정확한 잔액, 거래내역 등 상세한 내역(사망 후 해지계좌 포함)은 해당 금융회사를 방문하여 별도의 절차를 거쳐 확인하셔야 합니다. 신청서 및 접수증에 기재된 상속인에 한해 접수증, 신분증만으로 신청일로부터 3개월 내에는 해당 금융회사에서 거래정보 등을 제공받을 수 있습니다. 대리인의 경우 접수증, 신분증 외에 금융사가 요구하는 위임관련 서류를 지참해야 합니다. 이외 필요서류 등은 방문 전에 반드시 확인하시기 바랍니다. 예금 등의 상속(명의변경 및 지급 등)시에는 금융회사가 정한 절차에 의해 필요서류를 받을 수 있습니다.

□ 조회완료시 각 금융협회에서 문자메시지 등을 이용하여 신청인에게 통보하고 각 금융협회 홈페이지에 조회결과를 게시합니다. 다만 접수일로부터 3개월간만 홈페이지에서 조회 가능하며 조회결과는 서면으로 통보되지 않습니다.(각 금융협회별로 조회결과를 개별적으로 통보하므로 통보시기가 금융협회별로 다름)

※ 접수일로부터 3개월까지 금융감독원 홈페이지(http://www.fss.or.kr)에서 각 금융협회에서 제공하는 상속인 금융거래조회 결과를 일괄조회 할 수 있습니다. 다만 조회결과에 대한 자세한 문의는 각 금융협회 또는 해당 금융회사로 하셔야 합니다.

ㅇ 각 금융협회 홈페이지 및 전화번호

협회명	홈페이지주소	전화번호	조회가능금융기관	예상소요기간
예금보험공사	www.kdic.or.kr	02-758-0114	영업정지 등 보험사고발생 부보 금융회사	3 ~ 10일
전국은행연합회	www.kfb.or.kr	3705-5000	은행, 수협, 농축협	10 ~ 15일
한국신용정보원	www.kcredit.or.kr	1544-1040	신보, 기신보, 주금공 등	10 ~ 15일
생명보험협회	www.klia.or.kr	02-2262-6600	생명보험	6 ~ 10일
손해보험협회	www.knia.or.kr	02-3702-8500	손해보험	3 ~ 7일
금융투자협회	www.kofia.or.kr	02-2003-9000	금융투자회사	7 ~ 10일
여신금융협회	www.crefia.or.kr	02-2011-0700	카드, 리스, 할부금융	15 ~ 20일
저축은행중앙회	www.fsb.or.kr	02-397-8600	저축은행	15 ~ 20일
신협중앙회	www.cu.co.kr	042-720-1000	신용협동조합	10 ~ 15일
새마을금고중앙회	www.kfcc.co.kr	02-2145-9205	새마을금고	10 ~ 15일

산림조합 중앙회	banking.nfcf.or.kr	042-620-0300	산림조합	10 ~ 15일
한국예탁 결제원	www.ksd.or.kr	02-3774-3000	증 권	10 ~ 15일
우체국	www.epostbank.go.kr	02-2195-1376	우 체 국	7 ~ 10일
한국대부 금융협회	www.clfa.or.kr	02-3487-5800	대부업체	7 ~ 14일

※ 국세는 국세청 홈택스(http://www.hometax.go.kr), 국민연금 가입유무는 국민연금공단 홈페이지(http://www.nps.or.kr)에서 확인 가능하고, 공무원연금, 사학연금 및 군인연금 가입유무는 해당 기관에서 문자메세지 또는 이메일로 결과를 제공합니다.

□ 예상소요기간은 전산사정 등에 따라 초과될 수 있습니다. 따라서 각 금융협회별 예상소요기간이 경과한 후에도 조회완료사실이 통보되지 않으면 각 금융협회 홈페이지를 접속하거나 유선으로 문의하여 확인하시기 바랍니다.

□ 금융회사는 사망자의 계좌에 대하여 조회신청사실을 통보받게 되면 통상 해당계좌에 대하여 임의로 거래정지 조치를 취하여 해당 계좌의 입·출금(자동이체포함) 등이 제한될 수 있으며, 이후의 예금지급은 원칙적으로 상속인 전원의 청구에 의하여 해당 금융기관에서만 지급이 가능합니다.

□ 접수증에 기재된 접수번호는 각 금융협회 홈페이지에서 조회결과를 확인할 때 신청인 본인 여부의 확인을 위하여 필요하므로 반드시 기억하시기 바랍니다.

※ 극히 드문 일이나 금융회사의 전산오류 등으로 조회결과가 사실과 다를 수도 있음을 유념하시기 바랍니다.

③ 신용정보조회

전국은행연합회는 개인의 신용정보통합서비스를 제공하고 있으므로 이를 통해 피후견인의 신용정보조회가 가능하다. 1995년 시행된 '신용정보의 이용 및 보호에 관한 법률'에 의거하여 재정경제부에서는 전국은행연합회를 종합신용정보집중기관으로 지정하여 국내 모든 금융기관의 신용정보를 관리할 수 있도록 하였고, 전국은행연합회에서는 금융기관에서 발생하는 각종 신용정보 및 공공기관에서 보유하고 있는 공공기록정보를 집중하여 신용정보 제공/이용기관은 물론 재정경제부, 한국은행, 금융감독원 등의 공공기관 및 신용정보업자 등에게 제공하고 있다. 신용정보통합조회는 본인의 신용도판단정보, 공공정보, 대출정보, 현금서비스정보, 신용카드 등 개설/발급정보, 채무보증정보 등을 제공하고 있다. 신용도판단정보는 금융거래 등 상거래와 관련하여 연체, 부도, 대지급 등의 사유를 발생시키는 정보를 말하고, 공공정보는 국세·지방세·관세를 체납한 경우와 법원의 판결에 의하여 채무불이행자로 결정된 경우를 말하며, 대출정보는 각 금융기관으로부터 대출받은 금액으로 대출금액에 대한 내용을 말하며(현재 대출잔액을 표시하는 것은 아님), 현금서비스정보는 현재 신용정보공동전산망에 등록되어 있는 신용카드 현금서비스 사용잔액에 대한 내용을 말하고, 개설발급정보는 금융기관에서 (가계)당좌예금을 개설하거나 신용(체크)카드를 발급받은 것을 말하며, 채무보증정보는 타인 또는 기업의 금융거래에 대해 본인이 연대보증을 하여 신용정보공동전산망에 등록된 것을 말한다. 신용조회의 경우 전국은행연합회를 직접 방문하거나 전국은행연합회 홈페이지 산하 크레딧포유(http://www.credit4u.or.kr/)에서 '본인신용정보조회서'를 발급받을 수 있다. 특히 위 서비스는 본인이 발급받은 신용카드와 채무, 체납세액 등을 확인할 수 있으므로 유익하다.

④ 법원을 통한 조회

- 부동산내역사실조회 : 피후견인 소유의 부동산은 가정법원의 해당 재판부에 사실조회를 신청하여 확인할 수 있다. 부동산등기에 관련한 사항은 대법원에서 관장하고 있으므로 대법원의 전산화된 등기사항을 확인하여 쉽게 조회가 가능하다.[3]

- 금융거래내역 사실조회 : 위와 같은 금융조회내역은 현재의 예금 및 대출 등 금융상황 만을 파악할 수 있는 것이므로, 그동안의 입출금 내역 등을 확인하기 위해서는 위와 같이 조회된 금융계좌에 대하여 금융기관을 직접 방문하여 입출금 내역 등을 확인하여야 한다. 해당 금융기관에서 조회에 응하지 않을 경우에는 법원에 해당 금융거래 내역에 관한 사실조회를 신청할 수 있다. 법원에 금융거래내역 사실조회를 신청할 경우 해당금융기관, 거래기간 등을 특정하여야 한다. 단, 계좌번호까지 특정할 필요는 없다.

마. 후견을 청구한 목적과 피후견인을 둘러싼 가족 간의 갈등과 이해관계의 파악

정신적 제약으로 인해 사무처리에 어려움이 있다고 하여 그러한 모든 사람에 대하여 후견이 청구되지는 않는다. 보통은 후견을 청구하게 된 직접적인 계기가 반드시 있게 마련이다. 후견을 청구한 목적은 쉽게 파악되는 경우도 있고 감추어져 있는 경우도 있다. 또 후견을 청구한 것이 피후견인 본인을 위한 것일 수도 있고 주변의 다른 가족들의 이해관계 때문인 경우도 있다. 친족후견인의 경우에는 이러한 사정을 누구보다도 잘 알고 있으므로 이에 대하여 후견개시 이후에 특별히 사정을 파악할 필요가 없는 경우가 대부분일 것이다. 그러나 제3자가 후견인으로 선임된 경우에는 그 사정을 반드시 미리 파악하고 후견사무 처리시 염두에 두어야 할 필요가 있다. 이는 후견인으로 임무를 시작할 때 매우 중요한 요소가 된다. 후견을 개시하게 된 목적을 분명히 알고 있어야만 피후견인과 가족들이 원하는 후견사무를 수행

3) 기록만으로 부동산 내역을 파악하기 어려운 경우에는 감독 재판부에 피후견인의 부동산 보유현황에 대한 사실조회를 신청하면 되는데, 조회기관은 대법원 또는 국토교통부로 하면 된다.

할 수 있게 되고, 이러한 점을 기초로 하여 신뢰관계를 쌓아나갈 수 있게 된다.

특히 친족을 배제하고 변호사, 법무사, 세무사 등 제3자가 후견인으로 선임된 사건에서는 가족들 사이에 재산문제와 관련한 갈등이 있는 경우가 많다. 그러므로 후견인으로서는 피후견인을 둘러싼 가족들 사이의 갈등의 원인이 무엇인지 파악하고 이를 어떻게 대처해야 할 것인지에 관해 진지한 고민을 해야 한다. 갈등의 원인은 가족들의 진술이나 법원의 사건기록, 조사보고서 등을 열람하여 파악할 수 있고, 재판부에 이를 문의해서 확인할 수도 있다. 필요한 경우 후견인은 담당 재판부를 통하여 후견사무에 관한 지시를 받을 필요가 있다. 때로는 피후견인의 가족들 사이에서 민사소송이나 형사고소건 등이 진행되고 있는 경우도 있다. 후견인은 이러한 사안에서도 때로는 결정권을 행사하여야 한다. 후견인은 중립적이고 객관적인 입장에서 오로지 피후견인을 위해 사무를 처리하도록 한다는 마음가짐을 갖는 것이 중요하다. 가족들이 제3자 후견인을 인정하기 거부하거나 반감을 갖고 있는 경우에는 후견인 자신도 고소, 고발이나 소송의 당사자가 될 수 있으므로, 항상 투명하고 공개적으로 사무를 처리하고 사무처리에 관한 법적 분석과 증빙자료를 남기는 등으로 이를 대비할 수 있도록 하여야 한다. 그리고 가족들을 설득하여 향후에는 자신에 대한 우호적인 입장으로 바뀔 수 있도록 할 방법을 강구해볼 필요가 있다. 그렇게 하여야만 원만하게 후견사무를 처리해나갈 수 있다. 이러한 후견의 목적 및 가족들 사이의 갈등관계 유무는 반드시 후견사무를 시작할 때 미리 파악하여야 하며 후견사무가 어느 정도 진행된 이후에 새로운 사정을 알게 된다면 사무처리에 어려움은 물론 가족들로부터 신뢰를 잃게 되는 계기가 될 수가 있으며, 후견인 자신도 법적인 불이익을 당할 수 있으므로 주의하여야 한다. 후견인이 피후견인의 권리옹호자로서 진심으로 피후견인을 위한 봉사자의 입장에서 후견사무를 수행한다면 이러한 모든 어려움을 극복할 수 있게 될 것이다. 가족들로서는 재산상 이해관계로 인한 갈등으로 제3자인 후견인이 개입하여 재산을 관리하는 것을 부정적으로 생각할 수 있으나, 피후견인을 위한다는 명분이 분명하다면 그러한 이기적 생각을 함부로 주장할 수 없게 된다.

3. 후견인 선임 직후의 사무

가. 기초적 사무

후견인은 심판문을 송달받은 후 그 내용을 확인하여야 하고, 심판이 확정된 후에는 가정법원에서 후견등기사항증명서를 발급받아 심판문의 내용과 일치하는지 여부를 확인하고, 향후 후견사무를 위하여 이를 보관하여야 한다. 또 후견인은 선임된 직후 가정법원에 기록열람복사신청을 하여 필요한 내용을 검토하고 기록을 복사하여 보관해두는 것이 좋다. 그 후에는 본인의 건강상태, 생활관계, 요양상황 등을 확인하기 위하여 피후견인을 면담하고 피후견인이 생활하는 장소를 방문한다. 그리고 피후견인의 가족을 면담하여 피후견인에 대한 자세한 정보와 가족이 할 수 있는 일, 요양개호 및 재산관리계획 등에 대한 의견을 수렴하여야 한다. 피후견인의 가족 이외에도 피후견인이 요양하는 병원의 관계자, 주치의, 피후견인의 개호인을 면담하고, 피후견인의 신상보호나 재산관리를 하고 있는 제3자가 있는 경우에는 그 관계자로부터도 진술을 청취할 필요가 있다.

나. 재산의 점유와 서류 등의 확보

후견인은 재산관리 권한을 갖는 범위 내에서 그 대상재산에 대한 서류 등의 점유를 확보하여야 한다. 이는 주로 예금통장, 인장 등이 될 것인데, 후견인이 무조건 그 점유의 인도를 요구해서는 안 되고 관리권한의 범위 내에서 필요하다고 인정한 범위 내에서만 점유를 인도받을 수 있다. 통상적으로 성년후견인은 포괄적인 취소권과 대리권을 가지므로 이에 대한 점유를 인도받을 수 있다고 할 것이다. 한정후견인은 예컨대 예금 계좌의 개설·변경·해약·입금·이체·인출에 관한 권한이 부여된 경우에만 예금통장 등에 관한 점유권한이 발생한다고 보아야 한다. 다만, 유체동산, 증서 및 중요문서 등의 보관 및 관리에 관한 권한이 별도로 후견인에게 부여된 경우에는 대리권이 없더라도 점유를 요구할 수 있다. 특정후견인의 경우에는 피후견인의 행위능력이 제한되지 않으므로 피후견인이 동의한 경우에만 점유를 이전할 수 있다고 보아야 할 것이다. 임의후견의 경우에는 후견계약의 내용에 정한 바에 따른다. 피후견인이 대리권을 부여받았다 하더라도 그 사무에 관한 피후견인의 행위능력이 제한되지 않으므로 피후견인과 협의 하에 점유를 이전받아야 한다. 또한 후견인이 점유할 권한이 있는 경우라 하더라도 후견인이 판단하여 피후견인 스스로 보관, 관리하도록 할 수도 있다. 제3자가 후견인으로 선임된 경우에는 피후견인의 가족들이 이러한 통장, 증서 등의 인도를 거절하는 경우가 있을 수 있다. 이 때에는 가족들을 설득하여 인도를 받는 것이 좋고 협조가 불가능한 경우에는 법원에 처분을 요청하여야 한다. 그럼에도 인도가 되지 않는 경우에는 후견인의 권한으로서 예금통장, 보험증권 등의 분실신고 및 재발행 절차를, 인감도장의 경우 새로운 신고를 하는 등으로 대응할 수 있다. 일단 점유를 이전받은 후에는 후견인이 관리 및 보관의무를 지게 되므로 분실이나 훼손이 되지 않도록 성실히 관리하여야 한다.

부동산 등 재산과 관련해서는 기존의 관리인이 있다면 향후 후견인의 지시를 받도록 하는 방법으로 관리권한을 인수할 수 있다. 관리인이 협조를 거부한다면 후견인의 권한범위 내에서 새로운 관리인을 임명할 수 있다. 이러한 사항은 임차인 등에 대하여도 사전에 통지하여야 한다. 하지만 후견인으로서의 권한범위를 초과하여 점유의 이전 및 관리권한을 확보해서는 안 된다.

다. 금융기관 등 관계인에 대한 신고와 통보

후견인은 피후견인의 재산을 안전하게 관리하도록 할 의무가 있으므로, 이와 관련하여 피후견인이 계좌를 개설한 은행, 대출을 받은 금융기관, 제3자, 피후견인의 채무자, 피후견인의 요양병원 등에 후견개시 사실 및 후견인선임 사실을 신고하거나 통보하여야 한다. 특히 피후견인이 후견인이 허락 없이 임의로 예금 등을 인출하는 것을 사전에 예방하기 위해서는, 후견인이 피후견인의 거래은행을 방문하여 후견개시사실 및 후견인선임 사실을 신고할 필요가 있다. 아직 성년후견제도가 시행초기 단계에 있기 때문에 은행에서 이러한 실무가 아직 정착되었다고 볼 수는 없으나 후견인으로서는 사전에 이러한 사실을 미리 통보할 필요가 있다.

라. 예금계좌의 개설 및 관리

* 주의 : 예금계좌의 관리는 피후견인의 명의로 하여야 한다.

후견인은 필요에 따라 후견인이 인출가능한 통장을 따로 만들어 사용하도록 할 수도 있고, 후견인이 재산관리 사무를 위하여 각종 예금계좌를 정리하고 새로운 계좌로 만들 필요도 있다. 예를 들자면 재산관리용 계좌와 일상적인 사무처리용 계좌, 그리고 후견인 본인 스스로 사용가능한 계좌로 계좌를 정리하여 관리하는 방법이 있다. 예금계좌가 너무 많으면 관리에 어려움이 있을 수 있으므로 관리에 용이하도록 적절히 예금계좌를 용도와 목적에 따라 구분하여 다시 개설하는 것이 좋다. 예금계좌만을 관리한다고 예금인출행위 등이 예방되는 것은 아니므로, 예금계좌와 연결된 후견인 명의의 신용카드, 체크카드, 인터넷뱅킹 등에 관하여도 필요하다면 별도의 조치를 취하여야 한다. 이러한 사항에 관하여 궁금한 점이 있다면 해당은행과 이야기를 하는 것이 좋다.

다만, 후견인은 피후견인의 재산관리 사무를 담당하는 것이고 재산에 대하여 후견인이 소유권을 가지는 것이 아니므로, 예금계좌에 대한 관리, 보관은 특별한 사정이 없는 한 피후견인의 명의로 하여야 한다. 은행에 따라 '피후견인 OOO의 후견인 OOO'이라는 명의로 계좌를 만들 수 있다면 그렇게 하는 것도 좋다. 예금계좌를 피후견인 명의로 하고 계좌에 입출금을 할 때 후견인의 명의로 하는 방법도 가능하다. 다만 어떠한 경우에도 피후견인의 예금과 후견인의 예금이 섞이거나 혼동이 일어나게 관리를 해서는 안 된다. 후견인이 후견사무를 용이하게 하기 위해서는 후견인의 집 또는 사무실과 가까운 거래은행의 담당자와 사전에 협의를 해두어야 긴급한 용무가 있을 때 절차상의 지연을 피할 수 있을 것이다.

마. 부동산의 관리

부동산은 피후견인이 거주하는 부동산과 피후견인의 소유로 관리·수익의 대상이 되는 부동산으로 나눌 수 있다. 피후견인이 거주하는 부동산은 피후견인의 신상보호와 관련하여 피후견인이 특별한 문제없이 잘 생활할 수 있도록 하는 공간을 마련해주는 의미로서 관리가 이루어져야 한다. 후견인으로서는 피후견인이 거주하는 생활공간인 부동산을 방문하여 특별히 보수가 필요한 사항이 없는지, 정신적 능력이 미약한 피후견인을 위하여 추가로 개선을 할 사항이 없는지 등을 확인하여 조치를 취할 필요가 있다. 피후견인의 소유로서 관리·수익의 대상이 되는 부동산은 보통 임차인이 있으므로 피후견인 스스로 관리할 수 없다면 후견인이 임대인의 지위에서 필요한 조치를 취하여야 한다. 이를 위해서는 임차인과 접촉하여 후견개시 사실을 설명하고 임료 납부, 보증금의 수령과 반환, 건물의 유지관리 등에 관한 사무를 처리할 수 있도록 하여야 한다. 단 이 경우 후견인의 권한범위가 어디까지인지 여부를 미리 확인하여 그 권한의 범위 내에서만 후견인으로서 사무를 처리해야 한다. 또한 부동산 자체의 처분이나 담보제공 등의 행위에 대하여는 후견인의 권한에 제한이 있는 경우가 많으므로 권한을 초과하여 행위를 하지 않도록 유의하여야 하며, 후견인의 권한에 특별한 제한이 없는 경우에도 피후견인이 거주하고 있는 부동산에 대하여 매도, 임대, 전세권 설정, 저당권 설정, 임대차의 해지, 전세권의 소멸, 그 밖에 이에 준하는 행위를 함에는 가정법원의 허가를 받아야 하므로(민법 947조의2 제5항), 이러한 허가 없이 한 대리행위가 무효가 되지 않도록 유의할 필요가 있다. 피후견인이 거주하는 부동산이란 반드시 처분 당시 피후견인이 거주하고 있는 상태여야 할 필요는 없고, 일시적으로 피후견인이 부재하거나 요양시설에 있다 하더라도 피후견인의 주된 생활공간이 된다면 거주 부동산으로 이해하여야 한다.

바. 공적 사회복지제도의 활용

피후견인은 장애인 또는 노인으로서 장애수당 또는 기초노령연금을 수령하거나, 생활이 어려운 경우 기초생활수급자로서 지원금을 수령하는 경우가 있다. 이와 같은 연금이나 수급금은 생활이 어려운 피후견인의 기초적인 생활수단으로서의 재원이 되고, 이러한 급여가 지급되지 않는 경우에는 후견인이 조치를 취하여야 한다. 사회보장수급급여가 피후견인 본인이 아니라 그 가족이 사용하여 피후견인에게 혜택이 돌아가지 않는 경우에는 그것을 후견인의 책임 하에 관리하여 피후견인 본인을 위해 사용되도록 하여야 할 필요가 있다.

사회복지사업법 기타 여러 가지 사회복지관련 법령에 따라 노인과 장애인에게 지급되는 각종 서비스들이 있다. 예컨대 노인돌봄종합서비스, 장애인활동지원사업, 장애아동재활치료사업, 가사간병방문사업 등은 피후견인을 위해 이용될 수 있는데, 이러한 각종 서비스를 피후견인의 유형에 따라 파악하여 피후견인이 이를 효과적으로 이용할 수 있도록 후견인이 조치를 취하여야 한다. 또 피후견인의 능력범위 내에서 직업을 선택할 수 있다면 피후견인의 현존능력을 충분히 발휘하여 사회생활을 영위할 수 있도록 도와주어야 한다.

사. 가족과의 관계 설정

친족후견인의 경우 피후견인에게 재산이 없거나 가족 사이에 다툼이 없다면 후견활동과 관련하여 특별히 이해관계에 따른 갈등이 생길 여지가 적다. 이 경우 후견사무는 주로 신상보호 사무에 집중된다. 다만 이때에는 후견인이 피후견인에게 대한 모든 부담을 떠맡게 되는 염려가 있으므로 후견인으로서는 다른 가족들에게 적절한 의무이행과 역할분담을 요구할 필요가 있다. 후견사무는 피후견인의 사망시까지 계속되는 경우가 보통이므로 장기적이고 안정적인 지원이 반드시 필요하다. 다른 가족들이 모든 것을 후견인에게 맡겨버릴 가능성이 있기 때문이다. 그러한 일이 발생하지 않도록 하기 위해서는 처음부터 피후견인을 함께 돌본다는 인식을 심어줄 필요가 있다.

친족후견인으로서 피후견인의 재산을 관리하게 되는 경우라면 가족들 사이에 특별히 큰 다툼이 없는 경우가 많다. 하지만 재산관리 과정에서 후견인이 독단적으로 사무를 처리한다거나 피후견인을 제대로 돌보지 않는다거나 하는 문제가 생긴다면 후견개시 당시에는 아무 문제가 없다가도 새로이 다툼이 생길 수 있으므로, 후견인으로서는 항상 투명하게 재산관리와 신상보호 사무를 행하여야 함을 유의해야 한다.

제3자 후견인이 선임된 경우는 재산을 관리해줄 적당한 친족후견인이 없거나 가족들 사이에 재산다툼 등으로 친족을 후견인으로 선임할 수 없는 경우이므로, 항상 분쟁의 소지를 안고 있고, 후견인에 대한 가족들의 감시가 이루어지고 있음을 처음부터 유념하여야 한다. 후견사무의 범위를 분명히 하여 후견인으로서 할 일과 가족들이 해야 할 일을 명확히 구분하고 후견사무를 처리함에 있어서 관련된 증빙자료를 항상 보관하여 두도록 하여 혹시 발생할 수 있는 분쟁에 대비할 필요가 있다. 특히 제3자 후견인은 가족간의 이해관계와 갈등을 초기에 파악해두어야 한다. 제3자 후견인은 항상 이러한 가족들 사이에서 중립적인 입장을 취하려 노력하여야 하지만 한편으로는 자신에게 우호적인 가족으로부터 협조를 받아야 할 필요가 있다. 그 사이에서 어느 정도의 선을 지켜야 할지 정하는 것은 쉽지 않은 문제이다. 때로는 후견인의 입장에서 볼 때 누가 피후견인을 진심으로 위하는지, 누가 개인적 욕심으로 분쟁을 일으키는지 명확하게 파악되는 경우도 있을 것이다. 어떤 경우에는 가족들 모두가 제3자 후견인의 선임에 거부반응을 보일 수도 있다. 이러한 상황에서 제3자 후견인으로서는 무엇보다도 자신이 해당분야의 전문가로서 누구보다 일을 잘 처리할 수 있다는 것을 보여주어야 하고, 제3자 후견인이 선임되어 임무를 수행하지 않고서는 가족간의 갈등으로 후견사무가 제대로 이루어질 수 없다는 것을 잘 설득하여야 한다. 제3자 후견인은 가정법원으로부터 권한을 부여받은 사람이므로 법원의 심판 없이는 가족들이 자신의 권한을 간섭할 수 없다는 점을 주지시킬 필요가 있을 것이다.

공공후견인은 피후견인에게 돌볼 가족이 없고, 특별한 재산도 없는 경우에 선임된 후견인이므로 무엇보다도 봉사하는 자세가 필요하다. 피후견인에게 가족이 있는 경우에도 피후견인과 유사한 처지에 있는 경우가 대부분이므로 이들에 대하여 후원자로서의 인식을 심어줄 필요가 있다. 그리고 한편으로는 공공후견인이 할 수 있는 역할에 한계가 있음을 분명히 하고, 어려운 형편에서도 가족들이 힘을 합쳐서 피후견인을 도울 수 있는 역할을 하도록 하여야 한다. 후견사무의 편의와 효율성을 위해서는 함께 생활하는 가족이나 주변의 이웃에게 피후견인을 위해 할 수 있는 일을 교육하고 정보를 제공하는 일을 병행할 필요가 있다.

후견인은 이와 같이 여러가지 다양한 상황에서 임무가 시작되는 것이나, 어떤 경우에서든 가족들과 원만한 관계가 설정되어야만 피후견인을 위해서나 후견인을 위해서나 바람직한 방향으로 후견이 이루어질 수 있으므로 피후견인의 가족들과 사이에서 때로는 후원자로 때로는 중재자로 적절한 역할을 수행하여야 한다. 이를 위해서는 무엇보다도 초기에 원만한 관계를 설정해두는 것이 바람직하다.

아. 후견계획의 수립과 후견환경의 조성

후견인은 후견사무의 내역, 피후견인의 재산상태, 건강상태 및 가족관계 기타 필요한 사정을 모두 파악한 후에는 어느 범위에서 어떻게 후견사무를 할 것인지에 관한 계획을 수립하여야 한다. 후견계획의 수립은 후견인의 지식, 가용시간, 피후견인의 재산상태 등에 제한을 받을 수밖에 없다. 특히 가용한 재산의 범위에서 피후견인을 위한 지출을 해야 하므로 우선순위를 어디에 둘 것인지 어떻게 하면 적은 비용으로 효율적인 후견을 할 수 있을지 여부를 미리 계획하여야만 가용수입을 초과한 지출 또는 무분별한 재산낭비를 방지할 수 있다. 일본의 경우에는 후견사무를 개시하면 후견인에게 이러한 수입과 지출에 관한 연간계획을 수립할 것을 법으로 명시하고 있다. 우리의 경우 이런 규정은 없으나 가정법원은 필요한 경우 연간계획의 제출을 명할 수 있고, 후견인으로서는 연간계획에 관한 제출을 명받지 않은 경우라 하더라도 피후견인을 위해 수입과 지출의 균형을 위해 적절한 계획을 미리 수립해야 하는 것이 당연하다.

후견환경의 조성이란 적은 비용과 노력으로 효율적인 후견사무를 처리할 수 있는 환경을 만드는 것을 말한다. 이는 후견인이 집중해야 할 사무의 영역과 피후견인이 스스로 할 수 있는 영역, 피후견인의 가족들이 해야 할 영역을 구분하고, 피후견인이 재산에 대한 효율적인 관리사무와 각종 사회복지서비스의 이용 등 수입과 지출에 관한 효율적인 흐름이 유지되도록 하는 것을 말한다. 특히 피후견인의 재산과 관련하여 가족들의 분쟁이 있는 경우에는 각종 재판으로 인해 소송비용으로 지출되는 금액이 발생하고 정작 피후견인 본인을 위해서는 많은 돈이 쓰이지 않을 수 있으므로 이를 효율적으로 처리하고, 분쟁의 조기 해결을 도모하여 후견인이 피후견인을 위한 후견활동에 집중할 수 있는 상태를 만들어야 한다. 후견환경을 조정하기 위해서는 후견인이 피후견인을 둘러싼 이해관계의 조정과 재산관리의 효율성을 할 수 있는 능력을 갖추어야 한다.

* 가족의 생활비 문제
피후견인과 함께 생활하는 배우자나 가족에 대한 생활비 등을 피후견인의 재산으로 지출할 수 있을지 여부가 문제된다. 이는 다음과 같은 관점을 기준으로 그 지출 여부를 판단하여야 한다. 첫째는 피후견인의 명시적 또는 추정적 의사를 고려해야 한다. 둘째는 피후견인의 재산과 소득이 피후견인을 위한 지출을 하고도 남는 여력이 있는지 여부를 보아야 한다. 피후견인이 원래 가족의 생계를 책임지는 가장이고, 소득이나 재산 정도에 비추어 그것이 가능할 정도라면 가족을 위한 지출이 허용될 수 있다고 할 것이다.[4)]

4) 같은 견해로는 김성우, 성년후견실무 126쪽 참조

후견인의 권한과 의무

3

* 후견인에게 부여된 법적 권한은 법률행위의 취소권, 동의권, 법률행위 대리권, 그리고 신상에 관한 결정권이다. 법률행위의 취소권과 동의권은 피후견인이 본인에게 이롭지 않은 법률행위를 하였을 때 후견인이 이를 무력화시킬 수 있는 권리이다. 취소권과 동의권의 행사는 그 거래상대방에 대한 의사표시로 할 수 있다. 후견인의 대리권은 피후견인의 대리인 자격으로 계약 등 법률행위를 할 수 있는 권한이다. 그리고 신상에 관한 의사결정권은 법률행위가 아닌 다른 부분에서 피후견인이 스스로 의사결정을 할 수 없는 상태일 때 후견인이 이를 결정할 수 있는 권한을 말한다.

1. 후견사무의 범위

후견사무의 범위는 후견인이 심판에서 정한 권한범위와 피후견인에 대한 후견상태를 파악한 이후에만 비로소 구체적인 범위가 정해질 수 있다. 이 또한 피후견인의 재산, 수입의 범위 내에서라는 한계가 적용될 수밖에 없다.

후견인의 후견사무는 원칙적으로 법적인 사무에 한정되므로 후견인이 피후견인의 재산관리와 신상보호사무와 관련하여 법적인 내용 이외의 사항을 반드시 직접 행할 필요는 없다. 하지만 사실상의 행위에 대하여도 어떤 식으로든 피후견인의 재산관리와 신상보호가 이루어질 수 있게 하여야 한다. 이러한 전제 하에서 후견인은 파악된 내용을 토대로 후견사무의 범위를 미리 설정해두어야 한다. 이에 관한 예를 들어보면 다음과 같다.

- 피후견인의 상태 : 요양원에 입소해 있으며 도움 없이는 일상생활 자체를 할 수 없음
- 재산 : 부동산 (피후견인의 배우자와 자녀가 거주)
  건물 (임차인 5명, 임대수입 월 200만원)

예금 3,000만원

• 수입 : 건물 임대료 월 200만원 상당, 노인연금 각종 연금 합계 50만원
• 지출 : 각종 공과금, 관리비 등 부동산 관리비용 월 50만원
요양원 비용 월 70만원
배우자와 가족의 생활비 월 100만원
• 후견해야 할 사무의 내용
– 재산관리 : 예금 등 통장 관리
부동산의 관리
– 신상보호 : 피후견인에 대한 간병
• 계획 : 건물에 관한 수익관리 (자녀1.에게 기본적인 관리는 맡기되, 월세가 들어오는 예금계좌는 후견인이 관리하기로 함)
요양원 비용, 각종 공과금 등은 관리비 예금계좌에서 인출하도록 함
나머지 자녀들의 기본적인 생활비 등에 관하여는 자녀1. 명의의 통장에 매월 100만원씩 이체하여 사용하도록 함
간병 등은 자녀들이 함께 함

2. 후견인의 법적 권한

가. 성년후견인

성년후견인은 피후견인이 행한 법률행위에 관하여 포괄적인 취소권과 피후견인을 대리하여 법적 권한을 행사할 수 있는 포괄적인 대리권을 갖는다.

(1) 취소권

성년후견이 개시되면 피후견인은 독자적으로 법률행위를 할 수 없고 후견인을 통해 법률행위를 하여야 한다. 따라서 피후견인이 행한 법률행위는 취소할 수 있다(민법 제10조 제1항). 법률행위의 취소는 피후견인 본인이 할 수도 있고 후견인이 할 수도 있다(민법 제140조).

그러나 다음과 같은 경우에는 취소권이 제한된다.

① 일상적 법률행위

일용품의 구입 등 일상생활에 필요하고 그 대가가 과도하지 아니한 법률행위는 성년후견인이 취소할 수 없다. 이러한 행위에까지 취소권을 인정하게 되면 피후견인의 행위능력에 지나치게 과도한 제한이 되는 것이고, 간단한 물품의 구입행위 등에 까지 법률행위를 취소할 수 있게 하는 것은 거래의 안전을 해치는 일이 되기 때문이다. 따라서 이러한 사항에 대하여는 피후견인의 행위능력을 인정하고 취소권을 제한하고 있다. 일상적인 법률행위에 해당하는지 여부에 관하여는 일률적으로 정할 수는 없고, 피후견인의 판단능력, 재산, 소득, 행위의 목적, 경험 등을 종합적으로 고려하여 판단하여야 하는데, 일반적으로는 간단한 식료품의 구입, 식당이나 대중교통의 이용, 일상생활에 필요한 적정한 가격의 물품의 구입 등이 이에 해당할 수 있다. 다만 이 또한 피후견인의 일상생활에 필요한 것인지 또는 그 대가가 과도하지 아니한 것인지는 원칙적으로 피후견인을 기준으로 판단하여야 한다.

② 가정법원이 취소할 수 없도록 정한 행위

가정법원은 취소할 수 없는 피후견인의 법률행위의 범위를 정할 수 있다(민법 제10조 제2항). 이러한 사항은 성년후견개시 심판문의 별지에 그 범위가 특정되어 있고, '취소권 제한 있음'으로 표시되어 있으며, 후견등기사항증명서에도 마찬가지로 표시가 되어 있다. 가정법원이 취소할 수 없는 행위로 정한 사항에 관하여는 후견인이 취소권을 행사할 수 없고, 그 범위 내에서 피후견인은 완전한 행위능력을 갖는다.

(2) 대리권

성년후견인은 피후견인의 포괄적인 법정대리인이 된다(민법 제938조 제1항). 따라서 성년후견인은 원칙적으로 피후견인의 대리인으로서 모든 법률행위를 할 수 있다.

그러나 다음과 같은 경우에는 대리권이 제한된다.

① 가정법원이 성년후견인의 대리권을 제한한 경우

성년후견의 경우에도 가정법원은 성년후견인이 가지는 대리권의 범위를 따로 정할 수 있다(민법 제938조 제2항). 따라서 가정법원은 성년후견인의 대리권을 제한할 경우 심판문의 별지 중 성년후견인의 대리권의 범위란에 '대리권 제한 있음'이라고 표시하고, 제한되는 대리권을 아래에 표시한다. 대리권이 제한되는 것은 두 가지 경우가 있는데, 하나는 대리권 자체를 제한하는 경우이고, 다른 하나는 대리권을 행사할 때 법원의 허가를 얻도록 정한 경우이다. 보통 성년후견인의 대리권 자체를 제한하는 경우는 대리권을 행사할 필요가 없는 사항이거나, 피후견인 본인이 스스로 할 수 있는 사항이라고 판단한 경우가 많다. 즉 피후견인의 잔존능력을 활동할 수 있도록 탄력적으로 대리권을 부여하는 것이다. 예컨대, 근로계약의 체결과 임금의 수령행위에 관하여 성년후견인의 대리권을 제한하였다면 이는 피후견인 스스로 이를 할 수 있게 하기 위한 목적이다. 그리고 성년후견인의 대리권 행사에 법원의 허가를 얻도록 정한 경우는 대리권 행사가 남용되지 않도록 하기 위해 가정법원이 그 감독을 행하기 위한 목적인 경우가 대부분이다. 예컨대, 성년후견인이 피후견인 소유 부동산의 처분, 담보제공행위에 관하여 가정법원의 허가를 얻도록 하였다면 이는 중대한 재산처분행위에 관하여 가정법원이 감독권한을 행사하기 위한 목적이다. 가정법원의 허가를 받지 않은 행위는 무효가 된다.

② 법률에 의해 대리권이 제한되는 경우

성년후견인이 피성년후견인을 대리하여 피성년후견인이 거주하고 있는 건물 또는 그 대지에 대하여 매도, 임대, 전세권 설정, 저당권 설정, 임대차의 해지, 전세권의 소멸, 그 밖에 이에 준하는 행위를 하는 경우에는 가정법원의 허가를 받아야 한다(민법 제947조의2 제5항). '그 밖에 이에 준하는 행위'로는 이와 같은 효과를 야기하는 행위 즉 증여, 사용대차, 가등기 등이 이에 해당할 수 있다. 피후견인의 주거의 안정을 위하여 후견인의 대리권을 법률로서 제한한 것이다. 여기서 피후견인이 거주하고 있는 건물 또는 대지란 피후견인이 현재 생활하고 있는 부동산을 말하는 것이나, 입원이나 일시적 격리상황이 온 경우에도 그 부동산이 향후에 피후견인의 주거를 위해 제공될 가능성이 있는 한 포함되는 것으로 보아야 한다. 피후견인의 입원 등의 사유로 부동산을 허가받지 않고 매도하는 것이 허용되어서는 안되기 때문이다. 이 때 가정법원의 허가를 받지 않은 부동산의 처분행위는 무효가 된다.

③ 후견감독인의 동의를 받아야 하는 행위

후견감독인이 선임되어 있는 경우에는 다음과 같은 사항에 관하여 후견인은 대리행위시 후견감독인의 동의를 받아야 한다(민법 제950조 제1항). 이 경우 동의를 받지 않은 행위에 관하여 후견감독인은 취소권을 행사할 수 있다.

1. 영업에 관한 행위
2. 금전을 빌리는 행위
3. 의무만을 부담하는 행위
4. 부동산 또는 중요한 재산에 관한 권리의 득실변경을 목적으로 하는 행위[1)]
5. 소송행위
6. 상속의 승인, 한정승인 또는 포기 및 상속재산의 분할에 관한 협의

나. 한정후견인

한정후견인은 가정법원이 동의권과 대리권을 부여한 범위 내에서, 피후견인이 행한 법률행위에 관한 동의권과 피후견인을 대리하여 법률행위를 할 수 있는 권한을 갖는다. 동의권과 대리권이 부여되지 않은 사항에 관하여는 피후견인이 완전한 행위능력을 갖고 독자적으로 법률행위를 할 수 있다.

가) 동의권

한정후견인의 동의권은 피후견인이 독자적으로 행한 법률행위에 관하여 최종적

1) 부동산이 피후견인이 거주하는 부동산이고, 후견감독인이 선임되어 있다면, 후견인은 후견감독인의 동의와 가정법원의 허가를 모두 받아야 한다.

으로 효력을 부여하는 절차이다. 피성년후견인의 경우 취소권만을 부여한 것은 피성년후견인은 원칙적으로 독자적인 법률행위를 할 수 없다는 것을 전제로 한 것이다. 이에 비하여 피한정후견인의 경우에는 행위능력이 원천적으로 제한된 것은 아니므로 부족한 법률행위능력을 후견인이 보충해준다는 점에서 동의권을 부여한 것이다. 동의권이 부여된 행위에 관하여 피후견인이 독자적으로 법률행위를 하였을 때 후견인은 이를 확인하여 동의를 할 수도 있고, 동의할 수 없다고 판단한 경우에는 그 법률행위를 취소할 수 있다(민법 제13조 제4항). 한정후견인의 동의권은 후견과 관련하여 매우 중요한 요소 중의 하나이다. 보통 한정후견을 청구하는 계기가 되는 사건들이 이 동의권과 관련이 되어 있기 때문이다. 다만 동의권이 부여된 행위라 하더라도 성년후견에서의 취소권 제한과 마찬가지로 일용품의 구입 등 일상생활에 필요하고 그 대가가 과도하지 아니한 피후견인의 법률행위에 대하여는 동의권 행사가 제한된다(민법 제13조 제4항). 동의권 또는 취소권의 행사는 그 법률행위의 상대방에 대하여 하여야 한다.

나) 대리권

한정후견인은 가정법원으로부터 대리권을 부여받은 범위 내에서 피후견인을 대리할 수 있다. 가정법원은 한정후견인에게 피후견인에 관한 소송행위 대리권을 부여할 수 있으며, 한정후견인은 부여받은 권한의 범위 내에서 피후견인의 법정대리인이 된다.

다) 동의권과 대리권의 제한

한정후견인의 동의권, 대리권 행사에 가정법원의 허가를 받도록 정해져 있는 사항에 관하여는 동의권, 대리권을 행사함에 있어 가정법원의 허가를 받아야 한다. 피후견인이 거주하는 부동산에 관한 처분행위시 가정법원의 허가를 얻도록 한 사항, 피후견인에 대하여 한정후견감독인이 선임되어 있는 경우 후견감독인의 동의를 받도록 한 사항은 성년후견인의 경우와 같다.

다. 특정후견인

가정법원은 피후견인의 후원을 위하여 필요하다고 인정하면 '기간과 범위를 정하여' 특정후견인에게 대리권을 수여하는 심판을 할 수 있다. 이 경우 가정법원은 특정후견인의 대리권 행사에 가정법원이나 특정후견감독인의 동의를 받도록 명할 수 있다(민법 제959조의11). 특정후견의 심판을 한 경우 그 기간과 사무의 범위가 심판에서 정해지는 것이므로, 특정후견인은 부여받은 대리권의 범위 특정후견의 기간, 특정후견 사무의 범위에 따라 대리권을 행사할 수 있게 된다. 한편, 특정후견에서는 피후견인의 행위능력이 아무런 제한을 받지 않기 때문에 특정후견인이 대리할 수 있는 행위는 피후견인 본인 스스로도 할 수 있다.

라. 피후견인의 행위능력과 후견인의 권한과의 관계

성년후견에서 피후견인의 법률행위는 후견인이 대리하여 하는 것이 원칙이다. 예외적으로 행위능력이 인정된 부분이라 하더라도 후견인은 대리권에 제한이 있지 않는 한 피후견인을 위한 대리권을 행사할 수 있다. 따라서 일상사무의 범위에서도 후견인은 대리권을 행사할 수 있다.

한정후견에서 피후견인의 동의권과 대리권은 반드시 일치할 필요는 없다. 동의권과 대리권은 각각 독자적인 권한으로서 가정법원이 정한 범위에 따라 행사하면 되는 것이다. 따라서 피후견인 스스로 법률행위를 할 수 있는 부분에 관하여도 한정후견인에게 대리권이 부여되어 있다면 한정후견인도 대리권을 행사할 수 있다. 다만 후견사무의 보충성 원칙에 따라 피후견인 스스로 할 수 있는 부분에 대하여는 대리권 행사를 자제하는 것이 필요하다.

특정후견에서 피후견인의 행위능력은 전혀 제한되지 않으므로 특정후견인이 대리할 수 있는 모든 법률행위는 피후견인 스스로 할 수 있다. 따라서 특정후견은 피후견인에 대한 법적 조언 등을 통한 후원사무가 중심이 된다.

3. 신상에 관한 결정권

가. 신상에 관한 자기결정권과 보충성

신상에 관한 결정권이란 피후견인이 자신의 신체, 행동의 자유, 거주이전, 치료 여부의 결정, 통신물의 열람 등에 관한 사항을 선택할 권리를 말한다. 민법은 피성년후견인이 자신의 신상에 관하여 그의 상태가 허락하는 범위에서 단독으로 결정한다(민법 제947조의2 제1항)고 규정하여 후견이 개시된 경우에도 법률행위가 아닌 신상에 관한 사항은 피후견인 스스로 결정하도록 하고 있다. 다만, 민법은 가정법원은 성년후견인이 피성년후견인의 신상에 관하여 결정할 수 있는 권한의 범위를 정할 수 있다(민법 제938조 제3항)고 하여 보충적으로 성년후견인에게 신상에 관한 결정권을 부여할 수 있도록 하였다. 신상에 관한 결정권에 대하여 민법은 이러한 원칙과 예외를 한정후견에도 준용하고 있으나, 특정후견에는 이를 준용하지 않고 있다.

신상에 관한 결정권은 그 자체로 법률행위는 아니지만 법률행위와 연관되어 있는 경우가 많다. 예를 들면 어느 지역으로 이사하거나 어느 주택에 거주할 것인지를 결정하는 것은 신상에 관한 결정권에 해당하나, 구체적인 사안에서 어느 지역에 있는 특정 부동산에 관한 매매계약을 체결하는 것은 법률행위에 해당한다. 또 어느 병원에서 어떤 치료를 받을 것인지를 결정하는 것은 신상에 관한 결정권에 해당하나, 구체적으로 특정병원과 진료계약을 맺는 것은 법률행위에 해당한다. 후견인은 피후견인의 의사를 존중하고 신상을 배려해야 할 의무가 있으므로 피후견인의 의사에 의하거나 피후견인이 의사를 명확히 표시할 수 없는 경우에도 통상적으로 적정하고 피후견인도 승낙할 것이라는 의사를 추정할 수 있는 사안이라면 신상에 관한 결정권 자체가 큰 문제가 되지 않는다. 그것은 피후견인의 결정권의 범위 내에 있다고 볼 수 있을 것이기 때문이다. 그러나 통상의 범위를 넘는 사안 즉 이례적이거나 피후견인의 신상에 중대한 영향을 미칠 수 있거나 피후견인의 생전 의사에 반하는 등의 경우에는 후견인이 구체적인 법률행위를 대리하기 위해서는 그 전제가 되는 신상에 관한 결정권이 부여되어 있어야 한다.

나. 권한의 부여와 행사

후견인이 피후견인의 신상에 관한 결정권을 행사하기 위해서는 다음과 같은 3단계의 과정을 거친다. ① 법원으로부터 신상에 관한 결정권이 후견인에게 부여되어 있어야 하고, ② 피후견인이 스스로 신상에 관한 결정권을 행사할 수 없는 상태이어야 한다. ③ 그리고 이러한 경우에도 법원의 허가사항으로 정해진 결정권을 행사하기 위해서는 법원에 허가를 받아야 한다. 이를 구체적으로 살펴보면 다음과 같다.

(1) 후견인에게 피후견인의 신상에 관한 결정권이 부여되어 있을 것

성년후견과 한정후견의 경우에 후견개시 심판을 하면서 보통 신상에 관한 결정권이 부여되는 경우가 많다. 후견인에게 부여된 신상결정권은 심판문의 별지 중 '후견인이 피후견인의 신상에 관하여 결정할 수 있는 권한의 범위'란에 표시된다. 심판청구서에 기재된 구체적 예시로는 의료행위의 동의, 거주이전에 관한 결정, 면접교섭에 관한 결정, 우편·통신에 관한 결정, 사회복지서비스 선택 또는 결정, 기타사항으로 되어 있다. 후견인으로서는 피후견인의 신상에 관한 결정권을 대신 행사하기 위해서는 사전에 법원으로부터 이와 같은 권한을 부여받아야 하고, 이를 부여받지 못한 경우에는 필요할 때 별도로 신상에 관한 결정권을 부여해줄 것을 법원에 청구하여야 한다.

(2) 피후견인이 스스로 신상에 관한 결정권을 행사할 수 없는 상태일 것

후견인이 이와 같이 신상에 관한 결정권을 부여받은 경우에도, 피후견인이 스스로의 의사로 이와 같은 결정권을 행사할 수 있다면 후견인이 이에 반하여 그 권한을 행사할 수 없다. 신상에 관한 결정권은 피후견인 본인의 의사가 가장 우선하고 후견인의 결정권은 보충적이기 때문이다.

(3) 법원의 허가사항으로 정해진 사안에 관하여는 법원의 허가를 받을 것

피후견인이 스스로 신상에 관한 결정권을 행사할 수 없는 상태이고, 후견인에게 신상결정권이 부여되어 있는 경우라 하더라도 다음 사항의 경우에는 후견인은 그 권한을 행사함에 있어 법원의 허가를 받아야 한다(민법 제947조의2). 아래 4가지 사항을 제외하고는 가정법원의 허가를 요하지 않는다.

① 후견인이 피후견인을 치료 등의 목적으로 정신병원이나 그 밖의 다른 장소에 격리하는 경우
② 피후견인의 신체를 침해하는 의료행위 중 피후견인이 그 의료행위의 결과로 사망하거나 상당한 장애를 입을 위험이 있을 때
③ 후견인이 피후견인을 대리하여 피후견인이 거주하고 있는 건물 또는 그 대지에 대하여 매도, 임대, 전세권 설정, 저당권 설정, 임대차의해지, 전세권의 소멸 그 밖에 이에 준하는 행위를 하는 경우
④ 가정법원이 후견인에게 신상에 관한 결정권을 부여하면서 해당 행위에 관하여 사전에 가정법원의 허가를 받도록 정한 경우

다. 구체적인 행사방법

(1) 피후견인의 정신병원 등에의 격리행위

피후견인을 정신병원 등 격리시설에 수용하는 행위는 피후견인의 신체의 자유와 거주이전의 자유를 심하게 제한하는 것이므로 신중을 기할 필요가 있다. 민법은 이러한 경우에 행위의 적정성 여부를 심사하기 위해 사전에 법원의 허가를 받도록 규정하였다. 따라서 후견인이 피후견인의 상태가 악화되어 정신병원 등에 입원치료를 받도록 할 때에는 사전에 법원에 허가를 청구하여야 한다. 법원은 담당의사의 진단결과, 피후견인 본인에 대한 심문과 조사 등을 통해 격리행위의 적정성 여부를 판단하여 허가여부를 결정한다. 급박한 사유로 임시적 조치에 의하여 격리된 상태라 하더라도 법원이 이를 허가하지 않으면 바로 퇴원조치가 이루어져야 한다.

(2) 의료행위의 동의

피후견인은 보통 치매나, 발달장애, 뇌병변 등을 앓고 있는 경우가 많으므로 주기적으로 병원에서 진단이나 치료를 받는 것이 보통이다. 이러한 진료행위가 통상적인 경우라면 별 문제가 없을 것이나, 피후견인의 신체를 침해하는 의료행위 예컨대

수술과 같은 경우에는 후견인이 이를 검토하여 동의여부를 결정하여야 한다. 그리고 그 치료행위가 매우 중대하여 시술도중 또는 그 결과에 따라 피후견인이 사망에 이르게 되거나 상당한 장애를 입을 수 있는 경우에는 사전에 그 치료행위의 동의여부에 관한 허가를 법원에 청구해야 한다. 그러나 치료가 급박한 경우에는 사후에 법원에 허가를 청구할 수 있다.

(3) 면접교섭의 제한과, 서신 등의 검열

피후견인은 보통 정신적인 제약이 있고 그것이 노령이나, 정신분열증 등 질병과 연관이 되어 있을 때 피후견인의 심신에 큰 충격을 줄 수 있는 서신이나 면접교섭을 제한할 필요성이 발생한다. 예를 들자면 자녀의 사망통지서를 피후견인에게 전달해줄지 여부와 같은 것들이다. 그러나 서신의 검열이나 면접교섭의 제한은 피후견인 본인의 의사와 관련이 없을 수도 있으므로 매우 신중을 기해야 하며, 그것이 피후견인의 건강상태를 극히 악화시킬 수 있거나 피후견인이 스스로 결정할 수 있는 상태에 있었다 하더라도 마찬가지로 그러한 결정을 했을 것이라는 등의 사정이 존재해야 한다. 또 면접교섭의 제한과 관련하여 그 권한이 후견인이 본인의 이익을 위하여 자신과 갈등관계에 있는 다른 형제자매 등이 피후견인을 찾아와 면접하는 것을 제한하는 수단이 되어서는 안 된다. 이러한 면접교섭 또는 서신의 제한은 피후견인을 위한 것이어야 한다.

*** 피후견인이 요양원 또는 요양병원에 입원해 있는 경우, 특별한 사정이 없는 한 후견인이 보호자가 된다(정신건강증진 및 정신질환자 복지서비스 지원에 관한 법률 제39조 참조).**

4. 후견인의 임무

가. 임무의 내용

후견인은 피후견인의 재산을 관리하고 신상을 보호할 의무가 있다. 재산관리사무와 신상보호사무의 범위는 후견심판의 내용에 따라 정하여진다. 후견인은 피후견인의 재산관리와 신상보호를 할 때 여러 사정을 고려하여 그의 복리에 부합하는 방향으로 사무를 처리하여야 한다. 이 경우 후견인은 피후견인의 복리에 반하지 아니하면 피후견인의 의사를 존중하여야 한다(민법 제947조). 따라서 후견인은 사무를 처리함에 있어 피후견인의 복리에 부합할 의무와 피후견인의 의사를 존중할 의무가 있다.

나. 주의의무의 정도

후견인의 사무는 피후견인의 재산관리사무와 신상보호사무이다. 후견인의 이러한 사무는 일종의 위임관계에 해당하므로 후견인은 위임의 일반원칙에 따라 사무를 처리함에 있어 선량한 관리자로서의 주의의무를 진다. 선량한 관리자로서의 주의의무란 일종의 추상적 주의의무로서 후견인 개개인의 능력과 역량에 따른 주의의무가 아니라 후견인의 지위에 따라 일반적으로 요구되어지는 주의의무를 말한다.

다. 재산조사와 목록작성 (민법 제941조)

성년후견인은 선임된 이후 지체 없이 피후견인의 재산을 조사하여 2개월 내에 그 목록을 작성하여야 한다. 한정후견인, 특정후견인은 법원이 재산목록의 작성 및 보고를 명할 경우에 이를 작성할 의무가 있다. 재산조사와 재산목록을 작성하는 것은 피후견인의 재산관계를 파악하여야만 적정한 후견사무를 처리할 수 있기 때문이고, 이와 같이 조사하여 작성한 재산목록을 후견감독인 또는 가정법원에 제출하여야 할 필요가 있으므로, 후견인은 후견개시 단계에서 재산상황을 명확히 파악하여 재산목록을 작성하여야 한다. 재산조사는 단순히 피후견인의 현재의 재산상태를 조사하는 것에 그치는 것이 아니라, 피후견인의 수입과 지출의 정도, 그 동안의 재산의 득실변경 등에 관한 사항을 함께 파악하는 것이 향후의 후견계획을 수립하는데 도움이 된다.

후견인과 피후견인 사이에 채권·채무의 관계가 있고 후견감독인이 있는 경우에는 재산목록의 작성을 완료하기 전에 그 내용을 후견감독인에게 제시하여야 한다. 후견인이 피후견인에 대한 채권이 있음을 알고도 그 제시를 게을리 한 경우에는 그 채권을 포기한 것으로 본다(민법 제942조).

후견사무의 처리 4

* 미성년자의 친권자가 미성년자에 대하여 후견인과 마찬가지로 동의권, 대리권, 신상결정권 등을 가지고 있다 하더라도 이를 부모로서 어떻게 행사하는지는 사람마다 다르다. 후견사무의 처리도 이와 마찬가지로 후견인의 업무범위를 일률적으로 말할 수 없다. 그것은 피후견인의 상태, 필요한 것들, 재산관계 등 피후견인이 처해 있는 상황에 따라 해야 할 일들이 모두 다를 수밖에 없기 때문이다. 다만, 후견인은 아래와 같은 사항에 관하여 기본적인 사무처리를 해야 한다는 것을 기준으로 삼아야 한다.

1. 생활비의 관리와 지출의 관리

피후견인의 재산관리와 신상보호 사무를 처리하기 위해서는 비용이 소요된다. 이러한 비용은 피후견인의 재산에서 지급되는 것이기 때문에 후견인은 선임 초기 단계에서 피후견인의 전체 재산과 피후견인의 수입·지출의 정도를 감안하여 피후견인의 요양과 재산관리를 위해 소요될 비용을 미리 예정해두어야 한다. 그렇지 않으면 비용이 초과되어 피후견인의 재산에서 이를 지급할 수 없게 되는 상황이 생길 수 있다. 일본 민법은 후견인이 피후견인의 재산과 소득상태를 고려하여 연 단위의 수입과 지출을 예정한 연간계획을 수립하도록 규정하고 있는데, 우리 민법에는 그러한 규정은 없지만 마찬가지로 피후견인을 위한 연간계획을 수립할 필요가 있다. 피후견인의 수입으로 지출이 가능한 경우에는 가능한 한 피후견인의 고정재산이 감소되지 않도록 하여야 하고, 피후견인의 수입이 없거나 모자라는 경우에는 남은 여생과 장래의 건강상태 악화를 위해 소요될 수 있는 비용까지 고려하여 지출계획을 세워야 한다. 그리고 피후견인에게 재산이 없는 경우에는 사회보장수급혜택을 지원받을 수 있도록 하고, 피후견인의 가족 등에게 부양의무가 있으므로 이들로부터 도움을 받을 수 있도록 협조를 구하여야 한다. 반대로 피후견인에게 충분한 재산이 있고 부양가족도 있는 경우에는 먼저 피후견인의 생활을 위해 필요한 지출비용을 우선으로 고려한 후에 가족에 대한 부양비 지출을 계획하여야 한다.

후견인은 먼저 피후견인의 정기적인 수입(예컨대, 임금, 임료, 연금, 사회보장급여)과 정기적인 지출(각종 요금, 병원비, 요양비, 세금)을 확인한 후 남은 범위에서 피후견인의 생활비 지출과 요양비 지출의 수준을 어느 정도로 할 것인지를 정하고 그에 따라 수입과 지출을 관리하여야 한다. 이를 위해 그 동안의 통장 등의 입금상황과 출금상황을 확인하여, 불필요한 부분에 관한 지출을 배제하고, 통장을 하나의 관리계좌로 통합하는 등의 조치를 취할 필요가 있다. 생활비와 수입, 지출의 관리는 피후견인의 복리를 위한 후견사무에서 가장 중요한 부분이므로 그에 관한 계획을 면밀히 수립하여 향후에 자주 변경되는 일이 없도록 하는 것이 좋다.

후견인의 후견사무는 피후견인의 능력을 보충하는 역할을 하는 것이므로, 피후견인이 스스로 할 수 있는 부분에 관하여는 피후견인이 직접 하도록 배려할 필요가 있다. 따라서 피후견인이 스스로 수입과 지출을 관리할 수 있는 부분에 관하여는 그 한도를 정하여 미리 동의권을 부여하거나, 피후견인이 용돈을 스스로 사용할 수 있는 통장과 체크카드 등을 만들고, 매월 일정금액을 입금하여 피후견인이 이를 독자적으로 사용할 수 있도록 하여야 한다. 다만, 피후견인에게 미리 허락을 한 처분행위에 관하여는 동의권을 사후에 행사할 수 없음을 유의하여야 한다.

2. 부동산의 관리와 처분

가. 거주 부동산

피후견인이 소유하는 부동산이 피후견인이 거주하는 주된 생활공간이라면 이러한 부동산은 피후견인이 그곳에 거주하면서 일상생활을 영위할 수 있도록 그 상태를 유지, 관리하는 것이 후견인의 주된 임무가 된다. 따라서 후견인은 피후견인이 거주하는 부동산을 유지·수선하고, 피후견인의 상태에 따라 장애인을 위한 편의시설 등을 갖추도록 하여 이를 관리하여야 한다.

나. 비거주 부동산

피후견인의 부동산이 본인이 생활을 하는 공간이 아니라 임대수입의 대상이 되는 건물이거나, 기타 생활과 관련 없는 토지, 임야 등일 경우에는 후견인은 부동산 관리인의 입장에서 그 사무를 하여야 한다. 다만 이때 후견인의 임무는 법적 관리행위일 뿐 실질적인 관리임무를 맡는 것이 아님을 명심할 필요가 있다. 따라서 후견인은 수입을 얻는 상가건물 등인 경우에는 적당한 관리인을 선임하여 해당 부동산을 관리하도록 할 수 있다. 만약 피후견인의 생활에 필요한 자금이 부족한 경우에는 비거주 부동산에 대한 매각 또는 임대로 수익을 창출하는 것을 고려해야 한다.

3. 예금 등 재산의 관리

피후견인의 예금은 이를 확인한 후 특별한 사정이 없다면 현재 있는 상태 그대로 남겨둔 채 관리하여도 무방하나, 여러 계좌에 피후견인 명의의 예금이 분산되어 있거나 관리가 잘 되지 않은 채 방치되어 있는 경우에는 이를 통합하여 새로운 계좌를 개설하여 관리하는 편이 좋다. 단, 예금계좌의 개설·관리는 피후견인 명의로 하여야 하는 것이 원칙이다. 만약 예금이 투자신탁, 증권, 펀드 등으로 예치되어 있는 경우 가급적이면 안전한 자산으로 변경하여 보관하는 것이 위험부담을 줄일 수 있을 것이다. 후견인은 가능한 한 피후견인의 계좌를 위험성이 적은 형태로 관리할 의무가 있다.

부동산과 예금 이외의 다른 자산, 즉 보험이나, 유가증권, 귀금속 등 유체동산은 가능하면 현재의 상태 그대로 존속하도록 하는 것이 피후견인의 의사를 존중하는 것이 될 것이다. 다만 보험 등의 경우에는 현재 피후견인의 상태를 비교하여 본인에게 유용한 것인지 여부를 검토하여야 하고, 만약 피후견인에 대한 만일의 사태를 대비하여 보험을 가입할 필요가 있는 경우에는 적당한 방법으로 보험에 가입하도록 하는 것도 가능하다. 귀금속 등 유체동산의 경우에는 멸실 등의 위험을 피하기 위해 금융기관의 금고에 보관하도록 하는 방법이 있다.

이러한 재산의 형태는 다양하고, 그 관리방법 또한 여러 가지가 있을 수 있으나, 그 기준이 되는 것은, 피후견인의 의사 존중, 안전한 관리방법의 선택, 자산손실의 위험성 회피가 우선이고, 그 다음으로 후견의 편의성이 고려되어야 한다.

후견사무의 보고

5

* 후견인은 가정법원의 명령에 따라 후견사무에 관한 보고를 해야 한다. 그 보고의 시기, 내용, 범위는 가정법원의 명령에 의해서 정해진다. 가정법원에 대한 보고의무는 대부분 피후견인의 재산관계, 건강상태, 후견인이 수행한 업무 등이기 때문에 후견인으로서는 이에 관하여 평소에 기록을 하고 자료를 보유하여 언제라도 보고를 할 수 있도록 준비를 해두는 것이 좋다.

1. 재산목록보고서

가. 재산목록보고서를 작성하여야 하는 경우

후견인이 피후견인의 재산목록을 작성하는 것과 작성한 재산목록을 법원에 보고하는 것은 구별된다. 민법에 의하면 성년후견인은 선임된 직후에 피후견인의 재산목록을 작성할 의무가 있다(민법 제941조 제1항). 법원에서 재산목록의 제출을 명하지 않더라도 성년후견인은 당연히 작성하여 이를 보관하고 있어야 한다. 한정후견인, 특정후견인의 재산목록작성의무는 민법에 규정되어 있지 않다. 하지만 법원이 재산목록의 제출을 명한 경우에는 한정후견인, 특정후견인도 재산목록을 작성하여 보고할 의무가 있다. 따라서 재산목록의 작성의무는 민법상 성년후견인에게 부과된 것이지만, 재산목록보고서의 제출은 법원의 명령에 의한 것이다. 법원은 성년후견, 한정후견개시의 심판을 할 때 후견인으로 하여금 피후견인의 재산상태를 조사하여 재산목록보고서를 제출할 것을 같이 명하는 것이 보통이다. 특정후견의 심판을 할 때에도 법원이 재산목록보고서의 제출을 명할 수 있다.

나. 재산목록보고서의 양식과 작성방법

재산목록보고서는 법원에 제출하는 것이므로 가정법원이 정한 양식에 의해 작성하여야 한다. 재산목록보고서 양식은 서울가정법원 홈페이지에서 다운받을 수 있

다. 또한 후견사무보고서 작성지원 프로그램인 [그래(Gre) 1.0]을 이용해서 작성할 수 있다.[1)]

다. 법원에의 제출

재산목록보고서를 작성한 다음에는 작성한 재산목록보고서와 첨부자료(부동산 등기부등본, 시세, 예금잔고를 증명할 자료, 채무내역을 증명할 자료, 보험, 주식 등에 관한 자료)를 함께 동봉하여 정해진 기한 내에 이를 법원에 제출하여야 한다. 제출방법은 우편으로 사건번호를 기재하여 법원에 송부하거나, 인터넷 전자소송의 접수 방법을 이용할 수도 있다.[2)]

재산목록보고서 작성 시 유의사항

후견인은 후견개시 심판 확정 후 2개월 이내에 앞으로 후견인이 관리하게 될 피후견인의 모든 재산을 정리한 재산목록보고서를 제출해야 합니다.

후견인은 후견개시 심판이 확정되면 **즉시** 상속인금융거래 조회서비스를 신청하고, 조회결과를 재산목록보고서와 함께 제출해야 합니다.

조회결과가 확인된 피후견인의 금융재산 및 채무의 구체적인 내역을 해당 기관에서 확인한 후 재산목록보고서에 기재하고 **증빙서류**도 반드시 첨부하셔야 합니다.

작성기준일은 후견재시 심판문에 명시된 기준일을 말하며, 모든 재산목록은 작성 기준일을 기준으로 작성하여야 합니다.

재산목록보고서 작성은 후견사무보고서 작성지원 프로그램 **「그래(Gre) 1.0」**을 이용하거나 ‘대법원 전자민원센터’에서 양식을 내려받아 사용하실 수 있습니다.

1) 네이버, 다음 등 포털사이트에서 ‘나홀로 소송’으로 검색한 후 ‘대법원 나홀로 소송(pre-se.scourt.go.kr)’을 클릭하면 된다. 후견사무보고서 작성 또한 마찬가지이다.

2) 아래 ‘친족후견인을 위한 성년후견가이드(법원행정처)’ 중 해당 부분 참조

2. 후견사무보고서

가. 후견사무보고서를 제출하여야 하는 경우

법원은 정기적으로 후견인에게 후견사무보고서를 제출할 것을 명할 수 있다. 후견사무보고서의 제출명령은 후견개시심판문에서 이를 명시하는 경우도 있고, 후견개시 이후에 따로 후견사무보고서의 제출을 명할 수도 있다. 후견사무보고서의 제출은 후견 개시일을 기준으로 하여 매 1년마다 제출을 명하는 것이 보통이지만 그 기간은 법원의 명령에 따라 유동적일 수 있고 법원이 필요 없다고 판단한 경우에 후견사무보고서를 제출하지 아니하게 할 수도 있다. 피후견인의 재산목록보고서는 후견개시 직후 제출하여야 하고 그 후 별도로 재산목록보고서를 제출할 필요가 없는 반면, 후견사무보고서는 후견사무가 종료되기 전까지 정기적으로 제출해야 한다는 점에서 차이가 있다.

나. 후견사무보고서의 작성방법

후견사무보고서 또한 법원이 정한 양식에 따라 작성하여 제출하여야 한다. 양식은 서울가정법원의 홈페이지에서 다운받을 수 있다. 후견사무보고서에는 피후견인의 재산상황, 건강상태, 후견사무의 내역, 수입과 지출의 관리 내역, 향후 후견계획 등을 기재한다. 후견인은 후견사무보고서를 양식에 따라 작성한 후 증빙서류와 함께 법원에 제출하면 된다.

3. 후견감독인에 대한 보고

후견감독인은 언제든지 후견인에게 그의 임무 수행에 관한 보고와 재산목록의 제출을 요구할 수 있고 피후견인의 재산상황을 조사할 수 있다(민법 제953조). 후견인은 피후견인에게 후견감독인이 선임되어 있는 경우에는 후견감독인이 요구할 경우 후견사무에 관한 보고를 하여야 한다. 이와 같은 후견감독인에 대한 보고는 후견감독인이 정한 시기와 방법에 따라 정해지는 것이므로 후견사무의 보고와 관련해서는 후견감독인의 지시에 따르면 되고, 필요한 경우 사전에 후견사무에 관한 보고의 시기와 방법을 후견감독인과의 협의에 의하여 정할 수도 있다.

후견사무와 관련한 분쟁의 처리 6

1. 의 의

후견사무와 관련한 분쟁의 처리 또한 후견인이 해야 할 후견사무의 내용에 포함되는 것이지만 이해관계를 둘러싼 갈등이 전제되어 있다는 점에서 일반적인 후견사무 처리방법과는 다른 특별한 주의의무가 요구된다. 아래에서는 후견사무와 관련한 분쟁의 처리방법과 분쟁처리에서의 유의사항에 관하여 살펴보기로 한다. 후견사무와 관련된 분쟁은 크게 나누어 볼 때 제3자와 관련한 분쟁, 가족간의 분쟁, 후견인이 관련된 분쟁으로 나누어 볼 수 있다.

후견인은 피후견인을 둘러싼 여러 가지 이해관계를 해결할 의무가 있고 때로는 후견인이 분쟁의 상대방이 되기도 한다. 특히 피후견인의 재산관리와 관련하여 가족들 사이에 이해관계의 대립이 있는 경우 그 가족들 중 후견인의 선임을 달갑게 생각하지 않는 경우가 많으므로 후견인으로서는 자칫 잘못하면 자신이 고소, 고발 등 공격의 대상이 될 수 있음을 항상 염두에 두고 후견사무에 임하여야 불측의 피해를 방지할 수 있다.

2. 시기적 구분

후견사무와 관련한 분쟁의 처리는 시기적으로 구분하자면 후견개시 전에 발생한 문제를 처리하는 것과 후견개시 후에 발생한 문제를 처리하는 것으로 나누어 볼 수 있다. 이를 후견인의 권한과 관련해서 보면 후견개시 전에 발생한 문제에 관하여는 후견인의 취소권, 동의권 등이 발생하지 않은 상태에서 이루어진 것이므로, 후견인으로서는 사후처리를 위한 대리권만을 행사할 수 있을 뿐이나, 후견개시 후에 발생한 문제에 관하여는 후견인의 권한인 취소권, 동의권을 행사할 것인지 여부를 검토하여 처리하여야 하는 점에서 차이가 있다. 분쟁의 발생원인과 관련해서 볼 때는 보통 후견개시 전에 발생한 문제는 주변인들이 피후견인의 정신능력이 미약한 점을 이용하여 발생한 문제이거나 피후견인의 정신능력 감퇴로 인해 발생한 문제로서 보통 그것이 후견개시의 원인이 된 경우가 될 것이므로 후견인은 사후적으로라도 이를 가능한 한 해결할 필요성이 있다. 후견개시 이후에 발생한 법적 문제는 보통 후견개시심판 당시 예측가능한 것이 많으므로 후견인으로서는 법적 권한의 범위 내에서 후견사무의 처리로서 이를 해결하면 될 것이나, 후견인의 법적 권한의 범위 내에서 해결할 수 없는 문제라면 새로이 권한범위 변경 등을 통해 권한을 부여받을 필요성이 있다.

예컨대, 피후견인이 후견개시 전에 휴대폰 명의를 빌려주어 이로 인한 요금이 체납된 경우 후견인의 권한으로 휴대폰 서비스 계약을 취소할 수는 없으나, 피후견인의 휴대폰 이용계약을 해지하여 더 이상의 손해가 발생하는 것을 방지할 수 있다. 피후견인이 계약 당시 의사무능력 상태에 있었다면 더 나아가 휴대폰 이용계약 자체의 무효를 주장할 수도 있다. 그리고 휴대폰 계약이 착오에 의한 의사표시(민법 제109조) 또는 사기, 강박에 의한 의사표시(민법 제110조)에 해당한다면 이를 취소할 수 있다.[1)]

후견개시 이후에 피후견인이 쓸모없는 물품을 구입하였다면 후견인은 동의권 또는 취소권을 행사하여 물품구매계약을 취소하고 대금을 반환해줄 것을 요구할 수 있다. 단, 이 경우 후견인에게 해당 계약에 관한 취소권 또는 동의권이 있음이 전제되어야 한다.

---

1) 후견개시 이전의 법률행위의 무효 또는 취소는 후견인에 의한 법률관계와 전혀 다른 법리에 의한다. 즉 후견개시 이후에는 후견인의 권한에 의해 피후견인의 법률행위를 취소할 수 있으나, 후견개시 이전에 이루어진 법률행위는 민법상의 의사무능력, 의사표시의 무효 또는 취소의 일반법리에 따른다는 점이 가장 중요한 차이점이다.

3. 제3자와 관련한 분쟁

피후견인과 제3자와 관련된 분쟁은 (1) 후견인이 취소권 또는 동의권을 행사하여야 할 법률행위를 피후견인이 제3자와 사이에 행한 경우, (2) 피후견인의 소유 부동산 등에 관하여 법적 분쟁이 발생한 경우, (3) 피후견인이 제3자에 대하여 손해배상 책임을 부담하게 되는 행위를 한 경우, (4) 제3자가 피후견인에 대하여 가해행위를 한 경우 등이 이에 해당할 수 있다.

후견인이 피후견인의 법률행위에 대하여 취소권을 행사하거나 동의권이 필요한 행위에 대하여 동의를 하지 아니한 경우 피후견인의 법률행위 자체의 효력에 관한 문제는 생기지 않게 되나, 그러한 과정에서 거래상대방과 사이에 분쟁이 발생할 수 있고, 후견인이 취소권 행사 후 원상회복에 관한 사항까지 관여할 수밖에 없게 된다. 이 때 후견인으로서는 피후견인 본인의 의사를 존중하고 피후견인의 재산상태가 보전될 수 있도록 필요한 최대한의 조치를 취할 의무가 있다.

피후견인의 재산관리와 관련하여 분쟁이 발생한 경우에도 마찬가지이다. 피후견인의 부동산에 대하여 소유권 분쟁이 발생하거나, 피후견인의 건물과 관련하여 임대차관계 등에 대한 분쟁이 발생한 경우, 후견인으로서는 이를 스스로 해결할 수 있다면 자력으로 그렇지 못한 경우에는 변호사 등 적절한 대리인을 선임하여 피후견인의 재산이 보전될 수 있도록 하여야 한다.

피후견인이 어떤 정신적 제약으로 인해 제3자에 대하여 피해를 입힌 경우에도 후견인은 피해보상 등 관련된 사항을 수습하여야 하고, 반대로 누군가에 의한 가해행위로 피해를 입은 경우에는 형사고소, 손해배상 등의 사후처리를 담당하여야 한다.

4. 가족간의 분쟁

피후견인을 둘러싼 가족들 사이에 분쟁이 있는 경우에는 후견인은 기본적으로 중재자로서의 역할을 할 필요가 있다. 중재자로서 가족들 사이의 갈등이 해소되어야 피후견인이 보다 적절한 환경에서 보살핌을 받을 수 있기 때문이고, 또 후견인으로서의 업무수행 또한 원할해 질 수 있게 되기 때문이다.

그러나 가족들 중 일부가 피후견인의 재산을 노리거나 피후견인을 방임, 학대하는 등의 행위를 하는 경우에는 후견인은 중재자로서의 역할을 더 이상 고집해서는 안 된다. 후견인은 피후견인의 보호자로서 그 가족 구성원에 대하여 이를 경고하고, 고발 등 필요한 조치를 취할 필요가 있다.

5. 후견인 자신에 대한 분쟁

피후견인을 둘러싼 이해관계의 갈등이 있을 때 후견인은 자신이 언제라도 공격의 대상이 될 수 있음을 유의하여야 한다. 후견인 자신도 분쟁의 한가운데 끼어들어와 있는 상태가 되었고, 또 피후견인의 재산관리권 등을 차지하기 위하여 후견인의 자리를 노리는 사람이 있을 수 있으며, 후견인이 아무리 공정하게 후견사무를 처리한다 하더라도 가족 중에서 이에 관하여 불만을 제기하는 사람이 있을 수 있기 때문이다. 후견인 자신이 분쟁의 상대방이 되지 않게 하기 위해서는 후견사무를 처리함에 있어 분쟁을 스스로 예방할 수 있도록 하는 것이 최선의 방법이다. 이를 위해서는 후견사무를 처리하면서 필요한 수입, 지출내역 및 증빙서류 등을 꼼꼼히 작성하고 보관하여 오해가 발생할 소지를 미연에 방지하여야 한다.

권한초과행위의 처리와 후견인의 권한변경 7

* 후견인이 사무처리를 함에 있어 때로는 대리권의 범위를 초과하는 행위를 할 필요가 있는 경우 또는 가정법원의 허가사항인 일을 해야 하는 경우가 있다. 이 경우 법원에 미리 신청하여 허가를 받아야 한다. 그것이 허가사항인지 여부가 불분명한 경우에는 가정법원에 이를 문의하거나 허가를 청구하여 허가사항인지 여부를 명확히 해둘 필요가 있다. 후견인으로서는 각 사안에 대하여 허가를 받는 것이 원칙이나, 후견인의 권한범위가 해야 하는 후견사무에 비추어 지나치게 협소하다고 생각될 경우에는 후견인 권한범위를 변경해줄 것을 가정법원에 청구할 수 있다.

1. 재산처분행위 등에 대한 법원의 허가

가. 가정법원의 허가사항

민법은 후견인이 피후견인을 대리하여 피후견인이 거주하고 있는 건물 또는 그 대지에 대하여 매도, 임대, 전세권 설정, 저당권 설정, 임대차의 해지, 전세권의 소멸, 그 밖에 이에 준하는 행위를 하는 경우에는 가정법원의 허가를 받도록 하고 있다(민법 제947조의2 제5항). 그리고 재산처분행위가 아닌 신상에 관한 결정권이 부여된 경우인 피후견인을 정신병원 등에 격리하는 행위, 피후견인이 의료행위의 직접적인 결과로 사망하거나 상당한 장애를 입을 위험이 있을 경우에 가정법원의 허가를 받도록 하고 있다(민법 제947조의2 제2, 4항). 이 외의 사항에 관하여도 가정법원은 후견인에게 대리권을 부여하면서 일정한 대리행위에 대하여는 가정법원의 허가사항으로 정할 수 있다. 예컨대, 후견인이 피후견인의 비거주 부동산에 대하여 처분행위 또는 담보제공행위를 대리할 수 있도록 하면서 이를 가정법원의 허가사항으로 정할 수 있다.

나. 허가받지 아니한 법률행위의 효력

후견인의 법률행위가 이러한 가정법원의 허가를 전제로 하는 경우에, 가정법원의 허가를 받지 아니한 법률행위는 이를 무효라고 보아야 할 것이다. 후견감독인과 달리 거래의 상대방이 가정법원을 상대로 추인 여부를 최고할 수는 없기 때문이고, 이러한 규정 자체도 존재하지 않기 때문이다. 다만, 가정법원이 사후에 이를 허가하여 유효로 할 가능성까지 배제되지는 않는다고 볼 것이다.

다. 허가의 시기와 방법

후견인은 위와 같은 허가사항에 대하여 가정법원에 허가를 청구할 수 있다. 이러한 허가청구는 처분행위가 완료되기 이전에 하여야 할 것이다. 즉 피후견인이 거주하는 부동산을 처분하는 매매계약을 체결하는 경우에 매매계약 성립 이전에 미리 허가를 구할 수도 있고, 매매계약을 체결한 후 이행이 되기 이전에 허가를 구할 수도 있다. 후견인이 이와 같이 허가사항에 관한 대리행위를 함에 있어서는 거래상대방에게 이를 고지할 필요가 있다. 그렇지 않은 경우 이에 대한 책임을 질 수도 있기 때문이다. 또 이행이 완료된 이후에 허가를 구해서는 안 된다. 허가가 필요한 대리행위는 이행행위가 있기 이전에 허가를 받아야 한다. 만약 허가가 이루어지지 않는다면 복잡한 법률문제가 발생할 수 있기 때문이다.

가정법원은 이와 같이 허가청구가 제기된 경우 처분행위의 적정성을 판단하여 적정 범위 내에 있다고 인정하는 경우에 허가심판을 하게 되는데, 허가심판을 함에 있어서 후견인으로 하여금 사후 보고서를 제출하도록 하거나, 매매대금의 수령, 보관 등에 관하여 특정한 처분을 함께 명할 수도 있다. 가정법원의 허가심판이 확정되면 당해 처분행위는 비로소 유효하게 된다. 가정법원의 허가심판은 별도로 후견등기부에 등재되는 것은 아니므로, 후견인으로서는 거래상대방에게 허가심판문 및 확정증명원을 제시하여 이를 증명하면 된다. 거래 단계에서 허가심판을 미리 받은 경우에는 부동산중개인에게 이를 보관하게 하여 유효한 처분행위가 가능함을 증명하는 것이 좋다.

2. 후견인의 권한범위 변경청구

후견인이 그 권한 범위를 벗어난 행위를 대리해야만 하는 필요성이 있는 경우에는 그 사유를 소명하여 권한범위의 변경을 가정법원에 청구할 수 있다. 성년후견은 피후견인의 잔존능력을 최대한 보장하고, 필요성, 보충성의 원칙의 지배를 받기 때문에 가정법원은 가능한 한 필요최소한의 권한범위만을 후견인에게 수여하려는 경향을 띠게 된다. 하지만 예컨대 치매노인의 경우에 그 증상은 시간이 갈수록 악화되는 것이 보통이고, 또 후견심판청구 당시에 예상하지 못한 사정이 추후에 발생할 여지도 많다. 따라서 이러한 때에는 후견인으로서는 기존의 권한범위 만으로 후견사무의 수행이 어렵다고 판단하는 경우 후견인의 권한범위를 변경해줄 것을 청구하여야 한다. 반대로 피후견인의 정신상태가 호전되어 후견사무의 범위를 제한할 필요가 발생한 경우에도 마찬가지이다.

후견인의 권한범위 변경사항이 가정법원의 허가사항인 경우에는 권한범위 변경심판과 특정행위에 대한 허가를 동시에 청구하게 될 수도 있다. 예컨대 후견인이 피후견인의 부동산에 대한 처분행위 대리권을 수여받지 못한 상태에서 피후견인 소유의 부동산을 처분하여야 하는데 피후견인의 정신적 제약으로 인하여 단독으로 이를 처분할 수 없는 경우에 후견인은 권한범위에 부동산의 처분에 관한 대리행위를 추가해줄 것과 그 부동산의 처분에 대한 허가를 해줄 것을 동시에 청구할 수 있다. 이러한 사정은 피후견인을 정신병원 등에 격리할 필요성이 생겼음에도 후견인이 피후견인의 신상에 관한 결정권을 갖고 있지 못한 경우에도 마찬가지이다.

후견사무에 관한 보수와 비용의 청구

8

* 후견인이 피후견인에 대하여 보수를 구하는 것은 후견사무 처리에 관련하여 매우 중요한 부분이다. 후견인에 대하여 무조건적으로 무보수 봉사를 요구하는 것은 적절치 않다. 정당한 보수를 지급받아야 제대로 된 후견활동을 할 수 있고, 그에 대한 책임도 물을 수 있기 때문이다. 한편, 후견인은 보수와 비용의 개념을 잘 구분하고 있어야 하는데, 보수는 후견인 자신의 후견활동의 대가로 지급받는 것이고, 비용은 후견사무를 처리함에 있어 피후견인을 위해 지출한 것을 말한다. 보수는 법원으로부터 보수수여 결정을 받아 지급받는 것이고, 비용은 후견인의 권한으로 피후견인의 재산에서 이를 지출하고 사후에 감독을 받는 것이다.

* 가정법원이 후견인 선임을 할 때 미리 후견사무의 보수를 정하는 경우는 실무상 별로 없다. 후견인 스스로 후견사무보고를 하면서 보수를 정하여 가정법원에 청구를 하는 것이 보통이다. 가정법원은 후견사무의 내용을 검토한 후 보수를 얼마로 정할 것인지를 결정한다. 한편, 가정법원은 경우에 따라 전문가후견인을 선임하면서 심판 전에 청구인으로 하여금 보수에 대한 담보 제공을 명하기도 한다.

1. 후견사무에 관한 보수의 발생과 청구

가. 보수청구권이란

후견인이 자신의 노력과 수고를 들여 후견사무를 처리하였다면 그에 합당한 대가가 지급되어야 한다. 타인의 사무를 처리하는 것은 일종의 위임으로 사무처리를 위임한 자와 사이에 보수지급 약정에 의하여 사무처리의 대가를 지급받는 것이 보통이다. 그러나 법원에 의하여 후견이 개시되어 후견인으로 선임된 경우 피후견인과 후견인 사이에서 후견사무의 대가와 관련한 어떤 약정이 없었기 때문에 후견인의 사무처리에 대하여 대가를 지급할 것인지 지급한다면 어느 정도의 보수를 지급하여야 할 것인지 여부가 당사자 사이에 정해질 수는 없다. 후견사무의 발생은 법원의 심판에 의하여 이루어지는 것이기 때문이다.

민법은 이에 대하여 "법원은 후견인의 청구에 의하여 피후견인의 재산상태 기타 사정을 참작하여 피후견인의 재산 중에서 상당한 보수를 수여할 수 있다(민법 제955조)"고 규정하고 있다. 따라서 법원은 후견인에 대하여 보수를 지급할지 여부, 보수를 지급한다면 얼마를 지급할지 여부를 재량으로 정할 수 있다. 여기에서 보수의 지급이라고 하지 않고 보수의 수여라고 한 것은 후견인의 보수는 피후견인의 재산에서 지급되는 것이고 법원은 그 재산에서 얼마를 지급할 것인지 여부를 결정하는 것뿐이기 때문이다.

피후견인과 혈연관계가 없는 제3자가 후견인이 되는 경우에는 피후견인의 재산에서 보수를 지급하도록 하는 것이 원칙이다. 반면 피후견인과 혈연관계가 있는 친족후견인이나 공익을 위해 봉사하는 공공후견인에게는 피후견인이 재산에서 보수를 지급하지 않도록 하는 것이 원칙이다. 그러나 이러한 원칙은 일반적인 기준일 뿐이고 절대적인 것은 아니다. 제3자 후견인이라 하더라도 피후견인에게 재산이 없는 경우에는 보수를 수여하는 심판을 할 수 없고, 부양의무 있는 친족후견인이라 하더라도 특별한 후견을 하는 경우 그 대가를 청구할 권리가 발생할 수 있기 때문이다. 공공후견인은 피후견인의 재산에서 직접 보수를 지급받지 못한다 하더라도 국가나 지방자치단체 기타 여러 후원자 또는 기관으로부터 활동에 관한 후원을 받을 수 있으므로 이를 보수에 갈음할 수 있다. 다만, 이러한 여러 가지 사정을 감안하여 보수청구권의 발생여부를 결정하는 것은 법원의 권한이다. 후견사무의 보수는 후견인이 이를 법원에 청구하여야만 발생하는 것이고, 피후견인에게 보수를 수여할 정도의 재산이 있어야 한다. 법원은 후견인이 보수를 청구하지 아니한 때에도 직권으로 보수를 수여하는 결정을 할 수 있다.

나. 보수의 산정근거

법원은 후견인의 후견사무에 관한 보수청구권의 인정여부뿐만 아니라 그 보수의 정도와 지급방법에 관하여도 결정권한을 갖는다. 법원이 후견사무에 대한 보수를 정함에는 피후견인의 재산 및 소득 정도, 후견인의 전문성 및 후견에 소요된 노력과 시간, 후견을 하게 된 계기, 피후견인과 후견인이 관계, 피후견인을 둘러싼 갈등의 존재 여부, 후견인의 후견사무 처리능력 등의 요소를 고려하여 보수를 정하게 될 것이다. 후견인은 가정법원에 보수를 청구하면서 후견사무의 처리 내역을 밝혀야 한다. 또 후견인은 자신이 지급받고자 하는 보수의 액수를 가정법원에 제시할 수 있다.

다. 보수의 지급방법

가정법원은 후견인에 대한 보수의 지급방법에 대하여도 정할 수 있다. 가장 일반적인 보수 수여방법은 후견인이 정기적인(보통 1년 단위) 후견사무보고서를 가정법원에 제출하면서 그 동안의 보수를 함께 청구하는 방법이다. 보수의 수여근거 및 피후견인의 재산상태가 후견인이 제출한 후견사무보고서에 담겨 있으므로 가정법원은 이를 기초로 하여 후견인에게 수여할 적절한 보수를 정할 수 있다. 이와 별도로 가정법원은 필요한 경우 후견인에 대한 보수를 월 단위로 지급하게 할 수도 있고, 후견인이 행하는 피후견인의 소송이나 입원치료 등 특별한 사무가 종결된 때 그 때까지의 사무처리 내역을 참조하여 후견인에 대한 보수를 정하는 것으로 할 수도 있다. 후견인은 가정법원에 보수의 수여방법에 대한 의견을 제시할 수 있다.

2. 후견사무와 관련한 비용의 발생과 청구

후견인이 후견사무를 수행하는 데 필요한 비용은 피후견인의 재산 중에서 지급한다(민법 제955조의2). 후견사무를 수행하는데 필요한 비용이란 후견인의 노력에 대한 대가인 보수와는 다른 개념이다. 후견사무 비용은 통신비, 교통비, 부동산거래에서의 중개수수료, 세금 신고를 위한 세무사비용, 소송수행을 위한 변호사비용 등이 이에 해당한다. 단, 후견인이 변호사, 법무사, 세무자 등의 자격을 갖춘 자로서 그 전문성을 발휘하여 직접 이와 같은 업무를 처리하였을 경우에는 이를 후견사무 비용으로 처리해서는 안 되고 후견인의 보수로서 청구하여야 한다.

후견인은 사무처리에 필요한 비용을 직접 피후견인의 재산에서 지출할 수도 있고, 후견인이 지출한 후 이를 구상하거나 피후견인의 재산에서 충당할 수도 있다. 따라서 그것이 후견인의 권한범위 내에 있는 한 비용지출에 관하여 미리 법원의 허가를 받을 필요는 없다. 민법은 후견사무와 관련한 비용의 지출과 관련하여 법원의 심판을 필수적으로 규정하지 않고 있으므로, 후견사무와 관련하여 일상적인 지출에 관하여는 후견인이 관리하는 피후견인의 재산에서 지급하면 된다. 다만 이와 같은 지출내역은 후에 후견사무보고서에 증빙자료와 함께 이를 명시하여야 한다. 후견인이 계좌의 인출권한이 없거나 자신이 관리하는 피후견인의 계좌에서 그 지출비용을 인출하여 지급받을 수 없는 경우에는 가정법원에 지출비용을 인출하여 충당할 것에 관한 허가를 청구하여야 한다. 일상적인 사무가 아닌 특별한 사무로서 후견사무를 수행하는데 필요한 비용인지, 또 비용이 적정한지 여부가 사후에 문제될 수 있는 경우에도 후견인은 가정법원에 지출비용의 충당에 대한 허가를 청구할 수 있다. 이와 같은 허가청구는 후견사무보고서를 제출할 때 하는 것이 좋고, 보수수여 및 지출비용지급 허가청구를 함께 구하면 된다.

3. 무보수 후견인에 대한 보상

친족후견인은 피후견인에 대하여 가족으로서의 부양의무가 있고, 피후견인에 대하여 상속인의 지위에 있을 수도 있기 때문에 후견사무에 대한 보수를 구할 수 없는 것이 원칙이다. 가정법원 또한 친족후견인을 선임하는 경우 피후견인에 대한 후견사무 처리의 보수를 예정하지 않는 것이 일반적이다. 또 피후견인에 대하여 친족후견인이 선임되는 경우는 피후견인 본인에게 별다른 재산이 없거나 후견사무 처리에 특별한 전문성을 요하지 않거나 친족들 사이에 재산과 관련한 분쟁이 없는 것이 대부분이기도 하다. 그러나 가정법원은 특별한 사정을 고려하여 친족후견인에 대하여 보수수여 심판을 할 수도 있다.

친족후견인은 후견사무에 대한 직접적인 보수를 구할 수 없다 하더라도 다른 방법으로 후견에 대한 보상을 받을 수 있다. 먼저 피후견인이 후견인의 가족으로서 후견인에 대한 부양의무를 부담하고 있거나 정신능력이 제한되기 이전에 후견인을 실질적으로 부양하거나 지원해오고 있었던 경우에 피후견인에게 자력이 충분하다면 기존에 하던 후견인에 대한 지원을 계속하도록 하는 것이 피후견인 의사에도 합당하다. 예컨대, 피후견인이 집안의 가장으로서 그동안 가족들을 부양하던 중 뇌출혈 등으로 쓰러져 후견이 개시되었고, 배우자 또는 생계를 같이 하는 자녀가 후견인으로 선임되었다면, 피후견인의 재산과 수입에서 후견인을 포함한 가족에 대한 부양비용이 지출되어야 한다. 또, 피후견인이 후견을 받던 중 사망하여 상속이 개시되었고, 후견인이 상속인 중 1인에 해당한다면, 후견인은 그 동안 후견사무를 대가 없이 처리한 것에 대한 기여도를 주장하여 상속분에 더 하여 기여분을 청구할 수도 있다. 하지만 실무상 친족후견인이 선임되는 대부분의 사건들은 피후견인에게 재산이 없고 가족 이외에는 후견인이 될 수 없는 경우가 많다. 후견인의 후견사무에 대한 보상은 결국 피후견인의 경제적 능력의 한계 내에서 결정될 수밖에 없다.

4. 공공후견인과 비용의 지급

공공후견이란 후견이 필요한 경우 누구나 후견인의 보호를 받을 수 있도록 국가 또는 공익단체에 의하여 제도적, 재정적 지원을 하는 시스템을 말한다.[1] 공공후견인(또는 시민후견인)은 보통 자력이 없고 친족후견인을 선임할 수도 없는 사람을 위하여 피후견인으로부터 보수를 받지 않고 후견을 행하는 공적 후견인을 말한다. 후견제도가 발달한 외국의 사례를 보면 국가, 공공기관, 시민단체 등에서 공공후견인을 양성, 교육하여 이들이 지역사회에서 필요한 공적인 후견사무를 담당하고 있다. 공공후견인은 순수한 무보수로 봉사하는 경우도 있지만 대부분 국가나 지방자치단체 또는 시민단체 등 후원자로부터 후원을 받은 경우가 보통이다. 그 후원의

1) 공공후견인 법률지원 매뉴얼, 서울지방변호사회 (2018) 15쪽 참조

정도는 보수에 해당한다고 보기 어렵고 활동비 또는 실비 차원의 후원이라고 할 수 있다.

우리나라는 성년후견제도가 시행된 지 얼마 되지 않았기 때문에 이러한 공공후견인 제도가 활성화되었다고 볼 수는 없으나, 2013년 보건복지부에서 성년후견중앙지원사업단을 구성하여 국가로부터 예산을 지원받아 공공후견인 양성교육 및 후견심판 비용을 지원하고 공공후견인에 대한 실비차원의 비용을 지급하였고, 2018년부터 치매노인에 대해서도 공공후견이 확대 시행되고 있으며, 그 외 지방자치단체에서 독거노인에 대한 공공후견을 지원하는 등 그 범위가 점차 확대되고 있다.

제6편

후견감독인

제1장 의 의

제2장 후견감독인의 선임

제3장 후견감독인의 권한과 임무

제4장 후견감독인의 사임과 변경

제5장 법원의 감독

의 의 1

*후견감독인 제도는 개정민법에 새로이 도입된 것이다. 종전에는 친족회가 후견인을 감독하는 업무를 맡았으나 개정민법은 친족회를 폐지하였다. 후견감독인 제도는 보다 효율적인 후견감독업무를 수행할 수 있도록 하는 장점은 있으나, 필수적으로 후견감독인을 선임해야 하는 것은 아니므로, 대부분의 사안에서 후견감독인이 없는 상태가 되는 문제점이 있다. 우리보다 먼저 후견제도를 도입한 일본의 경우도 후견감독인이 선임되지 않은 사건이 80%가 넘는다고 한다. 그래서 일본과 마찬가지로 우리도 후견감독인 보다는 법원의 감독을 받는 것이 일반적인 경우가 될 것으로 생각된다. 하지만 후견감독인이 선임되는 사건들은 대개 가족간에 다툼이 있거나 재산관계에 관한 분쟁이 있는 경우 등이 될 것이므로 후견감독인의 역할은 매우 중요하다.

1. 감독의 필요성

피후견인은 정신능력의 제약을 가진 사람이므로 그를 위하여 후견인을 선임하였다 하더라도 후견인이 피후견인을 위하여 올바른 사무처리를 하는지 여부를 확인하고 감독할 필요성이 매우 크다. 피후견인 스스로 후견인의 후견사무의 적정성을 판단하고 이를 법원에 보고하거나 후견인의 변경을 요구하는 것이 쉽지 않기 때문이다. 가족이 후견인이 된 경우에도 다른 친족들의 재산적 이해관계가 동일한 경우에는 후견인과 공모하여 재산을 횡령하거나 피후견인을 방임할 가능성을 배제할 수 없다. 따라서 성년후견제도의 성공 여부는 후견사무를 적절하게 감독하고 통제할 수 있는 방안을 마련하는데 있다고 할 수 있다.

2. 감독 방법

후견사무의 감독은 후견감독인을 선임하여 이를 통해 감독하는 방법과 법원이 직접 후견사무 감독을 행하는 경우로 나뉜다. 다만 후견감독인을 선임한 경우에도 법원은 직접 후견사무를 감독하거나 후견감독인을 감독할 수 있다. 개정전 민법은 후견감독인 대신 친족회의 감독을 받도록 하였는데 개정민법은 친족회를 폐지하였으므로 이를 후견감독인으로 대체하였다. 개정민법은 법정후견에서 후견감독인의 선임을 필수적인 것으로 정하지 않았는데, 이는 후견감독인의 보수를 피후견인의 재산에서 지급하여야 하기 때문에 후견인의 부담이 커질 수 있다는 점을 고려한 것으로 보인다. 하지만 성년후견, 한정후견, 특정후견에서 후견감독인의 선임은 필수적인 것이 아니라 임의적인 것이기 때문에 후견감독인이 선임되지 않은 경우 감독의 공백상태를 그대로 둘 수 없으므로 이를 법원이 감독할 수밖에 없게 되었다. 따라서 개정민법에서 후견사무의 감독은 후견감독인에 의한 감독과 법원에 의한 감독으로 나뉘게 된다.

현실적으로 가정법원이 후견감독인을 선임하는 사건의 비율을 그리 많지 않을 것을 보인다. 즉 피후견인에게 상당한 재산이 있거나 특별한 관리가 필요한 경우에서만 후견감독인을 선임하게 될 수밖에 없다. 따라서 우리 실무상 후견사무 감독에서 후견감독인의 역할이 차지하는 비중은 그리 크지 않고 오히려 법원의 후견사무 감독이 더 큰 의미를 지닌다.

후견감독인의 선임 2

1. 후견감독인의 선임절차

가정법원은 성년후견이 개시된 경우 필요하다고 인정되면 직권 또는 청구권자의 청구에 의하여 성년후견감독인을 선임할 수 있다(민법 제940조의4). 이와 같은 선임절차는 한정후견, 특정후견에서도 마찬가지이다(민법 제959조의5 제1항, 제959조의10 제1항). 그리고 임의후견에서는 후견감독인의 선임절차가 후견개시 절차를 대신하는 역할을 한다.

청구인은 후견개시심판 청구에서 후견감독인의 선임을 같이 청구할 수 있는데, 이 경우 가정법원은 후견개시심판을 하면서 후견인과 후견감독인을 동시에 선임하게 된다. 하지만 후견감독인은 그 이후에 선임될 수도 있고, 선임청구가 없는 경우에도 가정법원이 직권으로 선임을 할 수 있다.

후견감독인의 선임과 관련한 절차와 기준은 대체적으로 후견인 선임에서와 같다. 즉 후견감독인 선임시 피후견인의 의견을 존중하여야 하고, 피후견인의 건강, 생활관계, 재산상황, 후견감독인이 될 사람의 직업과 경험, 피후견인과의 이해관계 유부 등의 사정을 고려하여야 한다(민법 제940조의7, 제936조 제4항). 그리고 후견감독인 선임시 피후견인과 후견감독인이 될 사람의 진술을 청취하여야 한다(가사소송법 제45조 제1항 제4호).

2. 결격사유

후견인의 가족은 후견감독인이 될 수 없다(민법 제940조의5). 다만, 피후견인의 가족은 후견감독인이 될 수 있다. 후견인의 결격사유에 관한 규정은 후견감독인에 대하여도 그대로 적용된다(민법 제940조의7, 제937조). 민법이 여기에 더하여 후견인의 가족이 후견감독인이 될 수 없다고 규정한 것은 후견사무 감독의 중립성을 확보하기 위한 것이다.

3. 불 복

후견감독인의 선임심판에 대하여는 즉시항고를 할 수 없다. 불복이 있는 경우에는 후견감독인 변경심판을 해야 한다. 후견감독인의 변경심판에 대하여는 기존의 후견감독인이 즉시항고를 할 수 있다(가사소송규칙 제36조 제1항 제1호 나목 등).

후견감독인의 선임청구를 기각한 심판에 대하여는 청구인이 즉시항고할 수 있다. 후견감독인의 사임을 불허한 경우에도 같다(가사소송규칙 제27조). 후견감독인 변경청구를 기각한 심판에 대하여는 청구인뿐만 아니라 피후견인, 친족, 후견감독인, 검사, 지방자치단체의 장이 즉시항고할 수 있다(가사소송규칙 제36조 제2항 제2호 등).

후견감독인의 권한과 임무 3

1. 후견사무의 감독 및 지시

가. 일반적인 감독, 지시 권한

후견감독인은 후견인의 사무를 감독한다(민법 제940조의6 제1항 전단). 후견인의 사무를 감독한다는 것은 후견인이 피후견인을 위해 성실한 마음가짐으로 직무를 적정하게 수행하고 있는지를 파악하여 이를 평가하는 것을 말한다. 후견감독인은 후견인의 사무수행과 관련하여 포괄적인 감독권한을 갖는다. 후견감독인은 이를 위해서 후견인에게 그의 임무수행에 관한 보고와 재산목록의 제출을 요구할 수 있고, 피후견인의 재산상황을 조사할 수 있다(민법 제953조). 후견인은 피후견인과 사이에 채권, 채무관계가 있는 경우 재산목록의 작성을 완료하기 이전에 이를 후견감독인에게 알려야 할 의무가 있다.

후견감독인은 후견인의 후견활동을 체크하여 필요한 경우 후견인에게 후견사무와 관련한 지시를 할 수 있다. 또 후견사무를 감독하면서 후견인이 후견사무에 적합하지 않다고 판단된 경우에는 이를 가정법원에 보고하여야 한다. 후견감독인의 감독의 범위는 후견인의 피후견인에 대한 재산관리, 신상보호 업무 전반에 미친다. 그 외에 후견인의 건강이나, 개인적인 비리행위 등도 후견업무 수행과 관련이 있다고 판단되는 경우에는 마찬가지로 이를 확인할 수 있다.

나. 구체적 감독내용

(1) 후견감독인 선임 직후의 사무

후견감독인은 선임 직후 사건내용을 검토하고, 후견인과 피후견인 및 가족들을 면접하여 피후견인의 상태, 후견인의 사무내용, 가족간의 분쟁상황 등을 파악하여야 한다. 특히 친족후견인이 선임된 경우에는 후견사무와 관련하여 후견인이 주의할 점과 업무내용을 설명하고 지도할 필요가 있다.

후견인감독인은 후견인의 피후견인에 대한 재산조사 및 재산목록 작성에 참여하여야 하고, 재산목록을 제출받아 이를 확인하여야 한다.[1)]

(2) 일반적인 후견사무감독

후견감독인은 후견인의 후견사무가 잘 이루어지고 있는지를 감독하는 것이 주된 업무이다. 이를 위해 후견감독인은 통산 매년 1회 후견인으로부터 후견사무보고서를 제출받아 이를 확인하여야 한다. 그 외에도 필요한 경우 수시로 후견인으로부터 피후견인의 신상과 재산상황을 보고받고, 후견인의 사무수행이 제대로 이루어지고 있는지를 감독하고, 잘못된 부분을 지적하고, 특별한 사정이 있는 경우 법원에 이를 보고하여야 한다. 통상 후견감독인은 법원에 정기적으로 후견감독사무보고서를 작성하여 이를 제출할 의무가 부과된다.

다. 후견감독인의 동의권

민법은 후견인의 권한 중 피후견인의 이익을 침해할 우려가 큰 행위에 관하여는 후견감독인의 동의를 받도록 하고 있다. 이러한 동의권은 민법이 적정한 감독사무를 수행할 수 있도록 후견감독인에게 부여한 권능으로 볼 수 있다. 후견인이 후견감독인의 동의를 받아야 하는 행위는 다음과 같다(민법 제950조 제1항).

(1) 영업에 관한 행위
(2) 금전을 빌리는 행위
(3) 의무만을 부담하는 행위
(4) 부동산 또는 중요한 재산에 관한 권리의 득실변경을 목적으로 하는 행위
(5) 소송행위

1) 후견감독인의 참여가 없는 재산조사나 재산목록의 작성은 효력이 없다(민법 제941조 제2항)

(6) 상속의 승인, 한정승인 또는 포기 및 상속재산의 분할에 관한 협의

후견감독인의 동의가 필요한 행위에 대하여 후견감독인이 피후견인의 이익이 침해될 우려가 있음에도 동의를 하지 아니하는 경우에는 가정법원은 후견인의 청구에 의하여 후견감독인의 동의를 갈음하는 허가를 할 수 있다(민법 제950조 제2항).

후견감독인의 동의가 필요한 법률행위를 후견인이 후견감독인의 동의 없이 하였을 때에는 피후견인 또는 후견감독인이 그 행위를 취소할 수 있다(민법 제950조 제3항). 후견인과의 거래상대방이 위와 같은 사실을 알게 되었을 때에는 후견감독인에게 그 행위를 취소할 것인지 추인할 것인지 여부의 확답을 촉구할 수 있고, 1개월 내에 후견감독인이 확답하지 않으면 이를 추인한 것으로 본다(민법 제952조, 제15조).

라. 후견인 선임청구

후견감독인은 후견인의 사망, 결격 등의 사유로 후견인이 없게 된 경우 지체 없이 가정법원에 후견인의 선임을 청구하여야 한다(민법 제940조의6 제1항 후단).

2. 기 타

가. 급박한 후견사무의 직접 처리

후견감독인은 피후견인의 신상이나 재산에 대하여 급박한 사정이 있는 경우 그의 보호를 위하여 필요한 행위 또는 처분을 할 수 있다(민법 제940조의6 제2항).

나. 이해상반행위의 대리

후견인과 피후견인 사이에 이해가 상반되는 행위에 관하여는 후견감독인이 피후견인을 대리한다(민법 제940조의6 제3항).

3. 임무 종료 후의 사무처리

피후견인의 사망 등으로 후견감독인의 임무가 종료되는 경우 후견감독인은 다음과 같은 사무를 처리하여야 한다.

후견인의 임무가 종료한 때 후견감독인은 후견인과 함께 종료사무를 처리하거나, 종료사무 처리를 감독하여야 한다. 후견인 또는 상속인은 1개월 내에 피후견인의 재산에 대한 계산을 하여야 하는데, 후견감독인이 있는 경우에는 재산의 계산에 후견감독인이 참여하여야 한다(민법 제957조, 제957조의7, 제959조의13). 그리고 후견인과 마찬가지로 후견감독인도 후견사무종료등기를 신청할 수 있다(후견등기에관한법률 제29조 제2항, 제1항). 또한 후견감독인 또한 위임사무 종료 후의 긴급사무관리를 할 수 있다.

후견감독인은 후견감독사무가 종료하고, 계산이 완료되면 후견감독사무에 관한 최종보고서를 법원에 제출하는 것이 일반적이다. 후견감독인의 보수수여청구 또한 후견인의 재산에 대한 계산에 포함한 후 보고와 함께 법원에 청구를 하는 것이 좋다.

4 후견감독인의 사임과 변경

후견감독인은 직무수행이 어려운 정당한 사유가 있는 경우 가정법원의 허가를 받아 사임할 수 있다. 단, 이 경우 반드시 가정법원에 새로운 후견감독인의 선임을 청구하여야 한다. 피후견인의 복리를 위하여 후견감독인을 변경할 필요가 있는 경우에는 청구권자에 의한 청구 또는 가정법원의 직권에 의하여 후견감독인을 변경할 수 있다(민법 제940조의7, 제939조, 제940조).

법원의 감독 5

1. 가정법원의 감독권한

가정법원은 후견감독인이 선임된 경우에도 후견인의 후견사무를 직접 감독할 수 있고, 후견감독인에 대하여도 그 감독사무를 감독할 수 있다. 즉 가정법원은 최종적인 후견사무 감독기관이 된다. 가정법원은 감독사무에 관하여 필요한 경우 후견감독인에게 지시 또는 처분을 명할 수 있고, 감독사무에 관한 보고를 명할 수도 있다. 후견감독인은 감독사무와 관련하여 중요한 사항에 관하여는 가정법원에 이를 보고하여 처리하도록 할 필요가 있다. 가정법원은 후견인의 후견사무와 후견감독인의 감독사무를 포괄하여 최종적인 감독인의 지위에 있다고 할 수 있다.

가정법원은 필요에 따라 당사자의 신청 또는 직권으로 후견사무 전반에 관한 처분을 명할 수 있고, 재산목록보고서, 후견사무보고서, 후견감독사무보고서를 제출받아 이를 검토하여 필요한 사항을 지시할 수 있으며, 후견인 또는 후견감독인의 업무수행이 미비할 경우에는 이를 변경할 수 있다.

가정법원의 감독은 후견사무에 대한 감시뿐만 아니라 후견사무에 대한 후원을 포함하는 것이다. 후견인 또는 후견감독인은 필요한 경우 가정법원을 통해 도움을 받을 수 있다.

2. 가정법원의 감독절차[1)]

가정법원의 일반적인 후견사무 감독절차는 다음과 같다.

가. 후견개시 직후의 감독절차

- 후견감독사건으로의 전환(감독사건 직권개시)
- 친족후견인 및 미성년후견인에 대한 후견인교육 실시
- 재산목록을 제출받아 확인

나. 정기적인 감독절차

- 후견사무보고서 또는 후견감독사무보고서의 확인
- 기본후견감독 또는 심층후견감독

다. 후견종료시 감독절차

- 재산보고서, 최종보고서의 확인
- 후견종료등기

1) 이 부분에 관한 사항은 기본적으로 가정법원의 내부절차이므로 간략히 소개를 하는데 그치도록 한다.

제7편

후견계약과 임의후견

1 후견계약의 의의와 목적

* 임의후견은 피후견인이 후견인이 될 사람을 지정하여 그로 하여금 후견을 하도록 하는 제도이다. 이를 위해서는 피후견인이 될 사람과 후견인이 될 사람 사이에 계약이 체결되어야 하는데 이를 후견계약이라고 한다. 임의후견은 아직까지는 널리 활성화되어 있지는 않으나 후견이 개시될 경우를 준비하여 당사자가 이를 미리 준비해두어 분쟁이 발생하지 않도록 할 수 있는 장점이 큰 제도이다. 임의후견은 일반적인 후견절차와 차이가 있다. 임의후견을 이해하기 위해서는 다음 3가지를 숙지하여야 하는데 이는 ① 후견계약 및 공증, ② 후견등기, ③ 임의후견감독인의 선임이다. 임의후견 사건의 흐름은 다음과 같다.

후견계약 및 공증

↓

후견등기

↓ ← 후견계약에서 정한 사유 발생

임의후견감독인 선임청구

↓

후견개시

1. 의 의

후견계약이란 질병, 장애, 노령, 그 밖의 사유로 인한 정신적 제약으로 사무를 처리할 능력이 부족한 상황에 있거나 부족하게 될 상황에 대비하여 자신의 재산관리 및 신상보호에 관한 사무의 전부 또는 일부를 다른 사람에게 위탁하고 그 위탁사무에 관하여 대리권을 수여하는 것을 내용으로 하는 계약을 말한다(민법 제959조의14 제1항). 후견을 받을 사람과 후견인이 될 사람이 미리 후견에 관한 내용을 합의하여 계약을 체결해두어 장래 후견을 받게 될 상황에 계약의 효력이 발생하도록 하는 것이다.

앞서 살펴 본 성년후견, 한정후견, 특정후견을 법정후견이라 하는데 비하여 후견계약에 의한 후견은 임의후견이라 한다. 성년후견, 한정후견, 특정후견은 후견의 내용, 대리권의 범위, 후견인의 선임 등을 모두 법원이 정하기 때문에 이를 법정후견이라 하고, 후견계약에 의한 후견은 이러한 내용들이 당사자 사이의 계약으로 정해지는 것이기 때문에 이를 구분하여 임의후견이라 한다.

2. 목 적

사후를 대비하여 유언을 남기는 것처럼, 정신능력이 감퇴하여 스스로 결정할 수 없는 상태를 대비하여 자신이 원하는 내용으로 후견을 개시할 수 있도록 미리 지정해두는 것이 임의후견의 목적이다. 정신능력이 온전한 상태일 때 그렇지 못한 경우를 미리 대비해두는 것은 쉬운 일이 아니다. 그러나 자신이 더 이상 재산관리나 신상에 관한 결정을 스스로 내리지 못하게 될 때 가장 믿을 수 있는 사람에게 자신이 원하는 방법으로 후견을 받을 수 있도록 정할 수 있다면, 이를 통하여 자녀들 사이의 분쟁이 발생하는 것을 막고, 재산이 온전하게 관리될 수 있도록 하며, 자신의 신상에 관하여 미리 원하는 데로 결정이 이루어질 수 있도록 할 수 있게 되는 것이다.

2 후견계약의 당사자와 의사능력

후견계약의 당사자는 장차 후견을 받게 될 사람과 후견인이 될 사람이다. 후견계약을 체결할 당시 이미 정신능력의 감퇴가 진행되고 있는 경우가 많기 때문에 후견계약을 체결함에 있어서 어느 정도의 의사능력이 필요한지 여부가 문제된다. 후견계약의 의미와 내용을 충분히 이해하고 상대방과 사이에서 대등한 위치에서 계약을 체결할 수 있을 정도의 능력을 가지고 있으면 된다고 보는 것이 일반적인 견해이다. 즉, 계약 당사자에게 아무런 정신적 제약이 없는 상태여야 하는 것은 아니고, 정신적 제약이 있는 경우라도 계약의 내용을 충분히 이해하고 계약내용에 본인의 의사와 목적이 분명히 반영되어 있다면 후견계약이 유효하게 성립될 수 있다.

다만, 이미 후견이 필요한 상황이 되어서 비로소 후견계약이 체결되었고, 후견계약 체결 직후 후견이 개시되어야 할 상황이라면 계약당시의 사건본인의 의사능력이 재판과정에서 다투어질 가능성이 많다. 이 경우 후견계약의 유효성은 결국 법원의 판단에 맡겨지게 될 것이다. 이러한 후견계약의 특수성 때문에 민법은 후견계약이 공증증서에 의하여 작성되고, 이를 미리 등기하도록 정하고 있다.

후견계약의 요건과 형식 3

1. 공정증서에 의한 계약의 체결

후견계약은 공정증서로 체결되어야 한다(민법 제959조의14 제2항). 후견계약을 공정증서로 작성하도록 한 취지는 후견계약 체결 당시 당사자의 정신능력이 온전하지 못할 우려가 있고, 후견계약의 내용과 관련해서도 후견에 적합하지 않은 사항이 포함될 수 있으므로 이를 방지하기 위하여, 공증자격을 갖춘 공증인의 심사를 받도록 하기 위함이다. 따라서 후견계약의 당사자는 후견계약서를 작성한 후 공증인 앞에 출석하여 계약내용을 확인하고 이를 공증받아야 한다. 공증인은 (1) 법령을 위반한 사항, (2) 무효인 법률행위, (3) 무능력으로 인하여 취소할 수 있는 법률행위에 관하여는 증서를 작성할 수 없다(공증인법 제25조). 그리고 공증인은 증서를 작성하기 위해서 공증 촉탁인의 신원을 정확히 확인할 의무가 있다(공증인법 제27조).

이와 관련하여 후견계약을 대리에 의하여 체결하고 공증 받을 수 있는지 여부가 문제될 수 있다. 공증인법은 대리인의 촉탁으로 공증인이 증서를 작성할 경우에는 대리권을 증명할 증서를 제출하도록 하고 있어 대리에 의한 공증이 가능할 여지를 남겨 놓고 있으나(공증인법 제31조), 후견계약의 대리권은 본인의 의사능력 및 위임 당시의 정신상태와 매우 밀접하게 연관되어 있으므로, 대리에 의한 계약 및 공증은 사후에 효력이 부인될 여지가 많다.

2. 후견계약의 등기

후견계약은 등기되어 있어야 한다(민법 제959조의15 제1항). 후견계약은 공증을 받아야 하지만 이 경우에도 후에 위조 또는 변조되거나 사후에 훼손, 멸실될 가능성이 있으므로 후견계약의 체결 사실을 객관적으로 확정하여 보존할 수 있도록 민법은 후견계약을 미리 등기하도록 규정하였다. 법정후견이 후견개시심판이 확정된 후 비로소 등기되는 것에 비하여 임의후견은 사전에 미리 등기되어 있어야 한다는 점에서 큰 차이가 있다. 다만 후견계약을 체결한 직후 바로 등기가 이루어져야 하는 것은 아니다. 민법은 후견계약이 등기되어 있고, 본인이 사무를 처리할 능력이 부족한 상황에 있다고 인정할 경우에는 임의후견감독인을 선임하여 임의후견이 개시되도록 할 수 있다고 규정하고 있을 뿐이므로, 후견계약의 등기는 형식상 법원의 심판이 있기 전까지 언제라도 할 수 있다고 해석할 수 있다. 그러나 적어도 법원에 임의후견감독인을 선임할 것을 청구하기 이전에는 후견계약이 등기되어 있어야 할 것이다.

등기될 후견계약은 공증증서에 의하여 작성된 것이어야 한다. 후견등기의 신청은 관할 가정법원에 근무하는 후견등기관이 처리한다(후견등기법 제8조 제1항). 후견등기신청이 접수되면 접수번호가 부여되고, 후견등기관이 등기를 마친 경우 그 등기는 접수한 때부터 효력을 발생한다(후견등기법 제3조).

후견계약의 내용

4

* 후견계약의 내용은 법원에서 이를 수정할 수 없으므로 그 내용에 무효사유가 없도록 유의하여야 한다. 법원은 후견계약에 무효사유가 있으면 후견개시를 하지 않는 방법으로 후견계약의 효력을 상실시킬 수밖에 없다. 후견계약의 내용에 임의후견인의 권한에 포함되지 않는 취소권, 동의권이 들어 있거나, 후견계약의 내용 자체가 법령에 위반하거나 공서양속에 반하는 경우가 이에 해당한다.

후견계약의 내용은 피후견인의 재산관리와 신상보호에 관한 사항이다. 후견인이 될 사람이 장차 행할 재산관리의 범위, 신상보호의 범위는 당사자 사이에 자유롭게 정할 수 있다. 후견계약의 의뢰인은 수임인이 될 사람에게 그 역할의 수행을 위해 적절한 범위의 대리권을 미리 부여하여야 한다. 후견계약의 효력발생시기와 관련해서도 피후견인의 정신상태의 저하정도에 관한 사항을 미리 규정해둘 수 있다. 그러나 임의후견이 개시되더라도 피후견인의 법률행위능력은 제한되지 않기 때문에 후견인에게 대리권만을 부여할 수 있을 뿐 취소권이나 동의권을 부여할 수는 없다. 따라서 후견인의 권한도 대리권에 한정된다.

법원은 법정후견에서와 달리 후견의 내용을 후견계약과 다르게 정할 수 없고 후견계약에서 정한 후견인 외에 다른 제3자를 후견인으로 선임할 수도 없다. 다만 법원은 후견계약의 내용이 법령에 위반하거나 후견의 취지에 반하거나 공서양속에 반하는 등의 문제가 있을 경우 후견계약의 효력을 부인하고 임의후견을 개시하지 않을 수 있다. 후견계약의 일부 조항에 문제가 있는 경우라도 후견계약 전체의 효력이 부인될 수도 있다. 따라서 후견계약의 당사자는 후견계약을 체결함에 있어서 이러한 점을 항상 유의하여야 할 것이다. 따라서 후견계약은 이러한 무효의 가능성을 항상 내포하고 있기 때문에 후견계약은 가급적 다음과 같은 표준계약서의 양식에 맞추어 작성하는 것이 좋다.

* 임의후견계약시 양식(예시)

임의후견계약서

위임인 : OOO
주　소 :

수임인 : OOO
주　소 :

위 당사자는 다음과 같이 진정한 의사로 임의후견계약을 체결한다.

제1조(목적) 위임인(이하 '갑'이라 함)은 장애진단 등으로 사무를 처리할 능력이 부족하여 갑의 재산관리 및 신상보호에 관한 사무를 수임인(임의후견인, 이하 '을'이라 함)에게 위탁하고, 을은 이를 승낙한다.

제2조(등기) 을은 본 후견계약 체결 후 지체 없이 본 후견계약에 관한 등기를 신청하여야 한다.

제3조(임의후견감독인의 선임청구) 을은 등기를 완료한 직후, 가정법원에 임의후견감독인의 선임을 청구하여야 한다.

제4조(효력 발생 등) ① 본 계약은 가정법원이 임의후견 감독인을 선임한 때부터 효력이 발생한다.
② 본 계약에서 정한 것 이외에는 민법에 따른다.

제5조(후견사무의 범위) 갑은 을에게 별지 제1항 기재와 같이 재산관리 및 신상보호에 관한 사무를 위탁하고, 그 사무의 처리에 관한 대리권을 수여하며, 을이 별지 제2항 기재 사무를 처리 및 대리하는 경우, 서면으로 임의후견 감독인의 동의를 받아야 한다.

제6조(본인의사 존중사무) ① 을은 후견사무를 처리함에 있어서 갑의 의사를 존중하여야 한다.
② 을은 갑의 신상을 보호하기 위하여 적당한 방법으로 갑을 면접하고, 갑의 생활 상황과 건강상태를 파악하기 위하여 노력하여야 한다.

제7조 (증서 등의 보관 등) ① 을은 갑의 신상보호에 관한 후견사무의 처리를 위하여 갑으로부터 다음 각 호의 증서 등을 수령할 수 있으며, 을이 이를 수령한 경우에는 갑에게 그 명세를 기재한 확인서를 교부하여야 한다.
1. 등기권리증
2. 인감도장 및 도장
3. 신분증
4. 통장(예금, 적금 등)
5. 신용카드, 체크카드, 직불카드
6. 보험증권
7. 임대차계약서
② 갑 이외의 제3자가 위 증서 등을 보관하는 경우, 을은 제3자에게 그 증서를 요구하고, 보관할 수 있다.
③ 을은 후견사무의 처리를 위하여 필요한 경우 제①항의 증서 등을 사용할 수 있으며, 을은 이를 임의후견감독인에게 서면으로 반드시 보고하여야 한다.

제8조(비용의 부담) 을이 갑의 후견사무를 처리하는데 필요한 비용은 을의 보수에 포함시키며, 그 비용이 월 100,000원을 초과할 경우(부동산의 매각, 소송 행위 등의 부담비용 발생) 을이 관리하는 갑의 재산에서 그 비용을 지출할 수 있다.

제9조(보수) ① 을의 위임사무에 대한 보수는 월 100,000원으로 정하고, 갑은 을에게 본 계약 효력 발생 시부터 종료 시까지 지급한다. 을은 갑의 재산에서 보수를 지급받을 수 있다.
② 다음의 경우에는 갑 또는 을이 보수를 변경할 수 있다. 갑과 을은 임의후견감독인과 협의를 거쳐야 한다.
1. 갑의 생활환경 또는 건강상태의 변화
2. 경제사정의 변동
3. 기타 제①항의 보수액이 상당하지 않은 사정이 발생한 경우
③ 제②항의 경우로서 갑이 그 의사를 표시할 수 없을 때에는 을은 임의후견감독인의 동의를 서면으로 받아 이를 결정한다.
④ 제②항의 변경 계약은 공정증서로 작성하여야 한다.

제10조(보고) ① 을은 3개월마다 임의후견감독인에게 다음 사항을 서면으로 보고하여야 한다.
1. 을이 관리하는 갑의 재산의 관리현황
2. 갑을 대리하여 취득·처분한 재산의 내용 및 사유 등

3. 갑을 대리하여 금전을 수령하거나 지급한 경우, 그 내역
② 을은 임의후견감독인의 청구가 있는 경우에는 후견사무 또는 본인의 재산상황을 신속하게 보고하여야 한다.

제11조(계약의 철회 및 해제) ① 임의후견감독인의 선임 전에는 갑 또는 을은 언제든지 공증인의 인증을 받은 서면으로 계약의 의사표시를 철회할 수 있다.
② 임의후견감독인의 선임 이후에는 갑 또는 을은 정당한 사유가 있는 때에만 가정법원의 허가를 받아 후견계약을 종료할 수 있다.

제12조(사망 등과 위임의 종료) ① 위임은 갑의 사망으로 종료된다. 을의 회생개시결정, 파산선고를 받은 경우에도 이와 같다.
② 을은 갑의 사망이나 그 밖의 사유로 후견계약이 종료되었음을 알았을 때에는 이를 안 날부터 3개월 이내에 종료등기를 신청하여야 한다. 다만, 촉탁에 의한 등기가 이루어지는 경우에는 그러하지 아니하다.

2016. 6. .

위임인 OOO

수임인 OOO

[별 지]

대리권 목록

1. 재산관리 및 신상보호에 관한 사무의 범위
 가. 신상보호에 관한 사무 전부
 나. 일상생활에 필요한 생활비의 송금, 생활에 필요한 재산의 취득, 물품의 구입, 임료나 연금 기타 사회보험급여 등의 신청 및 수령, 임료나 공공요금 등 정기적인 지출을 요하는 비용의 지출
 다. 본 계약의 사무 처리에 필요한 경우 주민등록표등·초본, 가족관계증명서 등 각종 증명서 신청
 라. 기초생활수급자 신청 등 각종 행정절차 신청
 마. 우편물 기타 통신의 수령·개봉·열람
 바. 본 계약 효력 발생 전 갑이 계속하여 영위해 온 영업에 관한 행위
 사. 갑에 대한 신상보호의 목적을 달성하기 위하여 필요하거나 재산의 멸실·훼손 염려 등 그 밖의 불가피한 사유가 있을 경우 ① 부동산 또는 중요한 자산에 관한 권리의 득실변경을 목적으로 하는 행위 ② 금전을 차용하는 행위
 아. 재산관리를 위하여 필요한 소송행위

2. 임의후견감독인에게 서면으로 동의를 받아야 하는 사무의 행위
 가. 갑이 현재 거주하는 건물 또는 그 대지에 관하여 매도, 임대, 전세권설정, 임대차의 해지, 전세권의 소멸, 그 밖에 이에 준하는 행위
 나. 부동산 등 기타 중요 재산의 처분
 다. 치료 등의 목적으로 정신병원이나 그 밖의 다른 장소에 격리하는 것에 대한 결정
 라. 신체를 침해하는 의료행위의 직접적인 결과로 사망하거나 상당한 장애를 입을 위험이 있는 행위
 마. 영업에 관한 행위
 바. 금전을 빌리는 행위
 사. 의무만을 부담하는 행위
 아. 부동산 또는 중요한 재산에 관한 권리의 득실변경을 목적으로 하는 행위
 자. 소송행위
 차. 상속의 승인, 한정승인 또는 포기 및 상속재산의 분할에 관한 협의 . 끝.

임의후견감독인 선임청구 5

1. 의 의

가정법원은 후견계약이 등기되어 있고, 본인이 사무를 처리할 능력이 부족한 상황에 있다고 인정할 때에는 임의후견감독인을 선임한다(민법 제959조의15 제1항). 후견계약이 체결되어 등기되어 있다고 하더라도 가정법원에서 임의후견감독인이 선임되기 전까지는 후견계약은 잠재적인 것일 뿐이고 가정법원이 임의후견감독인을 선임하는 심판을 하고 그것이 확정된 때 비로소 후견계약은 효력을 발생한다. 따라서 후견계약에 따른 임의후견을 개시하기 위해서는 가정법원에 임의후견감독인을 선임해줄 것을 청구하는 절차가 필요하다.

2. 청구권자

임의후견감독인의 선임은 본인, 배우자, 4촌 이내의 친족, 임의후견인, 검사 또는 지방자치단체의 장이 청구할 수 있다. 여기서 임의후견인은 아직 임무가 개시되기 전이므로 후견계약의 수임인으로서 임의후견인이 될 사람을 의미한다.

3. 관 할

임의후견감독인의 선임청구 사건은 후견을 받을 본인의 주소지를 관할하는 가정법원에 청구하여야 한다.

4. 심판청구절차

임의후견에서도 성년후견에서와 마찬가지로 '임의후견감독인 선임청구서'를 접수하는 외에 '사전현황설명서'를 작성하여야 한다. 청구서에는 후견계약의 내용, 본인의 정신능력 감퇴로 인해 후견개시사유가 발생하였다는 내용, 임의후견인의 인적사항, 임의후견감독인의 선임을 구한다는 내용이 포함되어 있어야 한다. 청구서에서 임의후견감독인 후보자를 특정할 수 있으나 법원은 당사자의 청구와 달리 자유롭게 임의후견감독인을 선임할 수 있다.

5. 임의후견감독인의 선임요건

임의후견인감독인이 선임되어 후견계약의 효력이 발생하기 위해서는 (1) 후견계약이 등기되어 있고, 계약에 무효사유가 없을 것, (2) 사건본인의 정신적 제약이 발생하여 이로 인하여 사무처리 능력이 부족한 상태에 있을 것, (3) 사건본인의 동의가 있을 것[1]이 요구된다.

임의후견개시 사유인 사건본인의 정신적 제약의 정도는 일률적으로 말할 수 없고, 계약의 내용과 사무처리 능력의 정도, 관리할 재산의 내역, 후견개시청구에 이르게 된 배경 등 전반적인 사정을 고려하여 결정될 수밖에 없다. 다만 사건본인에게 계약에서 정한 후견이 필요할 정도로 정신적 제약이 있어야 할 것이 객관적으로 입증되어야 한다.

임의후견의 경우에는 심판청구시에도 사건본인의 동의가 있어야 한다. 임의후견은 당사자들의 의사에 기초한 후견이기 때문에 그 효력발생도 본인의 의사에 의하도록 한 것이다. 그러나 사건본인에게 후견이 필요한 상태라면 본인의 정신적 능력에 제약이 있을 수밖에 없으므로 본인의 동의는 사건본인의 직접적인 의사표현 이

1) 다만, 본인이 의사를 표사할 수 없을 때는 동의를 생략할 수 있다(민법 제959조의15 제2항)

외 여러 가지 정황을 참작하여 결정하여야 하고, 본인의 의식불명 등으로 인해 동의여부를 직접적으로 확인할 수 없는 상태라면 후견계약과 제반사정 등을 고려하여 그 의사를 유추해서 결정할 수밖에 없다.

6. 심 리

임의후견감독인 선임은 후견계약의 효력발생을 위한 절차이므로 후견감독인 선임에 관한 사항뿐만 아니라 후견계약 전반에 관해 심리가 이루어진다. 따라서 후견계의 형식, 내용, 후견의 필요성, 임의후견인의 적격, 임의후견감독인의 선임 등 임의후견의 개시에 필요한 모든 사항에 관해 심리가 진행된다. 임의후견감독인 선임사건의 전반적인 과정 또한 법정후견과 마찬가지로 가사조사, 정신감정, 본인 및 관계인 심문으로 진행된다. 가정법원은 피후견인이 될 사람의 정신상태에 관하여 의사나 그 밖에 전문지식이 있는 사람의 의견을 들어야 하는데, 이 경우 의견을 말로 진술하게 하거나, 진단서 또는 이에 준하는 서면으로 제출하게 할 수 있다(가사소송법 제45조의5). 정신상태에 대한 감정이 필수적인 것은 아니다. 가정법원은 이와 별도로 피후견인이 될 사람, 임의후견인이 될 사람 및 후견감독인이 될 사람의 진술을 들어야 한다. 단 피후견인이 될 사람이 의식불명 그 밖의 사유로 의사를 표명할 수 없는 경우에는 예외이다(가사소송법 제45조의6 제1항 제1호).

임의후견감독인선임 사건의 심리에서 특별히 쟁점이 되는 점들을 살펴보면 다음과 같다.

① 임의후견감독인 선임청구가 되기 바로 직전에 후견계약 및 후견등기가 이루어진 사건에서는 후견계약 당시의 사건본인의 정신능력이 중요한 쟁점이 된다. 이를 '즉효형 후견계약'이라고 칭하기도 한다. 즉효형 후견계약은 후견계약 당시의 당사자의 의사능력 유무, 법정후견을 잠탈하기 위한 목적이 아닌지 여부 등에 대해 엄격한 심사가 이루어진다. 그리고 즉효형 후견계약의 경우에는 법원이 임의후견감독인선임청구를 기각하는 비율이 상대적으로 아주 높다.

② 후견계약이 체결된 지 오랜 기간이 지난 후에 임의후견감독인 선임청구가 된 경우는 그 동안의 사정변경이 없는지 후견계약의 체결할 당시의 당사자들의 의사가 그대로 유지되고 있는지 여부와 사건본인과 후견인후보자와의 신뢰관계가 여전히 유지되고 있는지 등이 문제될 수 있다. 후견계약 당시에는 가장 믿을만한 당사자였을 것이지만 오랜 기간이 지난 후에 그 관계가 변화할 수 있기 때문이다.

③ 후견계약의 내용에서 법정이나 사회상규에 어긋나는 조항이 있는 경우에는 후견계약 자체가 무효가 될 수도 있기 때문에 각별한 주의가 요구된다. 이러한 사항이 심리과정에서 발견되면 당사자의 의도와 무관하게 후견이 이루어지지 않을 수도 있으므로, 당사자들은 후견계약이 공증되고 등기된 이후에도 계약내용을 사후에 점검하여 등기사항을 변경하는 등으로 계약의 효력이 유지될 수 있도록 할 필요가 있다.

7. 심판과 등기

심리가 종결되면 가정법원은 임의후견감독인 선임심판을 하거나, 선임청구를 기각하는 심판을 하게 된다. 임의후견감독인이 선임되어 심판이 확정되면 임의후견이 개시되어 후견계약의 수임인은 임의후견인으로서의 직무를 수행하게 된다.

가정법원은 당사자 사이의 합의에 의한 후견과 당사자들의 의사를 충분히 존중하여야 하지만 후견계약의 유효성과 후견의 필요성 등을 고려하여 임의후견감독인을 선임하거나 임의후견감독인을 선임하지 않음으로써 후견이 개시되지 않도록 할 수도 있다. 가정법원은 임의후견인에게 결격사유가 있거나 현저한 비행을 하거나 후견계약에서 정한 임무에 적합하지 아니한 사유가 있는 경우에는 임의후견감독인을 선임하지 않는다(민법 제959조의17 제1항). 임의후견감독인 선임이 기각된 후에도 여전히 후견개시가 필요한 경우에는 법정후견의 절차를 다시 밟아야 한다.

임의후견감독인은 임의후견인의 경우와 달리 당사자의 의사와 관계없이 가정법원이 직권으로 적합한 사람을 선임할 수 있다.

임의후견감독인선임심판의 주문은 다음과 같다.

① 사건본인의 임의후견감독인으로 OOO을 선임한다.
② 임의후견감독인은 이 심판 확정일로부터 1년이 경과한 날을 기준으로 하여 매년 후견감독사무보고서(기준일 : 매년 이 심판 확정일과 같은 월, 일)를 작성하여 이 법원에 제출하여야 한다.

임의후견감독인을 선임한 심판에 대하여는 즉시항고를 할 수 없다. 임의후견감독인의 선임에 대하여는 당사자 사이의 약정에 의한 의사를 존중하기 위하여 즉시항고를 할 수 없도록 정한 것이다. 다만 기각한 심판에 대하여는 청구인이 즉시항고를 할 수 있다.[2)]

임의후견감독인 선임심판이 확정된 경우 가정법원은 후견등기사무를 처리하는 사람에게 이를 등기할 것을 촉탁하여야 한다(가사소송법 제9조, 가사소송규칙 제5조의2 제1항 제4호 가목). 임의후견과 관련하여 후견계약의 내용과 임의후견인에 관한 사항은 이미 등기되어 있기 때문에 촉탁 대상이 되는 것은 임의후견감독인에 관한 사항만이다. 임의후견감독인의 선임등기는 임의후견이 개시되어 후견계약이 효력을 발생하였다는 표시가 된다.

2) 가사소송규칙 제27조

후견계약의 철회와 변경 6

1. 후견계약의 철회

후견계약은 본인 또는 임의후견인이 이를 철회할 수 있다. 다만 임의후견감독인이 선임된 이후에는 후견계약을 철회할 수 없다. 후견계약의 철회는 공증증서에 의하여야 한다(민법 제959조의18 제1항). 후견계약의 철회를 임의후견감독인 선임 이전까지로 제한한 것은 법률관계와 후견사무의 안정성을 위해서이고, 철회의 의사표시를 공증증서에 의하도록 한 것은 의사표시의 신중성과 명확성을 기하도록 하기 위해서이다.

2. 후견계약의 변경

후견계약이 체결된 이후에도 당사자들은 언제라도 후견계약을 변경할 수 있다. 따라서 후견사무의 내용, 대리권의 범위 등을 변경할 수 있고, 후견인도 변경가능하다. 다만 이러한 변경계약은 공증증서에 의하여 작성되어야 하고, 변경된 계약에 대한 변경등기가 이루어져야 한다. 이러한 후견계약의 변경 또한 임의후견감독인이 선임되기 전까지 가능하다고 보아야 할 것이고, 후견계약의 변경 당시에도 당사자 사이의 의사능력이 유지되고 있어야 한다. 임의후견감독인이 선임된 이후에는 가정법원의 허가를 받아 후견계약을 변경할 수 있다고 보는 견해와 후견계약을 종료시키고 다시 후견계약을 체결한 후 등기를 마치고 새로이 임의후견감독인 선임 청구를 하여야 한다는 견해가 있다.

7 임의후견인의 지위와 역할

임의후견인은 후견계약에서 정한 바에 따라 피후견인의 재산관리 및 신상보호에 관한 사무를 행하고, 후견계약에 정한 범위 내에서 대리권을 갖는다. 임의후견인은 후견의 원인과 후견의 내용이 계약에 의하여 정해진다는 것에 차이가 있을 뿐 기본적인 의무와 사무처리에 관하여는 법정후견인과 다를 바 없다. 임의후견감독인의 동의를 받아야 하는 행위 또한 마찬가지이다. 임의후견인의 경우에는 법정후견인과 달리 반드시 후견감독인이 선임되어 있어야 하기 때문에 가정법원의 감독보다는 임의후견감독인에 의한 감독이 주로 이루어진다. 다만 임의후견감독인이 있다고 하더라도 가정법원이 임의후견인에 대한 감독사무를 행하거나 적절한 지시를 할 수 없는 것은 아니다. 임의후견인은 민법상 위임의 법리에 의하여 사무를 처리하게 되므로 선량환 관리자로서의 주의의무와 책임이 있다.

임의후견인의 권한행사에서 임의후견감독인의 동의를 받아야 하는 사항은 법정후견에서와 같다. 따라서 영업에 관한 행위, 금전을 빌리는 행위, 의무만을 부담하는 행위, 부동산 또는 중요한 재산에 관한 권리의 득실변경을 목적으로 하는 행위, 소송행위, 상속의 승인, 한정승인 또는 포기 및 상속재산의 분할에 관한 협의에 관한 대리행위에는 임의후견감독인의 동의가 필요하다.

임의후견감독인의 동의를 받을 사항을 당사자 사이의 후견계약에서 배제할 수 없다. 임의후견감독인의 권한은 법정되어 있는 것이므로 후견계약에 의하여 임의로 축소 또는 배제할 수 없기 때문이다. 다만 민법상 임의후견감독인의 동의사항이 아닌 사항에 관하여 후견계약에서 임의후견감독인의 동의를 받도록 정하는 것은 가능하다고 생각된다. 이는 임의후견감독인의 법상 권한을 후견계약에 의해 제한하는 것이 아니고, 그것이 피후견인의 보호를 위해 유익할 수 있기 때문이다.

임의후견감독인

8

임의후견감독인은 가정법원의 심판에 의하여 직권으로 선임되며 임의후견인의 후견사무를 감독하는 직무를 수행한다. 임의후견에서 후견의 내용과 후견인의 선임은 당사자의 약정에 의하고 가정법원이 여기에 개입할 수 없으나 임의후견감독인 만큼은 가정법원이 직권으로 선임한다. 이는 당사자의 의사를 중시하면서도 감독에 있어서만큼은 공정한 제3자를 선임하도록 한 취지로 해석된다. 임의후견에서 후견감독인의 역할은 특히 중요하기 때문이다.

가정법원과의 관계에서 볼 때 임의후견감독인은 임의후견인의 사무를 감독하며 그 사무에 관하여 가정법원이 요구할 경우 이를 보고할 의무가 있다. 즉, 가정법원은 필요하다고 인정하면 임의후견감독인에게 감독사무에 관한 보고를 요구할 수 있고, 임의후견인의 사무 또는 본인의 재산상황에 대한 조사를 명하거나 그 밖에 임의후견감독인의 직무에 관하여 필요한 처분을 명할 수 있다(민법 제959조의16). 가정법원은 임의후견감독인이 없게 된 경우에는 직권으로 또는 본인, 친족, 임의후견인, 검사 또는 지방자치단체의장의 청구에 의하여 임의후견감독인을 선임한다(제959조의15 제4항). 임의후견감독인은 객관적인 제3자의 지위에 있어야 하므로 민법 제779조에 규정된 사건본인의 가족(배우자, 직계혈족, 형제자매, 생계를 같이 하는 직계혈족의 배우자, 배우자의 직계혈족 및 배우자의 형제자매)은 임의후견감독인이 될 수 없다.

임의후견감독인의 직무와 역할에 관하여는 성년후견감독인에 관한 규정이 거의 그대로 준용된다. 임의후견감독인은 피후견인의 신상이나 재산에 급박한 사정이 있는 경우 그의 보호를 위하여 필요한 행위 또는 처분을 할 수 있고, 후견인과 피후견인 사이에 이해가 상반되는 행위에 관하여는 임의후견감독인이 피후견인을 대리한다. 임의후견감독인은 피후견인의 복리에 부합하는 방법으로 후견감독사무를 처리하여야 하고 피후견인의 복리에 반하지 않는 경우 피후견인의 의사를 존중하여야 한다. 임의후견감독인 또는 위임사무 처리자로서 선량한 관리자로서의 주의의무와 책임 있다. 임의후견감독인은 언제든지 임의후견인에게 그의 임무 수행에 관한 보고와 재산목록의 제출을 요구할 수 있고 피후견인의 재산상황을 조사할 수 있다(민법 제959조의16 제3항, 제940조의6 제2, 3항, 제940조의7, 제953조 참조).

임의후견의 종료

9

임의후견은 후견계약의 종료허가, 해임, 법정후견으로의 전환, 피후견인의 사망, 등의 사유로 종료된다.

1. 후견계약의 종료허가

임의후견인은 후견이 개시된 이후에는 일방적으로 후견인의 직무를 사퇴할 수 없다. 다만, 본인 또는 임의후견인은 정당한 사유가 있을 때 가정법원의 허가를 받아 후견계약을 종료할 수 있다(민법 제959조의18 제2항). 임의후견의 종료허가는 본인 또는 임의후견인의 청구에 의하여 법원이 정당한 사유를 심사한 후 심판으로 이를 결정하게 된다. 후견계약에서 정한 종료사유가 발생하였거나 본인이 정신능력을 회복한 경우라 하더라도 후견이 바로 종료되는 것은 아니고 법원의 종료허가 심판이 필요하다. 임의후견인이 질병, 노령 등으로 인해 더 이상 직무를 수행할 수 없게 된 경우에도 마찬가지이다. 임의후견을 당사자가 임의로 종료하게 되면 피후견인의 복리에 반할 우려가 있으므로 법원의 허가에 의하도록 한 것이다.

후견계약의 종료허가 심판에 대하여는 본인 또는 임의후견인이 즉시항고를 할 수 있고, 이를 기각한 심판에 대하여는 청구인이 즉시항고를 할 수 있다(가사소송규칙 제36조 제4호 다목, 가사소송규칙 제27조). 후견계약의 종료허가 심판이 확정된 때에는 직권으로 후견등기부에 종료등기를 한다.

2. 임의후견인의 해임

임의후견인이 후견개시 이후 현저한 비행을 하거나 그 밖에 그 임무에 적합하지 아니한 사유가 발생한 경우에는 가정법원은 임의후견감독인, 본인, 친족, 검사 또는 지방자치단체의 장의 청구에 의하여 임의후견인을 해임할 수 있다(민법 제959조의17 제2항). 임의후견인이 본인의 재산을 횡령하거나 재산관리 또는 신상보호 사무처리에 소홀하거나 본인을 학대, 방치하는 등의 행위가 이에 해당할 것인데, 임의후견인의 직무와 직접적으로 관련되지 아니한 비위행위라 하더라도 이로 인해 신뢰관계가 파괴되거나 직무수행이 곤란한 사정이 인정된다면 마찬가지로 임무에 적합하지 아니한 사유가 발생한 것으로 볼 경우가 있을 것이다. 임의후견인의 해임심판이 확정되면 마찬가지로 직권으로 후견등기부에 해임등기를 하게 된다. 임의후견인이 해임되어 후견인이 없게 되면 후견계약은 종료한다.

3. 법정후견으로의 전환

임의후견이 개시된 이후에도 사건본인의 정신적 능력이 악화되어 기존의 임의후견으로 후견사무를 처리하기 어렵게 된 상황이거나 임의후견인이 후견사무를 수행할 수 없는 경우이거나, 기존의 임의후견만으로 후견을 지속하기 적당하지 않다고 판단되는 경우에는 임의후견을 성년후견, 한정후견으로 전환할 수 있다. 그러나 법정후견보다는 임의후견이 본인의 의사에 부합한 후견이고, 본인의 의사에 의하여 내용이 정해진 것이므로, 임의후견을 법정후견으로 전환하는 데에는 신중을 기할 필요가 있고, 임의후견이 가능한 상황에서 함부로 이를 무시하고 법정후견으로 전환해서는 안 된다.

후견계약이 등기되어 있는 경우에는 가정법원은 본인의 이익을 위하여 특별히 필요할 때에만 임의후견인 또는 임의후견감독인의 청구에 의하여 성년후견, 한정후견 또는 특정후견의 심판을 할 수 있다. 이 경우 후견계약은 본인이 성년후견 또는 한정후견 개시의 심판을 받은 때 종료된다(민법 제959조의20 제1항). 위 조문과 관련해서는 두 가지 사항이 검토될 필요가 있는데, 먼저 민법은 '후견계약이 등기되어 있는 경우'라고만 규정하고 있기 때문에 임의후견감독인이 선임되어 후견이 개시되기 전에도 법정후견을 청구하는 것이 불가능한 것은 아니라고 보아야 할 것이다. 다만 이 경우 당사자의 의사존중이라는 측면에서 신중을 기하여야 함은 앞서 본 바와 같다. 또 한가지 중요한 점은 본인에 대하여 성년후견, 한정후견이 개시될 경우에만 임의후견이 종료되고, 특정후견을 하는 경우에는 임의후견이 종료되지 않는다는 것이다. 따라서 임의후견 중에도 필요한 특정 사무에 관하여 특정후견을 받을 수 있고, 이 때는 임의후견과 특정후견이 병존하는 상태가 된다.

4. 피후견인의 사망 등

임의후견은 본인 또는 임의후견인이 사망하거나, 파산선고를 받은 경우 민법상 위임계약의 일반원칙에 따라 후견계약은 법원의 심판 없이 종료된다. 후견계약이 법원의 심판에 의하지 않고 종료된 경우에는 임의후견인은 후견계약이 종료되었음을 안 날로부터 3개월 인에 종료등기를 가정법원에 신청하여야 하고, 후견계약의 본인, 배우자등 또는 임의후견감독인도 종료등기를 신청할 수 있다(후견등기에관한 법률 제29조).

5. 후견계약의 종료와 관련된 법률관계

후견계약이 종료된 경우에도 임의후견인의 대리권 소멸은 등기하지 아니하면 선의의 제3자에게 대항할 수 없다(민법 제959조의19). 후견계약의 종료허가와 해임, 법정후견으로의 전환시에는 가정법원에서 직권으로 등기가 이루어지므로 위 경우는 피후견인의 사망 등으로 종료등기를 청구해야 할 사안에 대하여만 해당한다. 임의후견인은 임무가 종료된 후 후견사무에 대한 계산을 하여야 하고, 새로운 후견인이 없을 경우 본인을 위해 긴급한 사무를 처리할 의무가 발생할 수 있다(민법 제691조).

임의후견감독인 선임 청구

청구인 ○ ○ ○ (전화)
주민등록번호 :
주소 :
사건본인과의 관계 :

사건본인 ○ ○ ○ (출생연월일 / 성별)
주민등록번호(외국인등록번호)
주소 :
등록기준지(국적) :

청 구 취 지

사건본인의 임의후견감독인으로 ○○○(주민등록번호 ,
주소)를 선임한다.
라는 심판을 구합니다.

청 구 원 인

1. 임의후견계약(후견공증) 및 임의후견등기

사건본인은 2017. 00. 00. 청구인과 사이에 사건본인을 위임자, 청구인을 수임자로 하는 후견계약을 공정증서(법무법인 OO작성, 2013년 제00호)에 의하여 체결하고, 서울가정법원 2017. 00. 00. 접수 제000호로 이를 등기하였습니다.

2. 사건본인의 사무처리능력 부족

그 후 사건본인은 정신적 장애로 인해 사무를 처리할 능력이 부족한 상황에 이르렀습니다. 이에 사건본인의 의사에 따라 청구인이 사건본인의 신상보호, 재산관리에 관한 임의후견인으로서의 사무를 수행하기 위해, 민법 제959조의15 제1항에 따라 임의후견감독인의 선임을 청구하게 되었습니다.

3. 임의후견감독인 추천

청구인은 임의후견감독인으로 다음과 같은 사람을 추천합니다.

임의후견 감독인 후보자	성명	
	주소	
	주민등록번호	
	직업	
	사건본인과의 관계	

첨 부 서 류

1. 가족관계증명서 및 기본증명서(청구인, 사건본인, 후견감독인후보자) 각1통
2. 주민등록등본 (사건본인, 청구인) 1통
3. 사건본인의 후견등기사항전부증명서(말소 및 폐쇄사항 포함) 1통
4. 임의후견인 및 후견감독인후보자의 후견등기사항부존재증명서 1통
5. 청구인 및 후견감독인후보자와 사건본인과의 관계를 밝혀줄 자료 (제적등본, 가족관계증명서 등) 각 1통
6. 진단서 1통
7. 기타 (소명자료) 1통

2018. ○. ○.

위 청구인 ○ ○ ○ (인)

○○가정법원 귀중

☞ 유의사항

1. 관할법원은 사건본인의 주소지 가정법원입니다.
2. 위 첨부서류 이외에도 절차진행에 따라 추가서류가 필요할 수 있습니다.
3. 청구인이 청구한 감독인후보자가 후견감독인으로 반드시 지정되는 것은 아닙니다.
4. 후견감독인후보자의 범죄경력·수사경력조회 회보서, 신용조회서 등 추가서류가 필요할 수 있습니다.
5. ☎ 란에는 연락 가능한 휴대전화번호(전화번호)를 기재하시기 바랍니다.

임의후견과 법정후견의 관계 10

사례 : A의 차남 B가 청구한 한정후견개시심판 청구 사건의 심리 중 장남인 C는 A와 후견계약을 체결하고 이를 등기한 후 법원에 임의후견감독인선임청구를 하였다. 이 경우 임의후견과 법정후견 중 어느 것이 우선한다고 보아야 할 것인가?

1. 임의후견의 우선의 원칙과 예외

임의후견은 당사자의 의사에 의해서 정해지는 것으로서 법정후견에 우선하는 것이 원칙이다. 그래서 후견계약이 등기되어 있는 경우에는 임의후견이 이루어져야 하고, 다만 '본인의 이익을 위하여 특별히 필요할 때'에만 임의후견인 또는 임의후견감독인의 청구에 의하여 성년후견, 한정후견 또는 특정후견이 이루어질 수 있다(민법 제950조의20 제1항 본문).[1] 따라서 등기된 후견계약이 있는 경우 원칙적으로 임의후견감독인선임청구로 진행이 되어야 한다.

본인에게 이미 법정후견이 개시되어 있는 상황이거나, 법정후견심판이 청구되어 심리가 진행 중에 있는 경우에도 후견계약을 체결하고 등기한 후, 임의후견감독인 선임을 청구하는 것은 가능하다. 이 때 가정법원이 임의후견감독인을 선임하는 심판을 하는 경우에는 종전의 법정후견이 있는 경우 종료심판을 하여야 하고[2], 심리 중인 법정후견심판청구 사건에 대해서는 기각심판을 하게 된다. 임의후견은 법정후견에 우선하는 것이 원칙이기 때문이다.

1) 이 경우 후견계약은 본인이 성년후견 또는 한정후견 개시의 심판을 받은 때 종료된다(민법 제950조의20 제1항 단서).

2) 민법 제959조의20 제2항 본문

다만, 가정법원은 성년후견 또는 한정후견의 계속이 본인의 이익을 위하여 특별히 필요하다고 인정되는 경우에는 법정후견을 유지하고 임의후견감독인을 선임하지 않는다.[3)]

민법은 이와 같이 임의후견 우선의 원칙을 정하면서 '본인의 이익을 위하여 특별히 필요하다고 인정되는 경우'에는 등기된 후견계약에도 불구하고 법정후견이 우선할 수 있도록 규정하고 있다.

2. 임의후견이 배제되는 경우

이와 같은 민법의 임의후견 우선의 원칙에도 불구하고, 실무상 임의후견과 법정후견이 경합하는 경우 임의후견이 배제되는 경우가 상당히 많은 비율을 차지하고 있다. 실무에서 임의후견이 배제되는 이유는 임의후견제도가 법정후견을 회피하기 위한 목적으로 이용되는 경우가 많기 때문이다. 아래에서는 어떤 경우에 임의후견이 배제되는지를 살펴보기로 한다.

가. 후견계약 체결의 의사능력

후견계약을 유효하게 체결하기 위해서는 본인에게 기본적인 의사능력이 필요하다. 그런데 법정후견이 청구되어 재판이 진행되고 있는 중에 후견계약이 체결되어 등기가 이루어졌다면 후견계약 체결에 대한 본인의 의사능력이 없다고 의심받을 수밖에 없는 상황이라고 할 수 있다. 심리결과 성년후견 또는 한정후견개시가 필요한 상황이라고 판단되면, 역으로 후견계약 체결 당시 본인의 의사능력이 없다고 판단될 수 있게 되는 것이다.

3) 민법 제959조의20 제2항 단서

나. 본인의 이익을 위하여 특별히 필요하다고 인정되는 경우

법정후견이 개시된 후 또는 법정후견 사건의 심리 중에 후견계약이 체결되어 등기된 사건들을 보면 후견계약 체결 당사자 자신이 후견인이 되기 위한 목적이거나 기존의 후견인을 변경하는 것이 목적인 경우가 많다. 후견계약이 이와 같은 임의후견의 본질을 벗어나고 오히려 본인의 이익에 해가 된다고 판단된다면, 가정법원은 등기된 후견계약의 존재에도 불구하고 법정후견을 우선하도록 할 수 있게 되는 것이다.

*** 대법원 2017. 6. 1. 자 2017스515 결정 〈한정후견개시심판 후 확정 전에 후견계약이 등기된 사건〉**

후견계약의 등기에 불구하고 한정후견 등의 심판을 할 수 있는 '본인의 이익을 위하여 특별히 필요할 때'란 후견계약의 내용, 후견계약에서 정한 임의후견인이 임무에 적합하지 아니한 사유가 있는지, 본인의 정신적 제약의 정도, 기타 후견계약과 본인을 둘러싼 제반 사정 등을 종합하여, 후견계약에 따른 후견이 본인의 보호에 충분하지 아니하여 법정후견에 의한 보호가 필요하다고 인정되는 경우를 말한다.

제8편

사전처분 (임시후견인과 직무대행자)

사전처분(임시후견인과 직무대행자)

* 가사재판에서 사전처분의 역할은 매우 중요하다. 사전처분은 본안판결이나 심판이 내려지기 전에 일정한 법률상태를 미리 법원이 정해주는 처분이다. 후견사건에서 심판전까지 법적인 공백을 메꿀 필요가 있을 때, 그리고 다툼이 있는 사건에서 법원이 미리 심판 전까지의 상태를 조율해줄 필요가 있을 때 당사자의 신청이나 직권에 의하여 사전처분결정을 하게 된다. 사전처분은 향후 본심판에도 일정 부분 영향을 줄 수 있으므로 사전처분 제도를 적절히 활용하는 것은 매우 중요하다.

1. 의의 및 필요성

사건본인이 정신적 능력으로 인해 사무를 처리할 능력이 부족하게 되었다 하더라도 후견사건의 심판이 확정되기 전까지는 후견인이 그 직무를 수행할 수 없다. 하지만 이 기간 동안 아무도 사건본인의 사무를 처리할 수 없다면 본인을 위한 후견에 공백이 생기게 된다. 그렇다고 하여 당사자들 사이에 이해관계가 첨예하게 대립되어 있는 사건에서 무작정 심판을 기다리고 있을 수만은 없는 일이다. 이러한 후견사무의 공백을 메우기 위해 가사소송법은 사전처분 제도를 두고 있다.

사전처분은 가정법원이 사건이 재판이 계류 중인 때 직권 또는 당사자의 신청에 의하여 당사자 또는 관계인에게 사건의 해결을 위해 적당하다고 인정하는 처분을 명하는 것을 말하는 것으로 가사재판에 특유한 제도이다(가사소송법 제62조). 사전처분의 내용에는 특별한 제한이 없고, 가정법원이 사건의 해결을 위해 임시적으로 필요한 조치를 하는 것으로서, 임시 친권자, 양육자의 지정, 면접교섭, 양육비, 부양료, 접근금지, 재산의 보전, 관리 등 전반적인 내용을 모두 포함한다. 다만, 사전처분은 본안 심판전 또는 심판 확정전까지의 잠정적인 처분이고 그 목적 또한 임시로 특정 상태를 유지하도록 함에 있으므로, 본안의 최종결론과는 관련이 없다.

가정법원의 사전처분 결정에 대하여는 당사자가 즉시항고 할 수 있다.[1] 사전처분의 즉시항고 기간은 결정을 고지받은 날로부터 1주일이다.[2] 사전처분은 그 자체로서 집행력은 없으나 사전처분을 불이행한 자에 대하여 가정법원은 과태료를 명할 수 있다. 사전처분이 확정되면 결정 내용과 같은 법률관계가 임시로 형성되고 그 형성력은 대세적인 효력이 있다. 그리고 위 형성력은 확정과 동시에 발생하는 것이므로 별도의 집행행위를 필요로 하지 않는다.

사전처분은 후견사건이 계속되어 있는 가정법원의 관할에 속한다. 단 재항고심(대법원)에 본안 사건이 계속 중일 때에는 제1심 가정법원이 관할법원이 된다.

성년후견과 관련하여 가사소송규칙은 특별히 임시후견인과 직무대행자 선임에 관한 사전처분을 특별히 규정하여 그 요건과 효과를 정하고 있다(제32조). 임시후견인과 직무대행자의 선임은 성년후견 사건에서 가장 중요한 사전처분으로서 그 내용을 미리 규정해 두어야 한다는 점과 사전처분의 제3자에 대한 법적 효력을 규정하고 등기로서 공시가 가능하도록 하기 위해 이와 같이 규칙에 특별히 규정을 둔 것이다. 그러나 가사소송법상 사전처분은 원칙적으로 사건의 해결을 위해 필요한 모든 조치를 할 수 있는 것이므로 성년후견 사건에서 사전처분이 임시후견인과 직무대행자 선임으로만 제한되는 것은 아니다.

임시후견인과 직무대행자는 사전처분에 의하여 선임되는 것이므로 본심판에 의해 정식 후견인이 선임되기 전까지 그 직무를 수행하는 것에서 공통점이 있다. 다만 본인에게 이미 후견인이 존재하고 있으나 어떤 사정에 의하여 직무를 수행할 수 없는 상태라면 그 후견인의 직무대행자가 선임되는 것이고, 본인에게 아직 후견인이 없는 상태라면 사전처분에 의하여 임시적으로 후견인을 선임해준다는 점에서 차이가 있다. 따라서 본인에게 기존의 후견인이 있는 경우에는 직무대행자, 후견인이 없는 경우에는 임시후견인이 선임되는데, 후견인의 권한과 법적 효과에서 다소 차이가 있다.

1) 사전처분을 기각하거나 각하하는 결정에 대한 불복은 특별항고로 처리된다.

2) 민사소송법 제444조 제1항

2. 임시후견인

가. 개 념

성년후견, 한정후견, 특정후견, 임의후견의 사건이 법원에 계속 중이고 후견이 개시되어 정식 후견인이 선임되기 전까지 잠정적으로 사건본인의 후견사무를 처리할 임시적인 후견인을 선임하는 사전처분을 말한다.

나. 임시후견인의 선임절차

임시후견인 선임 사전처분은 후견사건의 당사자, 관계인이 이를 신청할 수 있고, 신청이 없는 경우에도 필요하다면 가정법원이 직권으로 임시후견인을 선임하는 사전처분결정을 할 수 있다.

다. 임시후견인의 지위 및 권한

임시후견인은 가정법원이 적당한 사람을 직권으로 선임한다. 청구인 또는 관계인이 될 수도 있고 제3자가 될 수도 있다. 임시후견인은 본안 심판의 확정시 또는 가정법원이 결정에서 정한 기간까지 후견사무를 처리하며, 후견사무의 범위 및 대리권의 범위는 사전처분결정에서 정한 내용에 따른다. 가정법원은 임시후견인을 선임하면서 대리권 이외에 사건본인의 법률행위에 대한 동의권을 부여할 수 있다.

가정법원이 사전처분으로 임시후견인을 선임한 경우, 특별한 규정이 있는 경우를 제외하고, 성년후견 및 한정후견에 관한 사건의 임시후견인에 대하여는 한정후견인에 관한 규정을, 특정후견에 관한 사건의 임시후견인에 대하여는 특정후견인에 관한 규정을 각 준용한다(가사소송규칙 제32조 제4항). 따라서 본안사건이 성년후견개시 또는 한정후견개시 사건인 경우 임시후견인을 선임한 경우라면 임시후견인의 권한범위는 한정후견인의 예에 따르고, 특정후견 사건에서 임시후견인을 선임한 경우라면 임시후견인의 권한범위는 특정후견인의 예에 따른다. 따라서 본안사건이 성년후견, 한정후견 사건인 경우 임시후견인의 권한범위는 동의권, 대리권,

신상에 관한 결정권이 되고, 본안사건이 특정후견인 경우 임시후견인의 권한범위는 원칙적으로 대리권만이 된다. 본안사건이 성년후견인 경우에도 임시후견인에게는 동의권만이 부여될 수 있을 뿐 취소권이 부여될 수 없다.

본안사건이 성년후견개시 사건인 경우에도 임시후견인에게 한정후견인으로서의 권한만을 부여하도록 한 것은 아직 사건이 심리중이므로 과도한 행위능력의 제한은 후견의 보충성에 반하고, 또 임시후견인은 잠정적인 후견인일 뿐이므로 포괄적인 권리를 부여하는 것은 적절하지 않다는 취지에서이다. 이러한 규칙상의 제한이 아니더라도 임시후견인의 권한과 직무는 잠정적인 성격을 띄는 것이므로 본인 재산의 관리, 보전행위와 신상보호 사무에 그치는 것을 원칙으로 하고 정식후견인 만큼의 큰 권한이 부여되지는 않는 것이 보통이다. 이와 별도로 가정법원은 임시후견인을 선임하면서 사건본인의 재산상태에 대한 조사를 명할 수 있는데, 이 경우 임시후견인은 후견인의 권한에 따라 금융기관 등에 사건본인의 재산을 조사하여 그 상황을 법원에 보고하여야 한다.

임시후견인은 사전처분 결정에서 정해진 범위 내에서 그 직무를 수행하여야 한다. 임시후견인이 사전처분에서 정해진 직무를 초과한 행위를 해야 할 필요가 있을 때, 예컨대 사건본인의 부동산을 처분해야 할 급박한 사정이 생긴 경우 등이 발생한다면 임시후견인은 가정법원에 권한초과행위에 대한 허가를 청구하여야 한다. 한편, 임시후견인에게 사전처분으로 법률행위의 동의권이 부여된 경우에는 그 사전처분의 효력은 제3자인 거래상대방에게도 미친다[3).

3) 일반적인 사전처분결정은 위반시 과태료 등을 부과할 수 있을 뿐이나, 임시후견인과 직무대행자 선임 사전처분결정은 제3자에게 직접적인 효력을 미친다는 점에서 차이가 있다.

3. 직무대행자

가. 개 념

직무대행자 선임의 사전처분은 성년후견 사건에서 기존의 후견인 또는 후견감독인이 있으나 그에게 피후견인에 대한 직무수행을 계속하도록 하기 곤란한 사정이 있는 경우이다. 즉 후견인 또는 후견감독인의 변경청구, 해임청구 또는 후견의 종료청구 등이 본안사건으로 계류 중인 경우, 후견인 또는 후견감독인의 직무의 일부 또는 전부를 정지시키고 심판이 확정될 때까지 그 직무대행자를 선임하여 직무를 수행하도록 하는 사전처분을 말한다. 직무대행자를 선임하는 이유는 후견인 또는 후견감독인의 지위 및 권한에 관한 다툼이 법원에 계류되어 있고 그에게 직무수행을 계속 맡도록 하기 곤란한 경우 잠정적으로 직무를 정지하여야 하나 그 동안 사건본인의 보호에 공백이 생길 수 있으므로 대행자를 선임하여 임시로 직무를 계속 수행하도록 하기 위한 것이다. 직무대행자는 기존의 후견인 또는 후견감독인의 직무를 전제로 이를 대행한다는 점에서 임시후견인과 차이가 있다.

나. 직무대행자의 선임 절차

직무대행자선임 신청은 본안 사건의 당사자 또는 관계인이 할 수도 있고, 신청이 없는 경우에도 법원이 직권으로 선임할 수 있다. 직무대행자를 선임하는 사전처분에는 보통 기존 후견인 또는 후견감독인에 대한 직무집행정지가 함께 이루어진다.

다. 직무대행자의 지위 및 권한

가정법원이 사전처분으로서 직무대행자를 선임한 때 그 직무대행자에 대하여는 특별한 규정이 있는 경우를 제외하고 해당 후견인 또는 해당 후견감독인에 관한 규정이 준용된다(가사소송규칙 제32조 제1항). 따라서 사건본인이 성년후견을 받고 있는 경우에는 직무대행자는 성년후견인, 한정후견을 받고 있는 경우에는 한정후견인, 특정후견을 받고 있는 경우에는 특정후견인의 지위에서 그 직무를 대행하게 되고, 사전처분에서 특별히 권한의 범위를 정한 바가 없다면 종전 후견인 또는 후견감독인의 직무를 그대로 이어받아 수행할 권한이 부여된다. 다만 가정법원은 직무대행자를 선임하는 사전처분을 하면서 기존의 후견인 또는 후견감독인의 직무와 다른 권한범위를 부여할 수 있고, 이와 같이 권한이 부여된 경우에는 사전처분에 정한 권한범위 내에서만 직무를 수행할 수 있다. 기존의 후견인 또는 후견감독인의 권한의 일부에만 직무집행정지가 이루어진 경우에는 기존의 후견인 또는 후견감독인은 정지되지 아니한 권한은 그대로 행사할 수 있다.

4. 기 타

임시후견인 또는 직무대행자 선임의 사전처분이 확정되거나 효력을 발생한 경우에는 가정법원의 촉탁으로 임시후견인, 직무대행자 및 그 권한범위에 관한 사항이 후견등기부에 등재된다(가사소송법 제9조, 가사소송규칙 제5조의2 제1항 제5호).

임시후견인 또는 직무대행자의 선임처분은 그 선임된 자, 해당 후견인 및 해당 후견감독인에게 고지하여야 하고, 가정법원의 법원사무관등은 지체 없이 사건본인에게 그 뜻을 통지하여야 한다. 가정법원은 상당하다고 인정할 때에는 언제든지 임시후견인 또는 직무대행자에게, 사건본인의 신상보호 또는 재산관리에 필요한 명령을 할 수 있고, 그 선임한 임시후견인 또는 직무대행자를 해임하거나 개임할 수 있다(가사소송규칙 제32조 제2, 3, 5항).

5. 보수의 지급과 예납

가. 보수의 지급

사건본인의 친족이 아닌 제3자를 임시후견인 또는 직무대행자로 선임하게 된 경우에는 후견사무에 대한 보수의 지급문제가 발생한다. 가정법원은 보수의 지급과 관련하여 직무대행자에 대하여는 사건본인의 재산 중에서, 임시후견인에 대하여는 청구인 또는 사건본인의 재산 중에서 각 상당한 보수를 지급할 것을 명할 수 있다고 정하고 있다(가사소송규칙 제32조 제6항). 이와 같이 규정한 취지는 직무대행자는 종전 후견인 또는 후견감독인의 사무를 대행하여 수행하는 자이고, 후견인 또는 후견감독인에 대한 보수는 사건본인의 재산에서 지급하는 것이므로 그에 따르도록 한 것이고, 임시후견인은 아직 후견이 개시될지 여부가 불확실한 상태일 뿐만 아니라 후견이 개시되더라도 그 이전의 후견비용은 이와 별도로 고려할 필요가 있으므로, 법원이 직권으로 판단하여 후견인의 보수를 사건본인 또는 청구인의 재산에서 선택적으로 지급하도록 정할 수 있도록 한 것이다.

나. 보수의 예납

당사자의 신청에 의하여 임시후견인 또는 직무대행자선임의 사전처분이 이루어지는 경우에는 이와 별도로 후견인보수 또한 절차비용에 포함된다고 해석할 여지가 있으므로(가사소송규칙 제4조), 사전처분을 신청한 당사자에게 후견인 또는 직무대행자의 보수를 예납하게 할 수 있다. 직무대행자선임 또는 임시후견인선임의 사전처분 신청이 제기된 경우 가정법원은 신청인에게 적당한 보수를 예납하도록 명하는 것이 일반적이다. 예납한 보수는 임시후견인 또는 직무대행자의 임무가 종료한 후 법원의 결정에 의하여 지급하도록 하는 것이 보통이고, 사건본인의 재산에서 지급을 명한 경우에는 예납한 사람에게 보수를 반환하도록 한다.

예납한 보수는 장래의 보수 지급에 관한 담보적 기능을 가지고 있는 것이므로 예납한 보수액이 후에 임시후견인 또는 직무대행자의 보수로 그대로 확정되는 것은 아니지만, 가정법원은 사전처분 당시 사건의 난이도와 본안심판까지 이르게 될 기간 등을 고려하여 향후 임시후견인 또는 직무대행자에게 지급할 보수금액을 적절하게 예정하여 예납을 명하는 것이 보통이다.

임시후견인 선임 사전처분

신청인　○ ○ ○ (전화　　　　　　　　　　)
주민등록번호
주소
사건본인과의 관계

사건본인　○ ○ ○
주민등록번호(외국인등록번호)
주소
등록기준지(국적)

청 구 취 지

○○가정법원 2013느단0000호 성년후견개시 사건의 심판이 확정될 때까지 사건본인의 임시후견인으로 ○○○(주민등록번호　　　　　　　　　　　　　　　　,
주소　　　　　　　　　　　　　　)을 선임한다.
라는 결정을 구합니다.

청 구 원 인

1. 신청인은 사건본인에 대하여 0000. 00. 00. 이 법원 2013느단0000호로 성년후견개시 심판청구를 하였습니다.
2. 사건본인에게는 별지 기재 재산이 있고, 제3자에게 임대 중인 부동산도 있으나 중증의 노인성 치매 증세로 재산관리를 전혀 할 수 없는 상황이므로 성년후견개시 신청에 대한 심판이 효력을 발생하기까지 임시로 후견인이 필요합니다.
3. 임시후견이 필요한 사항은 별지 기재와 같습니다.
4. 이에 임시후견인의 선임을 구하는 사전처분을 신청합니다.
5. 임시후견인으로는 ○○○를 추천합니다.

임시후견인 후보자	성명	
	주소	
	주민등록번호	
	직업	
	사건본인과의 관계	

첨 부 서 류

1. 가족관계증명서 및 기본증명서(신청인, 사건본인, 후견인후보자) 각 1통
2. 주민등록등본(사건본인) 각 1통
3. 사건본인 및 후견인후보자의 후견등기사항증명서
   (말소 및 폐쇄사항 포함), 후견등기사항 부존재증명서 1통
   (후견등기사항이 없는 경우에는 후견등기사항부존재증명서만 제출하면 됩니다)
4. 신청인 및 후견인후보자와 사건본인과의 관계를 밝혀줄 제적등본,
   가족관계증명서 등 각 1통
   (제1항의 가족관계증명서만으로는 그 관계를 알 수 없는 경우)
5. 기타 (소명자료) ○통

2018. ○. ○.

위 신청인 ○ ○ ○ (인)

○○가정법원 귀중

후견인 직무집행정지 및 직무대행자 선임 사전처분

신청인　○ ○ ○ (전화　　　　　　　　)
주민등록번호
주소
사건본인과의 관계

사건본인　○ ○ ○
주민등록번호(외국인등록번호)
주소
등록기준지(국적)

후 견 인　○ ○ ○ (전화번호)
주민등록번호
주소

청 구 취 지

1. ○○가정법원 2013느단0000호 ○○후견인변경청구 사건의 심판이 확정될 때까지 피신청인의 사건본인에 대한 ○○후견인으로서의 직무집행을 정지한다.
2. 사건본인의 ○○후견인 직무대행자로 ○○○(주민등록번호
   주소　　　　　　　　　　　　　　　　)을 선임한다.

라는 결정을 구합니다.

청 구 원 인

1. 신청인은 ○○가정법원에 2018느단0000호로 ○○후견인변경청구 사건의 심판을 청구하였습니다.
2. 후견인 ○○○은 선임된 후 ....등의 행위를 하고 있기 때문에 사건본인의 복리를 위하여 후견인의 변경을 청구하였으나, 변경심판이 효력을 발생하기까지 후견인 ○○○이 이대로 계속 관리를 한다면 사건본인에게 회복하기 어려운 불이익을 초래할 우려가 있습니다.
3. 이에 후견인 ○○○의 직무집행을 정지하고 직무대행자 선임을 신청하는 바입니다.

4. 직무집행자의 권한범위 관련한 의견
 □ 기존 후견인과 동일한 권한을 갖길 원함
 □ 직무집행자의 권한범위를 새로 정하길 원함(별지 참조)
5. 사건본인의 직무대행자로는 ○○○를 추천합니다. (또는 가정법원이 적임자를 선임해 주시기 바랍니다.)

직무대행자 후보자	성명	
	주소	
	주민등록번호	
	직업	
	사건본인과의 관계	

첨 부 서 류

1. 가족관계증명서 및 기본증명서(신청인, 사건본인, 직무대행자후보자) 각 1통
2. 주민등록등본(사건본인)
3. 사건본인의 후견등기사항증명서(말소 및 폐쇄사항 포함) 1통
4. 직무대행자후보자의 후견등기사항증명서(말소 및 폐쇄사항 포함), 후견등기사항 부존재증명서 각 1통
 (후견등기사항이 없는 경우에는 후견등기사항부존재증명서만 제출하면 됩니다)
5. 신청인 및 직무대행자후보자와 사건본인과의 관계를 밝혀줄 제적등본, 가족관계증명서 등 각 1통
 (제1항의 가족관계증명서만으로는 그 관계를 알 수 없는 경우)
6. 기타 (소명자료) ○통

2018. ○. ○.
위 청구인 ○ ○ ○ (인)

○○가정법원 귀중

제9편

미성년후견

미성년후견

* I는 부모의 이혼 후 모친이 친권자 및 양육자로 지정되어 I를 양육해왔으나 교통사고로 급작스럽게 사망하였다. I의 부친은 이혼 후 아무런 연락이 없었고 양육비도 준 적이 없었으나 I가 모친의 교통사고보상금 수령자라는 것을 알게 된 후 갑자기 나타나 자신이 친권을 행사하겠다고 하고 있다. I는 모친 사망 후 외할머니와 함께 생활하고 있고 앞으로도 외할머니가 자신을 계속 돌보아주기를 바라고 있으나 부친이 친권자로서 권리를 행사하려 할까 우려하고 있다.

1. 의 의

미성년후견은 친권자가 아닌 사람에 의한 후견을 말한다. 만 19세 이상의 성인은 모든 법률행위를 자유롭게 할 수 있는 행위능력이 인정되지만, 미성년자는 원칙적으로 부모의 친권에 따라야 하고, 친권자가 없거나 친권자가 친권을 행사할 수 없는 경우에는 후견인이 필요하다. 이를 위한 제도가 미성년후견제도이다.

다만 미성년후견은 성년후견과 달리 미성년자가 성년이 도달할 때까지만 후견이 진행되고 미성년자가 성년이 되는 순간 후견이 자동 종료된다는 점에서 차이가 있다. 미성년자에 대한 후견은 친권자와 마찬가지로 그 목적이 미성년자를 보호하고 성년이 될 때까지 미성년자를 교육, 지도, 편달하는 임무를 함께 수행한다는 점에서 성년후견과 차이가 있다.

2. 개정민법의 내용

민법은 부모는 미성년자의 친권자가 되고, 이러한 친권은 부모가 혼인 중인 때에는 공동으로 행사하여야 하고, 이혼시에는 미성년자에 대한 친권자를 지정하도록 규정하고 있다. 후견과 관련하여 개정전 민법은 친권자인 부모가 없거나 친권을 행사할 수 없는 경우에 후견인을 두도록 하고 있었는데, 친권과 관련해서는 명문의 규정은 없었으나 이혼 등의 사유로 단독 친권자로 지정된 부모의 일방이 사망하면 친권자로 지정되지 못했던 생존 부모의 친권이 당연 부활하는 것으로 해석하였다. 또한 후견인은 친권자의 유언, 미성년자의 직계혈족, 3촌 이내의 방계혈족의 순위로 되며, 동순위인 경우에는 최근친 연장자가 미성년자의 후견인이 되도록 규정하였다. 따라서 개정전 민법에 의하면 친권자가 사망한 경우 자동으로 부모 중 나머지 일방의 친권이 자동으로 부활하고, 그렇지 않은 경우에 비로소 후견인이 지정되는데 유언, 최근친 연장자 등의 순위로 후견인이 법정되었으므로 가정법원이 미성년자의 후견인 선임에 개입할 여지가 별로 없었다. 그리고 후견인에 대한 감독은 친족회에 의하도록 하였다.

개정 민법은 미성년후견에 대하여 전반적으로 내용을 손질하였다. 먼저 친권자가 사망한 경우 생존 부모의 친권이 자동적으로 부활되지 않도록 하였다.[1] 그리고 후견인의 선임에 관하여는 종전의 법정순위에 의하던 것을 삭제하고 가정법원이 가장 적합한 사람을 후견인으로 선임할 수 있도록 하였으며, 후견인에 대하여 친족회 대신 후견감독인에 의한 감독을 받도록 하였다. 이러한 개정의 취지는 미성년자로 하여금 가장 적합한 사람을 후견인으로 선임하여 보호할 수 있도록 한다는 것이다. 다만 성년후견에서와 마찬가지로 친족회가 폐지되고 후견감독인을 임의기관으로 함으로써 자칫 후견감독에 대한 공백상태가 생길 수 있다는 우려도 있다.

개정 민법의 특이한 점은 미성년후견인의 선임절차에 있어서 미성년자에게 친권자로 지정될 부모가 있는 경우와 그렇지 않은 경우로 절차와 요건이 다르다는 것이다. 즉 친권자로 지정될 부모가 있는 경우는 민법 제909조의2에 의하고, 그렇지 않은 경우는 민법 제932조에 의한다. 그러나 일단 미성년후견인으로 선임된 이후의 권리, 의무관계는 다름이 없다. 미성년자에 대하여 잠재적 친권자(생존부모)가 있는 경우에는 친권자 지정청구와 미성년후견인 선임청구가 경합하게 되므로, 아래에서는 이를 나누어 살펴보기로 한다.

1) 이와 같이 개정이 된 연유는, 배우 최진실씨의 사망과 관련하여 친권자가 아닌 부의 친권이 자동부활되는 것에 대하여 많은 비판이 가해졌고, 이 사건을 통하여 이혼한 부부의 일방이 사망한 경우 친권의 부활에 대해 법규정을 손질하여야 한다는 여론이 비등해졌고, 개정 민법에 이 부분이 반영이 되도록 한 것이다. 따라서 친권의 자동부활을 방지한 법규정을 일명 '최진실법'이라고 부른다.

매일경제

친권 자동부활 금지 `최진실法` 국회 통과

A17면 1단 기사입력 2011-04-29 22:11 최종수정 2011-04-30 09:48 기사원문 스크랩 본문듣기 · 설정

공감 댓글 가

고 탤런트 최진실 씨의 사망 이후 논란을 일으켰던 '친권 자동부활 제도'가 사라진다.

법무부는 28일 이혼한 부모 중 한 사람이 사망한 경우 가정법원의 심사를 거쳐야만 친권자나 후견인을 결정할 수 있도록 한 민법 개정안이 국회를 통과했다고 밝혔다. 지금까지는 생존해 있는 부모에게 친권이 자동적으로 넘어가도록 판단한 대법원의 판례를 따라왔다.

이 문제는 지난 2008년 탤런트 최진실 씨가 자살로 생을 마감한 이후 자녀들의 친권이 자동적으로 이혼한 전 남편 조성민 씨에게 넘어가면서 불거졌다.

조씨는 2004년 최씨와 이혼할 당시 두 아이에 대한 친권을 포기했으며 최씨 사망 당시에는 재혼해 다른 가정을 꾸린 상태였다.

하지만 현행법상 친권이 조씨에게 넘어가는 것을 막을 수 있는 방법이 없었으며 네티즌들은 '조성민친권반대카페' 등을 만들어 조씨의 친권 회복을 반대하기에 이르렀다.

〈친권의 자동부활제도를 막도록 한 최진실법 국회통과에 관한 기사〉

3. 친권자 지정청구

가. 친권자 지정과 미성년후견개시 여부의 선택

미성년 자녀를 가진 부부가 이혼할 경우 친권자를 지정하게 되는데, 친권자는 부모 중 일방이 단독으로 친권자가 될 수도 있고, 공동으로 친권자가 될 수도 있다. 부모가 공동으로 친권자로 지정된 경우에는 그 중 일방이 사망하면 공동 친권자인 나머지 일방이 단독으로 친권자가 된다. 그러나 단독 친권자로 지정된 부모 중 일방이 사망하면 나머지 일방의 친권이 자동으로 부활되지 않고, 가정법원에 의한 친권자 지정심판이 있어야 비로소 친권자로서의 지위를 가지게 된다. 즉 생존한 부모 중 일방은 친권자가 될 후보의 지위에 있을 뿐이다. 가정법원에 의하여 생존한 부모 중 일방이 친권자로 지정되면 별도로 미성년자에 대하여 후견이 개시될 필요가 없다. 그러나 생존한 부모 중 일방에 대하여 가정법원이 그가 친권자로서 적합하지

않다고 판단하게 되면 친권자 지정청구를 기각하고 후견인을 선임하게 되므로 미성년후견이 개시된다.

미성년자에 대하여 이와 같이 친권자 지정청구와 미성년후견인 선임청구가 함께 제기되는 경우는 양가 가족 간에 정서적으로나 재산적으로나 다툼이 있는 것이 보통이다. 특히 친권자인 부모가 교통사고나 질병 등으로 사망한 경우에 미성년 자녀에게 상속이 개시되고, 보상금이나 보험금 등을 수령하는 경우가 있다. 미성년자가 스스로 재산관리를 할 수 없으므로 이러한 사건에서 친권자나 후견인이 된다는 것은 재산의 관리인이 된다는 것을 의미하므로 가정법원으로서는 매우 신중하게 고려하여 판단할 수밖에 없다. 재산문제가 아니더라도 부모의 이혼으로 인하여 양가의 감정의 골이 깊은 경우가 많고, 단독 친권자가 사망한 경우 사망한 부모측의 가족이 미성년자를 양육하고 있는 경우가 대부분이므로, 친부모라 하더라도 미성년자에 대하여 새로이 친권자로 지정하는 것은 여러 가지 어려운 검토가 필요하다. 그러나 이러한 분쟁은 결국 양측 당사자들의 이해관계보다는 미성년자 본인의 장래와 복리를 위해 결정되는 것이다.

나. 친권자 지정청구

단독 친권자로 정하여진 부모의 일방이 사망한 경우 생존하는 부 또는 모, 미성년자, 미성년자의 친족은 그 사실을 안 날로부터 1개월, 친권자가 사망한 날로부터 6개월 내에 가정법원에 생존하는 부 또는 모를 친권자로 지정할 것을 청구할 수 있다(민법 제909조의2 제1항).[2] 가정법원은 사건을 심리한 후 생존하는 부 또는 모의 양육의사, 양육능력, 청구의 동기, 미성년자의 의사, 그 밖의 사정을 고려하여 미성년자의 복리를 위하여 생존한 부 또는 모를 친권자로 지정하는 것이 적절하다고 인정하는 경우 생존하는 부 또는 모를 친권자로 지정한다. 생존한 부 또는 모가 친권자로 지정되면 특별한 사정이 없는 한 친권자로 지정된 부 또는 모는 미성년자에 대한 단독 양육자가 된다.

2) 위 기간에 대한 규정은 제척기간이라기 보다는 일종의 훈시규정으로 해석된다고 한다. 김성우, 성년후견실무 (박영사) 212쪽 참조

생존한 부 또는 모가 친권자로서 적합하지 않다고 판단하는 경우에는 가정법원은 친권자 지정청구를 기각한다. 친권자 지정청구를 기각하는 경우에는 미성년자에게 가정법원은 별도의 청구가 없더라도 직권으로 미성년자에게 적당한 사람을 후견인으로 선임하여야 한다(민법 제909조의2 제4항). 미성년자에게 친권자도 후견인도 없는 보호의 공백상태가 지속되어서는 안 되기 때문이다.

다. 친권자 지정청구가 없는 경우

미성년자에 대하여 위 기간 내에 친권자 지정청구가 없는 경우에는 가정법원은 직권으로 또는 미성년자, 미성년자의 친족, 이해관계인, 검사, 지방자치단체의 장의 청구에 의하여 미성년후견인을 선임할 수 있다. 이 경우 생존하는 부 또는 모, 친생부모 일방 또는 쌍방의 소재를 모르거나 그가 정당한 사유 없이 소환에 응하지 아니하는 경우를 제외하고는 그에게 의견을 진술할 기회를 주어야 한다(민법 제909조의2 제3항). 가정법원은 사건을 심리한 후 마찬가지로 적당한 사람을 후견인으로 선임하는 심판을 하거나, 후견인 선임청구를 기각할 수 있다. 미성년후견인 선임심판을 하는 경우에 후견인은 청구인이 원하는 후견인후보자일 필요는 없고, 가정법원이 가장 적합하다고 판단되는 사람을 후견인으로 선임할 수도 있다. 미성년후견인 선임청구를 기각하는 심판을 할 경우에는 가정법원은 직권으로 생존하는 부 또는 모를 친권자로 지정하는 심판을 하여야 한다(민법 제909조의2 제4항).

결국 가정법원은 친권자 지정청구가 있는 경우에도 직권으로 미성년후견인을 선임하는 심판을 할 수 있고, 미성년후견인 선임청구가 있는 경우에도 직권으로 친권자 지정심판을 할 수 있다는 뜻이 되는데, 이렇게 가정법원에 폭넓은 재량을 인정해주는 것은 미성년자에게 가장 적합한 사람을 친권자 또는 후견인으로 지정하여 미성년자를 보호하도록 하려는 법정책적 고려에 의한 것이라고 이해된다.

라. 임무대행자의 선임

개정 민법에 의하면 단독 친권자인 부모 중 일방이 사망한 경우 생존 부모에게 친권이 자동으로 부활하지도 않고, 친권자가 없는 경우 후견이 자동으로 개시되는 것도 아니므로, 친권자 지정 또는 후견인 선임이 있을 때까지 미성년자에 대하여 보호의 공백이 발생하게 된다. 이를 방지하기 위하여 민법은 새로운 친권자 지정심판 또는 후견인 선임심판이 있을 때까지 임무대행자를 선임할 수 있도록 하였다.

단독친권자가 사망한 경우 가정법원은 직권으로 또는 미성년자, 미성년자의 친족, 이해관계인, 검사, 지방자치단체의 장의 청구에 의하여 친권자가 지정되거나 미성년후견인이 선임될 때까지 임무대행자를 선임할 수 있다(제909조의2 제5항). 임무대행자는 미성년후견인의 재산관리와 관련해서 그 권한이 보전 및 관리행위로 제한되므로, 그 권한을 초과하는 행위에 대하여는 가정법원의 허가를 받아야 하고, 가정법원은 필요한 경우 임무대행자에게 후견사무에 관한 처분을 명할 수 있다(제909조의2 제5항, 제964조). 임무대행자의 권한은 미성년자에게 친권자 지정 또는 후견인선임심판이 확정된 때 종료한다.

마. 후견의 종료와 친권자 지정

미성년후견은 미성년자가 성년에 도달하면 종료하는 것이 보통이다. 다만, 가정법원은 미성년후견인 선임 후 양육상황이나 양육능력의 변동, 미성년자의 의사, 그 밖의 사정을 고려하여 미성년자의 복리를 위하여 필요한 경우 생존하는 부 또는 모, 미성년자의 청구에 의하여 미성년후견을 종료하고, 생존하는 부 또는 모를 친권자로 지정할 수 있다. 생존 부모가 미성년후견인 선임 심판 후 그 사실을 비로소 알게 된 경우에도 후견종료 및 친권자 지정을 청구할 수 있다(민법 제909조 제1항).

4. 미성년후견

가. 대 상

미성년자에게 친권자가 없거나 친권자가 제924조(친권상실, 친권일시정지), 제924조의2(친권일부제한), 제925조(대리권과 재산관리권 상실) 또는 제927조 제1항(대리권과 재산관리권 사퇴)에 따라 친권의 전부 또는 일부를 행사할 수 없는 경우가 그 대상이 된다(제928조).[3] 친권자가 없는 경우란 친권자인 부모 모두 사망한 경우와 이혼 후 친권자로 지정된 부모가 사망한 경우, 친권자인 부모가 친권상실선고를 받은 경우, 친권 사퇴허가를 받은 경우를 모두 포함한다. 친권자가 법률행위의 대리권과 재산관리권을 행사할 수 없는 경우란 친권자가 자녀학대, 소재불명, 지적장애 등의 사유로 보호자로서의 역할을 할 수 없는 경우를 말한다.[4] 친권의 일시정지란 가정법원에서 기간을 정하여 친권자인 부모의 친권을 정지한 것을 말하고, 친권의 일부 제한이란 친권자의 친권 중 특정사항을 가정법원에서 제한한 것을 말한다(개정민법 제924조, 제924조의2).[5]

형식적으로는 친권자가 존재하지만 소재불명이나 의식불명 등 사실상 친권을 행사할 수 없는 장애사유가 있을 때에 친권상실 등의 선고 없이 바로 미성년후견이 개시될 수 있는지 여부가 문제될 수 있는데, 이와 관련하여 '세월호 사건'에서 가정법원은 사건본인의 모가 사망하고, 부의 시신을 찾지 못한 채 소재불명이 된 사안에서 부가 법적으로 사망한 것은 아니지만 부한 친권상실선고를 함이 없이 민법 제

---

3) 개정전 민법은 제928조에서 "미성년자에게 친권자가 없거나 친권자가 법률행위의 대리권과 재산관리권을 행사할 수 없는 경우에는 미성년후견인을 두어야 한다."고 규정하고 있는데, 2014. 10. 15.자 민법개정으로 위와 같이 조문이 변경되어 2015. 10. 15.부터 시행된다. 2014. 10. 15.자 개정된 현행 민법은 친권의 일시정지와 친권의 일부제한 등을 도입하였다.

4) 이러한 경우 법원에서 해당 친권자에 대한 법률행위 대리권 및 재산관리권 상실심판을 별도로 받도록 요구할 수도 있다.

5) 제924조(친권의 상실 또는 일시 정지의 선고) ① 가정법원은 부 또는 모가 친권을 남용하여 자녀의 복리를 현저히 해치거나 해칠 우려가 있는 경우에는 자녀, 자녀의 친족, 검사 또는 지방자치단체의 장의 청구에 의하여 그 친권의 상실 또는 일시 정지를 선고할 수 있다.
② 가정법원은 친권의 일시 정지를 선고할 때에는 자녀의 상태, 양육상황, 그 밖의 사정을 고려하여 그 기간을 정하여야 한다. 이 경우 그 기간은 2년을 넘을 수 없다.
③ 가정법원은 자녀의 복리를 위하여 친권의 일시 정지 기간의 연장이 필요하다고 인정하는 경우에는 자녀, 자녀의 친족, 검사, 지방자치단체의 장, 미성년후견인 또는 미성년후견감독인의 청구에 의하여 2년의 범위에서 그 기간을 한 차례만 연장할 수 있다.
[전문개정 2014.10.15.], [시행일 : 2015.10.16.]
제924조의2(친권의 일부 제한의 선고) 가정법원은 거소의 지정이나 징계, 그 밖의 신상에 관한 결정 등 특정한 사항에 관하여 친권자가 친권을 행사하는 것이 곤란하거나 부적당한 사유가 있어 자녀의 복리를 해치거나 해칠 우려가 있는 경우에는 자녀, 자녀의 친족, 검사 또는 지방자치단체의 장의 청구에 의하여 구체적인 범위를 정하여 친권의 일부 제한을 선고할 수 있다.
[본조신설 2014.10.15.], [시행일 : 2015.10.16.]

927조 제1항 제4호를 유추적용하여 바로 미성년후견인을 선임하였다(서울가정법원 2017. 9. 25.자 2014느단30849 심판 참조).

친권자가 유언으로 미성년후견인을 지정한 경우에는 별도로 후견인선임을 청구할 필요가 없다(제931조).

미성년후견은 후견인이 1인으로 한정되며, 법인은 미성년후견인이 될 수 없다.[6] 그 외에도 후견등기부가 아닌 가족관계등록부에 등재되어 공시가 이루어지고, 미성년후견인의 권한이 법정되어 있다는 점에서 성년후견과 차이가 있다.

나. 청구권자 및 관할

(1) 청구권자

미성년자, 친족, 이해관계인, 검사, 지방자치단체의 장이 청구권자이다. 청구가 없는 경우에도 법원은 직권으로 미성년후견인을 선임할 수 있다. 친권자는 자신이 대리권 및 재산관리권을 사퇴한 경우 지체 없이 가정법원에 미성년후견인의 선임을 청구할 의무가 있다(제932조).

(2) 관 할

피후견인이 될 미성년자의 주소지 가정법원이 관할법원이 된다(가사소송법 제44조 제5호). 미성년후견인선임심판은 '라류' 가사비송사건이다.

다. 후견인의 선임

가정법원은 사건을 심리하여 해당 미성년자에게 가장 적합하다고 판단되는 사람을 후견인으로 선임한다. 청구인이 후견인이 되는 경우가 보통이나 후견인의 선임은 당사자의 청구에 기속되지 않는다.

---

6) 이는 성년후견에서 복수의 후견인이 가능하고, 법인후견인이 가능하다는 것과 중요한 차이점이다.

라. 가족관계등록부의 등재

미성년후견인의 선임 또는 변경에 관한 사항은 가족관계등록부에 등재되어 공시된다. 성년후견에 관한 사항이 후견등기부에 등재되어 공시되는 것과 차이가 있다. 가족관계등록부에의 등재는 심판이 확정된 후 가정법원의 사무관 등이 재판장의 명을 받아 직접 촉탁한다(가사소송규칙 제5조 제6조).

5. 미성년후견인

미성년후견인은 피후견인인 미성년자의 법정대리인이 된다(제938조 제1항). 후견인의 법정대리권에 대하여는 원칙적으로 제한이 없다. 다만, 개정민법에 의하면 친권일부제한, 대리권 및 재산관리권의 상실, 사퇴로 인해 새로 정하여진 친권자 또는 미성년후견인의 임무는 제한된 친권의 범위에 속하는 행위에 한정된다(제927조의2 제1항).[7)]

7) 제927조의2(친권의 상실, 일시 정지 또는 일부 제한과 친권자의 지정 등) ① 제909조제4항부터 제6항까지의 규정에 따라 단독 친권자가 된 부 또는 모, 양부모(친양자의 양부모를 제외한다) 쌍방에게 다음 각 호의 어느 하나에 해당하는 사유가 있는 경우에는 제909조의2제1항 및 제3항부터 제5항까지의 규정을 준용한다. 다만, 제1호의3·제2호 및 제3호의 경우 새로 정하여진 친권자 또는 미성년후견인의 임무는 제한된 친권의 범위에 속하는 행위에 한정된다. 〈개정 2014.10.15.〉
1. 제924조에 따른 친권상실의 선고가 있는 경우
1의2. 제924조에 따른 친권 일시 정지의 선고가 있는 경우
1의3. 제924조의2에 따른 친권 일부 제한의 선고가 있는 경우
2. 제925조에 따른 대리권과 재산관리권 상실의 선고가 있는 경우
3. 제927조제1항에 따라 대리권과 재산관리권을 사퇴한 경우
4. 소재불명 등 친권을 행사할 수 없는 중대한 사유가 있는 경우
② 가정법원은 제1항에 따라 친권자가 지정되거나 미성년후견인이 선임된 후 단독 친권자이었던 부 또는 모, 양부모 일방 또는 쌍방에게 다음 각 호의 어느 하나에 해당하는 사유가 있는 경우에는 그 부모 일방 또는 쌍방, 미성년자, 미성년자의 친족의 청구에 의하여 친권자를 새로 지정할 수 있다.
1. 제926조에 따라 실권의 회복이 선고된 경우
2. 제927조제2항에 따라 사퇴한 권리를 회복한 경우
3. 소재불명이던 부 또는 모가 발견되는 등 친권을 행사할 수 있게 된 경우
[제목개정 2014.10.15.], [시행일 : 2015.10.16.]

미성년자인 피후견인이 법률행위를 함에는 후견인의 동의를 얻어야 하고, 동의를 얻지 않는 법률행위는 후견인이 취소할 수 있다. 다만 권리만을 얻거나 의무만을 면하는 행위, 법정대리인이 범위를 정하여 처분을 허락한 재산에 대한 처분행위, 법정대리인으로부터 허락받은 특정한 영업에 대하여는 예외이다(제5조 내지 제8조). 따라서 이 경우에는 미성년자가 단독으로 유효한 법률행위를 할 수 있다.

미성년후견인은 미성년자에 대한 보호 교양의무, 거소지정권, 징계권(제913조 내지 915조)에 관하여 친권자와 동일한 권리의무가 있다. 다만 일정한 사안에 대하여는 후견감독인의 동의를 받아야 한다(제945조). 친권자가 법률행위의 대리권과 재산관리권에 한정하여 친권을 행사할 수 없는 경우에는 재산관리에 관한 법정대리인이 되므로 그 범위는 재산에 관한 행위에 한정된다(제946조). 미성년자에게 자녀가 있을 경우 후견인은 미성년자를 갈음하여 그 자녀에 대한 친권을 행사한다(민법 제948조).

후견인은 선임된 후 지체 없이 피후견인의 재산을 조사하여 2개월 내에 그 목록을 작성하여야 하고(제941조), 가정법원이 명하는 경우 후견사무보고서 등을 법원에 제출하여야 한다(제954조).

6. 후견감독인

가정법원은 필요하다고 인정하면 직권으로 또는 미성년자, 친족, 미성년후견인, 검사, 지방자치단체의 장의 청구에 의하여 미성년후견감독인을 선임할 수 있다. 미성년후견에서 후견감독인은 성년후견과 마찬가지로 임의기관이다.

후견감독인은 후견인의 사무를 감독하고, 후견인이 없는 경우 지체 없이 가정법원에 후견인의 선임을 청구해야 하며, 피후견인의 신상이나 재산에 대하여 급박한 사정이 있는 경우 그의 보호를 위해 필요한 행위 또는 처분을 할 수 있고, 후견인과 피후견인의 이해상반행위에 관하여 피후견인을 대리한다(제940조의6).

후견감독인이 선임되어 있는 경우 후견인은 선임직후 재산조사 및 목록작성시, 후견종료시 관리의 계산시 후견감독인을 참여하도록 하여야 하고(제941조, 제957조), 친권자가 정한 교육방법, 양육방법 또는 거소를 변경하는 경우, 미성년자를 감화기관이나 교정기관에 위탁하는 경우, 친권자가 허락한 영업을 취소하거나 제한하는 경우 후견감독인의 동의를 받아야 한다(제945조). 또한 미성년자의 영업에 관한 행위, 금전을 빌리는 행위, 의무만을 부담하는 행위, 부동산 또는 중요한 재산에 관한 권리이 득실변경을 목적으로 하는 행위, 소송행위, 상속이 승인, 한정승인 또는 포기 및 상속재산의 분할에 관한 협의를 대리하거나 동의하는 경우 후견감독인의 동의를 받아야 한다(제950조).

7. 법원의 감독

미성년후견은 법원이 후견인의 권한범위를 제한할 방법이 없고, 또 후견감독인이 임의기관이므로 모든 사안에서 후견감독인을 선임할 수도 없다. 이러한 문제로 인해 후견인이 전횡을 행사할 수 있는 우려가 있다. 따라서 법원은 필요한 경우 후견인에 대하여 후견사무를 조사하거나 보고서를 제출하도록 하여 적절히 감독할 필요가 있다. 후견인에 대한 법원의 감독 및 후견인의 보고서 제출의무, 보고서 양식 등은 성년후견에서와 같다.

8. 미성년후견의 종료

미성년후견은 미성년자가 성년이 됨으로써 종료한다. 이 경우에는 별도의 후견종료심판이 필요하지 않다. 다만 미성년자에게 친권자가 지정되어 후견이 종료되는 경우에는 후견종료의 심판이 필요하다.

친권자지정 청구

청구인　○ ○ ○ (전화　　　　　　　　)
주민등록번호
주소
사건본인과의 관계

사건본인　○ ○ ○
주민등록번호(외국인등록번호)
주소
등록기준지(국적)

청 구 취 지

사건본인의 친권자로 청구인을 지정한다.
라는 심판을 구합니다.

청 구 원 인

1. 청구인은 0000. 00. 00. OOO와 혼인하여 그 사이에 사건본인을 두었으나 0000. 00. 00. 협의이혼하였고, 협의이혼 당시 사건본인에 대한 친권자로 사건본인의 어머니인 OOO이 지정되었습니다.
2. 그런데, 위 OOO는 사건본인을 양육하던 중 00.00.00. 사망하였습니다.
3. 따라서 사건본인의 복리를 위하여 사건본인의 아버지인 청구인을 사건본인의 친권자로 지정하여 줄 것을 청구합니다.

첨 부 서 류

1. 기본증명서, 가족관계증명서(청구인, 사건본인, 단독친권자) 각 1통
2. 주민등록등본 (청구인, 사건본인) 각 1통
3. 기타(소명자료)

2018. ○. ○.

위 청구인 ○ ○ ○ (인)

○○가정법원 귀중

☞ **유의사항**

수입인지 : 사건본인 수 × 5,000원을 붙여야 합니다.
송 달 료 : 청구인수 × 3,250원 × 8회분을 송달료취급은행에 납부하고 영수증을 첨부하여야 합니다.
관할법원 : 사건본인(미성년자)의 주소지의 가정법원(지방법원, 지원)입니다.

친권자 지정 사전현황설명서

1. 사건본인에 관한 사항	
사건본인의 나이, 성별	
종전 친권자가 양육한 기간	
종전 친권자의 사망원인	
현재 사건본인을 누가 양육하고 있는지	
청구인이 양육하고 있다면 언제부터인지?	
종전 친권자의 부모의 친권자 지정에 대한 동의 여부 (동의한다면 동의서 첨부)	
친권자 지정에 대한 사건본인의 동의 여부	
2. 친권자 지정을 청구하게 된 동기와 목적(구체적으로 기재)	
3. 사건본인의 현재 양육환경 및 장래 양육 계획(구체적으로 기재)	

재산목록

▣ 사건본인의 재산내역

1. 부동산(등기사항전부증명서 첨부)
2. 예금
3. 보험
4. 주식, 펀드
5. 자동차
6. 현금, 귀금속
7. 채권
8. 기타 자산
9. 채무
10. 순재산 합계

▣ 종전 친권자로부터 상속받을 재산내역

1. 부동산
2. 예금
3. 보험(장래 받을 사망보상금 등이 있으면 구체적으로 기재)
4. 주식, 펀드
5. 자동차
6. 현금, 귀금속
7. 채권
8. 기타 자산
9. 채무

미성년후견인 선임 청구

청구인 ○ ○ ○ (전화)
주민등록번호
주소
사건본인과의 관계

사건본인 ○ ○ ○ (출생연월일 / 성별)
주민등록번호(외국인등록번호)
주소
등록기준지(국적)

청 구 취 지

사건본인의 미성년후견인으로 청구인을 선임한다.
라는 심판을 구합니다.

청 구 원 인

1. 청구인은 0000. 00. 00. OOO와 혼인하여 그 사이에 사건본인을 두었으나 0000. 00. 00. 협의이혼하였고, 협의이혼 당시 사건본인에 대한 친권자로 사건본인의 어머니인 OOO이 지정되었습니다.
2. 그런데, 위 OOO는 사건본인을 양육하던 중 00.00.00. 사망하였고, 그로부터 6개월이 지나도록 사건본인의 아버지인 ○○○를 친권자로 지정하여 달라는 청구도 없습니다.
3. 따라서 사건본인의 복리를 위하여 사건본인의 후견인 선임을 청구합니다.
4. 다만, 이 사건 심판이 확정되어 후견인이 선임되기까지 상당한 시일이 걸릴 것으로 예상되는바 그때까지 사건본인에 대한 법정대리권을 행사할 임무대행자를 선임하여 줄 것을 함께 청구합니다.
5. 사건본인의 미성년후견인으로는 ○○○를 추천합니다.

미성년후견인 후보자	성명	
	주소	
	주민등록번호	
	직업	
	사건본인과의 관계	

첨 부 서 류

1. 기본증명서(사건본인, 단독친권자) 각 1통
2. 가족관계증명서(청구인, 사건본인, 후견인후보자) 각 1통
3. 주민등록표등(초)본 (사건본인) 1통
4. 청구인 및 후견인후보자와 사건본인과의 관계소명자료 (가족관계증명서, 제적등본 등)
5. 후견인 후보자의 범죄경력조회 회보서(실효된 형 포함)
6. 사건본인 부와 모 각각의 가족관계증명서
7. 사전현황설명서

2018. ○. ○.

위 청구인 ○ ○ ○ (인)

○○가정법원 귀중

미성년후견인선임 사전현황설명서

<table>
<tr><td colspan="2">1. 사건본인에 관한 사항</td></tr>
<tr><td>사건본인의 나이, 성별</td><td></td></tr>
<tr><td>종전 친권자가 양육한 기간</td><td></td></tr>
<tr><td>종전 친권자의 사망원인</td><td></td></tr>
<tr><td>현재 사건본인을 누가 양육하고 있는지</td><td></td></tr>
<tr><td>청구인이 양육하고 있다면 언제부터인지?</td><td></td></tr>
<tr><td>사건본인의 생존 부 또는 모의 미성년후견선임에 대한 동의 여부 (동의서 첨부)</td><td></td></tr>
<tr><td>미성년후견인선임에 대한 사건본인의 동의 여부 (사건본인이 만 13세 이상인 경우에 한함)</td><td></td></tr>
<tr><td colspan="2">2. 미성년후견인선임을 청구하게 된 동기와 목적(구체적으로 기재)</td></tr>
<tr><td colspan="2"></td></tr>
<tr><td colspan="2">3. 사건본인의 현재 양육환경 및 장래 양육 계획(구체적으로 기재)</td></tr>
<tr><td colspan="2"></td></tr>
</table>

재산목록

▣ 사건본인의 재산내역

1. 부동산(등기사항전부증명서 첨부)
2. 예금
3. 보험
4. 주식, 펀드
5. 자동차
6. 현금, 귀금속
7. 채권
8. 기타 자산
9. 채무
10. 순재산 합계

▣ 종전 친권자로부터 상속받을 재산내역

1. 부동산
2. 예금
3. 보험(장래 받을 사망보상금 등이 있으면 구체적으로 기재)
4. 주식, 펀드
5. 자동차
6. 현금, 귀금속
7. 채권
8. 기타 자산
9. 채무

임무대행자 선임 청구

청구인　○ ○ ○ (전화　　　　　　　　　　)
주민등록번호
주소
사건본인과의 관계

사건본인　○ ○ ○ (출생연월일 / 성별)
주민등록번호(외국인등록번호)
주소
등록기준지(국적)

청 구 취 지

이 법원 2016느단　　친권자지정 청구(또는 후견인선임 청구) 사건의 심판 확정시까지 ●●●(주민등록번호　　　　　　　　, 주소　　　　　　　　　　　　)를 사건본인의 친권자 또는 후견인의 임무대행자로 선임한다.
라는 심판을 구합니다.

청 구 원 인

1. 협의이혼(재판상 이혼) 당시 사건본인에 대한 단독친권자로 사건본인의 모 ○○○이 지정되었습니다.
2. 그런데, 위 모 ○○○이 00.00.00. 사망하였습니다.
3. 사건본인의 부 ●●●가 귀 법원 2016느단0000 사건으로 친권자지정 청구를 한 상태입니다(또는 사건본인의 외조모 ◎◎◎가 귀 법원 2016느단0000 사건으로 후견인선임 청구를 한 상태입니다).
4. 그런데, 이 사건 심판이 확정되어 친권자(또는 후견인)가 지정(선임)되기까지 상당한 시일이 걸릴 것으로 예상되는바 그때까지 청구인을 사건본인에 대한 친권자(또는 후견인)의 임무를 대행할 임무대행자로 선임하여 줄 것을 청구합니다.

첨부서류

1. 기본증명서, 가족관계증명서, (청구인, 사건본인) 각 1통
2. 주민등록등본(사건본인) 1통
3. 기타(소명자료)

2018 . ○. ○.

위 청구인 ○ ○ ○ (인)

○○가정법원 귀중

☞ 유의사항

수입인지 : 사건본인 수 × 5,000원을 붙여야 합니다.
송 달 료 : 청구인수 × 우편료 × 8회분을 송달료취급은행에 납부하고 영수증을 첨부하여야 합니다.
관할법원 : 사건본인(미성년자)의 주소지의 가정법원(지방법원, 지원)입니다.

9. 특별법에 의한 미성년후견인

1. 보호시설에 있는 미성년자[8)]

국가나 지방자치단체가 설치·운영하는 보호시설에 있는 미성년자인 고아에 대하여는 그 보호시설의 장이 후견인이 된다. 그리고 국가 또는 지방자치단체 외의 자가 설치·운영하는 보호시설에 있는 미성년자인 고아에 대하여는 대통령령으로 정하는 바에 따라 그 보호시설의 소재지를 관할하는 특별자치시장·시장·군수·구청장이 후견인을 지정한다. 위 두 경우 모두 가정법원의 허가심판이 필요하지 않다.

다만, 보호시설에 있는 고아가 아닌 미성년자에 대하여는 가정법원의 허가를 받아야 한다.

2. 보호소년[9)]

소년원장은 미성년자인 보호소년등이 친권자나 후견인이 없거나 있어도 그 권리를 행사할 수 없을 때에는 법원의 허가를 받아 그 보호소년등을 위하여 친권자나 후견인의 직무를 행사할 수 있다.

3. 입양기관[10)]

입양기관의 장은 입양을 알선하기 위하여 보장시설의 장, 부모 등으로부터 양자될 아동을 인도받았을 때에는 그 인도받은 날부터 입양이 완료될 때까지 그 아동의 후견인이 된다. 다만, 양자가 될 아동에 대하여 법원이 이미 후견인을 둔 경우에는 그러하지 아니하다. 이 경우 양자로 될 아동을 인도한 친권자의 친권행사는 정지된다. 다만, 친권자가 입양의 동의를 철회한 때에는 다시 친권을 행사할 수 있다.

8) 보호시설에 있는 미성년자의 후견 직무에 관한 법률(약칭 : 시설미성년후견법) 제3조 참조

9) 보호소년 등의 처우에 관한 법률(약칭: 보호소년법) 제23조 참조

10) 입양특례법 제22조 참조

제10편

후견의 종료

후견의 종료

1. 후견의 종료 원인

성년후견, 한정후견이 개시된 경우 피후견인의 정신상태가 회복되거나 호전되지 않는 한 피후견인이 사망할 때까지 후견이 지속되는 것이 보통이다. 이와 달리 특정후견은 후견의 기간이 특정후견심판 당시 정해져 있는 것이 일반적이므로 위 기간이 도과함으로써 후견이 자동 종료된다. 임의후견은 후견의 종료에 대하여 후견계약에 정해진 사항이 있다면 그에 의할 것이나 그렇지 않은 경우에는 성년후견, 한정후견과 같다. 피후견인에 대하여 후견이 지속되고 있음에도 불구하고 후견의 종류가 변경되는 경우에도 기존의 후견사무는 종료하고 새로운 후견이 개시된다.

한편, 피후견인이 아닌 후견인이나 후견감독인을 기준으로 할 때에는 사임, 해임 또는 변경에 의하여 후견사무가 종료된다고 볼 수 있지만, 여기서 말하는 피후견인에 대한 후견의 종료와는 구별된다. 일반적인 후견 종료사유는 피후견인의 정신능력 회복 등 후견개시의 원인이 소멸한 경우와 다른 종류의 후견으로의 변경이 이루어짐으로써 종전의 후견이 종료되는 경우로 나눌 수 있다. 후견의 종료는 법원의 종료 심판에 의하는데 이는 후견을 종료할지 여부에 관하여 법원의 심리절차 및 판단이 필요하기 때문이다. 다만, 피후견인이 사망한 경우에는 법원의 심판 없이 후견이 종료된다.

2. 성년후견, 한정후견의 종료

가. 후견개시의 사유가 소멸한 경우

성년후견 또는 한정후견이 개시된 후 개시의 원인이 된 피후견인의 정신능력이 호전되거나 회복되는 등으로 인해 더 이상 후견이 필요하지 아니한 상태가 되었다면 후견을 종료할 필요가 있다. 예컨대 교통사고나 질병 등으로 의식불명의 상태에 빠졌으나 후견개시 이후에 의식이 회복된 경우 등이 이에 해당한다. 성년후견개시의 원인이 된 사유가 소멸하였다면 본인, 배우자, 4촌 이내의 친족, 성년후견인, 성년후견감독인, 검사 또는 지방자치단체의 장은 성년후견 또는 한정후견의 종료심판을 청구할 수 있다.

가정법원은 후견의 종료심판이 제기되면 피후견인을 심문하여 진술을 듣는 절차를 진행하고, 필요한 경우 피후견인에 대한 정신감정을 명한다. 이러한 심리과정을 통해 정신상태가 회복되어 독자적으로 사무처리를 할 수 있는 상태라고 판단되면, 피후견인에 대하여 성년후견 또는 한정후견을 종료하는 심판을 하고, 그렇지 않다고 판단되면 종료청구를 기각하는 심판을 한다.

성년후견, 한정후견의 종료청구를 기각하는 심판에 대하여는 청구인 및 후견종료심판을 청구할 수 있는 청구권자가 즉시항고를 할 수 있으나(가사소송규칙 제36조 제2항 제1호), 성년후견, 한정후견의 종료를 인용하는 심판에 대하여는 즉시항고를 할 수 없다. 이는 후견의 종료를 빨리 확정하여 피후견인이 바로 일상 사무에 복귀할 수 있도록 하게 하기 위함이다. 따라서 성년후견, 한정후견의 종료심판이 이루어지면 관계인은 이에 불복할 수 없고, 필요한 경우 사건본인에 대하여 새로이 후견개시심판을 청구할 수 있을 뿐이다.

성년후견, 한정후견의 종료심판이 확정되면, 가정법원은 직권으로 후견의 종료등기를 촉탁한다. 후견이 종료되면 기존의 후견에 관한 등기사항은 폐쇄된다.

나. 후견의 종류가 변경된 경우

피성년후견인에 대하여 한정후견이 개시된 경우, 피한정후견인에 대하여 성년후견이 개시된 경우, 피성년후견인 또는 피한정후견인에 대하여 임의후견감독인이 선임되어 임의후견이 개시된 경우 가정법원은 새로운 후견의 개시심판을 하면서 종전의 후견에 대한 종료심판을 함께 하게 된다(민법 제14조의3, 제959조의20 제2항). 앞서 본 후견개시사유가 종료된 경우와는 달리 후견의 종류가 변경되어 종전의 후견이 종료되는 경우에는 가정법원이 직권으로 종료심판을 하게 되고, 별도의 후견종료청구가 필요하지 않다.

가정법원은 이 때 새로운 후견을 직권으로 등기촉탁하면서 종전의 후견에 대한 종료등기도 함께 촉탁하게 되므로, 후견등기부에는 새로이 개시된 후견에 관한 사항만이 등재되고, 종전의 후견은 종료에 의하여 등기가 폐쇄된다.

3. 특정후견의 종료

특정후견은 성년후견이나 한정후견의 경우와 달리 종료심판에 관한 규정이 없다. 이는 특정후견은 개시 및 종료의 개념이 없고 후견심판 당시에 후견사무의 기간과 대상이 한정되므로 그 기간의 종기가 도래하거나 목적한 사무처리가 완료되면 별도의 심판 없이 후견이 종료되는 것으로 예정하였기 때문이라고 생각된다. 그러나 특정후견에서도 사무처리 중 사정변경으로 특정후견을 종료해야 할 필요가 발생할 수 있고, 목적한 사무처리가 완료되었다는 것에 대하여도 다툼이 있을 수 있기 때문에 특정후견을 심판에 의하여 종료할 필요성이 없다고 할 수는 없다. 다만, 이러한 경우에 특정후견에 대하여는 종료심판절차가 법률에 규정되어 있지 않으므로 가정법원으로서는 종료심판을 할 수는 없다. 따라서 심판에 의한 특정후견의 종료는 인정되지 않는다.

다만, 후견인, 피후견인의 배우자, 4촌 이내의 친족, 후견감독인은 특정후견의 사유가 종료하였을 때에는 종료등기를 신청할 수 있다. 위에서 본 바와 같이 당사자들 사이에서 종료사유에 관한 다툼이 있는 경우에는 가정법원으로부터 특정후견이 종료되었다는 취지의 처분(민법 제954조에 기한 후견사무에 관한 처분)을 구하여 그 처분으로 종료사유를 증명하여 종료등기를 할 수 있다고 생각된다. 특정후견이 종료되었다 하더라도 종료등기가 되어 있지 않으면 이를 제3자에게 대항할 수 없으므로 종료 후 지체 없이 특정후견 종료등기가 이루어질 필요가 있다.

4. 사망에 의한 종료

특정후견, 한정후견, 임의후견에서 피후견인이 사망한 경우에는 후견의 대상이 없으므로 후견이 종료된다. 피후견인이 사망한 경우에는 민법, 가사소송법에 별도의 후견종료심판절차가 규정되어 있지 않으므로, 후견종료의 심판에 의할 필요는 없고, 후견인은 사망 그 밖의 사유에 의하여 후견이 종료되었음을 안 때로부터 3개월 이내에 가정법원에 후견종료등기를 신청하여야 한다. 사망에 의한 후견종료등기를 신청할 수 있는 사람은 후견인, 피후견인의 배우자, 4촌 이내의 친족, 후견감독인이다(후견등기에 관한 법률 제29조 제1항, 제2항). 피후견인이 사망하였음에도 불구하고 종료등기가 이루어지지 않고 있다면 제3자의 거래안전에 문제가 발생할 수 있으므로 지체 없이 후견종료등기를 신청하여야 한다.

제11편

후견사무의 종료와 사후 처리

후견사무의 종료와 사후 처리

1. 후견사무의 종료 원인

피후견인에 대하여 후견이 종료하면 후견인으로서의 후견사무도 종료된다. 피후견인에 대하여 후견이 종료되지 않은 경우라 하더라도 후견인의 변경, 사임, 해임, 자격상실 등의 사유가 발생하면 후견인의 사무도 종료된다. 후견인이 직무 수행 중 사망한 경우에도 마찬가지이다. 다만 후견의 종료사유는 이를 상대방에게 통지하거나 상대방이 이를 안 때가 아니면 이로써 상대방에게 대항하지 못한다.

2. 임무 종료 후 계산

후견인의 임무가 종료한 때에는 후견인은 1개월 내에 피후견인의 재산에 관한 계산을 하여야 한다. 피후견인의 재산에 관한 계산이란 후견사무 종료 당시를 기준으로 하여 피후견인의 재산상태, 후견기간 동안 재산의 관리 내역, 수입 및 지출 등을 확정하는 것을 말한다. 후견인은 정당한 사유가 있는 때에는 법원의 허가를 받아 그 기간을 연장할 수 있다(민법 제957조 제1항). 후견인의 사망으로 임무가 종료된 때에는 후견인의 상속인이 그 계산을 하여야 한다. 후견감독인이 선임되어 있는 경우에는 피후견인의 재산에 관한 계산에 후견감독인을 참여시켜야 하고, 후견감독인이 참여하지 아니하면 효력이 인정되지 않는다(민법 제957조 제2항).

계산 결과 후견인이 피후견인에게 지급할 금액이나 피후견인이 후견인에게 지급할 금액이 있으면 이에 대하여 계산종료의 날로부터 이자를 부가하여야 하며, 후견인이 자기자신을 위하여 피후견인의 금전을 소비한 때에는 그 소비한 날로부터 이자를 부가하고 피후견인에게 손해가 있으면 이를 배상하여야 한다(민법 제958조 제2항).

3. 긴급한 사무처리

후견이 종료된 경우에도 위임계약의 취지에 따라 피후견인을 위하여 급박한 사정이 있는 때에는 후견인은 피후견인, 그 상속인이나 법정대리인이 새로이 사무를 처리할 수 있을 때까지 그 사무의 처리를 계속하여야 하며, 그 범위 내에서는 후견이 존속하는 것과 동일한 효력이 있다.

4. 후견종료보고서의 제출

후견인은 후견사무가 종료하면 감독법원에 후견사무를 완료하였다는 취지의 최종보고서를 제출한다. 실무상 감독법원은 후견인의 계산보고서나 최종보고서가 제출될 때까지 후견감독사건을 종료하지 않고, 필요한 경우 최종보고서의 제출을 명하고, 또 심층후견감독과 같은 후속절차를 명하기도 한다.[1)]

1) 김성우, 성년후견실무 (박영사) 제143쪽 참조

제12편

후견신탁

후견신탁

사례 1 : 미성년자인 A는 부모가 이혼한 후 아버지인 B가 양육해왔으나, 교통사고로 사망하였고, 할아버지인 C가 미성년후견인으로 선임되었다. 그런데 어머니인 D가 A의 양육을 맡겠다면서 친권자지정청구를 하자, C는 아이를 어머니가 양육하는 것에는 동의하나 D가 신용불량자이고, A가 아버지의 사망으로 수령한 보험금등 상속재산을 마음대로 하지 않을까 불안한 마음이다.

사례 2 : A는 정신지체장애인인 딸 B를 돌보아왔으나 말기 암 선고를 받게 되자 딸의 장래를 염려하여 고민하던 중 목사님의 주선으로 C를 소개받아, B와 C 사이에 후견계약을 체결하고, 가정법원에 임의후견감독인 선임심판을 청구하여 변호사 D가 후견감독인으로 선임되었다. 그리고 A는 그 직후 사망하였다. B에게는 A로부터 물려받은 상속재산이 있는데, 후견감독인인 D는 B가 이를 함부로 소비하지 않고 후견인이 권한범위를 넘어 함부로 처분하지 않도록 할 안전장치를 마련하고자 한다.

1. 신탁제도의 의미와 취지

신탁제도는 자신의 재산을 수탁자에게 특정 목적으로 이전하여 그 취지에 맞게 관리하도록 하는 제도이다.[1] 신탁을 설정하고자 하는 위탁자는 자신의 재산에 대하여 대내외적으로 완전한 권리를 수탁자에게 이전하고[2], 수탁자는 이전받은 신탁재산에 대한 권리를 위탁자가 정한 목적의 범위 내에서 독립적으로 자신의 권한과 책임으로 관리, 처분, 운용하게 된다. 신탁은 신탁자와 수탁자 사이의 계약에 의해 이

1) 신탁법 제2조(신탁의 정의) 이 법에서 “신탁”이란 신탁을 설정하는 자(이하 “위탁자”라 한다)와 신탁을 인수하는 자(이하 “수탁자”라 한다) 간의 신임관계에 기하여 위탁자가 수탁자에게 특정의 재산(영업이나 저작재산권의 일부를 포함한다)을 이전하거나 담보권의 설정 또는 그 밖의 처분을 하고 수탁자로 하여금 일정한 자(이하 “수익자”라 한다)의 이익 또는 특정의 목적을 위하여 그 재산의 관리, 처분, 운용, 개발, 그 밖에 신탁 목적의 달성을 위하여 필요한 행위를 하게 하는 법률관계를 말한다.

2) 대법원 2012. 7. 12. 선고 2020다67593 판결 참조

루어지며, 부동산사업, 금융재산관리, 유언 등 여러 목적으로 이용된다. 후견제도와 관련한 신탁은 피후견인의 재산을 계약에 의하여 수탁기관에 이전하여 수탁 금융기관이 신탁재산이 후견사무를 위한 목적범위 내로 관리되도록 하는 것을 목적으로 한다. 후견신탁은 신탁법에 명문으로 규정되어 있지는 않으나, 신탁의 목적을 후견사무로 하는 것이므로 후견신탁이 가능함에는 의문의 여지가 없다.

2. 후견제도와 신탁의 필요성

후견신탁은 피후견인의 재산이 신탁재산이 되어 피후견인 및 후견인과 독립하고 수탁자의 고유재산과도 독립하여 피후견인의 이익을 위해서만 투명하고 안전하게 관리될 수 있는 장점을 갖는다. 따라서 후견신탁은 다음과 같이 후견제도의 미흡한 부분을 대체 또는 보완하는 가능을 담당할 수 있다.

(1) 피후견인의 재산을 후견인이 전적으로 관리하도록 하면 후견인에 의한 비리나 횡령을 완벽하게 예방하기 어렵다. 후견감독인 또는 법원의 감독은 사후적인 대책이고 이미 소비된 재산을 다시 회복하기 어려울 수 있다. 이 때 신탁은 후견인의 이와 같은 권한 남용을 사전에 통제하는 기능을 할 수 있다.
(2) 특정후견, 임의후견의 경우 피후견인은 완전한 행위능력을 가지기 때문에 후견인이 선임되어 있다 하더라도 본인의 소비행위를 통제하기 어렵다. 하지만 신탁을 이용하면 피후견인의 소비와 지출을 적절한 범위내로 합리적으로 제한할 수 있다.
(3) 후견신탁에 의하여 수탁자인 금융기관에서 피후견인의 지출계획에 맞는 지급을 하고, 전문성을 발휘하여 피후견인을 위한 보다 효율적인 재산관리를 하게 되면, 후견인의 업무가 경감될 수 있다.

이처럼 피후견인의 재산이 금융기관 등에 신탁되어 있다면, 후견인과 피후견인 모두 신탁에서 정한 목적범위 내에서만 재산을 사용, 수익할 수 있으므로, 후견사무의 취지에 따라 재산이 관리되면서 그 외 다른 이유로 재산이 소실되는 것을 방지할 수 있게 되고, 후견인의 업무도 그만큼 경감될 수 있게 된다.

이와 같은 방법으로 신탁제도는 피후견인의 행위능력을 제한하지 않으면서도 동일한 목적을 달성할 수 있도록 해주는 긍정적인 효과가 있다. 또한 후견인의 권한이 제한되지 않는 미성년후견의 경우 후견인을 통제할 수 있는 적절한 장치가 되는 것이다. 이처럼 신탁제도는 성년후견 또는 미성년후견과 서로 적절한 상호보완의 관계에 있다.

UN장애인권리협약은 정신지체장애인의 행위능력을 제한하지 않도록 권고하고 있다. 그리고 우리의 성년후견제도 또한 행위능력에 대한 제한은 필요 최소한으로 할 것을 요건으로 한다. 한편, 미성년후견의 경우 친권자 또는 후견인에 대한 권한제한의 방법이 제한적이다. 이 경우 신탁제도는 유용한 대안이 될 수 있으며, 앞으로 활용의 여지가 많다. 특히 미성년후견과 발달장애인에 대한 후견에 신탁제도가 결합하면 이들에 대한 보호와 재산의 유지에 큰 도움을 줄 수 있다.

3. 후견신탁의 절차

가. 신탁계약의 체결

(1) 당사자

신탁계약은 신탁자와 수탁자 사이에 계약으로 체결된다. 여기서 신탁자는 피후견인 본인(임의후견, 특정후견의 경우는 행위능력이 있고, 한정후견의 경우에도 동의를 받으면 유효한 행위를 할 수 있다)일 수도 있고, 후견인일 수도 있으며, 수탁자는 금융기관 등 수탁기관이 여기에 해당된다. 일반적으로는 후견인, 피후견인, 그리고 수탁금융기관 사이의 3자 계약으로 체결되거나, 피후견인으로부터 동의서를 받는 것이 보통이다.

(2) 내 용

신탁계약의 내용은 당사자 사이의 약정으로 정하기 나름이다. 보통은 금융재산신탁과 부동산 등 재산의 관리신탁으로 나뉜다. 금융재산신탁(특정금전신탁계약)의 일례를 들어보면 다음과 같다.

- 위탁자 : 피후견인 (대리인 후견인 OOO)
- 수탁자 : OO은행
- 수탁금원 : 보험금 수령액 2억 5,000만원
- 계약기간 : 2018. 1. 1.부터 2030. 12. 31.까지
- 운영방식 : 위 계약기간 동안 수탁자는 매월 위탁자 명의 계좌로 200만원씩을 지급하는 것을 골자로 하되, 피후견인이나 후견인이 병원비, 교육비, 여행비 등의 항목에 대해 추가로 자료를 구비하여 은행에 지급을 청구하면 은행에서 지급하여 주는 방식

(3) 수수료 및 운용방법

금융기관을 수탁자로 하여 신탁계약을 체결할 경우에는 수수료가 책정된다. 수수료는 수탁계약 체결시 지급하는 금액과 신탁재산 운용에 따라 지급하는 수수료로 나뉘어지는데, 신탁기간이 길어질수록 수수료가 낮아지는 특징이 있다. 신탁계약을 체결할 때에는 수탁금융기관과 사이에 수수료에 대한 부분을 충분히 숙지하고 이를 협의하여야 한다.

한편, 신탁재산의 운용방법에 대해서도 신탁자와 수탁자가 이를 정하게 되는데, 대개의 경우 금융투자상품 등 위험자산(모험형)보다는 예금 등 안전자산(안전형)으로 재산을 운용하는 방법을 선택하게 된다.

나. 법원의 허가

신탁계약은 기본적으로 위탁자에게서 수탁자에게로 재산이 처분되는 것을 전제로 한다. 따라서 처분행위에 있어서 법원의 허가가 필요한 재산에 대하여 후견인이 피후견인을 대리하여 신탁계약을 체결하는 경우에는 법원의 허가가 필요하다고 보아야 한다. 다만, 사전에 후견인의 권한 범위에 신탁계약 체결에 대한 권한이 포함되어 있다면 별도의 허가가 필요하지는 않을 것이다. 통상적으로 수탁금융기관에서 신탁계약의 효력 발생과 관련하여 법원의 허가를 받도록 정해놓는 경우가 보통이다.

신탁계약에 대한 허가는 '후견인의 권한초과행위 허가청구'의 방식에 의하며, 후견인이 이를 법원에 청구하여야 한다.

4. 후견신탁의 효과

(1) 재산의 관리, 처분행위의 제한

신탁재산의 소유권은 기본적으로 수탁자에게 이전되고, 수탁자는 후견인이 가정법원으로부터 허가받은 내용에 따라 신탁재산을 보관·관리하므로 위탁자 및 후견인에 의한 임의 사용이 통제된다. 위탁자 명의의 예금반환채권에 대하여 해당 금전의 소유권을 수탁자 명의로 변경하지 않고 예금반환채권 자체를 신탁하는 경우, 해당 예금계좌의 명의자는 위탁자로 남아 있다고 하더라도, 그 예금의 인출권한 등은 신탁계약에서 정한 내용에 따라 수탁자에게 이전된다. 이 경우 위탁자 명의로 예금이 계속 유지된다고 하더라도 자신이 마음대로 이를 인출할 수 없고, 신탁계약에서 생활비로 월 일정액만 인출가능하다고 되어 있다면 그 한도 내에서만 예금을 인출할 수 있다. 이를 초과하는 금액을 인출하기 위해서는 신탁계약에서 정한 증빙서류를 통해 소명하거나, 후견인이 가정법원에 허가를 받아야 한다. 부동산관리형 신탁 또한 수탁자에게 소유권이 이전되어 법원의 신탁계약 허가조건대로 관리되는 결과 원칙적으로 이에 대하여 처분이나, 담보제공행위가 제한된다. 이는 신탁된 재산을 후견사무의 목적범위 내에서만 사용, 수익할 수 있도록 하여 재산이 함부로 소비되는 것을 방지하기 위한 것이다.

(2) 해지·변경의 제한

일단 신탁계약이 체결되어 효력이 발생된 이후에는 신탁계약은 특별히 약정한 해지사유가 발생하지 않는 한 당사자가 임의로 해지할 수 없다. 만약 자유로운 해지가 허용된다면 신탁계약의 목적을 달성할 수 없게 되기 때문이다. 따라서 신탁계약을 체결함에 있어서는 이 점을 항상 유의하여야 한다. 따라서 실무에서는 보통 신탁계약의 해지 또는 변경에 대해서도 법원의 허가를 받도록 계약조건에 이를 정하고 있다.

5. 후견신탁의 종료

신탁은 신탁계약이 해지되거나 또는 계약기간이 만료되더라도, 신탁재산이 전부 청산되기 전까지는 유지되고, 그 청산이 완료되었을 때 종료된다(신탁법 제101조 제4항 참조). 이는 후견신탁에 대해서도 마찬가지이다.

제13편

기타 후견절차와 관련된 제문제

기타 후견절차와 관련된 제문제

1. 후견과 입양

가. 피성년후견인의 입양

피성년후견인은 성년후견인의 동의를 받아 입양을 할 수 있고 양자가 될 수 있다. 성년후견인의 동의 외에 가정법원의 허가가 필요하다[1]. 가정법원은 성년후견인 또는 피성년후견인의 부모가 정당한 이유 없이 동의를 거부하는 경우에는 그 동의가 없어도 입양을 허가할 수 있는데, 이 경우 가정법원은 성년후견인 또는 부모를 심문하여야 한다(민법 제873조).

나. 미성년자의 입양에 대한 후견인의 동의

양자가 될 사람이 13세 이상의 미성년자인 경우에는 법정대리인의 동의를 받아 입양을 승낙하고, 양자가 될 사람이 13세 미만인 경우에는 법정대리인이 그를 갈음하여 입양을 승낙한다. 이때 법정대리인이 미성년후견인일 경우 후견인이 입양에 대한 동의 또는 승낙권자가 된다(민법 제869조). 친양자입양의 경우에도 마찬가지이다(민법 제908조의2).

다. 파 양

협의파양에서 피성년후견인인 양부모는 성년후견인의 동의를 받아 파양을 협의할 수 있다(민법 제902조). 재판상 파양과 관련하여 양자가 13세 미만인 경우에는

1) 개정전 민법은 후견인이 피후견인을 양자로 하는 경우에는 가정법원의 허가를 얻어야 한다(구 민법 제872조)고 규정하고 있었으나, 입양이 가정법원의 허가제로 개정되면서 2012. 2. 12. 위 조항이 삭제되었다. 현행 민법에 의하면 제873조 제2항에 따라 미성년자와 마찬가지로 가정법원의 허가를 받아야 한다.

제869조제2항에 따른 승낙을 한 사람이 양자를 갈음하여 파양을 청구할 수 있는데, 미성년후견인이 승낙을 한 경우에는 후견인이 파양청구권자가 된다. 양부모나 양자가 피성년후견인인 경우에는 성년후견인의 동의를 받아 파양을 청구할 수 있고, 검사는 미성년자나 피성년후견인인 양자를 위하여 파양을 청구할 수 있다(민법 제906조).

2. 이해상반행위와 특별대리인

후견인과 피후견인 사이에 이해상반 되는 행위를 할 경우 후견인은 법원에 피후견인을 대리할 특별대리인의 선임을 청구하여야 한다(민법 제949조의3 본문, 제921조 제1항).[2] 다만, 후견감독인이 있는 경우에는 그러하지 아니하다(민법 제949조의3 단서).

후견인과 피후견인 사이의 대표적인 이해상반행위는 후견인과 피후견인이 공동상속인일 경우 상속재산분할에 대한 대리권[3]이므로 상속재산분할 협의시 주의를 요한다. 판례는 '이해상반의 유무는 전적으로 그 행위 자체를 객관적으로 관찰하여 판단하여야 할 것이지 그 행위의 동기나 연유를 고려하여 판단하여야 할 것은 아니다'라고 판시하고 있다(대법원 2002. 1. 11. 선고 2001다65960 판결 참조).

2) 피후견인과 후견인의 자녀가 공동상속인인 경우에도 마찬가지라고 볼 것이다(민법 제921조 제2항 참조).

3) 후견인이 친족후견인으로서 공동상속인일 경우 상속재산분할협의 전체가 무효가 될 수 있으므로 주의하여야 한다.

제14편

후견제도의 정착을 위한 향후 과제

후견제도의 정착을 위하여[1)]

1

1. 성년후견제도의 시행과정

가. 민법 개정 과정

우리나라는 2008년 UN의 '장애인권리협약'을 비준하여 국내에서도 위 협약의 법적 효력이 발생하였다. 장애인권리협약은 장애인이 권리박탈의 대상이 아니라 권리보호를 받는 주체가 되어야 하고 이들의 자율성과 인권이 존중되어야 한다는 것을 선언하고 있다. 우리나라는 일본이 2000년 성년후견제도를 도입한 것을 계기로 장애우권인문제연구소 등에서 이를 관심 있게 지켜보며 연구를 시작하였고, 2004년 17개의 장애인 단체와 노인단체 등이 주축이 되어 성년후견추진연대가 발족하였으나 법을 제정하는 데에는 이르지 못하였다. 그러나 그 후 장애인단체에서 17대 대통령선거 당시 각 당의 대선후보자들에게 성년후견제도의 도입을 요구하여 공약에 반영하도록 하였다. 이후 법무부에서 민법개정위원회를 출범시켜 2009년 9월 성년후견제 도입을 골자로 하는 민법 개정안을 입법예고하고, 2009년 10월 나경원 의원 등 16인이 특별법으로 장애성년후견법안을 발의하였으며, 2010년 1월 박은수 의원 등 39인에 의하여 성년후견제 도입을 골자로 하는 민법 개정안을 발의하였다. 이들 3개의 법안이 법사위 논의를 거쳐 2011년 2월 18일 국회 본회의를 통과하여 2013년 7월 1일부터 개정 민법이 시행되었다.

나. 가사소송법 및 가사소송규칙 개정 과정

성년후견제도가 민법에 규정되어 입법예고된 후 절차법인 가사소송법 개정작업이 법무부에서 진행되었다. 하지만 시행시기가 얼마 남지 않은 관계로 충분한 검

1) 아래의 내용은 2014. 7. 1. 국회에서 열린 '성년후견제 시행 1년 점검 심포지움'에서 발표한 내용을 정리한 것이다.

토 및 토의작업이 이루어지기에는 시기상 매우 촉박하였다. 대법원은 2011년 성년후견제도준비TFT(위원장 배인구 부장판사)를 구성하였다. 성년후견제도준비TFT는 입법예고된 개정민법에 관한 해설 작업과 해외의 성년후견제도연구, 개정작업이 진행 중인 가사소송법에 대한 검토 및 의견개진, 그리고 후속으로 이루어져야 할 가사소송규칙 개정작업을 한꺼번에 진행할 수밖에 없었다. 이와 더불어 개정민법이 후견등기제도를 규정하고 있었기 때문에 대법원에서는 후견등기법, 후견등기법시행규칙을 마련함과 동시에 후견등기전산화작업까지 함께 진행하게 되었다. 성년후견준비 작업과 후견등기준비 작업은 별도의 팀에서 관장하였으나, 유기적으로 서로 협조하였다. 이러한 시간적으로 촉박하고 열악한 환경 속에서도 나름대로 최선을 다하여 준비작업을 마쳤다고 평가할 수 있다.

다. 관련기관의 준비과정

(1) 보건복지부

보건복지부 장애인 복지과에서 이상희 과장, 전명숙 사무관, 신동호 사무관 등을 주축으로 발달장애인을 위한 성년후견 지원사업이 진행되었다. 발달장애인 성년후견지원사업은 발달장애인을 위한 공공후견인을 교육하고 양성하며 후견사업을 경제적으로 지원하는 것을 내용으로 하였다.

(2) 변호사회, 법무사회, 세무사회, 사회복지사회

성년후견제도의 시행을 앞두고 대한변호사협회, 대한법무사협회, 세무사협회, 사회복지사협회에서는 각각의 해당 직역 전문가들을 교육하여 전문가후견인을 양성하고, 후견인으로서의 역할과 협회에서의 지원사업 등을 준비하여 왔고, 성년후견제도 시행에 즈음하여 각 기관별로 후견인양성 교육을 실시하였다.

2. 성년후견제도의 시행 이후의 상황

가. 법 원

성년후견제도준비TFT에서 개정민법의 해설, 소송절차, 외국의 사례 등을 종합하여 성년후견제도의 시행에 맞추어 법원 내부용 성년후견제도 해설서를 편찬하였다. 그리고 외부의 요청에 의하여 '성년후견제도 해설'이라는 제목으로 2013. 12. 이를 시중에 출간하였다.

성년후견제도의 심리 및 재판을 담당하여야 하는 각급 가정법원 비송재판부에서도 성년후견제도의 시행을 준비하였는데, 특히 서울가정법원 비송 담당 판사들이 김태의 부장판사를 중심으로 성년후견제도의 본격적인 시행을 위한 여러 가지 작업을 주도하였다. 서울가정법원에서는 성년후견재판의 절차진행과 관련한 매뉴얼을 마련하고, 친족후견인을 위한 성년후견교육을 실시하였으며, 전문가후견인을 추천과 면접을 통해 선발하여 확보하는 작업을 마쳤다. 그리고 성년후견을 전담하는 가사조사관을 확보하여 성년후견 사건에 대한 전담조사 및 노하우를 축적하도록 하였다. 그리고 성년후견심판이 이루어진 이후에도 적극적인 후견사무 감독을 위한 시스템 마련을 위한 노력을 계속하고 있다.

나. 법무부

법무부에서는 구상엽 검사를 중심으로 민법개정 작업이 이루어졌고, 그 후 가사소송법 개정작업 이후에는 아직까지 별다른 움직임을 보이고 있지 않으나, 현재 성년후견제도 시행 이후의 여러 가지 부속법령 개정작업과 표준후견계약서 양식 등을 마련하는 작업이 진행되고 있는 것으로 파악되고 있다.

다. 보건복지부

보건복지부는 2013. 7. 1. 개정민법이 시행되자, 그 동안 준비해온 작업을 토대로 하여 성년후견개시 1호 사건으로 서울가정법원에 지원사업 대상인 발달장애인에 대한 특정후견 심판을 청구하였다. 이와 더불어 보건복지부는 지방자치단체와 연계하여 저소득, 무연고 발달장애인에 대한 성년후견지원사업을 지속적으로 진행하기로 하고 이를 위한 예산을 확보하였다. 보건복지부는 성년후견중앙지원센터를 개설하여 발달장애인을 위한 성년후견 지원사업을 주도적으로 진행하고, 장애인단체와 연계하여 후견인 교육기관을 지정하여 공공후견인을 양성하는 작업을 병행하고 있다. 현재 보건복지부 지정 발달장애인을 위한 공공후견인 교육 및 지원기관으로는 한국장애인부모회 & 한국자폐인사랑협회 컨소시엄(서울, 경기, 부산, 인천, 대전, 충북, 전북, 경남, 제주), 한국지적장애인복지협회 & 장애우권인문제연구소 컨소시엄(서울, 경기, 대구, 광주, 울산, 강원, 충남, 전남, 경북, 세종)이 있다. 하지만 노인복지과에서는 아직까지 성년후견제도의 시행과 관련하여 별다른 움직임을 보이지 않고 있다.

3. 시행 이후 나타난 문제점

가. 입법상의 문제

(1) 민법 자체의 문제

성년후견제도는 기존의 금치산, 한정치산제도와는 제도의 이념, 절차, 효과를 달리하는 새로운 제도이다. 따라서 이러한 생소한 제도가 일반인에게 쉽게 다가가지 힘든 측면이 있다. 하지만 이와 별개로 우리 민법은 일본의 성년후견제도를 기본으로 하여 각국의 성년후견제도의 장점을 취합하기는 하였으나, 너무나 복잡한 제도로 입법을 하였기 때문에 법률전문가들 조차도 이해하기 어려운 제도가 되었다는 문제점이 노출되고 있다. 이러한 이해의 어려움은 성년후견제도의 정착을 가로막고 있는 중요한 요인 중의 하나이다.

즉, 일본식의 일종의 패키지 방식(4가지 유형의 후견제도)을 도입하면서도 각각의 후견유형 내에서 너무나 많은 변용이 가능하도록 만드는 바람에 그 후견유형이 지니는 고유의 특성이 사라지게 되었고, 이로 인해 후견심판청구 절차가 어려워지고, 후견사건의 심리에 많은 시간이 소요되며, 후견인의 역할이 분명하지 않게 되고, 제3자에 대한 거래안전의 기능이 약화되는 등의 문제가 발생하고 있다.

한편, 미성년후견과 관련해서는 미성년후견인의 권한을 제한할 수 없도록 되어 있어 더 큰 문제가 있다.

장기적으로는 새로운 연구와 노력을 통해 단순하면서도 효율적인 후견제도를 마련하는 것으로 법개정이 이루어져야 할 것으로 생각되나, 입법 초기 단계에 지나지 않았기 때문에 당분간은 현행의 제도를 유지할 수밖에 없을 것으로 보인다.

(2) 법률담당 기관의 문제

성년후견제도는 처음에는 발달장애인들을 위한 복지사업의 일환으로 보건복지부가 관장하는 특별법의 형식으로 입법이 시도되었으나, 진행과정에서 기존의 금치산, 한정치산을 대체하는 제도로 민법에 수용되었다. 그 과정에서 성년후견의 대상이 확대되고 보편성을 얻게 되었다는 장점이 있는 반면, 성년후견제도가 민법을 관장하는 법무부의 소관으로 되면서 성년후견제도 자체에 담긴 사회복지적 측면이 약화되는 문제가 발생하였다. 민법은 개인간의 사적 사항을 규율하는 법률이고 법무부는 사회복지사업을 관장하는 기관이 아니기 때문이다.

(3) 후속 법령개정 작업의 미비

성년후견제도는 민법만 개정해서는 제도가 제대로 기능할 수 없고, 이와 관련된 수많은 특별법이 모두 개정되어야만 비로소 그 기능을 실질적으로 수행할 수 있다. 예컨대 기존에 금치산, 한정치산자에 관한 사항을 규정한 모든 기타 법령이 성년후견제도에 관한 내용으로 바뀌어야 할 뿐 아니라, 성년후견제도 자체의 이념에 따라 새로 특별법에 추가되어야 할 부분이 모두 기존 특별법에 편입되어야 하며, 성년후견제도의 사회복지적 부분을 담당할 수 있는 특별법이 제정되어야 한다. 이러한 작업은 꽤 방대하기 때문에 앞으로도 상당한 시간이 소요될 것으로 예상된다.

나. 시행상의 문제

성년후견제도에 대한 표준화된 매뉴얼이 제시되고 정착될 필요가 있다. 제도가 정착되고 사회적 표준화 작업이 이루어지기 위해서는 앞으로 많은 시간이 소요되겠지만 여기에 관한 별다른 사전검토 없이 법이 시행되었다는 것 또한 큰 문제이다.

다. 홍보상의 문제

성년후견제도는 2013. 7. 시행당시 한번 언론에 보도되었을 뿐이고 그 이후 별다른 홍보작업이 없는 상태이다. 지금은 성년후견제도라는 것이 있다는 것조차 알지 못하는 사람들이 대부분이다. 어렵게 법과 제도를 마련해놓고 제도 자체가 사문화될 수도 있는 위기상황에 처해 있는 실정이다.

4. 앞으로의 과제

가. 관련규정의 정비와 보완입법

앞서 언급하였듯이 성년후견제도 시행 이후에도 후속 법령의 개정작업이 지속적으로 이루어져야 한다. 현재 가장 시급한 부분을 몇가지 지적하면 다음과 같다.

(1) 후견인의 도덕적 해이를 방지하고 책무를 부과하기 위해서는 형법상 친족상도례 규정이 후견인에 대하여는 해당될 수 없도록 법이 개정되어야 한다. 그래야지만 친족후견인의 권한남용을 처벌할 수 있다. 최근에는 친족인 후견인이 피후견인의 재산을 횡령하여 처벌된 사례도 있었다.

(2) 성년후견제도를 사회복지 이념으로 뒷받침할 수 있는 성년후견지원을 위한 특별법이 제정되어야 한다. 현재 보건복지부안으로 발달장애인 지원법이 제정되고, 공공후견인제도가 마련되어 독거 치매노인에 대한 후견서비스가 시행되기도 하였으나 후견이 필요한 사람들에 대한 좀더 폭 넓은 지원을 할 수 있는 종합적인 입법안은 마련되어 있지 않다. 즉, 민법에 규정되지 아니한 성년후견인의 양성, 지원 및 감독에 관한 특별법이 마련되어야 한다.

나. 성년후견제도의 체계화

성년후견제도와 관련하여 사회적인 표준화 작업이 이루어져야 한다. 예컨대 성년후견이 개시된 이후에 후견인이 은행업무를 처리하기 위해서는 금융기관에서 이를 어떻게 취급하게 되는지 여부에 관한 매뉴얼이 마련되어야 하고, 병원 입원, 요양원 입소 등과 관련해서도 예측가능한 표준화가 이루어져야 한다. 피후견인과의 부동산 거래 등 각종 거래상황에서 어떤 방법으로 계약이 이루어져야 하는지 등에 관한 사항도 사회적인 합의가 마련되어야 한다. 이러한 전반적인 업무지침에 관한 표준화가 이루어져야만 후견인, 피후견인, 제3자 모두에게 예측가능하고 유익한 제도로 정착될 수 있게 될 것이다.

다. 후견에 대한 실질적인 지원책의 완비

성년후견제도가 가진 사람만을 위한 제도로 후퇴하지 않게 되기 위해서는 실질적인 재정 지원과 사회전반의 안전망이 함께 구축될 필요가 있다. 그래서 누구나 손쉽게 후견제도를 이용할 수 있게 되어야 하고, 피후견인이 이들의 도움을 받아 정상적인 삶 속에서 살아갈 수 있도록 많은 지원이 이루어져야 한다. 이러한 사항이 이루어지기 위해서는 공공후견인이 양성되고, 지역 사회공동체 내에서 후견에 대한 지원이 이루어져야 하며, 후견제도와 사회보장제도가 장기적으로는 결합되는 방향으로 나아가야 할 것이다.

라. 사회전반적인 인식확대

성년후견제도는 기존의 금치산, 한정치산제도를 대체한 것이기 때문에, 새로운 이념으로 변화가 이루어졌다고는 하지만 아직도 과거의 부정적 인식이 그대로 남아 있는 것이 사실이다. 이를 위해서는 후견제도에 대한 적극적인 홍보가 필요하다. 그래서 후견을 받는 사람, 후견을 필요로 하는 사람, 후견인으로 역할을 수행하는 사람들 모두가 이를 떳떳이 이용하고 임무를 수행하게 될 수 있는 사회적인 인식이 이루어져야 할 것으로 생각된다.

5. 마치면서

후견을 필요로 하는 잠재적 사람은 보통 그 전체 인구의 1% 가량이라고 한다. 하지만 그 중 실제로 후견제도를 이용하는 사람은 극히 일부에 불과하다. 그것은 아직까지 후견제도가 정비되지 않아 큰 도움이 되지 않는다고 판단하거나, 후견제도 자체에 대한 부정적인 인식이 남아 있거나, 후견비용을 감당할 수 없기 때문이라고 생각된다. 하지만 후견제도는 지적 능력에 제한을 가진 사람에 대하여 그 법률행위 능력을 제한하거나 박탈하는 것에 주목적이 있는 것이 아니고, 오히려 이들의 부족한 능력을 보충하여 정상적인 삶을 영위하도록 도와주는 것이 주된 목적이므로, 이러한 제도가 제대로 이용되지 못하는 것은 안타까운 점이다.

일본에서 후견제도가 활성화된 것은 민법이 개정되고도 한참 후의 일이고, 그만큼 후견제도의 정착에 많은 시간이 소요되었다는 것은 우리가 참고로 할 만하다. 하지만 사회전반의 지속적인 노력 없이 시간이 소요된다고 저절로 후견제도가 정착되는 것은 아닌 것 같다. 일본에서 후견제도의 수요가 급격히 늘어난 것은 격리시설 수용에 후견심판 및 법원의 허가를 하도록 법률이 개정되었고, 금융기관에서 지적 제약을 가진 사람들에 대하여 예금인출업무 등을 엄격히 하기로 방침을 세운 이후라고 한다. 따라서 이러한 제도적 개선작업 없이 후견제도가 저절로 정착되리라고 기대할 수는 없다.

성년후견제도가 보다 많은 사람들의 관심을 갖고 기존의 문제점들을 개선하여 하루빨리 정착되기를 기대해 본다.

성년후견제도의 바람직한 정착을 위하여[1]

2

1. 공공후견인제도의 확대

지난 수년간 성년후견과 관련하여 가장 주목할 부분은 공공후견인제도의 확대이다. 공공후견인제도는 2013. 7. 성년후견제도가 처음 시행될 때부터 보건복지부의 주도로 1호 후견심판이 공공후견인에 대한 것으로 내려질만큼 그 노력의 씨앗이 뿌려지고 있었다. 하지만 이를 뒷받침할 법제도의 정비는 미흡하였다고 할 수 있다. 하지만 그 동안 공공후견인제도를 뒷받침하고 예산을 확보할 수 있는 두 개의 중요한 법안이 제정, 시행되었다.

가. 발달장애인의 권리보장 및 지원에 관한 법률 (약칭 : 발달장애인지원법)

2014. 5. 20. 법률 제12618호로 발달장애인지원법이 제정되었고, 2016. 11. 20.부터 시행되고 있다. 위 법 중 발달장애인의 성년후견지원에 관한 부분은 다음과 같다(일부 개정됨).

제9조(성년후견제 이용지원) ① 지방자치단체의 장은 성년인 발달장애인이 다음 각 호의 어느 하나에 해당하여 후견인을 선임할 필요가 있음에도 불구하고 자력으로 후견인을 선임하기 어렵다고 판단되는 경우에는 그를 위하여 「민법」에 따라 가정법원에 성년후견개시, 한정후견개시 또는 특정후견의 심판을 청구할 수 있다.
1. 일상생활에서 의사를 결정할 능력이 충분하지 아니하거나 매우 부족하여 의사결정의 대리 또는 지원이 필요하다고 볼 만한 상당한 이유가 있는 경우
2. 발달장애인의 권리를 적절하게 대변하여 줄 가족이 없는 경우

---

1) 아래 내용은 초판 발간 후 지금까지의 변화와 앞으로의 전망을 서술한 부분이다.

3. 별도의 조치가 없으면 권리침해의 위험이 상당한 경우
② 지방자치단체의 장이 제1항에 따라 성년후견개시, 한정후견개시 또는 특정후견의 심판을 청구할 때에는 대통령령으로 정하는 요건을 충족하는 사람 또는 법인을 후견인 후보자로 하여 그 사람 또는 법인을 후견인으로 선임하여 줄 것을 함께 청구하여야 한다. 〈개정 2016. 12. 2.〉
③ 지방자치단체의 장은 제33조제1항에 따른 중앙발달장애인지원센터의 장에게 제2항에 따른 후견인 후보자를 추천하여 줄 것을 의뢰할 수 있다.
④ 국가와 지방자치단체는 제1항 및 제2항에 따라 선임된 후견인의 후견사무의 수행에 필요한 비용의 일부를 예산의 범위에서 보건복지부령으로 정하는 바에 따라 지원할 수 있다.
⑤ 제1항부터 제4항까지에 따른 성년후견제 이용지원의 요건, 후견인 후보자의 자격 및 추천 절차, 후견인 후견사무에 필요한 비용 지원 등에 필요한 사항은 보건복지부령으로 정한다.

위 법은 자력으로 후견인을 선임하기 어려운 성인 발달장애인에 대하여 지방자치단체가 후견신청을 할 수 있다록 하고, 후견인후보자 추천 및 비용부담에 대해서도 이를 국가의 복지예산으로 지원할 수 있도록 하였다.

이 법에 근거하여 중앙장애아동·발달장애인지원센터에서는 발달장애인에 대한 공공후견사업을 지원하고 있다(자세한 정보는 위 기관 홈페이지 중 '공공후견지원안내' 참조, https://www.broso.or.kr/contents.do?menuId=0402010000).

그리고 서울지적장애인자립지원센터, 한국장애인부모회 등 여러 기관에서 공공후견인 양성교육을 실시하여 발달장애인을 위한 공공후견인을 교육하고 있다.

나. 치매관리법

문재인 대통령은 2017년 대선에서 '치매국가책임제'를 공약으로 내세웠고, 그 일환으로 2017. 9. 19. 치매관리법이 개정되어 치매노인에 대한 성년후견지원이 신설되어 2018. 9. 20.부터 시행되게 된다. 그 내용을 보면 아래와 같은데 기본적으로 발달장애인지원법의 내용과 유사하다.

제12조의3(성년후견제 이용지원) ① 지방자치단체의 장은 치매환자가 다음 각 호의 어느 하나에 해당하여 후견인을 선임할 필요가 있음에도 불구하고 자력으로 후견인을 선임하기 어렵다고 판단되는 경우에는 그를 위하여 「민법」에 따라 가정법원에 성년후견개시, 한정후견개시 또는 특정후견의 심판을 청구할 수 있다.

1. 일상생활에서 의사를 결정할 능력이 충분하지 아니하거나 매우 부족하여 의사결정의 대리 또는 지원이 필요하다고 볼 만한 상당한 이유가 있는 경우
2. 치매환자의 권리를 적절하게 대변하여 줄 가족이 없는 경우
3. 별도의 조치가 없으면 권리침해의 위험이 상당한 경우

② 지방자치단체의 장이 제1항에 따라 성년후견개시, 한정후견개시 또는 특정후견의 심판을 청구할 때에는 대통령령으로 정하는 요건을 갖춘 사람 또는 법인을 후견인 후보자로 하여 그 사람 또는 법인을 후견인으로 선임하여 줄 것을 함께 청구하여야 한다.

③ 지방자치단체의 장은 치매환자의 치료·보호 및 관리와 관련된 기관·인·단체의 장에게 제2항에 따른 후견인 후보자를 추천하여 줄 것을 의뢰할 수 있다.

④ 국가와 지방자치단체는 제1항 및 제2항에 따라 선임된 후견인의 후견사무의 수행에 필요한 비용의 일부를 예산의 범위에서 보건복지부령으로 정하는 바에 따라 지원할 수 있다.

⑤ 제1항부터 제4항까지의 규정에 따른 후견제 이용지원의 요건, 후견인 후보자의 자격 및 추천 절차, 후견인 후견사무에 필요한 비용 지원 등에 필요한 사항은 보건복지부령으로 정한다.

[본조신설 2017. 9. 19.]

[시행일 : 2018. 9. 20.] 제12조의3

위 법에 따른 치매노인에 대한 공공후견제도의 개요를 보면 다음과 같다(출처 보건복지부).

중증 독거 치매노인 공공후견사업 흐름도(안)

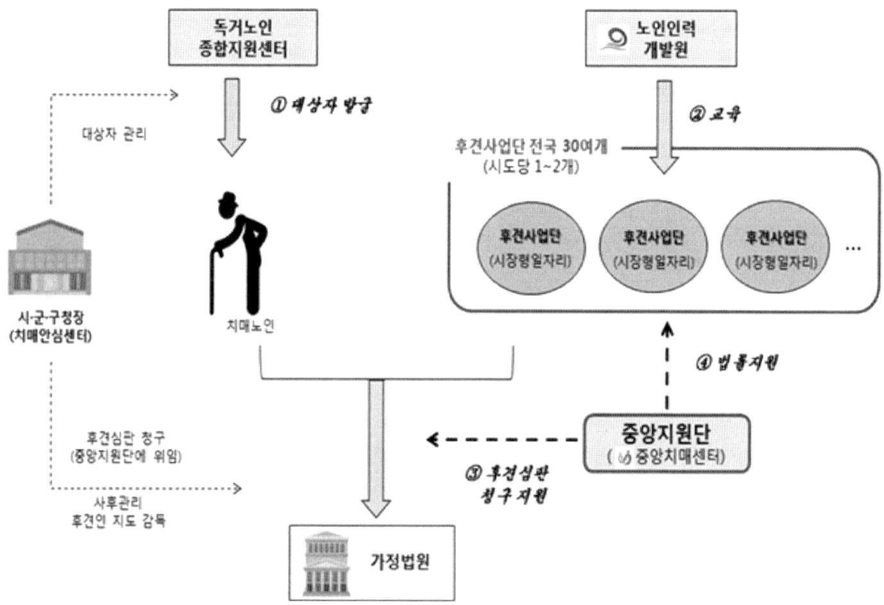

그리고 중앙치매센터, 대한치매협회, (사)시니어희망공동체 등에서 독거치매노인을 위한 공공후견인 양성교육을 실시하고 있다.

2. 가정법원의 후견제도 정비

가. 후견감독업무의 강화

법원은 2013. 4. 5. 가사소송법 제45조의4(후견사무감독)를 신설하여 감독업무의 근거규정을 마련하였고, 후견개시심판이 확정되면 이를 감독사건으로 전환하여 관리하고 있다.[2] 그리고 서울가정법원의 경우 후견감독을 위한 전문조사관을 두고 있고, 변호사, 법무사, 세무사, 회계사, 사회복지사 등으로 구성된 전문가후견인(후견감독인) 풀을 보유하고 있다. 모든 후견사건에 대해서는 기본후견감독을 하고, 필요한 경우에는 심층후견감독을 실시하고 있다.

나. 후견센터의 설립 및 국선후견인 등 정비

서울가정법원은 2017. 7. 7. 후견 개시사건의 접수부터 후견감독사건 종료 및 말소등기까지 일관되고 안정적으로 업무를 담당할 독립적인 상설 조직으로 후견센터를 설치하여 이를 운영하고 있다.

또한 법원은 후견센터 개소에 이어 올해 3월 국선후견인 제도를 시범 도입했다. 후견인에게 보수를 줄 만한 재산이 없는 무연고자나 학대 등의 이유로 친족을 후견인으로 선임하기 힘든 미성년자에게 국선후견인으로 전문가 후견인을 선임해주는 제도다. 국선후견인에게는 피후견인 한 명당 매달 20만원의 보수가 지급된다. 2018. 7. 17.에는 국선후견인 선임 사례가 처음 나왔다. 법원은 성년후견을 받고 있던 50대 남성과 뇌출혈로 쓰러져 의식을 잃은 상태인 베트남 출신의 귀화 여성에 대해 각각 국선후견인 선임을 결정했다.

법원은 또 보건복지부·서울시·금융감독원 등 후견 업무 유관 기관 10곳과 후견협의회를 만들어 2018. 5. 28. 첫 정기 회의를 가졌다.[3]

---

2) 2017. 7. 1.부터는 사건번호 '후감'을 사용하고 있다.

3) https://news.naver.com/main/read.nhn?mode=LSD&mid=sec&sid1=102&oid=022&aid=0003291090

3. 후견신탁제도의 도입

후견제도의 확대와 아울러 재산을 안전하게 관리할 수단으로 후견신탁에 대한 관심이 증폭되었는데, 하나은행, 국민은행 등에서 최초로 후견신탁상품을 개발하였고, 신영증권 등 여러 금융기관에서 이를 운용하고 있다.

후견신탁과 관련해서는 서울가정법원에서 2017. 4. 18. 세월호 참사로 부모를 잃은 미성년자녀의 보험금 등 재산을 미성년 자녀가 성인이 될 때까지 친족이 아닌 은행이 신탁 관리하도록 결정하여 신탁에 관한 관심이 고조되었고, 그 후 점차적으로 신탁계약이 증가하고 있는 추세이다.

4. 앞으로의 과제

이처럼 짧은 기간 내에 후견제도에 대한 이해와 확산이 빠르게 진행되고 있는 것은 매우 바람직한 일이다. 하지만 후견제도가 좀 더 발전하기 위해서는 다음과 같은 부분이 더 정비되어야 할 것으로 생각된다.

① 후견인에 대한 지원과 감독을 위한 법령의 제정 필요성

발달장애인지원법과 치매관리법에 후견지원에 대한 조항이 신설되었으나, 이를 넘어선 일반법으로 후견인 지원과 감독을 위한 법령이 제정될 필요가 있다. 특히 후견인의 책임과 관련하여 가족의 책임을 면제하도록 하는 '친족상도례 규정'을 배제하는 명시적 입법이 이루어져야 한다.

② 후견인에 대한 금융업부의 표준화

후견인과 피후견인을 위한 금융기관 업무의 통일화 표준화가 아주 시급한 문제이다. 치매 등으로 판단능력이 부족한 사람에 대해서는 은행에서 보호조치를 취하여 예금이 함부로 다른 사람들에 의해 사용되지 않도록 할 필요가 있다. 이를 위해 의심스러운 경우 후견심판을 받도록 권고하여야 한다. 그리고 후견개시와 관련된 정보 또한 금융기관 사이에서 공유될 수 있는 프로그램이 마련되어야 한다. 또한 후견인의 원활한 업무를 위해 금융기관마다 각각인 업무기준을 통일화하여 이를 표준화할 필요가 있다. 이를 위해 법원이 금융기관 등과 관계자 회의를 갖고 상호 의견을 교환하기로 한 것은 매우 바람직한 일이다.

성년후견제도는 우리나라의 미래를 위한 제도이다. 우리는 세계에서 유래가 없을 정도로 노령화사회로 진입하고 있으므로, 이를 대비한 제도적 정비가 시급한 실정인데 그 중 성년후견제도가 중요한 역할을 할 것이라고 기대된다. 또한 발달장애인 등 지적장애인을 위한 성년후견이 아직까지 많이 미흡한 실정이므로, 그들을 만족시킬 수 있는 후견제도의 정비에 대해 앞으로 많은 고민이 이루어져야 할 것이다.

부록 1

양식모음

성년후견인의 재산목록 작성기간 연장 허가 청구

청구인 ○ ○ ○ (전화)
주민등록번호
주소
후견인과의 관계

사건본인 ○ ○ ○
주민등록번호(외국인등록번호)
주소
등록기준지(국적)

청 구 취 지

청구인이 사건본인의 재산목록을 작성하는 기간을 2017. 00. 00.까지 연장함을 허가한다.
라는 재판을 구합니다.

청 구 원 인

1. 사건본인에 대하여 2016. 00. 00. ○○법원 2016느단0000호로 성년후견개시 심판이 있었고, 성년후견인으로 청구인이 선임되었습니다.
2. 청구인은 2016. 00. 00.까지 사건본인의 재산목록을 작성해야 하지만 사건본인의 재산이 다액이고, 부동산이 여러 곳에 분산되어 있어 법정기간 내에 이를 작성하는 것이 어려운 상황입니다.
3. 따라서 청구인은 이 사건 청구에 이르렀습니다.

첨부서류

1. 가족관계증명서 및 기본증명서(사건본인) 각 1통
2. 주민등록등본 (사건본인) 1통
3. 사건본인의 후견등기사항전부증명서(말소 및 폐쇄사항 포함) 1통
4. 기타(소명자료) ○통

2016. ○. ○.

위 청구인 ○ ○ ○ (인)

○○가정법원 귀중

☞ 유의사항

수입인지 : 사건본인 수 × 5,000원을 붙여야 합니다.
송 달 료 : 청구인수 × 우편료 × 10회분을 송달료취급은행에 납부하고 영수증을 첨부하여야 합니다.
관할법원 : 성년후견·한정후견 개시의 심판, 특정후견의 심판, 미성년후견인·임의후견감독인 선임 심판을 한 가정법원(관할변경 및 이송된 경우에는 변경된 가정법원, 항고법원이 후견개시 등의 심판을 한 경우에는 그 제1심 법원인 가정법원)입니다.

성년후견인의 임무수행에 관하여 필요한 처분명령 청구

청구인 ○ ○ ○ (전화)
주민등록번호
주소
사건본인과의 관계

사건본인 ○ ○ ○
주민등록번호(외국인등록번호)
주소
등록기준지(국적)

청 구 취 지

청구인이 사건본인을 대리하여 별지 기재 부동산을 ○○○에게 매각함을 허가한다.
라는 심판을 구합니다.

청 구 원 인

1. 사건본인에 대하여 2016. 00. 00. ○○법원 2016느단0000호로 성년후견개시 심판이 있었고, 성년후견인으로 청구인이 선임되었습니다.
2. 위 심판에 의하면, 성년후견인이 사건본인 소유의 부동산을 매각함에 가정법원의 허가를 받도록 정해져 있습니다.
3. 그런데, 사건본인의 요양비 지급을 위하여 별지 기재 부동산을 매각해야 할 필요성이 발생하였고, 마침 OOO로부터 위 부동산을 ooo원에 매수하겠다는 제의가 들어온 상태입니다.
4. 따라서, 사건본인의 복리를 위하여 청구인이 위 부동산을 매도하는 행위에 대한 허가를 구합니다.

첨 부 서 류

1. 가족관계증명서 및 기본증명서(청구인, 사건본인) 각 1통
2. 주민등록등본 (사건본인) 1통
3. 사건본인의 후견등기사항전부증명서(말소 및 폐쇄사항 포함) 1통
4. 기타(소명자료) ○통

2016. ○. ○.

위 청구인 ○ ○ ○ (인)

○○가정법원 귀중

☞ 유의사항

수입인지 : 사건본인 수 × 5,000원을 붙여야 합니다.
송 달 료 : 청구인수 × 우편료 × 10회분을 송달료취급은행에 납부하고 영수증을 첨부하여야 합니다.
관할법원 : 성년후견·한정후견 개시의 심판, 특정후견의 심판, 미성년후견인·임의후견감독인 선임 심판을 한 가정법원(관할변경 및 이송된 경우에는 변경된 가정법원, 항고법원이 후견개시 등의 심판을 한 경우에는 그 제1심 법원인 가정법원)입니다.

피성년후견인이 거주하는 건물 또는 대지에 대한 매도 등에 대한 허가 청구

청구인　○ ○ ○ (전화　　　　　　　　)
주민등록번호
주소
사건본인과의 관계

사건본인　○ ○ ○
주민등록번호(외국인등록번호)
주소
등록기준지(국적)

청 구 취 지

청구인이 사건본인을 대리하여 별지 기재 부동산을 ○○○에게 매각함을 허가한다.
라는 심판을 구합니다.

청 구 원 인

1. 사건본인에 대하여 2016. 00. 00. ○○법원 2016느단0000호로 성년후견개시 심판이 있었고, 성년후견인으로 청구인이 선임되었습니다.
2. 사건본인은 그동안 병원과 요양원 등을 오가며 치료를 받았고, 앞으로도 지속적인 개호가 필요한 상황이나 그 비용이 부족하므로 사건본인의 개호비 마련을 위하여 사건본인의 재산을 정리할 필요가 있습니다.
3. 사건본인의 재산으로는 현재 거주하고 있는 별지 목록 기재 부동산 이외에는 별다른 것이 없는 바, 위 부동산을 매각하여 그 일부를 개호비로 충당하고 남은 금액으로 사건본인이 거주할 수 있는 다른 아파트를 구입하려고 합니다.
4. 따라서 청구인은 사건본인이 거주하는 부동산의 매각 허가를 청구합니다.

첨 부 서 류

1. 가족관계증명서 및 기본증명서(사건본인)　각 1통
2. 주민등록등본 (사건본인)　1통

3. 사건본인의 후견등기사항전부증명서(말소 및 폐쇄사항 포함) 1통
4. 부동산등기부등본 1통
5. 기타(소명자료)

2016 . ○. ○.

위 청구인 ○ ○ ○ (인)

○○가정법원 귀중

☞ **유의사항**

수입인지 : 사건본인 수 × 5,000원을 붙여야 합니다.
송 달 료 : 청구인수 × 우편료 × 10회분을 송달료취급은행에 납부하고 영수증을 첨부하여야 합니다.
관할법원 : 성년후견·한정후견 개시의 심판, 특정후견의 심판, 미성년후견인·임의후견감독인 선임 심판을 한 가정법원(관할변경 및 이송된 경우에는 변경된 가정법원, 항고법원이 후견개시 등의 심판을 한 경우에는 그 제1심 법원인 가정법원)입니다.

피성년후견인에 대한 의료행위의 동의에 대한 허가 청구

청구인 ○ ○ ○ (전화)
주민등록번호
주소
사건본인과의 관계

사건본인 ○ ○ ○
주민등록번호(외국인등록번호)
주소
등록기준지(국적)

청 구 취 지

사건본인이 2016. 9. 30. ○○병원에서 ○○ 시술을 받는 것에 대하여 성년후견인이 사건본인을 대신하여 동의하는 것을 허가한다.
라는 심판을 구합니다.

청 구 원 인

1. 사건본인에 대하여 2016. 00. 00. ○○법원 2016느단0000호로 성년후견개시 심판이 있었고, 성년후견인으로 청구인이 선임되었습니다.
2. 그런데, 사건본인은 현재 …… 질병으로 인해 ……………… ○○병원에서 ○○ 시술을 받아야 하는데 정신지체 1급의 상태로서 스스로 시술에 대한 동의를 하기 힘든 상황입니다.
3. 따라서, 청구인이 사건본인을 대신하여 위 시술에 동의를 하려고 합니다.

첨 부 서 류

1. 가족관계증명서 및 기본증명서(사건본인) 각 1통
2. 주민등록등본 (사건본인) 1통
3. 사건본인의 후견등기사항전부증명서(말소 및 폐쇄사항 포함) 1통
4. 기타(소명자료)

2016 . ○. ○.

위 청구인 ○ ○ ○ (인)

○○가정법원 귀중

☞ 유의사항

수입인지 : 사건본인 수 × 5,000원을 붙여야 합니다.
송 달 료 : 청구인수 × 우편료 × 10회분을 송달료취급은행에 납부하고 영수증을 첨부하여야 합니다.
관할법원 : 성년후견·한정후견 개시의 심판, 특정후견의 심판, 미성년후견인·임의후견감독인 선임 심판을 한 가정법원(관할변경 및 이송된 경우에는 변경된 가정법원, 항고법원이 후견개시 등의 심판을 한 경우에는 그 제1심 법원인 가정법원)입니다.

피성년후견인 격리에 대한 허가 청구

청구인　○ ○ ○ (전화　　　　　　　)
주민등록번호
주소
사건본인과의 관계

사건본인　○ ○ ○
주민등록번호(외국인등록번호)
주소
등록기준지(국적)

청 구 취 지

청구인이 사건본인을 치료 등의 목적으로 ○○○ 정신병원에 격리하는 것을 허가한다.
라는 심판을 구합니다.

청 구 원 인

1. 사건본인에 대하여 2016. 00. 00. ○○법원 2016느단0000호로 성년후견개시 심판이 있었고, 성년후견인으로 청구인이 선임되었습니다.
2. 그런데, 사건본인은 현재 정신지체 1급의 상태로서 ……………… 일반적인 개호로는 사건본인을 보호하기 힘든 상황입니다.
3. 따라서, 청구인은 사건본인을 요양하기 용이한 ○○○ 정신병원에 입원 치료하려 하므로, 그 허가를 구합니다.

요양감호기관	명칭	
	주소 또는 소재지	
	법인등록번호	
	대표자	

첨 부 서 류

1. 가족관계증명서 및 기본증명서(사건본인) 각 1통
2. 주민등록등본 (사건본인) 1통
3. 사건본인의 후견등기사항전부증명서(말소 및 폐쇄사항 포함) 1통
4. 기타(소명자료)

2016 . ○. ○.

위 청구인 ○ ○ ○ (인)

○○가정법원 귀중

☞ 유의사항

수입인지 : 사건본인 수 × 5,000원을 붙여야 합니다.
송 달 료 : 청구인수 × 우편료 × 10회분을 송달료취급은행에 납부하고 영수증을 첨부하여야 합니다.
관할법원 : 성년후견·한정후견 개시의 심판, 특정후견의 심판, 미성년후견인·임의후견감독인 선임 심판을 한 가정법원(관할변경 및 이송된 경우에는 변경된 가정법원, 항고법원이 후견개시 등의 심판을 한 경우에는 그 제1심 법원인 가정법원)입니다.

한정후견인의 동의를 갈음하는 허가 청구

청구인　　　○ ○ ○
(사건본인)　주민등록번호
　　　　　　주소
　　　　　　등록기준지

한정후견인　○ ○ ○ (전화　　　　　　)
　　　　　　주민등록번호
　　　　　　주소

청 구 취 지

한정후견인은 청구인이 별지 기재 행위를 함에 있어 이에 동의하는 것으로 갈음한다.
라는 재판을 구합니다.

청 구 원 인

1. 청구인(사건본인)에 대하여 2016. 00. 00. ○○법원 2016느단0000호로 한정후견개시 심판이 있었고, 한정후견인으로 ○○○가 선임되었습니다.
2. 위 심판에 의하면, OOO 사항은 청구인이 한정후견인의 동의를 받아야 하는 행위로 정해져 있습니다.
3. ....
4. 이러한 이유로 청구인은 한정후견인에게 동의를 구하였으나, 한정후견인은 ooo 등의 이유를 들어 이에 동의하지 않고 있습니다.
5. 따라서 청구인은 이건 청구에 이르게 되었습니다.

첨 부 서 류

1. 가족관계증명서 및 기본증명서(청구인)　　각 1통
2. 주민등록등본 (청구인)　　1통
3. 사건본인의 후견등기사항전부증명서(말소 및 폐쇄사항 포함)
4. 기타(소명자료)

2016 . ○. ○.

위 청구인(사건본인) ○ ○ ○ (인)

○○가정법원 귀중

☞ 유의사항

수입인지 : 사건본인 수 × 5,000원을 붙여야 합니다.
송 달 료 : 청구인수 × 우편료 × 10회분을 송달료취급은행에 납부하고 영수증을 첨부하여야 합니다.
관할법원 : 성년후견·한정후견 개시의 심판, 특정후견의 심판, 미성년후견인·임의후견감독인 선임 심판을 한 가정법원(관할변경 및 이송된 경우에는 변경된 가정법원, 항고법원이 후견개시 등의 심판을 한 경우에는 그 제1심 법원인 가정법원)입니다.

성년후견감독인의 동의를 갈음하는 허가 청구

청구인　○ ○ ○ (전화　　　　　　　)
주민등록번호
주소
사건본인과의 관계

사건본인　○ ○ ○
주민등록번호(외국인등록번호)
주소
등록기준지(국적)

성년후견 감독인　○ ○ ○ (전화　　　　　　　)
주민등록번호
주소

청 구 취 지

성년후견감독인은 청구인이 사건본인을 대리하여 별지 기재 행위를 함에 동의하는 것으로 갈음한다.
라는 재판을 구합니다.

청 구 원 인

1. 사건본인에 대하여 2016. 00. 00. ○○법원 2016느단0000호로 성년후견개시 심판이 있었고, 성년후견인으로 청구인이, 성년후견감독인으로 OOO이 선임되었습니다.
2. 그런데, 사건본인의 요양비 지급을 위하여 별지 기재 재산을 매각해야 할 필요성이 발생하였습니다.
3. 이러한 이유로 청구인은 위 재산을 다음과 같이 매도하기로 하고 성년후견감독인인 OOO에게 동의를 구하였으나, OOO는 .... 등의 이유를 들어 이에 동의하지 않고 있습니다.
3. 따라서 청구인은 사건본인의 복리를 위하여 이 사건 청구에 이르렀습니다.

첨 부 서 류

1. 가족관계증명서 및 기본증명서(사건본인) 각 1통
2. 주민등록등본 (사건본인) 1통
3. 사건본인의 후견등기사항전부증명서(말소 및 폐쇄사항 포함) 1통
4. 기타(소명자료)

2016 . ○. ○.

위 청구인 ○ ○ ○ (인)

○○가정법원 귀중

☞ 유의사항

수입인지 : 사건본인 수 × 5,000원을 붙여야 합니다.
송 달 료 : 청구인수 × 우편료 × 10회분을 송달료취급은행에 납부하고 영수증을 첨부하여야 합니다.
관할법원 : 성년후견·한정후견 개시의 심판, 특정후견의 심판, 미성년후견인·임의후견감독인 선임 심판을 한 가정법원(관할변경 및 이송된 경우에는 변경된 가정법원, 항고법원이 후견개시 등의 심판을 한 경우에는 그 제1심 법원인 가정법원)입니다.

성년후견인의 법정대리권의 범위 변경 청구

청구인　○ ○ ○ (전화　　　　　　　)
주민등록번호
주소
사건본인과의 관계

사건본인　○ ○ ○
주민등록번호(외국인등록번호)
주소
등록기준지(국적)

청 구 취 지

사건본인에 대한 성년후견인의 법정대리권의 범위를 별지 기재와 같이 변경한다.
라는 심판을 구합니다.

청 구 원 인

1. 사건본인에 대하여 2016. 00. 00. ○○법원 2016느단0000호로 성년후견개시 심판이 있었고, 성년후견인으로 ○○○가 선임되었습니다.
2. 위 심판에 의하면, 성년후견인의 법정대리권의 범위는 다음과 같습니다(내용 기재).
3. 그런데, ... 사정변경이 발생하여 성년후견인의 범정대리권 범위를 다음과 같이 변경할 필요성이 있습니다(내용 기재).
4. 따라서 청구인은 이건 청구에 이르렀습니다.

첨 부 서 류

1. 가족관계증명서 및 기본증명서(청구인, 사건본인)　각 1통
2. 주민등록등본 (사건본인)　1통
3. 사건본인의 후견등기사항전부증명서(말소 및 폐쇄사항 포함)
4. 청구인과 사건본인과의 관계를 밝혀줄 제적등본, 가족관계증명서 등　각 1통
   (1.항의 가족관계증명서만으로는 그 관계를 알 수 없는 경우)
5. 기타(소명자료)　○통

2016 . ○. ○.

위 청구인 ○ ○ ○ (인)

○○가정법원 귀중

☞ 유의사항

수입인지 : 사건본인 수 × 5,000원을 붙여야 합니다.
송 달 료 : 청구인수 × 우편료 × 10회분을 송달료취급은행에 납부하고 영수증을 첨부하여야 합니다.
관할법원 : 성년후견·한정후견 개시의 심판, 특정후견의 심판, 미성년후견인·임의후견감독인 선임 심판을 한 가정법원(관할변경 및 이송된 경우에는 변경된 가정법원, 항고법원이 후견개시 등의 심판을 한 경우에는 그 제1심 법원인 가정법원)입니다.

성년후견인의 법정대리권의 범위

<table>
<tr><td>

□ 법정대리권 제한 없음

□ 법정대리권 제한 있음.

□ 아래 사항에 대하여는 후견인에게 법정대리권이 없음

□ ______________________

□ ______________________

□ 아래 사항은 후견인의 대리권 행사에 법원의 허가를 필요로 함

□ ______________________

□ ______________________

</td></tr>
</table>

임의후견인 해임 청구

청구인 ○ ○ ○ (전화)
주민등록번호
주소
사건본인과의 관계

사건본인 ○ ○ ○
주민등록번호(외국인등록번호)
주소
등록기준지(국적)

임의후견인 ○ ○ ○ (전화)
주민등록번호
주소

청 구 취 지

사건본인의 임의후견인 ○○○를 해임한다.
라는 심판을 구합니다.

청 구 원 인

1. 청구인은 사건본인의 아들입니다.
2. 사건본인은 2015. 00. 00. 사건본인을 위임자, ○○○(주민등록번호, 주소)를 수임자로 하는 후견계약을 공정증서(법무법인 OO작성, 2013년 제00호)에 의하여 체결하고 2015. 00. 00. 이를 등기하였습니다.
3. 그 후인 2016. 00. 00. OO법원 2016느단0000호 임의후견감독인 선임심판에 의하여, 임의후견감독인으로 ◇◇◇이 선임되어 임의후견이 개시되었습니다.
4. 그런데 임의후견인은 후견인으로 활동하면서 수시로 사건본인의 통장에서 돈을 인출하여 소비하는 등 사건본인의 재산을 횡령하고 있습니다. 청구인은 현재 임의후견인을 고소하여 수사 계속 중입니다.
5. 이러한 임의후견인에게 사건본인의 후견을 맡기는 것은 심히 부당합니다. 이에 청구인은 임의후견인의 해임을 청구합니다.

첨 부 서 류

1. 가족관계증명서 및 기본증명서(청구인, 사건본인) 각 1통
2. 주민등록등본(사건본인) 각 1통
3. 사건본인의 후견등기사항증명서(말소 및 폐쇄사항 포함) 각 1통
4. 청구인과 사건본인과의 관계를 밝혀줄 제적등본, 가족관계증명서 등 각 1통
   (제1항의 가족관계증명서만으로는 그 관계를 알 수 없는 경우)
5. 기타(증거자료) ○통

2016 . ○. ○.

위 청구인 ○ ○ ○ (인)

○○가정법원 귀중

☞ **유의사항**

수입인지 : 사건본인 수 × 5,000원을 붙여야 합니다.
송 달 료 : 청구인수 × 우편료 × 10회분을 송달료취급은행에 납부하고 영수증을 첨부하여야 합니다.
관할법원 : 성년후견·한정후견 개시의 심판, 특정후견의 심판, 미성년후견인·임의후견감독인 선임 심판을 한 가정법원(관할변경 및 이송된 경우에는 변경된 가정법원, 항고법원이 후견개시 등의 심판을 한 경우에는 그 제1심 법원인 가정법원)입니다.

성년후견(감독)인에 대한 보수의 수여 청구

청구인　○ ○ ○ (전화　　　　　　　　)
주민등록번호
주소
사건본인과의 관계

사건본인　○ ○ ○
주민등록번호(외국인등록번호)
주소
등록기준지(국적)

청 구 취 지

청구인에게 사건본인의 성년후견(감독)사무에 대한 보수로 ○○○원을 수여한다.
라는 재판을 구합니다.

청 구 원 인

1. 사건본인에 대하여 2015. 00. 00. ○○법원 2015느단0000호로 성년후견개시 심판이 있었고, 성년후견(감독)인으로 청구인이 선임되었습니다.
2. 사건본인은 2016. 12. 31. 사망하여 성년후견이 종료되었습니다.
3. 성년후견(감독)인으로서의 업무 내역은 별지 기재와 같습니다.
4. 따라서 청구인은 성년후견(감독)사무의 보수를 지급받고자 이 사건 청구에 이르렀습니다.

첨 부 서 류

1. 가족관계증명서 및 기본증명서(사건본인)　각 1통
2. 주민등록등본 (사건본인)　1통
3. 사건본인의 후견등기사항전부증명서(말소 및 폐쇄사항 포함)　1통
4. 기타(소명자료)

2016 . ○. ○.

위 청구인 ○ ○ ○ (인)

○○가정법원 귀중

☞ 유의사항

수입인지 : 사건본인 수 × 5,000원을 붙여야 합니다.
송 달 료 : 청구인수 × 우편료 × 10회분을 송달료취급은행에 납부하고 영수증을 첨부하여야 합니다.
관할법원 : 성년후견·한정후견 개시의 심판, 특정후견의 심판, 미성년후견인·임의후견감독인 선임 심판을 한 가정법원(관할변경 및 이송된 경우에는 변경된 가정법원, 항고법원이 후견개시 등의 심판을 한 경우에는 그 제1심 법원인 가정법원)입니다.

특정후견인 사임에 대한 허가 청구

청구인 ○ ○ ○ (전화)
주민등록번호
주소
사건본인과의 관계

사건본인 ○ ○ ○
주민등록번호(외국인등록번호)
주소
등록기준지(국적)

청 구 취 지

1. 청구인이 사건본인의 특정후견인을 사임함을 허가한다.
2. 사건본인의 특정후견인으로 OOO(주민등록번호 ,
주소)를 선임한다.

라는 심판을 구합니다.

청 구 원 인

1. 사건본인에 대하여 2016. 00. 00. ○○법원 2016느단0000호로 특정후견 심판이 있었고, 특정후견인으로 청구인이 선임되었습니다.
2. 그런데, 이번에 청구인은 .... 를 하게 되었습니다.
3. 따라서 청구인은 특정후견인의 직무 수행이 곤란하므로 그 직을 사임하고자 합니다.
4. 새로운 특정후견인으로는 ○○○를 추천합니다.\

특정후견인 후보자	성명	
	주소	
	주민등록번호	
	직업	
	사건본인과의 관계	

첨 부 서 류

1. 가족관계증명서 및 기본증명서(사건본인, 후견인후보자) 각 1통
2. 주민등록등본(사건본인) 1통
3. 사건본인의 후견등기사항증명서(말소 및 폐쇄사항 포함) 각 1통
4. 후견인후보자의 후견등기사항증명서(말소 및 폐쇄사항 포함),
   후견등기사항부존재증명서 1통
   (후견등기사항이 없는 경우에는 후견등기사항부존재증명서만 제출하면 됩니다)
5. 후견인후보자와 사건본인과의 관계를 밝혀줄 제적등본, 가족관계증명서 등 각 1통
   (제1항의 가족관계증명서만으로는 그 관계를 알 수 없는 경우)
6. 기타(증거자료)

2016 . ○. ○.

위 청구인 ○ ○ ○ (인)

○○가정법원 귀중

성년후견종료 심판청구서

관련 사건번호 : 20 느단 호

청구인 ○ ○ ○ (전화)

주민등록번호

주소

사건본인과의 관계

사건본인 ○ ○ ○

주민등록번호(외국인등록번호)

주소

등록기준지(국적)

청 구 취 지

사건본인에 대한 성년후견을 종료한다.

라는 심판을 구합니다.

청 구 원 인

1. 사건본인에 대하여 2013. 00. 00. ○○법원 2013느단0000호로 성년후견개시 심판이 있었고, 성년후견인으로 ○○○가 선임되었습니다.
2. 청구인은 사건본인의 아들입니다.
3. 그런데 그 후 사건본인은 사무를 처리할 수 있는 능력을 회복하였습니다(구체적으로 기재).
4. 따라서 청구인은 성년후견의 종료 심판을 구합니다.

첨 부 서 류

1. 가족관계증명서 및 기본증명서 (사건본인) 각 1통
2. 주민등록표등(초)본 (사건본인, 청구인) 각 1통
3. 사건본인의 후견등기사항전부증명서(말소 및 폐쇄사항 포함) 1통
4. 청구인과 사건본인과의 관계를 밝혀줄 자료(가족관계증명서, 제적등본 등) 각 1통
5. 기타(소명자료)

2016 . ○. ○.

위 청구인 ○ ○ ○ (인)

○○가정법원 귀중

한정후견 종료시 관리계산기간 연장 허가 청구

청구인　○ ○ ○ (전화　　　　　　　　)
주민등록번호
주소
후견인과의 관계

사건본인　○ ○ ○
주민등록번호(외국인등록번호)
주소
등록기준지(국적)

청 구 취 지

청구인이 사건본인의 재산관리계산을 하는 기간을 2017. 00. 00.까지 연장함을 허가한다.
라는 재판을 구합니다.

청 구 원 인

1. 사건본인에 대하여 2015. 00. 00. ○○법원 2015느단0000호로 한정후견개시 심판이 있었고, 한정후견인으로 청구인이 선임되었습니다.
2. 사건본인은 2016. 12. 31. 사망하여 한정후견이 종료되었습니다.
3. 청구인은 2017. 00. 00.까지 사건본인의 재산관리계산을 해야 하지만 사건본인의 재산이 다액이고, 부동산이 여러 곳에 분산되어 있어 법정기간 내에 이를 작성하는 것이 어려운 상황입니다.
4. 따라서 청구인은 이 사건 청구에 이르렀습니다.

첨 부 서 류

1. 가족관계증명서 및 기본증명서(사건본인)　각 1통
2. 주민등록등본 (사건본인)　1통
3. 사건본인의 후견등기사항전부증명서(말소 및 폐쇄사항 포함)　1통
4. 기타(소명자료)

2016 . ○. ○.

위 청구인 ○ ○ ○ (인)

○○가정법원 귀중

☞ **유의사항**

수입인지 : 사건본인 수 × 5,000원을 붙여야 합니다.
송 달 료 : 청구인수 × 우편료 × 10회분을 송달료취급은행에 납부하고 영수증을 첨부하여야 합니다.
관할법원 : 성년후견·한정후견 개시의 심판, 특정후견의 심판, 미성년후견인·임의후견감독인 선임 심판을 한 가정법원(관할변경 및 이송된 경우에는 변경된 가정법원, 항고법원이 후견개시 등의 심판을 한 경우에는 그 제1심 법원인 가정법원)입니다.

임의후견인 해임 청구

청구인　　○ ○ ○ (전화　　　　　　　　)
주민등록번호
주소
사건본인과의 관계

사건본인　　○ ○ ○
주민등록번호(외국인등록번호)
주소
등록기준지(국적)

임의후견인　　○ ○ ○ (전화　　　　　　　　)
주민등록번호
주소

청 구 취 지

사건본인의 임의후견인 ○○○를 해임한다.
라는 심판을 구합니다.

청 구 원 인

1. 청구인은 사건본인의 아들입니다.
2. 사건본인은 2015. 00. 00. 사건본인을 위임자, ○○○(주민등록번호, 주소)를 수임자로 하는 후견계약을 공정증서(법무법인 OO작성, 2013년 제00호)에 의하여 체결하고 2015. 00. 00. 이를 등기하였습니다.
3. 그 후인 2016. 00. 00. OO법원 2016느단0000호 임의후견감독인 선임심판에 의하여, 임의후견감독인으로 ◇◇◇이 선임되어 임의후견이 개시되었습니다.
4. 그런데 임의후견인은 후견인으로 활동하면서 수시로 사건본인의 통장에서 돈을 인출하여 소비하는 등 사건본인의 재산을 횡령하고 있습니다. 청구인은 현재 임의후견인을 고소하여 수사 계속 중입니다.
5. 이러한 임의후견인에게 사건본인의 후견을 맡기는 것은 심히 부당합니다. 이에 청구인은 임의후견인의 해임을 청구합니다.

첨 부 서 류

1. 가족관계증명서 및 기본증명서(청구인, 사건본인) 각 1통
2. 주민등록등본(사건본인) 각 1통
3. 사건본인의 후견등기사항증명서(말소 및 폐쇄사항 포함) 각 1통
4. 청구인과 사건본인과의 관계를 밝혀줄 제적등본, 가족관계증명서 등 각 1통
 (제1항의 가족관계증명서만으로는 그 관계를 알 수 없는 경우)
5. 기타(증거자료) ○통

2016 . ○. ○.

위 청구인 ○ ○ ○ (인)

○○가정법원 귀중

후견계약 종료허가 심판청구

관련 사건번호 : 20 느단 호

청구인 ○ ○ ○ (전화)
주민등록번호
주소
사건본인과의 관계

임의후견인 ○ ○ ○
주민등록번호(외국인등록번호)
주소

청 구 취 지

청구인과 임의후견인 ○ ○ ○ 사이의 후견계약의 종료를 허가한다.
라는 심판을 구합니다.

청 구 원 인

1. 사건본인은 2013. 00. 00. 사건본인을 위임자, ○○○(주민등록번호, 주소)를 수임자로 하는 후견계약을 공정증서(법무법인 OO작성, 2013년 제00호)에 의하여 체결하고 2013. 00. 00. 이를 등기하였습니다.
2. 그 후인 2014. 00. 00. OO법원 2014느단0000호 임의후견감독인 선임심판에 의하여, 임의후견감독인으로 ◇◇◇이 선임되었습니다.
3. 그러나 청구인은 임의후견인 ○○○가 최초 후견계약과 달리 임무를 해태하고 있기 때문에 후견계약을 종료하기 위하여 이 사건 청구에 이르렀습니다.

첨 부 서 류

1. 가족관계증명서 및 기본증명서(사건본인) 각 1통
2. 주민등록표등(초)본 (사건본인, 청구인) 각 1통
3. 사건본인의 후견등기사항전부증명서(말소 및 폐쇄사항 포함) 1통
4. 기타(소명자료)

2016 . ○. ○.

위 청구인 ○ ○ ○ (인)

○○가정법원 귀중

피성년후견인의 재산상황조사 청구

청구인　○ ○ ○ (전화　　　　　　　　)
주민등록번호
주소
사건본인과의 관계

사건본인　○ ○ ○
주민등록번호(외국인등록번호)
주소
등록기준지(국적)

청 구 취 지

사건본인의 성년후견인 ○○○는 사건본인의 재산상황을 1개월 내에 조사하여 그 재산목록을 이 법원과 청구인에게 제출하여야 한다.
라는 심판을 구합니다.

청 구 원 인

1. 사건본인에 대하여 2016. 00. 00. ○○법원 2016느단0000호로 성년후견개시 심판이 있었고, 성년후견인으로 ○○○이, 성년후견감독인으로 청구인이 선임되었습니다.
2. 청구인은 성년후견인 ○○○에게 사건본인의 재산목록 제출을 요구하였지만 수개월이 지나도록 이를 이행하지 않고 있습니다.
3. 이에 상당기간을 정하여 성년후견인 ○○○로 하여금 이 법원 및 청구인에게 사건본인의 재산목록을 제출할 것을 명하는 심판을 받고자 이 사건 청구에 이르렀습니다.

첨 부 서 류

1. 가족관계증명서 및 기본증명서(청구인, 사건본인)　각 1통
2. 주민등록등본 (사건본인)　1통
3. 사건본인의 후견등기사항전부증명서(말소 및 폐쇄사항 포함)　1통
4. 기타(소명자료)

2016 . ○. ○.

위 청구인 ○ ○ ○ (인)

○○가정법원 귀중

☞ 유의사항

수입인지 : 사건본인 수 × 5,000원을 붙여야 합니다.
송 달 료 : 청구인수 × 우편료 × 10회분을 송달료취급은행에 납부하고 영수증을 첨부하여야 합니다.
관할법원 : 성년후견·한정후견 개시의 심판, 특정후견의 심판, 미성년후견인·임의후견감독인 선임 심판을 한 가정법원(관할변경 및 이송된 경우에는 변경된 가정법원, 항고법원이 후견개시 등의 심판을 한 경우에는 그 제1심 법원인 가정법원)입니다.

후견계약등기신청서

후견계약 등기신청

접수	20 년 월 일	처리인	접 수	기 입	교 합	각종통지
	제 호					`

사건본인의 표시	성 명	출생연월일	주민등록번호	성별
		. . .	–	
	등록기준지			
	주 소			
등기의 목적	후견계약등기 및 임의후견인 선임등기			
등기원인과 그 연월일	○○. ○○. ○○. 후견계약			
등 기 할 사 항				
사건본인	등록기준지			
	성 명	출생연월일	주민등록번호	성별
		. . .	–	
계약의 표시	공증인			
	공증증서번호			
	증서작성일			
임의후견인	성 명			
	주민등록번호			
	주소·사무소			
대리권등목록	대리권등 범위	별지 기재와 같음		
	권한분장 목록			
기 타				

첨 부 서 면	
1. 공정증서 정본 통 1. 관할을 증명하는 서면 통 1. 후견등기사항을 증명하는 서면 통 1. 신청인의 인감증명서 통 1. 위임장(대리인이 신청할 경우) 통	1.국적을 증명하는 서면(외국인) 1.대표자 자격을 증명하는 서면(법인) 〈기 타〉

년 월 일

신청인 성 명 (서명 또는 인)
주민등록번호 –
주 소
(전 화 번 호)

대리인 성 명 (서명 또는 인)
주 소
(전 화 번 호)

가정법원 귀중

– 신청서 작성요령 –

1. 해당란이 부족할 때에는 별지를 이용합니다.(예: 임의후견인이 수인인 경우등)
2. 해당 등기신청과 관계없는 사항에 대하여는 "해당없음"으로 기재하거나 삭제하고, 필요한 사항은 추가 기재합니다.

(용지규격 210㎜× 297㎜)

[양식 제16호]

<table>
<tr><td colspan="9">미성년❶후견❷후견감독
개 시 신 고 서
(년 월 일)</td><td colspan="2">※ 신고서 작성 시 아래의 작성 방법을 참고하고, 선택항목에는 '영표(○)'로 표시하기 바랍니다.</td></tr>
<tr><td rowspan="3">①
미성
년자</td><td>성 명</td><td>한글</td><td colspan="2">(성) / (명)</td><td>한자</td><td colspan="2">(성) / (명)</td><td>주민등록번호</td><td colspan="2">-</td></tr>
<tr><td>등록기준지</td><td colspan="7"></td><td>출생연월일</td><td colspan="2"></td></tr>
<tr><td>주 소</td><td colspan="10"></td></tr>
<tr><td rowspan="3">②
후견인
(임무
대행자)</td><td>성 명</td><td>한글</td><td colspan="2">(성) / (명)</td><td>한자</td><td colspan="2">(성) / (명)</td><td>주민등록번호</td><td colspan="2">-</td></tr>
<tr><td>등록기준지</td><td colspan="7"></td><td>출생연월일</td><td colspan="2"></td></tr>
<tr><td>주 소</td><td colspan="10"></td></tr>
<tr><td rowspan="3">③
후견
감독인</td><td>성 명</td><td>한글</td><td colspan="2">(성) / (명)</td><td>한자</td><td colspan="2">(성) / (명)</td><td>주민등록번호</td><td colspan="2">-</td></tr>
<tr><td>등록기준지</td><td colspan="7"></td><td>출생연월일</td><td colspan="2"></td></tr>
<tr><td>주 소</td><td colspan="10"></td></tr>
<tr><td rowspan="3">④
신고인</td><td rowspan="2">성 명</td><td colspan="4" rowspan="2">(성) / (명)</td><td colspan="3" rowspan="2">(인) 또는 서명</td><td>전 화</td><td colspan="2"></td></tr>
<tr><td>이메일</td><td colspan="2"></td></tr>
<tr><td>자 격</td><td colspan="10">❶ 미성년후견인 ❶ 미성년후견인임무대행자 ❸ 미성년후견감독인</td></tr>
<tr><td colspan="3">⑤ 개시일자 및 원인</td><td colspan="8">년 월 일</td></tr>
<tr><td colspan="3">⑥ 취임일자 및 원인</td><td colspan="8">년 월 일 ❶ 지정 ❶ 선정 ❸ 법정</td></tr>
<tr><td colspan="3">⑦ 심 판 일 자</td><td colspan="4">년 월 일</td><td colspan="2">법원명</td><td colspan="2"></td></tr>
<tr><td colspan="3">⑧ 기 타 사 항</td><td colspan="8"></td></tr>
<tr><td>⑨ 제출인</td><td colspan="2">성 명</td><td colspan="4"></td><td colspan="2">주민등록번호</td><td colspan="2">-</td></tr>
</table>

작 성 방 법

※ 등록기준지 : 각 란의 해당자가 외국인인 경우에는 그 국적을 기재합니다.
※ 주민등록번호 : 각 란의 해당자가 외국인인 경우에는 외국인등록번호(국내거소신고번호 또는 출생연월일)를 기재합니다.
①②③란 : 미성년후견감독인 없이 미성년후견인(미성년후견인임무대행자)만 있는 경우, 후견감독인란은 비워 두고 나머지의 경우 순서대로 기재하면 됩니다.
: 법 제25조제2항에 따라 주민등록번호란에 주민등록번호를 기재한 때에는 출생연월일의 기재를 생략할 수 있습니다.
⑤란 : 개시일자 및 원인은 2013. 7. 17. 친권자 사망(친권상실, 친권자 행방불명 등)으로 기재합니다.
⑥란 : 지정후견인·후견감독인의 취임연월일은 후견개시원인(친권자 사망)이 발생한 날을 기재합니다.
: 선정후견인·후견감독인, 후견인임무대행자의 취임연월일은 선임심판일을 기재합니다.
⑦란 : 심판일자란은 선정후견인·후견감독인, 후견인임무대행자의 경우에만 기재합니다.
⑧란 : 가족관계등록부에 기록을 분명하게 하는데 특히 필요한 사항을 기재합니다.
⑨란 : 제출인(신고인이 작성한 신고서를 신고인이 아닌 사람이 제출할 경우만 기재)의 성명 및 주민등록번호를 기재합니다.[접수담당공무원은 신분증과 대조]

첨 부 서 류

1. 유언서 그 등본 또는 유언녹음을 기재한 서면 1부(유언에 의하여 후견인·후견감독인을 지정한 경우).
2. 재판서 등본 및 확정증명서 각 1부(법원이 재판에 의하여 미성년후견인을 선임한 경우)
재판서 등본 1부(법원이 재판에 의하여 미성년후견감독인, 미성년후견인 임무대행자를 선임한 경우)
※ 아래 3항은 가족관계등록관서에서 전산으로 그 내용을 확인할 수 있는 경우 첨부를 생략합니다.
3. 당사자의 가족관계등록부의 기본증명서, 가족관계증명서 각 1통.
4. 신분확인[가족관계등록예규 제443호에 의함]
- 신고인이 출석한 경우 : 신분증명서
- 제출인이 출석한 경우 : 제출인의 신분증명서
- 우편제출의 경우 : 신고인의 신분증명서 사본

※ 타인의 서명 또는 인장을 도용하여 허위의 신고서를 제출하거나, 허위신고를 하여 가족관계등록부에 부실의 사실을 기록하게 하는 경우에는 형법에 의하여 5년 이하의 징역 또는 1천만 원 이하의 벌금에 처해집니다.

[양식 6] 후견조사보고서

<table>
<tr><td colspan="8">서울가정법원
후 견 조 사 보 고 서

판사 김00 귀하 2018. 8. 31.
조사관 박 0 0</td></tr>
<tr><td colspan="2">사건명</td><td colspan="6">2018느단100001 한정후견개시</td></tr>
<tr><td colspan="2">접수연월일</td><td colspan="2">2018. 7. 7.</td><td colspan="2">수명연월일</td><td colspan="2">2018. 7. 20.</td></tr>
<tr><td rowspan="4">청구인</td><td rowspan="2">성명</td><td rowspan="2">김민주</td><td>성별</td><td>연령</td><td>생년월일</td><td>학력</td><td>대졸</td></tr>
<tr><td>여</td><td>30</td><td>1980. 10. 1.</td><td>직업</td><td>회사원</td></tr>
<tr><td>주소</td><td colspan="4">서울 서초구 서초로 서초아파트 10층 1001호</td><td>관계</td><td>딸</td></tr>
<tr><td>송달장소</td><td colspan="4">서울 서초구 법원로1길 1, 202호 (서초동, 서호빌딩)</td><td>연락처</td><td>010-1111-1111</td></tr>
<tr><td rowspan="4">사건본인</td><td rowspan="2">성명</td><td rowspan="2">김영훈</td><td>성별</td><td>연령</td><td>생년월일</td><td>학력</td><td>고졸</td></tr>
<tr><td>남</td><td>60</td><td>1950. 1. 1.</td><td>경력</td><td>자영업</td></tr>
<tr><td>주소</td><td colspan="4">서울 서초구 서초로 서초아파트 1층 101호</td><td>장애</td><td>혈관성 치매</td></tr>
<tr><td>거소</td><td colspan="4">상동</td><td>연락처</td><td></td></tr>
<tr><td rowspan="3">후보후견인</td><td>성명</td><td colspan="6" rowspan="3">청구인과 동일함</td></tr>
<tr><td>주소</td></tr>
<tr><td>송달장소</td></tr>
<tr><td colspan="2">조사사항</td><td colspan="6">기본조사 및 자료수집
기타 조사관이 필요하다고 판단되는 사항</td></tr>
<tr><td colspan="8">조 사 사 항</td></tr>
<tr><td colspan="2" rowspan="3">1. 조사 경과</td><td colspan="2">조사일시</td><td colspan="2">조사대상</td><td colspan="2">조사장소 및 방법</td></tr>
<tr><td colspan="2">2018. 8. 10. 14:00</td><td colspan="2">청구인, 사건본인의 처</td><td colspan="2">조사관실 소환 면접조사</td></tr>
<tr><td colspan="2">2018. 8. 20. 14:00</td><td colspan="2">사건본인</td><td colspan="2">사건본인 거소 출장조사</td></tr>
</table>

2. 청구인의 주장 및 소명자료

(1) 청구취지

· 사건본인에 대한 한정후견을 개시하며 후견인으로 청구인(사건본인의 딸 김민주)이 지정되기를 구함

(2) 청구원인 및 계기

· 사건본인은 수년전부터 치매로 인해 인지능력 부족상태를 보이고 있으며, 사무처리 능력이 저하됨, 가족간에 평소 특별한 갈등이 있는 것은 아니나 청구인의 오빠 김태주는 여러 차례 사업자금으로 사건본인으로부터 돈을 받아가 소진한 전력이 있음

· 그런데 사건본인의 배우자가 암 수술을 받느라 사건본인을 신경쓰지 못하는 사이에 김태주가 사건본인이 거주하는 아파트를 담보로 은행에 근저당권을 설정하고, 수억원을 차용해간 사실을 알게 됨

3. 사건본인 관련 사항

(1) 사건본인의 생활내력

① 사건본인은 서울에서 태어나 고등학교를 졸업하고, 조부가 운영하는 가게에서 일을 시작하였고, 조부가 사망한 후 가게를 물려받아 식당업을 해왔음, 3년 전부터는 사건본인의 건강이 좋지 않아 가게를 타에 임대하고, 월세를 받고 있음

② 사건본인은 젊을 때부터 술을 많이 마셨고, 즉흥적으로 일을 처리하는 경향이 강하여, 배우자인 이영순이 가게의 회계업무를 담당하면서 알뜰하게 생활을 하였음

③ 사건본인은 약 5년전부터 기억에 문제를 보였고, 분노조절의 문제도 생겼음, 하지만 치료를 거부하다가 2018. 1. 1. 처음 병원에서 제대로 된 검사를 받았는데, 혈관성 치매로서 이미 중기에 접어들었다는 판정을 받았음

(2) 사건본인의 심신상태 (청구인 진술)

· 사건본인은 씻는 것을 극도로 싫어하여 위생상태가 불량함, 일상적인 대화는 가능하나, 한 번씩 이유 없이 극도로 흥분하여 폭력적인 성향을 보일 때가 있음

· 병원을 정기적으로 방문하여 치료를 받아야 하나, 사건본인은 자신은 멀쩡하자고 생각하며, 이를 언급하는 것조차 싫어하여 병원에 모시고 가는 것이 매우 힘이 드는 상태임

· 사건본인의 부동산에 대하여 대출이 실행이 된 건과 관련하여 사건본인은 그런 적이 없다고 부인함

(3) 사건본인의 감호상태

· 조사관이 사건본인의 주거지에 현장 방문하여 확인함, 사건본인의 집에는 청구인과

사건본인 그리고 배우자가 같이 있었음, 청구인은 같은 아파트 10층에서 따로 거주하나, 모친이 건강이 좋지 않아 자주 내려와서 사건본인을 돌보고 있다고 함

· 사건본인의 배우자가 24시간 함께 지내면서 식사 및 약을 챙기는 등 개호를 하고 있는데, 사건본인이 가끔씩 공격적인 언행을 하여 청구인이 사건본인의 집으로 내려와 수습하는 일이 있다고 함

· 사건본인의 위생상태는 그리 좋아보이지 않음, 배우자는 암수술 후 회복을 하였으나 그래도 건강이 좋지 않아, 청구인의 도움 없이는 사건본인을 개호하기 어렵다고 함

· 사건본인이 받는 가게 월세와 연금, 딸인 청구인의 도움으로 생활비를 충당하고 있음

(4) 사건본인의 재산상황

① 부동산 : 서울 서초구 서초동 서초아파트 1층 101호 시가 5억원 상당
서울 광진구 화양동 소재 상가 시가 5억원 상당

② 금융자산 : 2,000만원 상당

③ 차량 : 없음

④ 부채 : 2억원 (아들 김태주가 차용)

⑤ 기타 수입 : 월세 150만원, 연금 50만원

※ 사건본인의 아들 김태주를 소환조사하려 하였으나, 김태주는 자신은 이건과 관련하여 할 말이 없고, 조사에 응하지 않을 것이라고 하여, 조사를 하지 못함

4. 후보 후견인의 적정성

(1) 생활내력

① 청구인은 미혼으로 대학 졸업 후 회사에 취직하여 현재 대리로 근무하고 있음, 사건본인 부부와 함께 거주하였으나 3년 전부터 독립하여 같은 아파트 10층에 거주함

② 사건본인의 장남 김태주는 몇 번의 사업 실패 후 집에 발길을 끊었고, 돈이 필요할 때마다 찾아와 사건본인과 다툼이 잦았음. 그 때문에 딸인 청구인이 실질적으로 부모를 돌보는 일을 책임지게 됨

(2) 재산상황

① 부동산 : 없음 (거주지의 임대차보증금 1억원)

② 금융자산 : 예금 약 2,000만원

③ 부채 : 없음

④ 자동차 : 소나타

⑤ 월수입 : 월 300만원

(3) 후견에 대한 계획 및 태도

① 후견이 개시되면 사건본인의 보호자로서 병원에 정기적으로 모시고 갈 계획임, 아직까지는 요양시설에 보내고 싶지는 않고 가급적이면 집에서 생활할 수 있도록 배려해드릴 생각임

② 후견이 개시되어야 오빠로부터의 재산탈취 시도를 막을 수 있을 것으로 생각함. 사건본인의 개호비용은 가게 월세와 자신의 급여 일부로 충당할 계획임, 사건본인의 치매가 오면서 월세가 제때 들어오지 않고 있고, 세입자가 나가려고 계획하고 있으므로, 새로운 세입자를 물색할 생각임

〈이하 여백〉

[양식 7 감정서]

1. 사건의 표시	서울가정법원 2018느단100001 한정후견개시심판
2. 감정 대상 (사건 본인)	성명 : 김 영 훈 성별 : ■ 남 □ 여 생년월일 : 1950년 1월 1일생 (60세) 주소 : 서울 서초구 서초로 서초아파트 1층 101호
3. 감정 경과	감정기간 : 2018년 7월 31일 ~ 2018년 8월 20일 감정장소 : 국립정신건강센터 감정방법 : ■ 진료기록 감정 □ 외래 감정 □ 입원 감정
4. 감정 경위	■ 치매 등 인지기능 저하 질환으로 인한 감정 요청 □ 중증 정신질환으로 인한 감정 요청 □ 발달장애로 인한 감정 요청 □ 기타 질환으로 인한 감정 요청 (상병명 :)
5. 현증상 및 현병력	피감정인은 2017. 1. 1.부터 00병원에서 알츠하이머 치매가 의심되어 치료를 시작하였으며, 피감정인에게 손해가 되는 결정을 하는 등 결정능력의 문제가 관찰되어 한정후견심판이 청구되었음
6. 기왕증 및 과거력 (확인된 사항만 기록)	없음
7. 신체상태 평가	1. 이학적 검사(Physical Examination) ■ 특기사항 없음 □ 특기사항 있음 □ 미 시행 이학적 검사 상 특기사항 : 2. 임상 검사(Laboratory Examination) □ 특기사항 없음 □ 특기사항 있음 □ 미 시행 임상 검사 상 특기사항 : 3. 영상의학 검사(X-ray, CT, MRI 등) □ 특기사항 없음 ■ 특기사항 있음 □ 미 시행 뇌자기공명영상 (2018. 1. 1. 시행) : 대뇌백질, 기저핵 부위 소혈관장애

8. 일상생활 평가	1. 적절한 음식 섭취 □ 혼자서 가능 ■ 간헐적 도움 필요 □ 많은 도움 필요 □ 전적인 도움 필요 □ 평가불가 2. 대소변 관리, 세면, 목욕, 청소 등의 청결유지 □ 혼자서 가능 ■ 간헐적 도움 필요 □ 많은 도움 필요 □ 전적인 도움 필요 □ 평가불가 3. 적절한 대화 기술 및 협조적인 대인관계 □ 혼자서 가능 ■ 간헐적 도움 필요 □ 많은 도움 필요 □ 전적인 도움 필요 □ 평가불가 4. 규칙적인 통원·약물 복용 □ 혼자서 가능 □ 간헐적 도움 필요 ■ 많은 도움 필요 □ 전적인 도움 필요 □ 해당사항 없음 □ 평가불가 5. 소지품 및 금전관리나 적절한 구매 행위 □ 혼자서 가능 ■ 간헐적 도움 필요 □ 많은 도움 필요 □ 전적인 도움 필요 □ 평가불가 6. 대중교통이나 일반 공공시설의 이용 ■ 혼자서 가능 □ 간헐적 도움 필요 □ 많은 도움 필요 □ 전적인 도움 필요 □ 평가불가 7. 일상생활 개호 요구도 □ 필요 없음 ■ 부분개호 □ 전일개호 □ 평가불가
9. 정신상태 평가	1. 지남력 시간 : □ 유지 ■ 손상 □ 평가불가 장소 : ■ 유지 □ 손상 □ 평가불가 사람 : ■ 유지 □ 손상 □ 평가불가 2. 기억력 단기기억 등록 : □ 유지 ■ 손상 □ 평가불가 단기기억 회상 : □ 유지 ■ 손상 □ 평가불가 장기기억 : ■ 유지 □ 손상 □ 평가불가 3. 언어 및 의사소통 능력 □ 의미있는 상호작용 가능 ■ 일상대화 가능 □ 언어소통 불가 □ 평가불가 읽기 : ■ 가능 □ 불가능 □ 평가불가 쓰기 : ■ 가능 □ 불가능 □ 평가불가

9. 정신상태 평가	4. 계산능력 ■ 계산능력 장애가 없거나 그 장애 정도가 경미 □ 계산능력 장애가 있으나 일상적인 장보기나 물품구매는 가능 □ 계산능력 장애로 인해 일상적인 장보기나 물품구매도 불가능 □ 평가불가 기타 소견 및 세부사항 : 5. 이해 및 판단력 □ 이해 및 판단력 장애가 없거나 그 장애 정도가 경미 ■ 중등도의 이해 및 판단력 장애 □ 심각한 수준의 이해 및 판단력 장애 □ 평가불가 기타 소견 및 세부 사항 : 6. 정신상태(MSE) 가) 사고장애(망상, 와해된 사고 등) □ 없음 ■ 경도 □ 중등도 □ 고도 □ 평가불가 나) 지각장애(환각 등) ■ 없음 □ 경도 □ 중등도 □ 고도 □ 평가불가 다) 기분증상(조증, 우울증 등) □ 없음 □ 경도 ■ 중등도 □ 고도 □ 평가불가 라) 행동증상 □ 없음 ■경도 □ 중등도 □ 고도 □ 평가불가 마) 병식 □ 완전히 있음 □ 상당히 있음 □ 약간 있음 ■ 없음 □ 평가불가 바) 기타 추가할 소견 : □ 없음 사) 정신장애로 인한 기능저하 수준(GAF) : 35
10. 심리평가$^{+}$ – 선택	1. 인지기능 수준 및 자기 관리능력 평가 □ 지능지수(IQ) : □ 사회지수(SQ) : □ MQ(Rey-Kim 기억지수, 치매 감정인 경우 제외) : □ EIQ(관리기능 지수, 치매 감정인 경우 제외) :

10. 심리평가+ – 선택	2. 치매 평가 ■ K-MMSE : 16/30 ■ CDR 1.5/7 □ IADL : □ ADL : □ K-DRS 또는 □ SNSB : □ NPI : 3. 발달장애 평가 □ 자폐지수(AQ) : □ 발달지수(DQ) : □ 발달장애 총괄평가(GAS) : 4. 기타 심리학적 평가 :
11. 진단명(ICD-10)	알츠하이머형 치매 주요 우울 장애
12. 종합설명*	생략
13. 감정요청 사항에 대한 결과	□ 자기 의사결정이 가능하며 독립적인 생활과 경제활동이 가능 ■ 정신적 제약으로 사무를 처리할 능력이 부족 □ 정신적 제약으로 사무를 처리할 능력이 지속적으로 결여 □ 정보 부재 및 기타 사유로 인해 판단 유보
14. 회복가능성	□ 회복가능 □ 고정 ■ 악화가능 □ 예측불가 □ 평가불가 판단근거 :
위와 같이 감정합니다. 2018. 8. 31. 소속 : 국립정신건강센터 주소 : 서울특별시 광진구 용마산로 127 ☎ : FAX : 의사면허번호 : 11111 감정의사 : 이 0 0 (서명 또는 인)	

● 감정서 양식●

+ : 감정사례에 따라 필요한 심리평가를 선택하여 시행 후 결과 기록

* : 감정결과에 대한 근거 제시 및 보충 설명이 필요한 경우에만 기록

후견감독절차 안내문 (서울가정법원)

I. 앞으로 모든 서류는 2018후감0000 사건번호로 제출하여야 합니다.

○ 후견인선임심판이 확정되어 후견인으로서 업무가 시작되었고 직권으로 후견감독사건이 개시되었습니다.

II. 재산목록보고서를 심판문의 주문에 기재된 기한까지 제출하여 주시기 바랍니다.

○ 후견인의 피후견인의 재산을 조사하여 재산목록보고서를 위 기한까지 한번만 제출하면 됩니다. 재산목록보고서를 작성할 때 후견개시사건 심판문에 기재된 기준일의 잔고 및 재산을 기재하여 주시기 바랍니다.

○ 재산목록 보고서를 제출할 때 성년후견의 경우 피후견인에 대한 정부3.0안심상속서비스조회(또는 상속인금융조회서비스)결과를 함께 제출하여야 합니다.

○ 피후견인의 토지소유현황(구청), 3년간의 세목별과세증명서(구청)를 제출하여 주시기 바랍니다. 재산목록보고서에 기재한 재산의 증빙자료를 제출하여야 합니다.

III. 후견사무보고서는 매년(또는 격년 등) 심판문의 주문에 기재된 날짜까지 제출하여 주시기 바랍니다.

○ 후견사무보고서의 작성기준일은 심판문 주문에 기재되어 있습니다.

- 후견사무보고서는 후견인이 일정기간 동안 수행한 재산관리 내역과 신상보호 내용을 법원에 보고하는 서류입니다. 보통은 1년에 1회이지만 후견 특성에 따라 제출 횟수나 주기가 변동될 수 있습니다.

○ 피후견인의 재산에 관한 증빙자료를 제출하여야 합니다.

- 법원은 법률에 의하여 후견인의 후견사무에 대한 감독 권한과 책임을 부여받았고, 이에 따라 피후견인의 신상 및 재산에 관한 후견사무결과를 확인하여야 합니다. 따라서 후견인은 피후견인의 신상변동 및 사무집행 내용을 소명할 증빙자

료를 첨부하여 법원에 후견사무보고서를 제출하여야 합니다.
- 부동산등기부등본, 자동차등록원부, 임대차계약서사본, 보험계약현황 또는 보험금납입내역 등(이미 전년도 보고서에 제출하였던 것이라 하더라도 다시 발급하여 제출하여야 함)을 제출하여야 합니다.
- 피후견인의 채무에 관한 증명, 피후견인 명의로 진행하는 소송이 있는 경우 소송관계 서류도 제출하여야 합니다.

○ 후견사무보고서의 작성은 기준일 기준의 잔고 및 재산을 기재하며, 수입내역 및 지출내역을 정리하여 제출하여야 합니다.
- 수입내역 및 재출내역의 경우 양식에 맞추어 작성이 어렵다면 별도의 종이에 작성하여 제출하여도 됩니다. 다만 1년간의 지출장부를 그대로 복사하여 제출하여서는 안 되고 1년간의 수입, 지출내역을 항목별로 정리하여 제출하여 주시기 바랍니다.
- 수입내역 및 지출내역에 대한 증빙자료를 제출하여야 합니다. 수입내역은 통장거래내역서, 지출내역은 각 영수증, 통장거래내역서를 제출하고, 통장의 거래내역서의 경우 해당란에 밑줄로 표시하고 설명을 기재하여 주십시오.

○ 다음 사항에 대하여는 별도의 서면으로 설명하고 증빙자료를 제출하여 주십시오.
- 피후견인이 새롭게 부담하는 채무가 발생한 경우
- 피후견인 명의로 진행하는 소송이 발생한 경우(일반 민사소송 이외에도 상속포기, 상속한정승인, 후견관련 각종 허가심판 등을 모두 제출하여야 함)
- 피후견인 명의로 새로운 재산을 취득한 경우
- 피후견인의 재산을 처분한 경우
- 후견인이 피후견인을 위해 비용을 지출한 경우

IV. 기타 참고사항

○ 주소가 변경된 경우 주소변경신고서를 제출하여야 합니다.
- 후견인의 주소, 전화번호가 변경되면 즉시 법원에 서면으로 알려 주셔야 합니다.

- 피후견인이 실제로 거주하는 병원을 옮긴 경우, 피후견인의 주소가 변경된 경우 후견사무보고서를 제출할 때 변경되었음을 기재하여 제출하여야 합니다(주민등록초본, 입원확인서 등 첨부)

○ 피후견인 명의의 계좌 사용이 불편해도 후견인의 계좌로 옮겨서 사용하여서는 안됩니다.

- 그러한 경우 후견인의 계좌 및 재산에 대하여 조사가 이루어질 수 있습니다. 피후견인의 재산은 반드시 피후견인의 명의로 관리되어야 합니다. 법원의 허가 없이 피후견인의 재산을 후견인 또는 제3자의 명의로 바꾸는 행위는 업무상 배임죄 또는 횡령죄로 처벌받을 수 있습니다.
- 피후견인의 재산은 피후견인을 위해 지출되어야 하는 것이 원칙입니다. 피후견인의 재산으로 후견인 또는 친족을 위한 비용으로 지출할 경우 타당한 사유가 있어야 하고 그 지출 범위도 적정하여야 하며, 그에 대한 소명자료가 있어야 합니다.

○ 피후견인, 후견인이 사망한 경우

- 피후견인이 사망한 경우 기본증명서(폐쇄)를 제출하고, 후견종료에 따른 계산보고서를 제출하여야 하며, 피후견인이 사망하였어도 후견등기가 자동으로 없어지는 것은 아니고 후견인이 직접 후견종료의 등기신청을 후견등기담당자(가정법원 8층 후견센터 02-2055-0000)에게 별도로 신청하여야 합니다. (3개월 이내에 종료등기를 하여야 하며 기간 도과시에는 과태료가 부과됩니다.)
- 후견인이 사망한 경우 새로운 후견인선임을 위한 심판청구를 하여야 합니다.

○ 피후견인이 거주하고 있거나, 거주할 것으로 예상되는 부동산을 처분하려고 하는 경우에는 법원으로부터 별도의 허가재판을 받아야 합니다.

부록 2

보고서양식

전산양식 C2604 **재산목록보고서**

ㅇㅇㅇㅇ 법원

기본 후견감독사건 사건번호	
기 본 사 항	피후견인과 후견인의 기본 신상 정보를 기재합니다.

작성기준일	2018. 12. 31.	후 견 종 류	■성년후견 □한정후견 □특정후견 □임의후견 □미성년후견
피 후 견 인			
성 명	김○○	주민등록번호	501000-1010101
주 소	우편번호 (01160) 서울 서초구 법원로1길 1, 202호	연 락 처	☎ 02-533-9480
위 피후견인 외에 다른 피후견인이 있습니까? ■ 없음 □있음			• 있음에 ∨표한 경우 아래 항목을 작성합니다.
성 명		주민등록번호	
주 소	우편번호 (-)	연 락 처	☎ - -
후 견 인			
성 명	김□□	주민등록번호	791010-2000101
주 소	우편번호 (01160) 서울 서초구 법원로1길 1, 202호	연 락 처	☎ 010-6666-1111
피후견인과 관 계		주소변경여부	□ 변경사항 없음 □ 변경사항 있음
※주소변경이 있을시 변경된 주소가 명시된 주민등록등본을 제출해야 합니다.			

위 후견인 외에 다른 후견인이 있습니까? ■없음 □있음				• 있음에 ∨표한 경우 아래 항목을 작성합니다.
성 명		주민등록번호	연 락 처	☎
주 소	우편번호 (-)		피후견인과 관 계	
후견 감독인이 있습니까? ■없음 □있음				• 있음에 ∨표한 경우 아래 항목을 작성합니다.
성 명		주민등록번호	연 락 처	☎
주 소	우편번호 (-)		피후견인과 관 계	

재 산 목 록	피후견인의 보유자산에 대해 구체적인 내용을 기재하는 란입니다. 재산목록 요약표에 해당 재산이 「□ 있음」에 ∨표 한 경우 아래 해당 항목에서 자세히 작성합니다.

※ 재산목록 요약표와 소명 자료 또는 진술서의 기재내용이 서로 불일치한 경우에는 허위 진술 혹은 불성실한 보고로 간주되어 불이익 처분을 받을 수 있습니다.

재산목록 요약표							단위: 원
적극재산	해당 유무	건수	항목소계	적극재산	해당 유무	건수	항목소계
1. 부 동 산	■있음 □없음	3	650,000,000	7. 차 량	□있음 ■없음		
2. 예·적 금	■있음 □없음	3	100,000,000	8. 유체동산 (귀금속, 골동품, 예술품 등)	□있음 ■없음		
3. 보 험	■있음 □없음	2	120,000,000	9. 기타 재산권 (회원권, 저작권, 상표권 등)	□있음 ■없음		
4. 증 권 등	□있음 ■없음			10. 대여금	□있음 ■없음		
5. 보증금반환채권	□있음 ■없음			11. 기 타 채 권	□있음 ■없음		
6. 현 금	□있음 ■없음			① 적극재산 합계	870,000,000원		
소극재산	해당 유무	건수	항목소계	소극재산	해당 유무	건수	항목소계
12. 담보대출	■있음 □없음	1	100,000,000	14. 기 타 채 무	□있음 ■없음		
13. 보증금 반환채무	■있음 □없음	1	200,000,000	② 소극재산 합계	300,000,000원		
재산총액	①-② 570,000,000원						

	건수	부동산 종류	소재지	시가	
부동산	부1	■토지 ■건물	서울 용산구 후암동 ○○○ 소재 토지 및 주택	350,000,000	□ 공시지가 ■ 실거래가
	부2	■토지 ■건물	서울 노원구 상계동 ○○아파트 202동 301호	300,000,000	□ 공시지가 ■ 실거래가
	부3	□토지 □건물			□ 공시지가 □ 실거래가
	부4	□토지 □건물			□ 공시지가 □ 실거래가
	부5	□토지 □건물			□ 공시지가 □ 실거래가
	부6	□토지 □건물			□ 공시지가 □ 실거래가
	부7	□토지 □건물			□ 공시지가 □ 실거래가
	※ 작성란 부족시 건수 연속 기재하여 별지목록으로 작성하여 첨부합니다.				
	1. 부동산 총액		650,000,000원		

	건수	금융기관명	계좌번호	잔고
예·적금	1	농협은행	1000-2222-3333-01	50,000,000원
	2	신한은행	2000-2222-1111-1111	50,000,000원
	3			
	4			
	5			
	6			
	7			
	※ 작성란 부족시 건수 연속 기재하여 별지목록으로 작성하여 첨부합니다.			
	2. 예금총액	100,000,000원		

	건수	보험회사명	보험증권번호	월 납입액	납입금총액 (월납입금x납입횟수)
보험	보1	삼성생명	1234567		120,000,000원
	보2				
	보3				
	보4				
	보5				
	보6				
	보7				
	※ 작성란 부족시 건수 연속 기재하여 별지목록으로 작성하여 첨부합니다.				
	3. 보험총액	120,000,000원			

※ 평가기준일(. . .)

증권 등	건수	보유주식명	보유량	주당평가액	평가총액 (1주 평가액×보유량)
	주1				
	주2				
	주3				
	주4				
	주5				
	건수	펀드명	계좌번호		평가총액
	편1				
	편2				
	편3				
	편4				
	편5				
	※ 작성란 부족시 건수 연속 기재하여 별지목록으로 작성하여 첨부합니다.				
	4. 증권 등 총액				

<table>
<tr><td rowspan="30">그
외
적
극
재
산</td><td>자산항목</td><td colspan="8">내 용</td></tr>
<tr><td rowspan="2">보 증 금
반환채권</td><td colspan="4">소재지</td><td colspan="3">보증금</td><td>임대기간</td></tr>
<tr><td colspan="4"></td><td colspan="3"></td><td></td></tr>
<tr><td>현 금</td><td colspan="8"></td></tr>
<tr><td rowspan="3">차 량</td><td>건수</td><td colspan="2">차종</td><td>년식</td><td colspan="3">등록번호</td><td>시가</td></tr>
<tr><td>차1</td><td colspan="2"></td><td></td><td colspan="3"></td><td></td></tr>
<tr><td>차2</td><td colspan="2"></td><td></td><td colspan="3"></td><td></td></tr>
<tr><td rowspan="5">유체동산</td><td colspan="8">• 골동품, 예술품, 귀금속, 악기 등 고가의 유체동산 내역을 작성합니다.</td></tr>
<tr><td colspan="2">유체동산명</td><td colspan="2">시가</td><td colspan="3">유체동산명</td><td>시가</td></tr>
<tr><td>유1</td><td></td><td colspan="2"></td><td>유4</td><td colspan="2"></td><td></td></tr>
<tr><td>유2</td><td></td><td colspan="2"></td><td>유5</td><td colspan="2"></td><td></td></tr>
<tr><td>유3</td><td></td><td colspan="2"></td><td>유6</td><td colspan="2"></td><td></td></tr>
<tr><td rowspan="5">기타 재산권</td><td colspan="8">▽피후견인의 회원권, 저작권, 특허권 등에 관해 작성합니다,</td></tr>
<tr><td colspan="4">재 산 권 명</td><td colspan="4">가 액 (산정가능한 경우)</td></tr>
<tr><td colspan="4"></td><td colspan="4"></td></tr>
<tr><td colspan="4"></td><td colspan="4"></td></tr>
<tr><td colspan="4"></td><td colspan="4"></td></tr>
<tr><td rowspan="4">대여금</td><td colspan="2">대여일</td><td colspan="2">채무자</td><td colspan="2">채권액</td><td colspan="2">채권회수예정일</td></tr>
<tr><td colspan="2"></td><td colspan="2"></td><td colspan="2"></td><td colspan="2"></td></tr>
<tr><td colspan="2"></td><td colspan="2"></td><td colspan="2"></td><td colspan="2"></td></tr>
<tr><td colspan="2"></td><td colspan="2"></td><td colspan="2"></td><td colspan="2"></td></tr>
<tr><td rowspan="5">기 타 채 권</td><td colspan="2">채권발생일</td><td colspan="2">채무자명</td><td colspan="2">채권액</td><td colspan="2">채권회수예정일</td></tr>
<tr><td colspan="2"></td><td colspan="2"></td><td colspan="2"></td><td colspan="2"></td></tr>
<tr><td colspan="2"></td><td colspan="2"></td><td colspan="2"></td><td colspan="2"></td></tr>
<tr><td colspan="2"></td><td colspan="2"></td><td colspan="2"></td><td colspan="2"></td></tr>
<tr><td colspan="2"></td><td colspan="2"></td><td colspan="2"></td><td colspan="2"></td></tr>
<tr><td colspan="9">5. 그외 적극재산총액</td></tr>
</table>

• 소극재산의 해당 건수를 표기한 후 구체적 내용을 작성합니다

소극재산

담보대출

건 수	금 융 기 관	대 출 금	상 태
1	하나은행	100,000,000원	■정상 □가압류나 압류 등
			□정상 □가압류나 압류 등
			□정상 □가압류나 압류 등
			□정상 □가압류나 압류 등
			□정상 □가압류나 압류 등

보 증 금 반환채무

건 수	채권자	반환채무액	채무반환예정일
1	이△△ (임차인)	200,000,000원	

기타 채무

신용대출

대출일	금 융 기 관	대 출 금	대출만기예정일

보험대출(약관)

대출일	보 험 기 관/ 보험증권번호	대 출 금 액	대출금상환예정일
	/		
	/		
	/		

차용금

차용일	채 권 자	차 용 금 액	차용금상환예정일

기타

내 용	금 액

※ 작성란 부족시건수 연속 기재하여 별지목록으로 작성하여 첨부합니다.

6. 소극재산 총액	300,000,000원

재 산 총 액	(1+2+3+4+5)−6 = 570,000,000원

수 입 내 역	피후견인의 예상수입에 대해 구체적인 내용을 기재하는 란입니다. ▽건수 란에는 위 재산목록에 작성했던 건수 중 소득이 발생하는 해당 건수를 작성합니다.. ※ 공동소유일 경우 실제 피후견인의 지분에 따른 수입분만 기재합니다.

<table>
<tr><td rowspan="7">임대소득</td><td>부 동 산 건 수</td><td colspan="2">월 소 득 액×12개월 =1년 임대소득</td></tr>
<tr><td>1</td><td colspan="2">월 (100만)원 × 12개월 = (12,000,000)원</td></tr>
<tr><td></td><td colspan="2">월 ( )원 × 12개월 = ( )원</td></tr>
<tr><td></td><td colspan="2">월 ( )원 × 12개월 = ( )원</td></tr>
<tr><td></td><td colspan="2">월 ( )원 × 12개월 = ( )원</td></tr>
<tr><td></td><td colspan="2">월 ( )원 × 12개월 = ( )원</td></tr>
<tr><td>① 임대소득 합계</td><td colspan="2">12,000,000원</td></tr>
<tr><td rowspan="7">연 금 및 사 회 보 장 수 급 권</td><td>수 급 명 칭</td><td colspan="2">월 수 급 액×12개월 =1년 수급총액</td></tr>
<tr><td>국민연금</td><td colspan="2">월 (90만)원 × 12개월 = (10,800,000)원</td></tr>
<tr><td></td><td colspan="2">월 ( )원 × 12개월 = ( )원</td></tr>
<tr><td></td><td colspan="2">월 ( )원 × 12개월 = ( )원</td></tr>
<tr><td></td><td colspan="2">월 ( )원 × 12개월 = ( )원</td></tr>
<tr><td></td><td colspan="2">월 ( )원 × 12개월 = ( )원</td></tr>
<tr><td>② 수 급 합 계</td><td colspan="2">10,800,000원</td></tr>
<tr><td rowspan="4">보험금수령액</td><td>보 험 사 명</td><td>보 험 증 권 번 호</td><td>수 령 금 총 액</td></tr>
<tr><td></td><td></td><td>년</td></tr>
<tr><td></td><td></td><td>년</td></tr>
<tr><td>③보험금 수령액 합계</td><td></td><td></td></tr>
<tr><td rowspan="4">이자소득</td><td>건 명</td><td colspan="2">이 자 수 익</td></tr>
<tr><td></td><td colspan="2"></td></tr>
<tr><td></td><td colspan="2"></td></tr>
<tr><td>④이자소득 합계</td><td colspan="2"></td></tr>
<tr><td>수입항목</td><td colspan="3">소 득 금 액</td></tr>
<tr><td>자영수입</td><td colspan="3">⑤</td></tr>
<tr><td>근로소득</td><td colspan="3">⑥</td></tr>
<tr><td>개인연금소득</td><td colspan="3">⑦</td></tr>
<tr><td>기타수입</td><td colspan="3">⑧</td></tr>
<tr><td>수 입 총 액</td><td colspan="3">①+②+③+④+⑤+⑥+⑦+⑧ = 22,800,000원</td></tr>
</table>

지 출 내 역	피후견인의 예상지출에 대해 구체적인 내용을 기재하는 란입니다.

<table>
<tr><td rowspan="20">지
출
계
획</td><td colspan="4">거소상태에 v표 하고 해당 항목에서 자세히 작성합니다.
※ 지출계획은 후견인이나 가족을 제외한 피후견인만을 대상으로 합니다. 피후견인의 재산으로 후견인 및 동거 가족의 생활비 등을 지출하는 경우, 그에 대한 지출계획은 증빙서류를 첨부하여 별지로 작성합니다.</td></tr>
<tr><td>거소상태</td><td></td><td>항 목</td><td>지출계획</td></tr>
<tr><td rowspan="11">■ 자택</td><td rowspan="7">정기지출 항 목</td><td>주거비
(임대료, 관리비 등)</td><td>월( )원 ×12개월=( )원</td></tr>
<tr><td>의료비
(치료비, 약제비, 의료용품 구입비 등)</td><td>월( )원 ×12개월=( )원</td></tr>
<tr><td>식 비</td><td>월( )원 ×12개월=( )원</td></tr>
<tr><td>공과금</td><td>월( )원 ×12개월=( )원</td></tr>
<tr><td>피복비</td><td>월( )원 ×12개월=( )원</td></tr>
<tr><td>용돈</td><td>월( )원 ×12개월=( )원</td></tr>
<tr><td>기 타</td><td>월( )원 ×12개월=( )원</td></tr>
<tr><td rowspan="4">비정기지출 항 목</td><td></td><td></td></tr>
<tr><td></td><td></td></tr>
<tr><td></td><td></td></tr>
<tr><td></td><td></td></tr>
<tr><td rowspan="10">■ 시설
(예: 요양(병)원, 사회복지시설, 정신병원, 일반 및 재활병원 등)</td><td rowspan="6">정기지출 항 목</td><td>입원비</td><td>월(80만)원 ×12개월=(9,600,000)원</td></tr>
<tr><td>간병비</td><td>월(20만)원 ×12개월=(2,400,000)원</td></tr>
<tr><td>의료비
(물리 또는 재활 치료비, 의료용품 구입비 등)</td><td>월( )원 ×12개월=( )원</td></tr>
<tr><td>식 비</td><td>월( )원 ×12개월=( )원</td></tr>
<tr><td>공과금</td><td>월( )원 ×12개월=( )원</td></tr>
<tr><td>기 타 (대출이자)</td><td>월(20만)원 ×12개월=(2,400,000)원</td></tr>
<tr><td rowspan="4">비정기지출 항 목</td><td></td><td></td></tr>
<tr><td></td><td></td></tr>
<tr><td></td><td></td></tr>
<tr><td></td><td></td></tr>
<tr><td colspan="3">총지출예산</td><td colspan="2"></td></tr>
</table>

후견인의 전체 의견	
후견인은 위와 같이 피후견인의 재산목록을 작성하여 보고합니다. 년 월 일 후견인 (서명 또는 날인)	

※ 감독법원에 최종 재산목록보고서를 제출할 때 후견인은 재산목록보고서에 기재한 적극재산, 소극재산, 수입 및 지출내역의 현황을 확인할 수 있도록 재산의 해당 유무와 건수를 표기한 후, 재산내역에 해당되는 각 증빙 서류(아래 예시 첨부서류 참조)를 첨부합니다.

공통사항				첨부서류			
1. 상속인금융거래조회서비스 또는 정부 3.0 안심상속 원스톱서비스 (특정후견제외, 재산이 없는 경우도 해당)				□ 조회결과지 제출			
적극재산	**해당 유무**	**건수**	**첨부서류**	**적극재산**	**해당 유무**	**건수**	**첨부서류**
2. 부동산	■있음 □없음	2	부동산 등기사항증명서 (토지, 건물)	7. 차　　량	□있음 ■없음		차량등록증 사본
3. 예 · 적금	■있음 □없음	2	작성기준일(후견심판확정일) 당일 잔고가 명시된 예금 잔액(잔고)확인서	8. 현금 및 유체동산 (귀금속, 골동품, 예술품 등)	□있음 ■없음		사진
4. 보 험	■있음 □없음	1	보험증권 사본, 보험사 발급 보험가입확인서, 보험료 납입증명서	9. 기타 재산권 (회원권, 저작권, 상표권 등)	□있음 ■없음		관련 증빙서류
5. 증권 등	□있음 ■없음		증권사 발행 잔고증명서	10. 대여금	□있음 ■없음		대여금증서, 영수증 등 사본
6. 보증금 반환채권	□있음 ■없음		부동산 임대차 계약서 사본	11. 기 타 채 권	□있음 ■없음		채권계약서 사본
소극재산	**해당 유무**	**건수**	**첨부서류**	**소극재산**	**해당 유무**	**건수**	**첨부서류**
12. 담보대출	■있음 □없음		대출기관이 발급한 대출내역 확인서	15. 보험대출	□있음 ■없음		보험대출(약관) 확인서
13. 보증금 반환채무	■있음 □없음		임대차계약서 사본	16. 차용금	□있음 ■없음		차용증 등 증빙 서류 사본
14. 신용대출	□있음 ■없음		신용대출내역확인서	17. 기타	□예정 ■완료		관련 증빙서류
수입내역	**해당 유무**	**건수**	**첨부서류**	**수입내역**	**해당 유무**	**건수**	**첨부서류**
18. 임대소득	■있음 □없음		부동산 임대차 계약서 사본	21. 근로소득	□있음 ■없음		근로소득원천 징수영수증
19. 연금 및 사회보장 수급권	■있음 □없음		연금수령내역 (국민연금, 기초노령연금, 기초생활보장급여 등이 입금되는 통장의 거래내역 사본 등)	22. 보험료 수입	□있음 ■없음		보험금 수령확인서
20. 자영 수입	□있음 ■없음		전년도 종합소득세 확정신고서	23. 기타수입 (예금이자, 저작권료 등)	□있음 ■없음		관련 증빙서류
기타항목							
※상속재산	■완료		국세청 제출 상속세신고서(상속세과세표준신고서 및 자진납부계산서와 부표 포함)				
	□예정		※ 성년(한정)후견의 경우, 피후견인이 상속인으로 개시된 상속이 있는 경우 작성합니다. ※ 미성년후견의 경우, 피후견인의 부모가 사망하여 상속이 개시된 경우 작성합니다.				

전산양식 C2605 **후견사무보고서**

○○○○ 법원

기본 후견감독사건 사건번호	

기 본 사 항

피후견인과 후견인의 기본 신상 정보를 기재합니다.

보고 대상기간	2018. 1. 1. ~ 2018. 12. 31.	후견종류	■성년후견 □한정후견 □특정후견 □임의후견 □미성년후견	
피 후 견 인				
성 명	김○○	주민등록번호	501000-1010101	
주 소	우편번호 (01160) 서울 서초구 법원로1길 1, 202호		연락처	☎ 02-533-9480
거 소 지	서울 은평구 불광동 ○○ 요양병원	주소변경여부	□ 변경사항 없음 ■ 변경사항 있음	
위 피후견인 외에 다른 피후견인이 있습니까? ■ 없음 □있음 · 있음에 ∨표한 경우 아래 항목을 작성합니다.				
성 명		주민등록번호		
주 소	우편번호 (-)		연락처	☎ - -
후 견 인				
성 명	김□□	주민등록번호	791010-2000101	
주 소	우편번호 (01160) 서울 서초구 법원로1길 1, 202호		연락처	☎ 010-6666-1111
피후견인과 관 계		주소변경여부	■ 변경사항 없음 □ 변경사항 있음	
※주소변경이 있을시 변경된 주소가 명시된 주민등록등본을 제출해야 합니다.				
위 후견인 외에 다른 후견인이 있습니까? ■ 없음 □있음 · 있음에 ∨표한 경우 아래 항목을 작성합니다.				
성 명	주민등록번호		연락처	☎
주 소	우편번호 (-)		피후견인과 관 계	
후견 감독인이 있습니까? ■ 없음 □있음 · 있음에 ∨표한 경우 아래 항목을 작성합니다.				
성 명	주민등록번호		연락처	☎
주 소	우편번호 (-)		피후견인과 관 계	

신 상 보 호

피후견인의 신상보호에 대해 구체적인 내용을 기재하는 란입니다.
해당되는 □에 ∨표 하고, ( )나 빈 공란에는 구체적인 내용을 작성합니다.

거소지 변경 상황	□ 거소지변경 없음 ■ 거소지변경 있음 · 1년 동안의 피후견인의 실제 거소지 변경 사항을 아래의 란에 작성합니다.		
		변경 시기	변경 주소
	거소지 1	2018. 5. 30.	자택에 거주하시다가 치매증세가 심해져 위 일시부터 ○○요양병원에 모셔 입원가료 중입니다.
	거소지 2		
	거소지 3		

<table>
<tr><td>대면접촉
빈 도</td><td colspan="3">□ 매일 ■ 주 (1)회 □ 월 ( )회 □ 연 ( )회</td></tr>
<tr><td rowspan="2">기타접촉
빈 도</td><td>□ 전화, 서신, 이메일 등</td><td colspan="2">□ 매일 □수 ( )회 □월 ( )회 □연 ( )회</td></tr>
<tr><td>■기타(다른 식구들 주 1회)</td><td colspan="2">□ 매일 □주 ( )회 □월 ( )회 □연 ( )회</td></tr>
<tr><td rowspan="4">생활형태</td><td>거 주 형 태</td><td colspan="2">□ 주택,아파트 □ 요양원 ■ 요양병원 □ 일반 병원 및 재활병원
□ 정신병원 □ 사회복지시설 □ 기타 ( )</td></tr>
<tr><td>소 유 형 태</td><td colspan="2">■ 자가 □ 전세 □ 월세 □ 무상</td></tr>
<tr><td colspan="3">• 피후견인이 거주하는 주택의 소유자 또는 계약자는 누구입니까? 성명(피후견인) 관계(본인)</td></tr>
<tr><td>동 거 인</td><td colspan="2"><table>
<tr><th>성 명</th><th>피후견인과 관 계</th><th>연 령</th><th>직 업</th><th>월 수 입</th></tr>
<tr><td>박○○</td><td>배우자</td><td>80세</td><td>없음</td><td>0원</td></tr>
<tr><td></td><td></td><td>세</td><td></td><td>원</td></tr>
<tr><td></td><td></td><td>세</td><td></td><td>원</td></tr>
<tr><td></td><td></td><td>세</td><td></td><td>원</td></tr>
</table></td></tr>
<tr><td rowspan="7">건 강 상 태</td><td colspan="3">• 해당 □에 √표하고 아래 칸에 구체적인 상황을 작성합니다.</td></tr>
<tr><td rowspan="2">진 단 명</td><td colspan="2">■ 변화없음 □ 변화있음</td></tr>
<tr><td colspan="2">(뇌병변)장애, (1)급</td></tr>
<tr><td rowspan="2">정신적 상태</td><td colspan="2">■ 변화 없음 □ 상태 호전 □ 상태 악화</td></tr>
<tr><td colspan="2"></td></tr>
<tr><td rowspan="2">신체적 상태</td><td colspan="2">□ 변화 없음 □ 상태 호전 ■ 상태 악화</td></tr>
<tr><td colspan="2">수술을 한번 받았고, 집에서 모실수 없어 요양병원으로 옮겼습니다.</td></tr>
<tr><td rowspan="8">제공된
후견서비스</td><td>서비스 항목</td><td colspan="2">서비스 내용</td></tr>
<tr><td>■ 생활유지</td><td colspan="2">* 자택요양 상태 및 생활유지방법, 시설요양 상태 등
(요양병원에 입원가료 중이고, 앞으로도 계속 그곳에 모실 생각입니다)</td></tr>
<tr><td>■ 간호형태</td><td colspan="2">* 공동간병인,개인간병인, 그 외 간병하는 사람 및 시간 등
(공동간병인을 두고 있습니다)</td></tr>
<tr><td>■ 의 료</td><td colspan="2">* 신체적, 정신적 의료적 치료, 검진, 진료 등 제공된 서비스
(2018. 3. 서울아산병원에서 뇌수술을 받았고, 이후 정기적으로 병원에 방문하고 있습니다)</td></tr>
<tr><td>□ 재 활</td><td colspan="2">* 재활서비스 유무 및 시간, 방법, 치료목적 등</td></tr>
<tr><td>□ 교 육</td><td colspan="2">* 피후견인에게 도움이 되는 교육서비스</td></tr>
<tr><td>□ 시설입퇴소</td><td colspan="2"></td></tr>
<tr><td>□ 기 타</td><td colspan="2"></td></tr>
<tr><td rowspan="5">신 상 에
관 한
특이사항
및 의견</td><td rowspan="2">후견지속
여부</td><td colspan="2">■ 지속 □ 종료</td></tr>
<tr><td>사유</td><td>호전가능성이 없습니다.</td></tr>
<tr><td rowspan="2">후견범위
변경여부</td><td colspan="2">■ 변경 없음 □ 변경 있음</td></tr>
<tr><td>변경내용</td><td></td></tr>
<tr><td>향 후
보 호 계 획</td><td colspan="2">피후견인의 건강이 악화되었고, 배우자인 모친 또한 연로하여 피후견인을 돌보기 어렵기 때문에 요양병원에 모시게 되었고, 특별한 호전이 없으면 향후에도 계속 요양병원에서 생활하도록 할 계획이며, 후견인을 포함한 가족들이 자주 방문하여 안정을 취해드릴 생각입니다.</td></tr>
</table>

재산목록

피후견인의 보유자산에 대해 구체적인 내용을 기재하는 란입니다.
재산목록 요약표에 해당 재산이 「□ 있음」∨표 한 경우에 아래 해당 항목에서 자세히 작성합니다.

※ 재산목록 요약표와 소명자료 또는 진술서의 기재내용이 서로 불일치한 경우에는 허위 진술 혹은 불성실한 보고로 간주되어 불이익 처분을 받을 수 있습니다.

재산목록 요약표			
적극재산항목	**해당유무**	**건수**	**항목소계 (단위: 원)**
1. 부 동 산	■있음 □없음	2	650,000,000
2. 예·적 금	■있음 □없음	2	70,000,000
3. 보 험	■있음 □없음	1	120,000,000
4. 증 권 등	□있음 □없음		
5. 보증금반환채권	□있음 □없음		
6. 현 금	□있음 □없음		
7. 차 량	□있음 □없음		
8. 유 체 동 산 (귀금속, 골동품, 예술품 등)	□있음 □없음		
9. 기타 재산권 (회원권, 저작권, 상표권 등)	□있음 □없음		
10. 대 여 금	□있음 □없음		
11. 기 타 채 권	□있음 □없음		
① 적극재산 합계			840,000,000
소극재산 항목	**해당유무**	**건수**	**항목소계 (단위: 원)**
12. 담 보 대 출	■있음 □없음	1	100,000,000
13. 보증금반환채무	■있음 □없음	1	200,000,000
14. 기 타 채 무	□있음 □없음		
② 소극재산 합계			300,000,000
재산총액	①-② 540,000,000원		

	건수	부동산 종류	소재지	시가	
부동산	부1	■토지 ■건물	서울 용산구 후암동 200-1 소재 토지 및 주택	350,000,000	□ 공시지가 ■ 실거래가
	부2	■토지 ■건물	서울 노원구 상계동 ○○아파트 202동 301호	300,000,000	□ 공시지가 ■ 실거래가
	부3	□토지 □건물			□ 공시지가 □ 실거래가
	부4	□토지 □건물			□ 공시지가 □ 실거래가
	부5	□토지 □건물			□ 공시지가 □ 실거래가
	부6	□토지 □건물			□ 공시지가 □ 실거래가
	부7	□토지 □건물			□ 공시지가 □ 실거래가
	※작성란 부족시 건수 연속 기재하여 별지목록으로 작성하여 첨부합니다.				
	1. 부동산 총액		650,000,000		

	건수	금융기관명	계좌번호	잔고
예·적금	1	농협은행	1000-2222-3333-01	50,000,000원
	2	신한은행	2000-2222-1111-1111	20,000,000원
	3			
	4			
	5			
	6			
	7			
	※작성란 부족시 건수 연속 기재하여 별지목록으로 작성하여 첨부합니다.			
	2. 예 금 총 액		70,000,000원	

보험	건수	보험회사명	보험 증권번호	월 납입액	납입금 총액 (월납입금 x 납입횟수)
	보1	삼성생명	1234567		120,000,000원
	보2				
	보3				
	보4				
	보5				
	보6				
	보7				
	※ 작성란 부족시 건수 연속 기재하여 별지목록으로 작성하여 첨부합니다.				
	3. 보험총액	120,000,000원			

※ 평가기준일 (　　년　월　일)

증권 등	건수	보유주식명	보유량	주당평가액	평가총액 (1주 평가액×보유량)
	주1				
	주2				
	주3				
	주4				
	건수	펀드명	계좌번호	평가총액	
	편1				
	편2				
	편3				
	편4				
	※ 작성란 부족시 건수 연속 기재하여 별지목록으로 작성하여 첨부합니다.				
	4. 증권 등 총액				

자산항목	내 용

그 외 적극재산

보증금 반환채권	소재지	보증금	임대기간

현 금	

차 량	건수	차종	년식	등록번호	시가
	차1				
	차2				

유체동산

▽ 골동품, 예술품, 귀금속, 악기 등 고가의 유체동산 내역을 작성합니다.

유체동산명		시가	유체동산명		시가
유1			유4		
유2			유5		
유3			유6		

기타 재산권

▽ 피후견인의 회원권, 저작권, 특허권 등에 관해 작성합니다.

재 산 권 명	가 액 (산정가능한 경우)

대여금

대여일	채무자명	채권액	채권회수예정일

기타 채권

채권발생일	채무자명	채권액	채권회수예정일

5. 그외 적극재산 총액	

• 소극재산의 해당 건수를 표기한 후 구체적 내용을 작성합니다.

소극재산

구분	건 수	금 융 기 관	대 출 금	상 태
담보대출	1	하나은행	100,000,000원	■정상 □가압류나 압류 등
				□정상 □가압류나 압류 등
				□정상 □가압류나 압류 등
				□정상 □가압류나 압류 등
				□정상 □가압류나 압류 등

구분	건 수	채권자	반환채무액	채무반환예정일
보 증 금 반환채무	1	이△△ (임차인)	200,000,000원	

기타채무	대출일	금 융 기 관	대 출 금	대출만기예정일
신용대출				

기타채무	대출일	보 험 기 관/ 보험증권번호	대 출 금 액	대출금상환예정일
보험대출 (약관)		/		
		/		
		/		

기타채무	차용일	채 권 자	차 용 금 액	차용금상환예정일
차용금				

기타채무	내 용	금 액
기 타		

※ 작성란 부족시 건수 연속 기재하여 별지목록으로 작성하여 첨부합니다.

6. 소극재산 총액	300,000,000원
재 산 총 액	(1+2+3+4+5)−6 = 540,000,000원

수 입 내 역	피후견인의 예상수입에 대해 구체적인 내용을 기재하는 란입니다. ▽건수 란에는 위 재산목록에 작성했던 건수 중 소득이 발생하는 해당 건수를 작성합니다.. ※ 공동소유일 경우 실제 피후견인의 지분에 따른 수입분만 기재합니다.

구분	부 동 산 건 명	월 소 득 액×12개월 =1년 임대소득
임대소득	1	월 (110만)원 × 12개월 = (12,000,000)원
		월 ( )원 × 12개월 = ( )원
		월 ( )원 × 12개월 = ( )원
		월 ( )원 × 12개월 = ( )원
		월 ( )원 × 12개월 = ( )원
	① 임대소득 합계	13,200,000원
연 금 및 사회보장 수 급 권	수 급 명 칭	월 수 급 액×12개월 =1년 수급총액
	국민연금	월 (90만)원 × 12개월 = (10,800,000)원
		월 ( )원 × 12개월 = ( )원
		월 ( )원 × 12개월 = ( )원
		월 ( )원 × 12개월 = ( )원
		월 ( )원 × 12개월 = ( )원
	② 수 급 합 계	10,800,000원

구분	보 험 사 명	보 험 증 권 번 호	수 령 금 총 액	
보험금 수령액				□일시금 □분할지급
				□일시금 □분할지급
				□일시금 □분할지급
	③ 보험금 수령액 합계			

구분	건 명	이 자 수 익
이 자 소 득		
	④ 이자소득합계	

수 입 항 목	소 득 금 액
자 영 수 입	⑤
근 로 소 득	⑥
개인연금소득	⑦
기 타 수 입	⑧
수 입 총 액	①+②+③+④+⑤+⑥+⑦+⑧ = 24,000,000원

지 출 내 역

피후견인의 지출내역에 대해 구체적인 내용을 기재하는 란입니다.

거소상태에 ∨표 하고 해당 항목에서 자세히 작성합니다.

※ 지출내역은 후견인이나 가족을 제외한 피후견인만을 대상으로 합니다. 피후견인의 재산으로 후견인 및 동거 가족의 생활비 등을 지출한 경우, 그에 대한 지출내역은 증빙서류를 첨부하여 별지로 작성합니다.

지출내역	거 소 상 태		항 목	지 출 내 역
	■ 자택	정기지출 항 목	주 거 비 (임대료, 관리비 등)	월( )원 ×12개월=( )원
			의 료 비 (치료비, 약제비, 의료용품 구입비 등)	월( )원 ×12개월=( )원
			식 비	월( )원 ×12개월=( )원
			공 과 금	월( )원 ×12개월=( )원
			피 복 비	월( )원 ×12개월=( )원
			용 돈	월( )원 ×12개월=( )원
			기 타	월( )원 ×12개월=( )원
		비정기지출 항 목		
	■ 시설 (예: 요양(병)원, 사회복지시설, 정신병원, 일반 및 재활병원 등)	정기지출 항 목	입 원 비	월(80만)원 ×12개월=(9,600,000)원
			간 병 비	월(20만)원 ×12개월=(2,400,000)원
			의 료 비 (물리 또는 재활 치료비, 의료용품 구입비 등)	월( )원 ×12개월=( )원
			식 비	월( )원 ×12개월=( )원
			공 과 금	월( )원 ×12개월=( )원
			기 타 (대출이자)	월(20만)원 ×12개월=(2,400,000)원
		비정기지출 항 목	수술비 등	30,000,000원
지 출 총 액				

<table>
<tr><td rowspan="5">재산변동
상 황</td><td>□ 부동산</td><td>■ 예·적 금</td><td>□ 보험</td><td>□ 증권 등</td><td>□ 보증금반환채권</td></tr>
<tr><td>□ 현금</td><td>□ 차량</td><td>□ 유체동산</td><td>□ 기타 재산권</td><td>□ 대여금</td></tr>
<tr><td>□ 담보대출</td><td>□ 담보대출</td><td>□ 보증금반환채무</td><td>□ 기타 채무</td><td>□ 변동 없음</td></tr>
<tr><td colspan="5">※ 변동항목이 있는 경우 해당 항목 □에 표 ∨하고, 변동상황을 아래의 칸에 작성합니다.</td></tr>
<tr><td colspan="5">- 피후견인의 수술비 및 입원비, 그리고 이로 인한 치료비 등으로 30,000,000원이 지출되었습니다.
- 피후견인이 소유하는 아파트의 임차인과 재계약을 하여 임대료를 월 100만원으로 인상하였습니다.</td></tr>
<tr><td>향후지출
및
관리계획</td><td colspan="5">- 피후견인의 예금잔고가 다소 줄어들었으나, 현재 피후견인의 정기적인 수입으로 요양병원비와 간병비가 충분히 지출될 수 있습니다.
- 다만, 건강이 악화되어 추가적인 수술 등으로 인해 치료비가 증가할 가능성이 있습니다.
- 이로 인해 예상되는 지출비용은 먼저 보험금 수령액으로 해결할 생각이며, 부동산을 처분해야 할 정도는 아니라고 생각됩니다.</td></tr>
<tr><td>재산보고
관련
특이사항
및
의 견</td><td colspan="5"></td></tr>
</table>

후견인의 전체 의견	- 생략

후견인은 위와 같이 피후견인의 신상 및 재산 상황을 작성하여 보고합니다.

년 월 일

후견인 (서명 또는 날인)

※ 감독법원에 최종 후견사무보고서를 제출할 때 후견인은 후견사무보고서에 기재한 적극재산, 소극재산, 수입 및 지출 내역의 현황과 변동상황을 확인할 수 있도록 재산의 해당 유무와 건수를 표기한 후, 재산내역에 해당되는 각 증빙서류(아래 예시 첨부서류 참조)를 첨부합니다.
※ 후견사무보고서는 통상 1년에 1회 제출하지만, 후견특성에 따라 제출 횟수가 변동 될 수 있습니다.

적극재산	해당 유무	건수	첨부서류	적극재산	해당 유무	건수	첨부서류
2. 부동산	□있음 □없음		부동산 등기사항 증명서(토지, 건물)	7. 차량	□있음 □없음		차량등록증 사본
3. 예·적금	□있음 □없음		보고대상기간의 피후견인 계좌 입·출금 내역서	8. 현금 및 유체동산(귀금속, 골동품, 예술품 등)	□있음 □없음		사진
4. 보험	□있음 □없음		보험증권 사본, 보험사 발급 보험가입확인서, 보험료 납입증명서	9. 기타 재산권 (회원권, 저작권, 상표권 등)	□있음 □없음		관련 증빙서류
5. 증권 등	□있음 □없음		증권사 발행 잔고증명서, 주식 및 펀드 거래내역서	10. 대여금	□있음 □없음		대여금증서, 영수증 등 사본
6. 보증금 반환채권	□있음 □없음		부동산 임대차 계약서 사본	11. 기타채권	□있음 □없음		채권계약서 사본
소극재산	**해당 유무**	**건수**	**첨부서류**	**소극재산**	**해당 유무**	**건수**	**첨부서류**
12. 담보대출	□있음 □없음		대출기관이 발급한 대출내역 확인서	15. 보험대출	□있음 □없음		보험대출(약관) 확인서
13. 보증금 반환채무	□있음 □없음		임대차계약서 사본	16. 차용금	□있음 □없음		차용증 등 증빙서류 사본
14. 신용대출	□있음 □없음		신용대출내역 확인서	17. 기타	□예정 □완료		관련 증빙서류
수입내역	**해당 유무**	**건수**	**첨부서류**	**수입내역**	**해당 유무**	**건수**	**첨부서류**
18. 임대소득	□있음 □없음		부동산 임대차 계약서 사본	21. 근로소득	□있음 □없음		근로소득원천 징수영수증
19. 연금 및 사회보장 수급권	□있음 □없음		연금수령내역 (국민연금, 기초노령연금, 기초생활보장급여 등이 입금되는 통장의 거래내역 사본 등)	22. 보험료수입	□있음 □없음		보험금 수령확인서
20. 자영수입	□있음 □없음		전년도 종합소득세 확정신고서	23. 기타수입 (예금이자, 저작권료 등)	□있음 □없음		관련 증빙서류
기타항목							
※상속재산	□완료		국세청 제출 상속세신고서(상속세과세표준신고서 및 자진납부계산서와 부표 포함)				
	□예정		※ 성년(한정)후견의 경우, 피후견인이 상속인으로 개시된 상속이 있는 경우 작성합니다. ※ 미성년후견의 경우, 피후견인의 부모가 사망하여 상속이 개시된 경우 작성합니다.				

전산양식 C2606

후견감독사무보고서

<table>
<tr><td colspan="5" align="right">○○○○법원</td></tr>
<tr><td colspan="5">기본 후견감독사건 사건번호</td></tr>
<tr><td colspan="5">기 본 사 항</td></tr>
<tr><td>감 독
대상기간</td><td>2018. 1. 1. ~
2018. 12. 31.</td><td>후 견 종 류</td><td colspan="2">□성년후견 □한정후견
□특정후견 ■임의후견
□미성년후견</td></tr>
<tr><td colspan="5">피 후 견 인</td></tr>
<tr><td>성 명</td><td>김 ○ ○</td><td>주민등록번호</td><td colspan="2">501000-1010101</td></tr>
<tr><td>주 소</td><td colspan="2">우편번호 (01160)
서울 서초구 법원로1길 1, 202호</td><td>연 락 처</td><td>☎ 02-533-9480</td></tr>
<tr><td colspan="5">후 견 인</td></tr>
<tr><td>성 명</td><td>사회복지법인 △</td><td>법인등록번호</td><td colspan="2">1111-1111</td></tr>
<tr><td>주 소</td><td colspan="2">우편번호 (06947)
경기도 시흥시</td><td>연 락 처</td><td>☎ 02) 466-6666</td></tr>
<tr><td>피후견인과
관 계</td><td>법인후견인</td><td>주소변경여부</td><td colspan="2">■ 변경사항 없음 □ 변경사항 있음</td></tr>
<tr><td colspan="5">복 수 후 견 인</td></tr>
<tr><td>성 명</td><td>주식회사 □□증권</td><td>법인등록번호</td><td colspan="2">1100-0001</td></tr>
<tr><td>주 소</td><td colspan="2">우편번호 (-)
서울 마포구</td><td>연 락 처</td><td>☎ 02) 778-8888</td></tr>
<tr><td>피후견인과
관 계</td><td>법인후견인</td><td>주소변경여부</td><td colspan="2">■ 변경사항 없음 □ 변경사항 있음</td></tr>
<tr><td colspan="5">후 견 감 독 인</td></tr>
<tr><td>성 명</td><td>이 현 곤</td><td>주민등록번호</td><td colspan="2"></td></tr>
<tr><td>주 소</td><td colspan="2">우편번호 (-)
서울 강남구 일원동</td><td>연 락 처</td><td>☎</td></tr>
<tr><td>피후견인과
관 계</td><td></td><td>후 견 인과
관 계</td><td colspan="2"></td></tr>
<tr><td colspan="5">감 독 경 과</td></tr>
<tr><td>감 독 일 시</td><td>감 독 대 상</td><td colspan="3">감독 장소 및 방법</td></tr>
<tr><td>2018. 1. 8.
2018. 4. 18.
2018. 7. 11
2018. 10. 19.</td><td>피후견인 및 후견인</td><td colspan="3">· 임의후견감독인의 사무소에서 후견인들과 피후견인에 대한 후견사무에 대한 보고 및 회의를 진행함.
· 2018. 4. 18 과 2018. 10. 19. 후견사무보고 회의에는 임의후견감독인이 피후견인을 먼저 만나, 후견인들의 후견사무에 대한 피후견인의 의견을 듣고, 이를 회의에 반영함.</td></tr>
</table>

감독내용

	감 독 항 목	그렇다	보통	아니다
신상보호	■ 후견인이 피후견인의 거주상황을 잘 파악하고 있다.	○		
	■ 후견인이 피후견인과 정기적인 접촉을 하고 있다.	○		
	■ 후견인이 피후견인의 신체 및 정신 건강상태를 잘 파악하고 있다.		○	
	■ 후견인이 피후견인의 건강에 대한 적절한 조치를 하고 있다.	○		
	■ 후견인이 간호, 주거확보, 의료, 재활 등의 후견 서비스를 제공하였다.	○		
	■ 후견인이 피후견인의 보호계획을 적절하게 세우고 있다.	○		
	■ 피후견인에 대한 후견인의 방치는 관찰되지 않았다.	○		
	■ 피후견인에 대한 후견인의 학대는 관찰되지 않았다.	○		
재산관리	■ 후견인이 피후견인의 재산상황을 잘 파악하고 있다.	○		
	■ 피후견인의 정기수입에 대해 잘 파악하고 있다.	○		
	■ 피후견인의 정기지출에 대해 잘 파악하고 있다.	○		
	■ 피후견인의 수입누락이 관찰되지 않았다.	○		
	■ 지출항목이 적절하다.		○	
	■ 후견인의 개인 지출이 관찰되지 않았다.	○		
	■ 후견인의 재산 횡령이 관찰되지 않았다.	○		
일반	■ 후견인이 정해진 기한 내에 보고서를 제출하였다.	○		
	■ 후견인이 피후견인의 후견사무를 계속하기를 원하고 있다.	○		
	■ 후견인이 후견활동에 적극적이다.	○		
	■ 후견인이 감독에 협조적이다.	○		
	■ 피후견인 및 관계인의 불만이 관찰되지 않았다.		○	
	■ 후견인 변경의견이 관찰되지 않았다.	○		
	※ 후견인 변경의견이 관찰된 경우 아래 내용을 작성합니다.			
	■ 변경 의사	□ 후견인 □ 피후견인 □ 관계인		
	■ 변경 사유			

※ 후견인의 신상보호, 재산관리, 일반사무 활동에 대한 감독의견을 다음과 같이 작성합니다.

감독내용

신상보호

· 피후견인의 신상보호에 대한 후견인인 사회복지법인 △의 피후견인 담당자는 신상보호에 매우 적극적인 편임.

· 다만 피후견인이 장애인 재활 그룹홈에서 독립을 하게 되면서, 피후견인 혼자 지내게 된 환경이 피후견인의 우울증 및 정서장애 등을 유발한 원인이 된 것으로 임의후견감독인의 피후견인과의 대화중에 관찰되었음(피후견인은 성인이 될 때까지 독립된 생활을 해본 경험이 없었지만, 피후견인이 장애인 재활 그룹홈에서 독립하고 싶다는 의사를 피후견인에게 전달하여 피후견인이 독립된 생활이 가능할 수 있는지 6개월간 그룹홈에서 독립하여 생활해 보는 것으로 협의함).

· 사회복지법인의 △의 피후견인 담당자는 피후견인을 정기적으로 만나는 횟수가 한달에 한 번 정도로 정해져있으며, 담당자 한사람이 업무시간 안에 여러 명에 대한 후견사무를 제공해야하기 때문에 후견인이 피후견인의 우울증 등의 발견이 늦어진 것으로 사료됨.

· 임의후견감독인이 피후견인을 만났을 때 피후견인은 대화 내내 눈물을 보이고, 살고 싶지 않다고 하는 말을 하는 등 상태가 심각한 것으로 판단되었음. 따라서 임의후견감독인은 후견인인 사회복지법인 △의 담당자에게 피후견인의 상태가 안정이 될 때까지, 피후견인과 정기적인 만남을 적어도 월 2회까지 늘리고 일주일에 한 번 이상 안부 연락을 해주길 당부하고, 피후견인의 진료시간에 동석하여 담당의사의 의견을 듣고 임의후견감독인에게 따로 보고하기로 함.

재산관리

· 주식회사 □□증권은 피후견인의 재산관리를 담당하고 있는 후견인이자 피후견인 재산의 수탁자로서, 정기예금 등의 안전자산으로 피후견인의 재산을 운용하고 있음.

· 후견인은 피후견인의 재산을 안전형으로만 운영하기로 임의후견계약에서 정하였기 때문에 후견인이 피후견인의 재산을 목적범위 외로 사용할 수 있는 가능성은 전혀 없음. 피후견인도 임의후견계약 체결 당시 이부분에 대한 내용을 자세히 설명하였기 때문에 매달 생활비로 후견인에게서 지급받는 돈안에서 후견인과 지출계획을 세우고 이를 실천하려고 노력하는 것으로 보임.

· 그러나 피후견인이 독립을 결심하면서, 신탁한 재산을 처분하여 본인명의로 부동산을 구입하길 원하고 있음.

· 피후견인이 독립을 위한 준비가 되었다는 판단이 되었을 때, 후견인들과 상의하여 신탁계약을 해지하고 피후견인 지내기에 적절한 부동산을 추후에 구입하기로 함.

종합의견

후견인들은 상호 교류하며 피후견인에게 알맞은 후견사무를 제공하기 위해 최선을 다하고 있는 것으로 판단되고 있으며, 피후견인도 후견인들이 제공하는 후견사무에 대한 직접적인 불만은 없는 것으로 보임.
임의후견감독인이 1년 동안 활동하며, 느끼는 아쉬운 점이 있다면 피후견인이 일상생활에 대한 기본적인 관심 뿐 만 아니라, 피후견인의 감정이나 건강상태를 면밀히 살핌으로서 피후견인 느끼는 우울감이나 소외감등을 최소화하고 피후견인 조금 더 사회에 적응할 수 있도록 피후견인의 관심을 유발하는 체험활동의 기회를 만들어야 겠다는 반성이드는 한해였음.

위와 같이 후견감독사무보고서를 제출합니다.

20 . . .

후 견 감 독 인 (서명 또는 날인)

부록 3

관계법령

민 법

[시행 2018.2.1.] [법률 제14965호, 2017.10.31., 일부개정]

제1절 능력

제3조(권리능력의 존속기간) 사람은 생존한 동안 권리와 의무의 주체가 된다.

제4조(성년) 사람은 19세로 성년에 이르게 된다.[전문개정 2011. 3. 7.]

제5조(미성년자의 능력) ①미성년자가 법률행위를 함에는 법정대리인의 동의를 얻어야 한다. 그러나 권리만을 얻거나 의무만을 면하는 행위는 그러하지 아니하다.

② 전항의 규정에 위반한 행위는 취소할 수 있다.

제6조(처분을 허락한 재산) 법정대리인이 범위를 정하여 처분을 허락한 재산은 미성년자가 임의로 처분할 수 있다.

제7조(동의와 허락의 취소) 법정대리인은 미성년자가 아직 법률행위를 하기 전에는 전2조의 동의와 허락을 취소할 수 있다.

제8조(영업의 허락) ①미성년자가 법정대리인으로부터 허락을 얻은 특정한 영업에 관하여는 성년자와 동일한 행위능력이 있다.

② 법정대리인은 전항의 허락을 취소 또는 제한할 수 있다. 그러나 선의의 제삼자에게 대항하지 못한다.

제9조(성년후견개시의 심판) ① 가정법원은 질병, 장애, 노령, 그 밖의 사유로 인한 정신적 제약으로 사무를 처리할 능력이 지속적으로 결여된 사람에 대하여 본인, 배우자, 4촌 이내의 친족, 미성년후견인, 미성년후견감독인, 한정후견인, 한정후견감독인, 특정후견인, 특정후견감독인, 검사 또는 지방자치단체의 장의 청구에 의하여 성년후견개시의 심판을 한다.

② 가정법원은 성년후견개시의 심판을 할 때 본인의 의사를 고려하여야 한다.

[전문개정 2011. 3. 7.]

제10조(피성년후견인의 행위와 취소) ① 피성년후견인의 법률행위는 취소할 수 있다.

② 제1항에도 불구하고 가정법원은 취소할 수 없는 피성년후견인의 법률행위의 범위를 정할 수 있다.

③ 가정법원은 본인, 배우자, 4촌 이내의 친족, 성년후견인, 성년후견감독인, 검사 또는 지방자치단체의 장의 청구에 의하여 제2항의 범위를 변경할 수 있다.

④ 제1항에도 불구하고 일용품의 구입 등 일상생활에 필요하고 그 대가가 과도하지 아니한 법률행위는 성년후견인이 취소할 수 없다.

[전문개정 2011. 3. 7.]

제11조(성년후견종료의 심판) 성년후견개시의 원인이 소멸된 경우에는 가정법원은 본인, 배우자, 4촌 이내의 친족, 성년후견인, 성년후견감독인, 검사 또는 지방자치단체의 장의 청구에 의하여 성년후견종료의 심판을 한다.

[전문개정 2011. 3. 7.]

제12조(한정후견개시의 심판) ① 가정법원은 질병, 장애, 노령, 그 밖의 사유로 인한 정신적 제약으로 사무를 처리할 능력이 부족한 사람에 대하여 본인, 배우자, 4촌 이내의 친족, 미성년후견인, 미성년후견감독인, 성년후견인, 성년후견감독인, 특정후견인, 특정후견감독인, 검사 또는 지방자치단체의 장의 청구에 의하여 한정후견개시의 심판을 한다.

② 한정후견개시의 경우에 제9조 제2항을 준용한다.

[전문개정 2011. 3. 7.]

제13조(피한정후견인의 행위와 동의) ① 가정법원은 피한정후견인이 한정후견인의 동의를 받아야 하는 행위의 범위를 정할 수 있다.

② 가정법원은 본인, 배우자, 4촌 이내의 친족, 한정후견인, 한정후견감독인, 검사 또는 지방자치단체의 장의 청구에 의하여 제1항에 따른 한정후견인의 동의를 받아야만 할 수 있는 행위의 범위를 변경할 수 있다.

③ 한정후견인의 동의를 필요로 하는 행위에 대하여 한정후견인이 피한정후견인의 이익이 침해될 염려가 있음에도 그 동의를 하지 아니하는 때에는 가정법원은 피한정후견인의 청구에 의하여 한정후견인의 동의를 갈음하는 허가를 할 수 있다.

④ 한정후견인의 동의가 필요한 법률행위를 피한정후견인이 한정후견인의 동의 없이 하였을 때에는 그 법률행위를 취소할 수 있다. 다만, 일용품의 구입 등 일상생활에 필요하고 그 대가가 과도하지 아니한 법률행위에 대하여는 그러하지 아니하다.

[전문개정 2011. 3. 7.]

제14조(한정후견종료의 심판) 한정후견개시의 원인이 소멸된 경우에는 가정법원은 본인, 배우자, 4촌 이내의 친족, 한정후견인, 한정후견감독인, 검사 또는 지방자치단체의 장의 청구에 의하여 한정후견종료의 심판을 한다.

[전문개정 2011. 3. 7.]

제14조의2(특정후견의 심판) ① 가정법원은 질병, 장애, 노령, 그 밖의 사유로 인한 정신적 제약으로 일시적 후원 또는 특정한 사무에 관한 후원이 필요한 사람에 대하여 본인, 배우자, 4촌 이내의 친족, 미성년후견인, 미성년후견감독인, 검사 또는 지방자치단체의 장의 청구에 의하여 특정후견의 심판을 한다.

② 특정후견은 본인의 의사에 반하여 할 수 없다.

③ 특정후견의 심판을 하는 경우에는 특정후견의 기간 또는 사무의 범위를 정하여야 한다.

[본조신설 2011. 3. 7.]

제14조의3(심판 사이의 관계) ① 가정법원이 피한정후견인 또는 피특정후견인에 대하여 성년후견개시의 심판을 할 때에는 종전의 한정후견 또는 특정후견의 종료 심판을 한다.

② 가정법원이 피성년후견인 또는 피특정후견인에 대하여 한정후견개시의 심판을 할 때에는 종전의 성년후견 또는 특정후견의 종료 심판을 한다.

[본조신설 2011. 3. 7.]

제15조(제한능력자의 상대방의 확답을 촉구할 권리) ① 제한능력자의 상대방은 제한능력자가 능력자가 된 후에 그에게 1개월 이상의 기간을 정하여 그 취소할 수 있는 행위를 추인할 것인지 여부

의 확답을 촉구할 수 있다. 능력자로 된 사람이 그 기간 내에 확답을 발송하지 아니하면 그 행위를 추인한 것으로 본다.

② 제한능력자가 아직 능력자가 되지 못한 경우에는 그의 법정대리인에게 제1항의 촉구를 할 수 있고, 법정대리인이 그 정하여진 기간 내에 확답을 발송하지 아니한 경우에는 그 행위를 추인한 것으로 본다.

③ 특별한 절차가 필요한 행위는 그 정하여진 기간 내에 그 절차를 밟은 확답을 발송하지 아니하면 취소한 것으로 본다.

[전문개정 2011. 3. 7.]

제16조(제한능력자의 상대방의 철회권과 거절권) ① 제한능력자가 맺은 계약은 추인이 있을 때까지 상대방이 그 의사표시를 철회할 수 있다. 다만, 상대방이 계약 당시에 제한능력자임을 알았을 경우에는 그러하지 아니하다.

② 제한능력자의 단독행위는 추인이 있을 때까지 상대방이 거절할 수 있다.

③ 제1항의 철회나 제2항의 거절의 의사표시는 제한능력자에게도 할 수 있다.

[전문개정 2011. 3. 7.]

제17조(제한능력자의 속임수) ① 제한능력자가 속임수로써 자기를 능력자로 믿게 한 경우에는 그 행위를 취소할 수 없다.

② 미성년자나 피한정후견인이 속임수로써 법정대리인의 동의가 있는 것으로 믿게 한 경우에도 제1항과 같다.

[전문개정 2011. 3. 7.]

제3절 친 권

제1관 총칙

제909조(친권자) ①부모는 미성년자인 자의 친권자가 된다. 양자의 경우에는 양부모(養父母)가 친권자가 된다. 〈개정 2005. 3. 31.〉

② 친권은 부모가 혼인중인 때에는 부모가 공동으로 이를 행사한다. 그러나 부모의 의견이 일치하지 아니하는 경우에는 당사자의 청구에 의하여 가정법원이 이를 정한다.

③ 부모의 일방이 친권을 행사할 수 없을 때에는 다른 일방이 이를 행사한다.

④ 혼인외의 자가 인지된 경우와 부모가 이혼하는 경우에는 부모의 협의로 친권자를 정하여야 하고, 협의할 수 없거나 협의가 이루어지지 아니하는 경우에는 가정법원은 직권으로 또는 당사자의 청구에 따라 친권자를 지정하여야 한다. 다만, 부모의 협의가 자(子)의 복리에 반하는 경우에는 가정법원은 보정을 명하거나 직권으로 친권자를 정한다. 〈개정 2005. 3. 31., 2007. 12. 21.〉

⑤ 가정법원은 혼인의 취소, 재판상 이혼 또는 인지청구의 소의 경우에는 직권으로 친권자를 정한다. 〈개정 2005. 3. 31.〉

⑥ 가정법원은 자의 복리를 위하여 필요하다고 인정되는 경우에는 자의 4촌 이내의 친족의 청구에 의하여 정하여진 친권자를 다른 일방으로 변경할 수 있다. 〈신설 2005. 3. 31.〉

[전문개정 1990. 1. 13.]

제909조의2(친권자의 지정 등) ① 제909조 제4항부터 제6항까지의 규정에 따라 단독 친권자로 정하여진 부모의 일방이 사망한 경우 생존하는 부 또는 모, 미성년자, 미성년자의 친족은 그 사실을 안 날부터 1개월, 사망한 날부터 6개월 내에 가정법원에 생존하는 부 또는 모를 친권자로 지정할 것을 청구할 수 있다.

② 입양이 취소되거나 파양된 경우 또는 양부모가 모두 사망한 경우 친생부모 일방 또는 쌍방, 미성년자, 미성년자의 친족은 그 사실을 안 날부터 1개월, 입양이 취소되거나 파양된 날 또는 양부모가 모두 사망한 날부터 6개월 내에 가정법원에 친생부모 일방 또는 쌍방을 친권자로 지정할 것을 청구할 수 있다. 다만, 친양자의 양부모가 사망한 경우에는 그러하지 아니하다.

③ 제1항 또는 제2항의 기간 내에 친권자 지정의 청구가 없을 때에는 가정법원은 직권으로 또는 미성년자, 미성년자의 친족, 이해관계인, 검사, 지방자치단체의 장의 청구에 의하여 미성년후견인을 선임할 수 있다. 이 경우 생존하는 부 또는 모, 친생부모 일방 또는 쌍방의 소재를 모르거나 그가 정당한 사유 없이 소환에 응하지 아니하는 경우를 제외하고 그에게 의견을 진술할 기회를 주어야 한다.

④ 가정법원은 제1항 또는 제2항에 따른 친권자 지정 청구나 제3항에 따른 후견인 선임 청구가 생존하는 부 또는 모, 친생부모 일방 또는 쌍방의 양육의사 및 양육능력, 청구 동기, 미성년자의 의사, 그 밖의 사정을 고려하여 미성년자의 복리를 위하여 적절하지 아니하다고 인정하면 청구를 기각할 수 있다. 이 경우 가정법원은 직권으로 미성년후견인을 선임하거나 생존하는 부 또는 모, 친생부모 일방 또는 쌍방을 친권자로 지정하여야 한다.

⑤ 가정법원은 다음 각 호의 어느 하나에 해당하는 경우에 직권으로 또는 미성년자, 미성년자의 친족, 이해관계인, 검사, 지방자치단체의 장의 청구에 의하여 제1항부터 제4항까지의 규정에 따라 친권자가 지정되거나 미성년후견인이 선임될 때까지 그 임무를 대행할 사람을 선임할 수 있다. 이 경우 그 임무를 대행할 사람에 대하여는 제25조 및 제954조를 준용한다.

1. 단독 친권자가 사망한 경우
2. 입양이 취소되거나 파양된 경우
3. 양부모가 모두 사망한 경우

⑥ 가정법원은 제3항 또는 제4항에 따라 미성년후견인이 선임된 경우라도 미성년후견인 선임 후 양육상황이나 양육능력의 변동, 미성년자의 의사, 그 밖의 사정을 고려하여 미성년자의 복리를 위하여 필요하면 생존하는 부 또는 모, 친생부모 일방 또는 쌍방, 미성년자의 청구에 의하여 후견을 종료하고 생존하는 부 또는 모, 친생부모 일방 또는 쌍방을 친권자로 지정할 수 있다.

[본조신설 2011. 5. 19.]

제910조(자의 친권의 대행) 친권자는 그 친권에 따르는 자에 갈음하여 그 자에 대한 친권을 행사한다. 〈개정 2005. 3. 31.〉

제911조(미성년자인 자의 법정대리인) 친권을 행사하는 부 또는 모는 미성년자인 자의 법정대리인이 된다.

제912조(친권 행사와 친권자 지정의 기준) ①친권을 행사함에 있어서는 자의 복리를 우선적으로 고려하여야 한다. 〈개정 2011. 5. 19.〉

② 가정법원이 친권자를 지정함에 있어서는 자(子)의 복리를 우선적으로 고려하여야 한다. 이를 위하여 가정법원은 관련 분야의 전문가나 사회복지기관으로부터 자문을 받을 수 있다. 〈신설 2011. 5. 19.〉

제3관 친권의 상실, 일시 정지 및 일부 제한 〈개정 2014. 10. 15.〉

제924조(친권의 상실 또는 일시 정지의 선고) ① 가정법원은 부 또는 모가 친권을 남용하여 자녀의 복리를 현저히 해치거나 해칠 우려가 있는 경우에는 자녀, 자녀의 친족, 검사 또는 지방자치단체의 장의 청구에 의하여 그 친권의 상실 또는 일시 정지를 선고할 수 있다.

② 가정법원은 친권의 일시 정지를 선고할 때에는 자녀의 상태, 양육상황, 그 밖의 사정을 고려하여 그 기간을 정하여야 한다. 이 경우 그 기간은 2년을 넘을 수 없다.

③ 가정법원은 자녀의 복리를 위하여 친권의 일시 정지 기간의 연장이 필요하다고 인정하는 경우에는 자녀, 자녀의 친족, 검사, 지방자치단체의 장, 미성년후견인 또는 미성년후견감독인의 청구에 의하여 2년의 범위에서 그 기간을 한 차례만 연장할 수 있다.

[전문개정 2014. 10. 15.]

제924조의2(친권의 일부 제한의 선고) 가정법원은 거소의 지정이나 징계, 그 밖의 신상에 관한 결정 등 특정한 사항에 관하여 친권자가 친권을 행사하는 것이 곤란하거나 부적당한 사유가 있어 자녀의 복리를 해치거나 해칠 우려가 있는 경우에는 자녀, 자녀의 친족, 검사 또는 지방자치단체의 장의 청구에 의하여 구체적인 범위를 정하여 친권의 일부 제한을 선고할 수 있다.

[본조신설 2014. 10. 15.]

제925조(대리권, 재산관리권 상실의 선고) 가정법원은 법정대리인인 친권자가 부적당한 관리로 인하여 자녀의 재산을 위태롭게 한 경우에는 자녀의 친족, 검사 또는 지방자치단체의 장의 청구에 의하여 그 법률행위의 대리권과 재산관리권의 상실을 선고할 수 있다. 〈개정 2014. 10. 15.〉

제925조의2(친권 상실 선고 등의 판단 기준) ① 제924조에 따른 친권 상실의 선고는 같은 조에 따른 친권의 일시 정지, 제924조의2에 따른 친권의 일부 제한, 제925조에 따른 대리권·재산관리권의 상실 선고 또는 그 밖의 다른 조치에 의해서는 자녀의 복리를 충분히 보호할 수 없는 경우에만 할 수 있다.

② 제924조에 따른 친권의 일시 정지, 제924조의2에 따른 친권의 일부 제한 또는 제925조에 따른 대리권·재산관리권의 상실 선고는 제922조의2에 따른 동의를 갈음하는 재판 또는 그 밖의 다른 조치에 의해서는 자녀의 복리를 충분히 보호할 수 없는 경우에만 할 수 있다.

[본조신설 2014. 10. 15.]

제925조의3(부모의 권리와 의무) 제924조와 제924조의2, 제925조에 따라 친권의 상실, 일시 정지, 일부 제한 또는 대리권과 재산관리권의 상실이 선고된 경우에도 부모의 자녀에 대한 그 밖의 권리와 의무는 변경되지 아니한다.

[본조신설 2014. 10. 15.]

제926조(실권 회복의 선고) 가정법원은 제924조, 제924조의2 또는 제925조에 따른 선고의 원인이 소멸된 경우에는 본인, 자녀, 자녀의 친족, 검사 또는 지방자치단체의 장의 청구에 의하여 실권(失權)의 회복을 선고할 수 있다.
[전문개정 2014. 10. 15.]

제927조(대리권, 관리권의 사퇴와 회복) ①법정대리인인 친권자는 정당한 사유가 있는 때에는 법원의 허가를 얻어 그 법률행위의 대리권과 재산관리권을 사퇴할 수 있다.
② 전항의 사유가 소멸한 때에는 그 친권자는 법원의 허가를 얻어 사퇴한 권리를 회복할 수 있다.

제927조의2(친권의 상실, 일시 정지 또는 일부 제한과 친권자의 지정 등) ① 제909조 제4항부터 제6항까지의 규정에 따라 단독 친권자가 된 부 또는 모, 양부모(친양자의 양부모를 제외한다) 쌍방에게 다음 각 호의 어느 하나에 해당하는 사유가 있는 경우에는 제909조의2제1항 및 제3항부터 제5항까지의 규정을 준용한다. 다만, 제1호의3·제2호 및 제3호의 경우 새로 정하여진 친권자 또는 미성년후견인의 임무는 제한된 친권의 범위에 속하는 행위에 한정된다. 〈개정 2014. 10. 15.〉
1. 제924조에 따른 친권상실의 선고가 있는 경우
1의2. 제924조에 따른 친권 일시 정지의 선고가 있는 경우
1의3. 제924조의2에 따른 친권 일부 제한의 선고가 있는 경우
2. 제925조에 따른 대리권과 재산관리권 상실의 선고가 있는 경우
3. 제927조 제1항에 따라 대리권과 재산관리권을 사퇴한 경우
4. 소재불명 등 친권을 행사할 수 없는 중대한 사유가 있는 경우
② 가정법원은 제1항에 따라 친권자가 지정되거나 미성년후견인이 선임된 후 단독 친권자이었던 부 또는 모, 양부모 일방 또는 쌍방에게 다음 각 호의 어느 하나에 해당하는 사유가 있는 경우에는 그 부모 일방 또는 쌍방, 미성년자, 미성년자의 친족의 청구에 의하여 친권자를 새로 지정할 수 있다.
1. 제926조에 따라 실권의 회복이 선고된 경우
2. 제927조 제2항에 따라 사퇴한 권리를 회복한 경우
3. 소재불명이던 부 또는 모가 발견되는 등 친권을 행사할 수 있게 된 경우
[본조신설 2011. 5. 19.]

제5장 후견

제1절 미성년후견과 성년후견 〈개정 2011. 3. 7.〉

제1관 후견인 〈신설 2011. 3. 7.〉

제928조(미성년자에 대한 후견의 개시) 미성년자에게 친권자가 없거나 친권자가 제924조, 제924조의2, 제925조 또는 제927조 제1항에 따라 친권의 전부 또는 일부를 행사할 수 없는 경우에는 미성년후견인을 두어야 한다. 〈개정 2014. 10. 15.〉

제929조(성년후견심판에 의한 후견의 개시) 가정법원의 성년후견개시심판이 있는 경우에는 그 심판을 받은 사람의 성년후견인을 두어야 한다.
[전문개정 2011. 3. 7.]

제930조(후견인의 수와 자격) ① 미성년후견인의 수(數)는 한 명으로 한다.
② 성년후견인은 피성년후견인의 신상과 재산에 관한 모든 사정을 고려하여 여러 명을 둘 수 있다.
③ 법인도 성년후견인이 될 수 있다.
[전문개정 2011. 3. 7.]

제931조(유언에 의한 미성년후견인의 지정 등) ① 미성년자에게 친권을 행사하는 부모는 유언으로 미성년후견인을 지정할 수 있다. 다만, 법률행위의 대리권과 재산관리권이 없는 친권자는 그러하지 아니하다.
② 가정법원은 제1항에 따라 미성년후견인이 지정된 경우라도 미성년자의 복리를 위하여 필요하면 생존하는 부 또는 모, 미성년자의 청구에 의하여 후견을 종료하고 생존하는 부 또는 모를 친권자로 지정할 수 있다.
[전문개정 2011. 5. 19.]

제932조(미성년후견인의 선임) ① 가정법원은 제931조에 따라 지정된 미성년후견인이 없는 경우에는 직권으로 또는 미성년자, 친족, 이해관계인, 검사, 지방자치단체의 장의 청구에 의하여 미성년후견인을 선임한다. 미성년후견인이 없게 된 경우에도 또한 같다.
② 가정법원은 제924조, 제924조의2 및 제925조에 따른 친권의 상실, 일시 정지, 일부 제한의 선고 또는 법률행위의 대리권이나 재산관리권 상실의 선고에 따라 미성년후견인을 선임할 필요가 있는 경우에는 직권으로 미성년후견인을 선임한다. 〈개정 2014. 10. 15.〉
③ 친권자가 대리권 및 재산관리권을 사퇴한 경우에는 지체 없이 가정법원에 미성년후견인의 선임을 청구하여야 한다.
[전문개정 2011. 3. 7.]

제936조(성년후견인의 선임) ① 제929조에 따른 성년후견인은 가정법원이 직권으로 선임한다.
② 가정법원은 성년후견인이 사망, 결격, 그 밖의 사유로 없게 된 경우에도 직권으로 또는 피성년후견인, 친족, 이해관계인, 검사, 지방자치단체의 장의 청구에 의하여 성년후견인을 선임한다.
③ 가정법원은 성년후견인이 선임된 경우에도 필요하다고 인정하면 직권으로 또는 제2항의 청구권자나 성년후견인의 청구에 의하여 추가로 성년후견인을 선임할 수 있다.
④ 가정법원이 성년후견인을 선임할 때에는 피성년후견인의 의사를 존중하여야 하며, 그 밖에 피성년후견인의 건강, 생활관계, 재산상황, 성년후견인이 될 사람의 직업과 경험, 피성년후견인과의 이해관계의 유무(법인이 성년후견인이 될 때에는 사업의 종류와 내용, 법인이나 그 대표자와 피성년후견인 사이의 이해관계의 유무를 말한다) 등의 사정도 고려하여야 한다.
[전문개정 2011. 3. 7.]

제937조(후견인의 결격사유) 다음 각 호의 어느 하나에 해당하는 자는 후견인이 되지 못한다. 〈개정 2016. 12. 20.〉
1. 미성년자
2. 피성년후견인, 피한정후견인, 피특정후견인, 피임의후견인
3. 회생절차개시결정 또는 파산선고를 받은 자
4. 자격정지 이상의 형의 선고를 받고 그 형기(刑期) 중에 있는 사람
5. 법원에서 해임된 법정대리인

6. 법원에서 해임된 성년후견인, 한정후견인, 특정후견인, 임의후견인과 그 감독인
7. 행방이 불분명한 사람
8. 피후견인을 상대로 소송을 하였거나 하고 있는 사람
9. 제8호에서 정한 사람의 배우자와 직계혈족. 다만, 피후견인의 직계비속은 제외한다.
[전문개정 2011. 3. 7.]

제938조(후견인의 대리권 등) ① 후견인은 피후견인의 법정대리인이 된다.
② 가정법원은 성년후견인이 제1항에 따라 가지는 법정대리권의 범위를 정할 수 있다.
③ 가정법원은 성년후견인이 피성년후견인의 신상에 관하여 결정할 수 있는 권한의 범위를 정할 수 있다.
④ 제2항 및 제3항에 따른 법정대리인의 권한의 범위가 적절하지 아니하게 된 경우에 가정법원은 본인, 배우자, 4촌 이내의 친족, 성년후견인, 성년후견감독인, 검사 또는 지방자치단체의 장의 청구에 의하여 그 범위를 변경할 수 있다.
[전문개정 2011. 3. 7.]

제939조(후견인의 사임) 후견인은 정당한 사유가 있는 경우에는 가정법원의 허가를 받아 사임할 수 있다. 이 경우 그 후견인은 사임청구와 동시에 가정법원에 새로운 후견인의 선임을 청구하여야 한다.
[전문개정 2011. 3. 7.]

제940조(후견인의 변경) 가정법원은 피후견인의 복리를 위하여 후견인을 변경할 필요가 있다고 인정하면 직권으로 또는 피후견인, 친족, 후견감독인, 검사, 지방자치단체의 장의 청구에 의하여 후견인을 변경할 수 있다.
[전문개정 2011. 3. 7.]

제2관 후견감독인 〈신설 2011. 3. 7.〉

제940조의2(미성년후견감독인의 지정) 미성년후견인을 지정할 수 있는 사람은 유언으로 미성년후견감독인을 지정할 수 있다.
[본조신설 2011. 3. 7.]

제940조의3(미성년후견감독인의 선임) ① 가정법원은 제940조의2에 따라 지정된 미성년후견감독인이 없는 경우에 필요하다고 인정하면 직권으로 또는 미성년자, 친족, 미성년후견인, 검사, 지방자치단체의 장의 청구에 의하여 미성년후견감독인을 선임할 수 있다.
② 가정법원은 미성년후견감독인이 사망, 결격, 그 밖의 사유로 없게 된 경우에는 직권으로 또는 미성년자, 친족, 미성년후견인, 검사, 지방자치단체의 장의 청구에 의하여 미성년후견감독인을 선임한다.
[본조신설 2011. 3. 7.]

제940조의4(성년후견감독인의 선임) ① 가정법원은 필요하다고 인정하면 직권으로 또는 피성년후견인, 친족, 성년후견인, 검사, 지방자치단체의 장의 청구에 의하여 성년후견감독인을 선임할 수 있다.

② 가정법원은 성년후견감독인이 사망, 결격, 그 밖의 사유로 없게 된 경우에는 직권으로 또는 피성년후견인, 친족, 성년후견인, 검사, 지방자치단체의 장의 청구에 의하여 성년후견감독인을 선임한다.
[본조신설 2011. 3. 7.]

제940조의5(후견감독인의 결격사유) 제779조에 따른 후견인의 가족은 후견감독인이 될 수 없다.
[본조신설 2011. 3. 7.]

제940조의6(후견감독인의 직무) ① 후견감독인은 후견인의 사무를 감독하며, 후견인이 없는 경우 지체 없이 가정법원에 후견인의 선임을 청구하여야 한다.
② 후견감독인은 피후견인의 신상이나 재산에 대하여 급박한 사정이 있는 경우 그의 보호를 위하여 필요한 행위 또는 처분을 할 수 있다.
③ 후견인과 피후견인 사이에 이해가 상반되는 행위에 관하여는 후견감독인이 피후견인을 대리한다.
[본조신설 2011. 3. 7.]

제940조의7(위임 및 후견인 규정의 준용) 후견감독인에 대하여는 제681조, 제691조, 제692조, 제930조 제2항·제3항, 제936조 제3항·제4항, 제937조, 제939조, 제940조, 제947조의2제3항부터 제5항까지, 제949조의2, 제955조 및 제955조의2를 준용한다.
[본조신설 2011. 3. 7.]

제3관 후견인의 임무 〈신설 2011. 3. 7.〉

제941조(재산조사와 목록작성) ① 후견인은 지체 없이 피후견인의 재산을 조사하여 2개월 내에 그 목록을 작성하여야 한다. 다만, 정당한 사유가 있는 경우에는 법원의 허가를 받아 그 기간을 연장할 수 있다.
② 후견감독인이 있는 경우 제1항에 따른 재산조사와 목록작성은 후견감독인의 참여가 없으면 효력이 없다.
[전문개정 2011. 3. 7.]

제942조(후견인의 채권·채무의 제시) ① 후견인과 피후견인 사이에 채권·채무의 관계가 있고 후견감독인이 있는 경우에는 후견인은 재산목록의 작성을 완료하기 전에 그 내용을 후견감독인에게 제시하여야 한다.
② 후견인이 피후견인에 대한 채권이 있음을 알고도 제1항에 따른 제시를 게을리한 경우에는 그 채권을 포기한 것으로 본다.
[전문개정 2011. 3. 7.]

제943조(목록작성전의 권한) 후견인은 재산조사와 목록작성을 완료하기까지는 긴급 필요한 경우가 아니면 그 재산에 관한 권한을 행사하지 못한다. 그러나 이로써 선의의 제삼자에게 대항하지 못한다.

제944조(피후견인이 취득한 포괄적 재산의 조사 등) 전3조의 규정은 후견인의 취임후에 피후견인이 포괄적 재산을 취득한 경우에 준용한다.

제945조(미성년자의 신분에 관한 후견인의 권리·의무) 미성년후견인은 제913조부터 제915조까지에 규정한 사항에 관하여는 친권자와 동일한 권리와 의무가 있다. 다만, 다음 각 호의 어느 하나에 해당하는 경우에는 미성년후견감독인이 있으면 그의 동의를 받아야 한다.

1. 친권자가 정한 교육방법, 양육방법 또는 거소를 변경하는 경우
2. 미성년자를 감화기관이나 교정기관에 위탁하는 경우
3. 친권자가 허락한 영업을 취소하거나 제한하는 경우

[전문개정 2011. 3. 7.]

제946조(친권 중 일부에 한정된 후견) 미성년자의 친권자가 제924조의2, 제925조 또는 제927조 제1항에 따라 친권 중 일부에 한정하여 행사할 수 없는 경우에 미성년후견인의 임무는 제한된 친권의 범위에 속하는 행위에 한정된다.

[전문개정 2014. 10. 15.]

제947조(피성년후견인의 복리와 의사존중) 성년후견인은 피성년후견인의 재산관리와 신상보호를 할 때 여러 사정을 고려하여 그의 복리에 부합하는 방법으로 사무를 처리하여야 한다. 이 경우 성년후견인은 피성년후견인의 복리에 반하지 아니하면 피성년후견인의 의사를 존중하여야 한다.

[전문개정 2011. 3. 7.]

제947조의2(피성년후견인의 신상결정 등) ① 피성년후견인은 자신의 신상에 관하여 그의 상태가 허락하는 범위에서 단독으로 결정한다.

② 성년후견인이 피성년후견인을 치료 등의 목적으로 정신병원이나 그 밖의 다른 장소에 격리하려는 경우에는 가정법원의 허가를 받아야 한다.

③ 피성년후견인의 신체를 침해하는 의료행위에 대하여 피성년후견인이 동의할 수 없는 경우에는 성년후견인이 그를 대신하여 동의할 수 있다.

④ 제3항의 경우 피성년후견인이 의료행위의 직접적인 결과로 사망하거나 상당한 장애를 입을 위험이 있을 때에는 가정법원의 허가를 받아야 한다. 다만, 허가절차로 의료행위가 지체되어 피성년후견인의 생명에 위험을 초래하거나 심신상의 중대한 장애를 초래할 때에는 사후에 허가를 청구할 수 있다.

⑤ 성년후견인이 피성년후견인을 대리하여 피성년후견인이 거주하고 있는 건물 또는 그 대지에 대하여 매도, 임대, 전세권 설정, 저당권 설정, 임대차의 해지, 전세권의 소멸, 그 밖에 이에 준하는 행위를 하는 경우에는 가정법원의 허가를 받아야 한다.

[본조신설 2011. 3. 7.]

제948조(미성년자의 친권의 대행) ① 미성년후견인은 미성년자를 갈음하여 미성년자의 자녀에 대한 친권을 행사한다.

② 제1항의 친권행사에는 미성년후견인의 임무에 관한 규정을 준용한다.

[전문개정 2011. 3. 7.]

제949조(재산관리권과 대리권) ①후견인은 피후견인의 재산을 관리하고 그 재산에 관한 법률행위에 대하여 피후견인을 대리한다.

② 제920조 단서의 규정은 전항의 법률행위에 준용한다.

제949조의2(성년후견인이 여러 명인 경우 권한의 행사 등) ① 가정법원은 직권으로 여러 명의 성년후견인이 공동으로 또는 사무를 분장하여 그 권한을 행사하도록 정할 수 있다.

② 가정법원은 직권으로 제1항에 따른 결정을 변경하거나 취소할 수 있다.

③ 여러 명의 성년후견인이 공동으로 권한을 행사하여야 하는 경우에 어느 성년후견인이 피성년후견인의 이익이 침해될 우려가 있음에도 법률행위의 대리 등 필요한 권한행사에 협력하지 아니할 때에는 가정법원은 피성년후견인, 성년후견인, 후견감독인 또는 이해관계인의 청구에 의하여 그 성년후견인의 의사표시를 갈음하는 재판을 할 수 있다.

[본조신설 2011. 3. 7.]

제949조의3(이해상반행위) 후견인에 대하여는 제921조를 준용한다. 다만, 후견감독인이 있는 경우에는 그러하지 아니하다.

[본조신설 2011. 3. 7.]

제950조(후견감독인의 동의를 필요로 하는 행위) ① 후견인이 피후견인을 대리하여 다음 각 호의 어느 하나에 해당하는 행위를 하거나 미성년자의 다음 각 호의 어느 하나에 해당하는 행위에 동의를 할 때는 후견감독인이 있으면 그의 동의를 받아야 한다.

1. 영업에 관한 행위
2. 금전을 빌리는 행위
3. 의무만을 부담하는 행위
4. 부동산 또는 중요한 재산에 관한 권리의 득실변경을 목적으로 하는 행위
5. 소송행위
6. 상속의 승인, 한정승인 또는 포기 및 상속재산의 분할에 관한 협의

② 후견감독인의 동의가 필요한 행위에 대하여 후견감독인이 피후견인의 이익이 침해될 우려가 있음에도 동의를 하지 아니하는 경우에는 가정법원은 후견인의 청구에 의하여 후견감독인의 동의를 갈음하는 허가를 할 수 있다.

③ 후견감독인의 동의가 필요한 법률행위를 후견인이 후견감독인의 동의 없이 하였을 때에는 피후견인 또는 후견감독인이 그 행위를 취소할 수 있다.

[전문개정 2011. 3. 7.]

제951조(피후견인의 재산 등의 양수에 대한 취소) ① 후견인이 피후견인에 대한 제3자의 권리를 양수(讓受)하는 경우에는 피후견인은 이를 취소할 수 있다.

② 제1항에 따른 권리의 양수의 경우 후견감독인이 있으면 후견인은 후견감독인의 동의를 받아야 하고, 후견감독인의 동의가 없는 경우에는 피후견인 또는 후견감독인이 이를 취소할 수 있다.

[전문개정 2011. 3. 7.]

제952조(상대방의 추인 여부 최고) 제950조 및 제951조의 경우에는 제15조를 준용한다.

[전문개정 2011. 3. 7.]

제953조(후견감독인의 후견사무의 감독) 후견감독인은 언제든지 후견인에게 그의 임무 수행에 관한 보고와 재산목록의 제출을 요구할 수 있고 피후견인의 재산상황을 조사할 수 있다.
[전문개정 2011. 3. 7.]

제954조(가정법원의 후견사무에 관한 처분) 가정법원은 직권으로 또는 피후견인, 후견감독인, 제777조에 따른 친족, 그 밖의 이해관계인, 검사, 지방자치단체의 장의 청구에 의하여 피후견인의 재산상황을 조사하고, 후견인에게 재산관리 등 후견임무 수행에 관하여 필요한 처분을 명할 수 있다.
[전문개정 2011. 3. 7.]

제955조(후견인에 대한 보수) 법원은 후견인의 청구에 의하여 피후견인의 재산상태 기타 사정을 참작하여 피후견인의 재산 중에서 상당한 보수를 후견인에게 수여할 수 있다.

제955조의2(지출금액의 예정과 사무비용) 후견인이 후견사무를 수행하는 데 필요한 비용은 피후견인의 재산 중에서 지출한다.
[본조신설 2011. 3. 7.]

제956조(위임과 친권의 규정의 준용) 제681조 및 제918조의 규정은 후견인에게 이를 준용한다.

제4관 후견의 종료 〈신설 2011. 3. 7.〉

제957조(후견사무의 종료와 관리의 계산) ① 후견인의 임무가 종료된 때에는 후견인 또는 그 상속인은 1개월 내에 피후견인의 재산에 관한 계산을 하여야 한다. 다만, 정당한 사유가 있는 경우에는 법원의 허가를 받아 그 기간을 연장할 수 있다.
② 제1항의 계산은 후견감독인이 있는 경우에는 그가 참여하지 아니하면 효력이 없다.
[전문개정 2011. 3. 7.]

제958조(이자의 부가와 금전소비에 대한 책임) ①후견인이 피후견인에게 지급할 금액이나 피후견인이 후견인에게 지급할 금액에는 계산종료의 날로부터 이자를 부가하여야 한다.
②후견인이 자기를 위하여 피후견인의 금전을 소비한 때에는 그 소비한 날로부터 이자를 부가하고 피후견인에게 손해가 있으면 이를 배상하여야 한다.
제959조(위임규정의 준용) 제691조, 제692조의 규정은 후견의 종료에 이를 준용한다.

제2절 한정후견과 특정후견 〈신설 2011. 3. 7.〉

제959조의2(한정후견의 개시) 가정법원의 한정후견개시의 심판이 있는 경우에는 그 심판을 받은 사람의 한정후견인을 두어야 한다.
[본조신설 2011. 3. 7.]

제959조의3(한정후견인의 선임 등) ① 제959조의2에 따른 한정후견인은 가정법원이 직권으로 선임한다.

② 한정후견인에 대하여는 제930조 제2항·제3항, 제936조 제2항부터 제4항까지, 제937조, 제939조, 제940조 및 제949조의3을 준용한다.
[본조신설 2011. 3. 7.]

제959조의4(한정후견인의 대리권 등) ① 가정법원은 한정후견인에게 대리권을 수여하는 심판을 할 수 있다.
② 한정후견인의 대리권 등에 관하여는 제938조 제3항 및 제4항을 준용한다.
[본조신설 2011. 3. 7.]

제959조의5(한정후견감독인) ① 가정법원은 필요하다고 인정하면 직권으로 또는 피한정후견인, 친족, 한정후견인, 검사, 지방자치단체의 장의 청구에 의하여 한정후견감독인을 선임할 수 있다.
② 한정후견감독인에 대하여는 제681조, 제691조, 제692조, 제930조 제2항·제3항, 제936조 제3항·제4항, 제937조, 제939조, 제940조, 제940조의3제2항, 제940조의5, 제940조의6, 제947조의2 제3항부터 제5항까지, 제949조의2, 제955조 및 제955조의2를 준용한다. 이 경우 제940조의6제3항 중 "피후견인을 대리한다"는 "피한정후견인을 대리하거나 피한정후견인이 그 행위를 하는 데 동의한다"로 본다.
[본조신설 2011. 3. 7.]

제959조의6(한정후견사무) 한정후견의 사무에 관하여는 제681조, 제920조 단서, 제947조, 제947조의2, 제949조, 제949조의2, 제949조의3, 제950조부터 제955조까지 및 제955조의2를 준용한다.
[본조신설 2011. 3. 7.]

제959조의7(한정후견인의 임무의 종료 등) 한정후견인의 임무가 종료한 경우에 관하여는 제691조, 제692조, 제957조 및 제958조를 준용한다.
[본조신설 2011. 3. 7.]

제959조의8(특정후견에 따른 보호조치) 가정법원은 피특정후견인의 후원을 위하여 필요한 처분을 명할 수 있다.
[본조신설 2011. 3. 7.]

제959조의9(특정후견인의 선임 등) ① 가정법원은 제959조의8에 따른 처분으로 피특정후견인을 후원하거나 대리하기 위한 특정후견인을 선임할 수 있다.
② 특정후견인에 대하여는 제930조 제2항·제3항, 제936조 제2항부터 제4항까지, 제937조, 제939조 및 제940조를 준용한다.
[본조신설 2011. 3. 7.]

제959조의10(특정후견감독인) ① 가정법원은 필요하다고 인정하면 직권으로 또는 피특정후견인, 친족, 특정후견인, 검사, 지방자치단체의 장의 청구에 의하여 특정후견감독인을 선임할 수 있다.
② 특정후견감독인에 대하여는 제681조, 제691조, 제692조, 제930조 제2항·제3항, 제936조 제3항·제4항, 제937조, 제939조, 제940조, 제940조의5, 제940조의6, 제949조의2, 제955조 및 제955조의2를 준용한다.
[본조신설 2011. 3. 7.]

제959조의11(특정후견인의 대리권) ① 피특정후견인의 후원을 위하여 필요하다고 인정하면 가정법원은 기간이나 범위를 정하여 특정후견인에게 대리권을 수여하는 심판을 할 수 있다.
② 제1항의 경우 가정법원은 특정후견인의 대리권 행사에 가정법원이나 특정후견감독인의 동의를 받도록 명할 수 있다.
[본조신설 2011. 3. 7.]

제959조의12(특정후견사무) 특정후견의 사무에 관하여는 제681조, 제920조 단서, 제947조, 제949조의2, 제953조부터 제955조까지 및 제955조의2를 준용한다.
[본조신설 2011. 3. 7.]

제959조의13(특정후견인의 임무의 종료 등) 특정후견인의 임무가 종료한 경우에 관하여는 제691조, 제692조, 제957조 및 제958조를 준용한다.
[본조신설 2011. 3. 7.]

제3절 후견계약 〈신설 2011. 3. 7.〉

제959조의14(후견계약의 의의와 체결방법 등) ① 후견계약은 질병, 장애, 노령, 그 밖의 사유로 인한 정신적 제약으로 사무를 처리할 능력이 부족한 상황에 있거나 부족하게 될 상황에 대비하여 자신의 재산관리 및 신상보호에 관한 사무의 전부 또는 일부를 다른 자에게 위탁하고 그 위탁사무에 관하여 대리권을 수여하는 것을 내용으로 한다.
② 후견계약은 공정증서로 체결하여야 한다.
③ 후견계약은 가정법원이 임의후견감독인을 선임한 때부터 효력이 발생한다.
④ 가정법원, 임의후견인, 임의후견감독인 등은 후견계약을 이행·운영할 때 본인의 의사를 최대한 존중하여야 한다.
[본조신설 2011. 3. 7.]

제959조의15(임의후견감독인의 선임) ① 가정법원은 후견계약이 등기되어 있고, 본인이 사무를 처리할 능력이 부족한 상황에 있다고 인정할 때에는 본인, 배우자, 4촌 이내의 친족, 임의후견인, 검사 또는 지방자치단체의 장의 청구에 의하여 임의후견감독인을 선임한다.
② 제1항의 경우 본인이 아닌 자의 청구에 의하여 가정법원이 임의후견감독인을 선임할 때에는 미리 본인의 동의를 받아야 한다. 다만, 본인이 의사를 표시할 수 없는 때에는 그러하지 아니하다.
③ 가정법원은 임의후견감독인이 없게 된 경우에는 직권으로 또는 본인, 친족, 임의후견인, 검사 또는 지방자치단체의 장의 청구에 의하여 임의후견감독인을 선임한다.
④ 가정법원은 임의후견임감독인이 선임된 경우에도 필요하다고 인정하면 직권으로 또는 제3항의 청구권자의 청구에 의하여 임의후견감독인을 추가로 선임할 수 있다.
⑤ 임의후견감독인에 대하여는 제940조의5를 준용한다.
[본조신설 2011. 3. 7.]

제959조의16(임의후견감독인의 직무 등) ① 임의후견감독인은 임의후견인의 사무를 감독하며 그 사무에 관하여 가정법원에 정기적으로 보고하여야 한다.

② 가정법원은 필요하다고 인정하면 임의후견감독인에게 감독사무에 관한 보고를 요구할 수 있고 임의후견인의 사무 또는 본인의 재산상황에 대한 조사를 명하거나 그 밖에 임의후견감독인의 직무에 관하여 필요한 처분을 명할 수 있다.

③ 임의후견감독인에 대하여는 제940조의6제2항·제3항, 제940조의7 및 제953조를 준용한다.

[본조신설 2011. 3. 7.]

제959조의17(임의후견개시의 제한 등) ① 임의후견인이 제937조 각 호에 해당하는 자 또는 그 밖에 현저한 비행을 하거나 후견계약에서 정한 임무에 적합하지 아니한 사유가 있는 자인 경우에는 가정법원은 임의후견감독인을 선임하지 아니한다.

② 임의후견감독인을 선임한 이후 임의후견인이 현저한 비행을 하거나 그 밖에 그 임무에 적합하지 아니한 사유가 있게 된 경우에는 가정법원은 임의후견감독인, 본인, 친족, 검사 또는 지방자치단체의 장의 청구에 의하여 임의후견인을 해임할 수 있다.

[본조신설 2011. 3. 7.]

제959조의18(후견계약의 종료) ① 임의후견감독인의 선임 전에는 본인 또는 임의후견인은 언제든지 공증인의 인증을 받은 서면으로 후견계약의 의사표시를 철회할 수 있다.

② 임의후견감독인의 선임 이후에는 본인 또는 임의후견인은 정당한 사유가 있는 때에만 가정법원의 허가를 받아 후견계약을 종료할 수 있다.

[본조신설 2011. 3. 7.]

제959조의19(임의후견인의 대리권 소멸과 제3자와의 관계) 임의후견인의 대리권 소멸은 등기하지 아니하면 선의의 제3자에게 대항할 수 없다.

[본조신설 2011. 3. 7.]

제959조의20(후견계약과 성년후견·한정후견·특정후견의 관계) ① 후견계약이 등기되어 있는 경우에는 가정법원은 본인의 이익을 위하여 특별히 필요할 때에만 임의후견인 또는 임의후견감독인의 청구에 의하여 성년후견, 한정후견 또는 특정후견의 심판을 할 수 있다. 이 경우 후견계약은 본인이 성년후견 또는 한정후견 개시의 심판을 받은 때 종료된다.

② 본인이 피성년후견인, 피한정후견인 또는 피특정후견인인 경우에 가정법원은 임의후견감독인을 선임함에 있어서 종전의 성년후견, 한정후견 또는 특정후견의 종료 심판을 하여야 한다. 다만, 성년후견 또는 한정후견 조치의 계속이 본인의 이익을 위하여 특별히 필요하다고 인정하면 가정법원은 임의후견감독인을 선임하지 아니한다.

[본조신설 2011. 3. 7.]

가사소송법

[시행 2018.5.1.] [법률 제14961호, 2017.10.31., 일부개정]

제1편 총칙 〈개정 2010. 3. 31.〉

제2조(가정법원의 관장 사항) ① 다음 각 호의 사항(이하 "가사사건"이라 한다)에 대한 심리(審理)와 재판은 가정법원의 전속관할(專屬管轄)로 한다. 〈개정 2013. 4. 5., 2013. 7. 30., 2014. 10. 15., 2016. 12. 2., 2017. 10. 31.〉

2. 가사비송사건

가. 라류(類) 사건

1) 「민법」 제9조 제1항, 제11조, 제14조의3제2항 및 제959조의20에 따른 성년후견 개시의 심판과 그 종료의 심판

1)의2 「민법」 제10조 제2항 및 제3항에 따른 취소할 수 없는 피성년후견인의 법률행위의 범위 결정 및 그 변경

1)의3 「민법」 제12조 제1항, 제14조, 제14조의3제1항 및 제959조의20에 따른 한정후견 개시의 심판과 그 종료의 심판

1)의4 「민법」 제13조 제1항부터 제3항까지의 규정에 따른 피한정후견인이 한정후견인의 동의를 받아야 하는 행위의 범위 결정과 그 변경 및 한정후견인의 동의를 갈음하는 허가

1)의5 「민법」 제14조의2, 제14조의3 및 제959조의20에 따른 특정후견의 심판과 그 종료의 심판

2) 「민법」 제22조부터 제26조까지의 규정에 따른 부재자 재산의 관리에 관한 처분

2)의2 「민법」 제909조의2제5항에 따라 친권자 또는 미성년후견인의 임무를 대행할 사람(이하 "임무대행자"라 한다)의 같은 법 제25조에 따른 권한을 넘는 행위의 허가

8)의2 「민법」 제873조 제2항에 따라 준용되는 같은 법 제867조에 따른 피성년후견인이 입양을 하거나 양자가 되는 것에 대한 허가

9) 「민법」 제871조 제2항에 따른 부모의 동의를 갈음하는 심판

13)의2 「민법」 제909조의2제1항부터 제5항까지(같은 법 제927조의2제1항 각 호 외의 부분 본문에 따라 준용되는 경우를 포함한다)에 따른 친권자의 지정, 미성년후견인의 선임 및 임무대행자의 선임

13)의3 「민법」 제909조의2제6항에 따른 후견의 종료 및 친권자의 지정

14) 「민법」 제915조 및 제945조(같은 법 제948조에 따라 위 각 조항이 준용되는 경우를 포함한다)에 따른 감화(感化) 또는 교정기관에 위탁하는 것에 대한 허가

17)의2 「민법」 제927조의2제2항에 따른 친권자의 지정

17)의3 「민법」 제931조 제2항에 따른 후견의 종료 및 친권자의 지정

18) 「민법」 제932조, 제936조 제1항부터 제3항까지, 제940조, 제959조의3 및 제959조의9에 따른 미성년후견인·성년후견인·한정후견인·특정후견인의 선임 또는 변경

18)의2 「민법」 제938조 제2항부터 제4항까지의 규정에 따른 성년후견인의 법정대리권의 범위 결

정과 그 변경 및 성년후견인이 피성년후견인의 신상에 관하여 결정할 수 있는 권한의 범위 결정과 그 변경

18)의3 「민법」 제940조의7에 따라 준용되는 제940조와 제940조의3, 제940조의4, 제959조의5 및 제959조의10에 따른 미성년후견감독인·성년후견감독인·한정후견감독인·특정후견감독인의 선임 또는 변경

19) 「민법」 제939조(「민법」 제940조의7, 제959조의3제2항, 제959조의5제2항, 제959조의9제2항, 제959조의10제2항에 따라 준용되는 경우 및 제959조의16제3항에 따라 준용되는 제940조의7에 따라 다시 준용되는 경우를 포함한다)에 따른 미성년후견인·성년후견인·한정후견인·특정후견인·미성년후견감독인·성년후견감독인·한정후견감독인·특정후견감독인·임의후견감독인의 사임에 대한 허가

20) 「민법」 제941조 제1항 단서(같은 법 제948조에 따라 준용되는 경우를 포함한다)에 따른 후견인의 재산 목록 작성을 위한 기간의 연장허가

21) 「민법」 제947조의2제2항(「민법」 제959조의6에 따라 준용되는 경우를 포함한다)에 따른 피성년후견인 또는 피한정후견인의 격리에 대한 허가 및 「민법」 제947조의2제4항(「민법」 제940조의7, 제959조의5제2항 및 제959조의6에 따라 준용되는 경우를 포함한다)에 따른 피미성년후견인, 피성년후견인 또는 피한정후견인에 대한 의료행위의 동의에 대한 허가

21)의2 「민법」 제947조의2제5항(「민법」 제940조의7, 제959조의5제2항 및 제959조의6에 따라 준용되는 경우를 포함한다)에 따른 피미성년후견인, 피성년후견인 또는 피한정후견인이 거주하는 건물 또는 그 대지에 대한 매도 등에 대한 허가

21)의3 「민법」 제949조의2(「민법」 제940조의7, 제959조의5제2항, 제959조의6, 제959조의10제2항, 제959조의12에 따라 준용되는 경우 및 제959조의16제3항에 따라 준용되는 제940조의7에 따라 다시 준용되는 경우를 포함한다)에 따른 여러 명의 성년후견인·한정후견인·특정후견인·성년후견감독인·한정후견감독인·특정후견감독인·임의후견감독인의 권한 행사에 관한 결정과 그 변경 또는 취소 및 성년후견인·한정후견인·특정후견인·성년후견감독인·한정후견감독인·특정후견감독인·임의후견감독인의 의사표시를 갈음하는 재판

21)의4 「민법」 제950조 제2항(「민법」 제948조 및 제959조의6에 따라 준용되는 경우를 포함한다)에 따른 미성년후견감독인·성년후견감독인·한정후견감독인의 동의를 갈음하는 허가

22) 「민법」 제954조(「민법」 제948조, 제959조의6 및 제959조의12에 따라 준용되는 경우를 포함한다)에 따른 피미성년후견인, 피성년후견인, 피한정후견인 또는 피특정후견인의 재산상황에 대한 조사 및 그 재산관리 등 후견임무 수행에 관하여 필요한 처분명령

22)의2 「민법」 제909조의2제5항에 따라 준용되는 같은 법 제954조에 따른 미성년자의 재산상황에 대한 조사 및 그 재산관리 등 임무대행자의 임무 수행에 관하여 필요한 처분명령

23) 「민법」 제955조(「민법」 제940조의7, 제948조, 제959조의5제2항, 제959조의6, 제959조의10제2항, 제959조의12에 따라 준용되는 경우 및 제959조의16제3항에 따라 준용되는 제940조의7에 따라 다시 준용되는 경우를 포함한다)에 따른 미성년후견인·성년후견인·한정후견인·특정후견인·미성년후견감독인·성년후견감독인·한정후견감독인·특정후견감독인·임의후견감독인에 대한 보수(報酬)의 수여

24) 「민법」 제957조 제1항 단서(「민법」 제959조의7 및 제959조의13에 따라 준용되는 경우를 포함한다)에 따른 후견 종료 시 관리계산기간의 연장허가

24)의2 「민법」 제959조의4에 따른 한정후견인에게 대리권을 수여하는 심판과 그 범위 변경 및 한정후견인이 피한정후견인의 신상에 관하여 결정할 수 있는 권한의 범위 결정과 그 변경

24)의3 「민법」 제959조의8에 따른 피특정후견인의 후원을 위하여 필요한 처분명령

24)의4 「민법」 제959조의11에 따른 특정후견인에게 대리권을 수여하는 심판

24)의5 「민법」 제959조의16제3항에 따라 준용되는 제940조의7에 따라 다시 준용되는 제940조 및 제959조의15제1항 · 제3항 · 제4항에 따른 임의후견감독인의 선임 또는 변경

24)의6 「민법」 제959조의16제2항에 따른 임의후견감독인에 대한 감독사무에 관한 보고 요구, 임의후견인의 사무 또는 본인의 재산상황에 대한 조사명령 또는 임의후견감독인의 직무에 관하여 필요한 처분명령

24)의7 「민법」 제959조의17제2항에 따른 임의후견인의 해임

24)의8 「민법」 제959조의18제2항에 따른 후견계약 종료의 허가

6) 「민법」 제922조의2에 따른 친권자의 동의를 갈음하는 재판

7) 「민법」 제924조, 제924조의2, 제925조 및 제926조에 따른 친권의 상실, 일시 정지, 일부 제한 및 그 실권 회복의 선고 또는 법률행위의 대리권과 재산관리권의 상실 및 그 실권 회복의 선고

③ 제2항의 사건에 관한 절차는 법률이나 대법원규칙으로 따로 정하는 경우를 제외하고는 라류 가사비송사건의 절차에 따른다.

[전문개정 2010. 3. 31.]

제9조(가족관계등록부 기록 등의 촉탁) 가정법원은 대법원규칙으로 정하는 판결 또는 심판이 확정되거나 효력을 발생한 경우에는 대법원규칙으로 정하는 바에 따라 지체 없이 가족관계등록 사무를 처리하는 사람에게 가족관계등록부에 등록할 것을 촉탁하거나 후견등기 사무를 처리하는 사람에게 후견등기부에 등기할 것을 촉탁하여야 한다. 〈개정 2013. 4. 5.〉

[전문개정 2010. 3. 31.]

제3편 가사비송 〈개정 2010. 3. 31.〉

제1장 통칙 〈개정 2010. 3. 31.〉

제34조(준용 법률) 가사비송 절차에 관하여는 이 법에 특별한 규정이 없으면 「비송사건절차법」 제1편을 준용한다. 다만, 「비송사건절차법」 제15조는 준용하지 아니한다.

[전문개정 2010. 3. 31.]

제37조(이해관계인의 참가) ① 심판청구에 관하여 이해관계가 있는 자는 재판장의 허가를 받아 절차에 참가할 수 있다.

② 재판장은 상당하다고 인정하는 경우에는 심판청구에 관하여 이해관계가 있는 자를 절차에 참가하게 할 수 있다.

[전문개정 2010. 3. 31.]

第37조의2(절차의 구조) ① 가정법원은 가사비송사건의 절차에 소요되는 비용을 지출할 자금능력이 없거나 그 비용을 지출하면 생활에 현저한 지장이 있는 사람에 대하여 그 사람의 신청에 따라 또는 직권으로 절차구조(節次救助)를 할 수 있다. 다만, 신청인이 부당한 목적으로 심판청구를 하는 것이 명백한 경우에는 그러하지 아니하다.

② 제1항의 절차구조에 관하여는 「민사소송법」 제128조 제2항부터 제4항까지, 제129조부터 제133조까지를 준용한다. 다만, 「민사소송법」 제132조 및 제133조 단서는 마류 가사비송사건에 한정하여 준용한다.

[본조신설 2013. 4. 5.]

第38조(증거 조사) 가정법원은 필요하다고 인정할 경우에는 당사자 또는 법정대리인을 당사자 신문(訊問) 방식으로 심문(審問)할 수 있고, 그 밖의 관계인을 증인 신문 방식으로 심문할 수 있다.

[전문개정 2010. 3. 31.]

第39조(재판의 방식) ① 가사비송사건에 대한 제1심 종국재판(終局裁判)은 심판으로써 한다. 다만, 절차상의 이유로 종국재판을 하여야 하는 경우에는 그러하지 아니하다.

② 심판서에는 다음 각 호의 사항을 적고 심판한 법관이 기명날인하여야 한다. 심판한 법관이 기명날인하는 데 지장이 있는 경우에는 다른 법관이 그 사유를 적고 기명날인하여야 한다.

1. 당사자와 법정대리인
2. 주문(主文)
3. 이유
4. 법원

③ 라류 가사비송사건의 심판서에는 이유를 적지 아니할 수 있다.

④ 심판에 관하여는 「민사소송법」 중 결정에 관한 규정을 준용한다.

[전문개정 2010. 3. 31.]

第40조(심판의 효력발생 시기) 심판의 효력은 심판을 받을 사람이 심판을 고지받음으로써 발생한다. 다만, 제43조에 따라 즉시항고를 할 수 있는 심판은 확정되어야 효력이 있다.

[전문개정 2010. 3. 31.]

第43조(불복) ① 심판에 대하여는 대법원규칙으로 따로 정하는 경우에 한정하여 즉시항고만을 할 수 있다.

② 항고법원의 재판 절차에는 제1심의 재판 절차에 관한 규정을 준용한다.

③ 항고법원은 항고가 이유 있다고 인정하는 경우에는 원심판을 취소하고 스스로 적당한 결정을 하여야 한다. 다만, 항고법원이 스스로 결정하기에 적당하지 아니하다고 인정하는 경우에는 사건을 원심법원에 환송하여야 한다.

④ 항고법원의 결정에 대하여는 재판에 영향을 미친 헌법, 법률, 명령 또는 규칙 위반이 있음을 이유로 하는 경우에 한정하여 대법원에 재항고할 수 있다.

⑤ 즉시항고는 대법원규칙으로 정하는 날부터 14일 이내에 하여야 한다.

[전문개정 2010. 3. 31.]

제2장 라류 가사비송사건 〈개정 2010. 3. 31.〉

제44조(관할 등) ① 라류 가사비송사건은 다음 각 호의 가정법원이 관할한다. 〈개정 2013. 4. 5., 2017. 10. 31.〉

1의2. 미성년후견·성년후견·한정후견·특정후견 및 임의후견에 관한 사건은 각 피후견인(피후견인이 될 사람을 포함한다)의 주소지의 가정법원. 다만, 성년후견·한정후견 개시의 심판, 특정후견의 심판, 미성년후견인·임의후견감독인 선임 심판이 각각 확정된 이후의 후견에 관한 사건은 후견개시 등의 심판을 한 가정법원(항고법원이 후견개시 등의 심판을 한 경우에는 그 제1심 법원인 가정법원)

② 가정법원은 피후견인의 이익을 위하여 필요한 경우에는 직권 또는 후견인, 후견감독인, 피후견인, 피후견인의 배우자·4촌 이내의 친족, 검사, 지방자치단체의 장의 신청에 따른 결정으로 제1항제1호의2 단서의 관할 가정법원을 피후견인의 주소지의 가정법원으로 변경할 수 있다. 〈신설 2017. 10. 31.〉

③ 변경신청을 기각하는 결정에 대하여는 신청인이, 변경결정에 대하여는 후견인, 후견감독인, 피후견인이 즉시항고를 할 수 있다. 변경결정의 즉시항고의 경우에는 집행정지의 효력이 있다. 〈신설 2017. 10. 31.〉

제45조의2(정신상태의 감정 등) ① 가정법원은 성년후견 개시 또는 한정후견 개시의 심판을 할 경우에는 피성년후견인이 될 사람이나 피한정후견인이 될 사람의 정신상태에 관하여 의사에게 감정을 시켜야 한다. 다만, 피성년후견인이 될 사람이나 피한정후견인이 될 사람의 정신상태를 판단할 만한 다른 충분한 자료가 있는 경우에는 그러하지 아니하다.

② 가정법원은 특정후견의 심판을 할 경우에는 의사나 그 밖에 전문지식이 있는 사람의 의견을 들어야 한다. 이 경우 의견을 말로 진술하게 하거나 진단서 또는 이에 준하는 서면으로 제출하게 할 수 있다.

[본조신설 2013. 4. 5.]

제45조의3(성년후견·한정후견·특정후견 관련 심판에서의 진술 청취) ① 가정법원은 다음 각 호의 어느 하나에 해당하는 심판을 하는 경우에는 해당 호에서 정한 사람의 진술을 들어야 한다. 다만, 피성년후견인(피성년후견인이 될 사람을 포함한다)이나 피임의후견인(피임의후견인이 될 사람을 포함한다)이 의식불명, 그 밖의 사유로 자신의 의사를 표명할 수 없는 경우에는 그러하지 아니하다.

1. 성년후견 개시의 심판, 한정후견 개시의 심판 및 특정후견의 심판을 하는 경우에는 피성년후견인이 될 사람, 피한정후견인이 될 사람 또는 피특정후견인이 될 사람. 다만, 후견계약이 등기되어 있는 경우에는 피임의후견인과 임의후견인
2. 성년후견·한정후견·특정후견 종료의 심판을 하는 경우에는 피성년후견인과 성년후견인, 피한정후견인과 한정후견인 또는 피특정후견인과 특정후견인
3. 성년후견인·한정후견인·특정후견인의 선임 심판을 하는 경우에는 피성년후견인(피성년후견인이 될 사람을 포함한다)과 성년후견인이 될 사람, 피한정후견인(피한정후견인이 될 사람을 포함한다)과 한정후견인이 될 사람, 피특정후견인(피특정후견인이 될 사람을 포함한다)과 특정후견인이 될 사람

4. 성년후견감독인·한정후견감독인·특정후견감독인의 선임 심판을 하는 경우에는 피성년후견인(피성년후견인이 될 사람을 포함한다)과 성년후견감독인이 될 사람, 피한정후견인(피한정후견인이 될 사람을 포함한다)과 한정후견감독인이 될 사람, 피특정후견인(피특정후견인이 될 사람을 포함한다)과 특정후견감독인이 될 사람
5. 성년후견인·한정후견인·특정후견인의 변경 심판을 하는 경우에는 피성년후견인과 그 변경이 청구된 성년후견인 및 성년후견인이 될 사람, 피한정후견인과 그 변경이 청구된 한정후견인 및 한정후견인이 될 사람, 피특정후견인과 그 변경이 청구된 특정후견인 및 특정후견인이 될 사람
6. 성년후견감독인·한정후견감독인·특정후견감독인의 변경 심판을 하는 경우에는 피성년후견인과 그 변경이 청구된 성년후견감독인 및 성년후견감독인이 될 사람, 피한정후견인과 그 변경이 청구된 한정후견감독인 및 한정후견감독인이 될 사람, 피특정후견인과 그 변경이 청구된 특정후견감독인 및 특정후견감독인이 될 사람
7. 취소할 수 없는 피성년후견인의 법률행위의 범위 결정과 그 변경 또는 성년후견인·한정후견인의 대리권의 범위 결정과 그 변경 심판을 하는 경우에는 피성년후견인(피성년후견인이 될 사람을 포함한다) 또는 피한정후견인(피한정후견인이 될 사람을 포함한다)
8. 성년후견인·한정후견인이 피성년후견인·피한정후견인의 신상에 관하여 결정할 수 있는 권한의 범위 결정과 그 변경 또는 피성년후견인·피한정후견인의 격리에 대한 허가 심판을 하는 경우에는 피성년후견인(피성년후견인이 될 사람을 포함한다) 또는 피한정후견인(피한정후견인이 될 사람을 포함한다)
9. 피미성년후견인·피성년후견인·피한정후견인에 대한 의료행위의 동의에 대한 허가 심판을 하는 경우에는 피미성년후견인(피미성년후견인이 될 사람을 포함한다), 피성년후견인(피성년후견인이 될 사람을 포함한다) 또는 피한정후견인(피한정후견인이 될 사람을 포함한다)
10. 피한정후견인이 한정후견인의 동의를 받아야 하는 행위의 범위 결정과 그 변경 심판을 하는 경우에는 피한정후견인(피한정후견인이 될 사람을 포함한다)
11. 한정후견인의 동의를 갈음하는 허가 심판을 하는 경우에는 피한정후견인과 한정후견인
12. 피미성년후견인, 피성년후견인 또는 피한정후견인이 거주하는 건물이나 그 대지에 대한 매도 등에 대한 허가 심판을 하는 경우에는 피미성년후견인, 피성년후견인 또는 피한정후견인
13. 특정후견인에게 대리권을 수여하는 심판을 하는 경우에는 피특정후견인(피특정후견인이 될 사람을 포함한다)

② 가정법원이 제1항제1호 또는 제2호에 따라 진술을 듣는 경우에는 피성년후견인(피성년후견인이 될 사람을 포함한다), 피한정후견인(피한정후견인이 될 사람을 포함한다) 또는 피특정후견인(피특정후견인이 될 사람을 포함한다)을 심문하여야 한다. 다만, 그 사람이 자신의 의사를 밝힐 수 없거나 출석을 거부하는 등 심문할 수 없는 특별한 사정이 있는 때에는 그러하지 아니하다.
③ 제2항의 심문을 위하여 검증이 필요한 경우에는 「민사소송법」 제365조 및 제366조 제1항·제3항을 준용한다.
[본조신설 2013. 4. 5.]

제45조의4(후견사무의 감독) ① 가정법원은 전문성과 공정성을 갖추었다고 인정할 수 있는 사람에게 성년후견사무·한정후견사무·특정후견사무의 실태 또는 피성년후견인·피한정후견인·피특정후견인의 재산상황을 조사하게 하거나 임시로 재산관리를 하게 할 수 있다. 이 경우 가정법원은 법

원사무관등이나 가사조사관에게 사무의 실태나 재산상황을 조사하게 하거나 임시로 재산관리를 하게 할 수 있다.

② 가정법원은 제1항에 따라 사무의 실태나 재산상황을 조사하거나 임시로 재산관리를 하는 사람에게 피성년후견인·피한정후견인·피특정후견인의 재산 중에서 상당한 보수를 지급할 수 있다. 다만, 법원사무관등이나 가사조사관과 같은 법원 소속 공무원에 대하여는 별도의 보수를 지급하지 아니한다.

③ 제1항에 따라 임시로 재산관리를 하는 사람에 대하여는 「민법」 제681조, 제684조, 제685조 및 제688조를 준용한다.

[본조신설 2013. 4. 5.]

제45조의5(진단결과 등의 청취) 가정법원은 임의후견감독인을 선임할 경우에는 피임의후견인이 될 사람의 정신상태에 관하여 의사나 그 밖에 전문지식이 있는 사람의 의견을 들어야 한다. 이 경우 의견을 말로 진술하게 하거나 진단서 또는 이에 준하는 서면으로 제출하게 할 수 있다.

[본조신설 2013. 4. 5.]

제45조의6(임의후견 관련 심판에서의 진술 청취) ① 가정법원은 다음 각 호의 어느 하나에 해당하는 심판을 하는 경우에는 해당 호에서 정한 사람의 진술을 들어야 한다. 다만, 피임의후견인(피임의후견인이 될 사람을 포함한다)이 의식불명, 그 밖의 사유로 그 의사를 표명할 수 없는 경우에는 그러하지 아니하다.

1. 임의후견감독인의 선임 심판을 하는 경우에는 피임의후견인이 될 사람, 임의후견감독인이 될 사람 및 임의후견인이 될 사람
2. 임의후견감독인의 변경 심판을 하는 경우에는 피임의후견인, 임의후견인, 그 변경이 청구된 임의후견감독인 및 임의후견감독인이 될 사람
3. 임의후견인의 해임 심판을 하는 경우에는 피임의후견인 및 그 해임이 청구된 임의후견인
4. 후견계약의 종료에 관한 허가 심판을 하는 경우에는 피임의후견인 및 임의후견인

② 가정법원은 제1항제1호 또는 제4호의 심판을 하는 경우에는 피임의후견인(피임의후견인이 될 사람을 포함한다)을 심문하여야 한다. 다만, 그 사람이 자신의 의사를 밝힐 수 없거나 출석을 거부하는 등 심문할 수 없는 특별한 사정이 있는 때에는 그러하지 아니하다.

③ 제2항의 심문을 위하여 검증이 필요한 경우에는 「민사소송법」 제365조 및 제366조 제1항·제3항을 준용한다.

[본조신설 2013. 4. 5.]

제45조의7(임의후견감독사무의 실태 조사) 가정법원은 법원사무관등이나 가사조사관에게 임의후견감독사무의 실태를 조사하게 할 수 있다.

[본조신설 2013. 4. 5.]

제5편 이행의 확보 〈개정 2010. 3. 31.〉

제62조(사전처분) ① 가사사건의 소의 제기, 심판청구 또는 조정의 신청이 있는 경우에 가정법원, 조정위원회 또는 조정담당판사는 사건을 해결하기 위하여 특히 필요하다고 인정하면 직권으로 또는 당사자의 신청에 의하여 상대방이나 그 밖의 관계인에게 현상(現狀)을 변경하거나 물건을 처분하는 행위의 금지를 명할 수 있고, 사건에 관련된 재산의 보존을 위한 처분, 관계인의 감호(監護)와 양육을 위한 처분 등 적당하다고 인정되는 처분을 할 수 있다.

② 제1항의 처분을 할 때에는 제67조 제1항에 따른 제재를 고지하여야 한다.

③ 급박한 경우에는 재판장이나 조정장은 단독으로 제1항의 처분을 할 수 있다.

④ 제1항과 제3항의 처분에 대하여는 즉시항고를 할 수 있다.

⑤ 제1항의 처분은 집행력을 갖지 아니한다.

[전문개정 2010. 3. 31.]

가사소송규칙

[시행 2018.5.1.] [대법원규칙 제2785호, 2018.4.27., 일부개정]

제5조(가족관계등록부기록을 촉탁하여야 할 판결등) ①법 제9조의 규정에 의하여 대법원규칙으로 정하는 가족관계등록부기록을 촉탁하여야 할 판결 또는 심판은 다음 각호의 것으로 한다. 〈개정 2006. 3. 23., 2013. 6. 5., 2013. 6. 27., 2015. 7. 28.〉

1. 친권, 법률행위대리권, 재산관리권의 상실선고의 심판 또는 그 실권회복선고의 심판

1의2. 친권의 일시 정지, 일부 제한, 일시 정지에 대한 기간연장의 심판 또는 그 실권 회복의 심판

2. 친권자의 지정과 변경의 판결 또는 심판

2의2. 미성년후견의 종료 및 친권자의 지정의 심판

2의3. 친권자·미성년후견인의 임무대행자 선임의 심판

3. 미성년후견인·미성년후견감독인의 선임, 변경 또는 사임허가의 심판

4. 법 제62조의 규정에 의하여 친권자의 친권, 법률행위대리권, 재산관리권의 전부 또는 일부의 행사를 정지하거나 미성년후견인·미성년후견감독인의 임무수행을 정지하는 재판과 그 대행자를 선임하는 재판

② 제1항제4호의 재판이 본안심판의 확정, 심판청구의 취하 기타의 사유로 효력을 상실하게 된 때에는 가정법원의 법원서기관, 법원사무관, 법원주사 또는 법원주사보(이하 "법원사무관등"이라 한다)는 법 제9조의 예에 의하여 가족관계등록부 기록을 촉탁하여야 한다. 〈개정 2007. 12. 31.〉

제5조의2(후견등기부기록을 촉탁하여야 할 심판등) ① 법 제9조에 따라 대법원규칙으로 정하는 후견등기부기록을 촉탁하여야 할 심판은 다음 각 호 각 목의 것으로 한다.

1. 성년후견에 관한 심판
  가. 성년후견의 개시 또는 그 종료의 심판
  나. 성년후견인·성년후견감독인의 선임 또는 그 변경의 심판
  다. 성년후견인·성년후견감독인의 사임에 대한 허가의 심판
  라. 취소할 수 없는 피성년후견인의 법률행위의 범위 결정 또는 그 변경의 심판
  마. 성년후견인의 법정대리권의 범위 결정 또는 그 변경의 심판
  바. 성년후견인이 피성년후견인의 신상에 관하여 결정할 수 있는 권한의 범위 결정 또는 그 변경의 심판
  사. 여러 명의 성년후견인·성년후견감독인의 권한 행사에 관한 결정과 그 변경 또는 취소의 심판

2. 한정후견에 관한 심판
  가. 한정후견의 개시 또는 그 종료의 심판
  나. 한정후견인·한정후견감독인의 선임 또는 변경의 심판
  다. 한정후견인·한정후견감독인의 사임에 대한 허가의 심판
  라. 피한정후견인이 한정후견인의 동의를 받아야 하는 행위의 범위 결정 또는 그 변경의 심판
  마. 한정후견인에 대한 대리권 수여 또는 그 범위 변경의 심판
  바. 한정후견인이 피한정후견인의 신상에 관하여 결정할 수 있는 권한의 범위 결정 또는 그 변경의 심판

사. 여러 명의 한정후견인·한정후견감독인의 권한 행사에 관한 결정과 그 변경 또는 취소의 심판

3. 특정후견에 관한 심판
가. 특정후견의 심판 또는 그 종료의 심판
나. 특정후견인·특정후견감독인의 선임 또는 변경의 심판
다. 특정후견인·특정후견감독인의 사임에 대한 허가의 심판
라. 피특정후견인의 후원을 위하여 필요한 처분명령의 심판
마. 특정후견인에 대한 대리권 수여의 심판(대리권 행사에 가정법원이나 특정후견감독인의 동의를 받도록 명한 부분 포함)
바. 여러 명의 특정후견인·특정후견감독인의 권한 행사에 관한 결정과 그 변경 또는 취소의 심판

4. 임의후견에 관한 심판
가. 임의후견감독인의 선임 또는 변경의 심판
나. 임의후견감독인의 사임에 대한 허가의 심판
다. 여러 명의 임의후견감독인의 권한 행사에 관한 결정과 그 변경 또는 취소의 심판
라. 임의후견인의 해임 심판
마. 후견계약 종료의 허가 심판

5. 법 제62조에 따른 재판
가. 성년후견인·한정후견인·특정후견인·임의후견인·성년후견감독인·한정후견감독인·특정후견감독인·임의후견감독인의 권한 범위를 변경하거나 그 직무집행의 전부 또는 일부를 정지하는 재판 및 그 직무대행자를 선임하는 재판
나. 성년후견, 한정후견 및 특정후견에 관한 사건에서 임시후견인을 선임하는 재판
다. 직무대행자, 임시후견인을 해임 또는 개임하는 재판 및 그 권한의 범위를 정하거나 변경하는 재판
라. 여러 명의 직무대행자, 임시후견인의 권한 행사에 관한 결정과 그 변경 또는 취소의 재판

② 제1항제5호의 재판이 본안심판의 확정, 심판청구의 취하 기타의 사유로 효력을 상실하게 된 때와 「민법」 제959조의20제1항에 따라 후견계약이 종료된 때에는 가정법원의 법원사무관등은 법 제9조의 예에 의하여 후견등기부기록을 촉탁하여야 한다.
[본조신설 2013. 6. 5.]

제6조(가족관계등록부기록등 촉탁의 방식) ① 가족관계등록부 또는 후견등기부기록의 촉탁은 재판장의 명을 받아 가정법원의 법원사무관등이 이를 한다. 〈개정 2007. 12. 31., 2013. 6. 5.〉
② 촉탁서에는 다음 각호의 사항을 기재하고 법원사무관등이 기명날인 하여야 한다. 〈개정 2007. 12. 31., 2013. 6. 5., 2016. 4. 8.〉
1. 당사자 및 사건본인의 성명, 등록기준지(외국인의 경우에는 국적), 주소, 주민등록번호(외국인의 경우에는 외국인등록번호, 외국인등록을 하지 아니한 외국국적동포의 경우에는 국내거소신고번호)
2. 가족관계등록부 또는 후견등기부기록의 원인 및 그 원인일자

2의2. 후견등기의 목적과 등기할 사항
3. 촉탁 연월일
4. 법원사무관등의 관직과 성명 및 소속법원의 표시
③ 제2항의 촉탁서에는 확정된 판결등본, 효력을 발생한 심판서의 등본 기타 가족관계등록부 또는 후견등기부기록의 원인을 증명하는 서면을 첨부하여야 한다. 〈개정 2007. 12. 31., 2013. 6. 5.〉
④ 제1항부터 제3항까지의 촉탁 및 서면 첨부는 전산정보처리조직을 이용하여 「민사소송 등에서의 전자문서 이용 등에 관한 법률」 제2조 제1호의 전자문서로 할 수 있다. 〈신설 2011. 12. 12.〉

제21조(이해관계인의 참가신청) ① 법 제37조 제1항의 규정에 의한 이해관계인의 참가신청은 참가의 취지와 이유를 기재한 서면으로 하여야 한다.
② 참가신청인은 참가의 이유를 소명하여야 한다.

제22조(참가신청에 대한 재판등) ① 재판장은 제21조 제1항의 참가신청이 있는 때에는 그 허부의 결정을 하여야 한다.
② 제1항의 규정에 의한 참가허가의 결정과 법 제37조 제2항의 규정에 의한 참가명령은 당사자 및 참가신청인 또는 참가명령을 받은 자에게 고지하여야 한다.
③ 제1항의 규정에 의한 참가허부의 결정과 법 제37조 제2항의 규정에 의한 참가명령에 대하여는 불복하지 못한다.

제22조의2(절차의 구조) 법 제37조의2제1항의 절차구조에 관하여는 「민사소송규칙」 제24조부터 제27조까지의 규정을 준용한다.
[본조신설 2013. 6. 5.]

제23조(증거조사등) ①가정법원은 직권으로 사실을 조사하고 필요한 증거조사를 하여야 한다.
② 가정법원은 증거조사를 다른 가정법원에 촉탁할 수 있다. 〈개정 2016. 12. 29.〉
③ 삭제 〈2016. 12. 29.〉
④ 증거조사에 관하여는 가사소송의 예에 의한다.

제25조(심판의 고지) 심판은 이규칙에 특별한 규정이 있는 경우를 제외하고는, 당사자와 절차에 참가한 이해관계인에게 고지하여야 한다.

제27조(청구기각심판에 대한 불복) 청구에 의하여서만 심판하여야 할 경우에 그 청구를 기각한 심판에 대하여는 특별한 규정이 있는 경우를 제외하고는 청구인에 한하여 즉시항고를 할 수 있다.

제28조(즉시항고 제기의 방식) 즉시항고는 원심가정법원에 즉시항고장을 제출함으로써 한다.

제29조(항고심의 재판절차) 항고심의 재판절차에는 이 규칙중 제1심의 재판절차에 관한 규정을 준용한다.

제29조의2(청구인에 대한 통지) 가사비송청구를 인용한 심판에 대하여 이해관계인이 즉시항고한 경우 항고심 법원은 상당하다고 인정하는 때에는 제1심 청구인에게 사건이 계속된 사실을 통지하거나 제1심 청구인을 심문할 수 있다.
[본조신설 1998. 12. 4.]

제30조(재항고심의 재판절차) 재항고심의 재판절차에는 그 성질에 반하지 아니하는 한 「민사소송법」 및 「민사소송규칙」중 재항고에 관한 규정을 준용한다. 〈개정 2006. 3. 23.〉

제2장 라류 가사비송사건

제1절 총칙

제31조(즉시항고 기간의 진행) 즉시항고의 기간은, 특별한 규정이 있는 경우를 제외하고는, 즉시항고를 할 수 있는 자가 심판을 고지 받는 경우에는 그 고지를 받은 날부터, 심판을 고지 받지 아니하는 경우에는 청구인(청구인이 수인일 때에는 최후로 심판을 고지받은 청구인)이 심판을 고지받은 날부터 진행한다.

제31조의2(관할변경신청에 관한 처리) ① 법 제44조 제2항에 따른 변경결정은 신청인 외에 후견인, 후견감독인에게 고지하여야 하고, 가정법원의 법원사무관등은 지체 없이 피후견인에게 그 뜻을 통지하여야 한다.

② 가정법원의 법원사무관등은 법 제44조 제2항에 따른 변경결정이 확정되면 바로 그 결정정본과 후견사무의 감독에 관한 소송기록을 변경된 관할법원에 보내야 한다.

[본조신설 2018. 4. 27.]

제2절 성년후견, 한정후견, 특정후견 및 임의후견 〈개정 2013. 6. 5.〉

제32조(사전처분) ① 성년후견, 한정후견, 특정후견 및 임의후견에 관한 사건에 있어서, 가정법원이 법 제62조에 따른 사전처분으로서 직무대행자를 선임한 때에는, 그 직무대행자에 대하여는 특별한 규정이 있는 경우를 제외하고 해당 후견인 또는 해당 후견감독인에 관한 규정을 준용한다.

② 제1항에 따른 직무대행자의 선임처분은 그 선임된 자, 해당 후견인 및 해당 후견감독인에게 고지하여야 하고, 가정법원의 법원사무관등은 지체 없이 사건본인에게 그 뜻을 통지하여야 한다.

③ 가정법원은 상당하다고 인정할 때에는 언제든지 제1항의 직무대행자에게, 사건본인의 신상보호 또는 재산관리에 필요한 명령을 할 수 있고, 그 선임한 직무대행자를 해임하거나 개임할 수 있다.

④ 가정법원이 법 제62조에 따른 사전처분으로 임시후견인을 선임한 경우, 특별한 규정이 있는 경우를 제외하고, 성년후견 및 한정후견에 관한 사건의 임시후견인에 대하여는 한정후견인에 관한 규정을, 특정후견에 관한 사건의 임시후견인에 대하여는 특정후견인에 관한 규정을 각 준용한다.

⑤ 제2항 및 제3항의 규정은 제4항의 임시후견인을 선임한 경우에 이를 준용한다.

⑥ 제1항의 직무대행자에 대하여는 사건본인의 재산 중에서, 제4항의 임시후견인에 대하여는 청구인 또는 사건본인의 재산 중에서 각 상당한 보수를 지급할 것을 명할 수 있다.

[전문개정 2013. 6. 5.]

제35조(심판의 고지등) ① 성년후견·한정후견·특정후견 및 임의후견에 관한 심판은 제25조에서 정한 자 이외에 후견인(그 심판 및 법률에 의하여 임무가 개시되거나 종료될 자를 포함한다) 및 후견감독인(그 심판 및 법률에 의하여 임무가 개시되거나 종료될 자를 포함한다)에게도 고지하여야 한다.

② 제1항의 심판이 있는 때에는 가정법원의 법원사무관등은 지체 없이 사건본인에게 그 뜻을 통지하여야 한다.

[전문개정 2013. 6. 5.]

제36조(즉시항고) ① 법 제2조 제1항제2호가목에 정한 심판사항 중 다 음의 각 호 각 목에서 정하는 심판에 대하여는 해당 각 호 각 목에서 정하는 자가 즉시항고를 할 수 있다.

1. 성년후견에 관한 심판
  가. 성년후견의 개시 심판 : 「민법」 제9조 제1항에 규정한 자 및 「민법」 제959조의20 제1항의 임의후견인, 임의후견감독인
  나. 성년후견인·성년후견감독인의 변경 심판 : 변경 대상 성년후견인·성년후견감독인
  다. 피성년후견인의 격리에 대한 허가, 피성년후견인에 대한 의료행위의 동의에 대한 허가 및 피성년후견인이 거주하는 건물 또는 그 대지에 대한 매도 등에 대한 허가 심판 : 피성년후견인, 친족, 성년후견인, 성년후견감독인, 검사, 지방자치단체의 장

2. 한정후견에 관한 심판
  가. 한정후견의 개시 심판 : 「민법」 제12조 제1항에 규정한 자 및 「민법」 제959조의20 제1항의 임의후견인, 임의후견감독인
  나. 한정후견인·한정후견감독인의 변경 심판 : 변경 대상 한정후견인·한정후견감독인
  다. 피한정후견인의 격리에 대한 허가, 피한정후견인에 대한 의료행위의 동의에 대한 허가 및 피한정후견인이 거주하는 건물 또는 그 대지에 대한 매도 등에 대한 허가 심판 : 피한정후견인, 친족, 한정후견인, 한정후견감독인, 검사, 지방자치단체의 장

3. 특정후견에 관한 심판
  가. 특정후견의 심판 : 「민법」 제14조의2 제1항에 규정한 자 및 「민법」 제959조의20 제1항의 임의후견인, 임의후견감독인
  나. 특정후견인·특정후견감독인의 변경 심판 : 변경 대상 특정후견인·특정후견감독인

4. 임의후견에 관한 심판
  가. 임의후견감독인의 변경 심판 : 변경 대상 임의후견감독인
  나. 임의후견인의 해임 심판 : 본인, 임의후견인
  다. 후견계약 종료의 허가 심판 : 「민법」 제959조의18 제2항에 규정한 자

② 법 제2조 제1항 제2호가목에 정한 심판사항 중 다음의 각 호에서 정하는 심판에 대하여는 제27조에 정한 자 이외에 해당 각 호에서 정하는 자도 즉시항고를 할 수 있다.

1. 성년후견의 종료청구 기각 심판 : 「민법」 제11조에 규정한 자
2. 성년후견인·성년후견감독인의 변경청구 기각 심판 : 「민법」 제940조에 규정한 자
3. 한정후견의 종료청구 기각 심판 : 「민법」 제14조에 규정한 자
4. 한정후견인·한정후견감독인의 변경청구 기각 심판 : 「민법」 제959조의3 제2항, 제959조의5 제2항에 따라 준용되는 같은 법 제940조에 규정한 자

5. 특정후견인·특정후견감독인의 변경청구 기각 심판 : 「민법」 제959조의9 제2항, 제959조의10 제2항에 따라 준용되는 같은 법 제940조에 규정한 자
6. 임의후견감독인의 변경청구 기각 심판 : 「민법」 제959조의16 제3항에 따라 준용되는 같은 법 제940조의7에 따라 다시 준용되는 같은 법 제940조에 규정한 자
7. 임의후견인의 해임청구 기각 심판 : 「민법」 제959조의17 제2항에 규정한 자

[전문개정 2013. 6. 5.]

제38조(정신상태의 감정) 가정법원은 성년후견 종료 또는 한정후견 종료의 심판을 할 경우에는 피성년후견인 또는 피한정후견인의 정신상태에 관하여 의사에게 감정을 시킬 수 있다.

[전문개정 2013. 6. 5.]

제38조의2(후견사무등에 관한 지시) 가정법원이 성년후견인·한정후견인·특정후견인·성년후견감독인·한정후견감독인·특정후견감독인·임의후견감독인을 선임한 때에는 그 후견인 또는 후견감독인에 대하여 그 후견사무 또는 후견감독사무에 관하여 필요하다고 인정되는 사항을 지시할 수 있다.

[본조신설 2013. 6. 5.]

제38조의3(격리치료등의 허가와 지시) ① 가정법원이 다음 각 호의 허가를 하는 때에는, 성년후견인·성년후견감독인 또는 한정후견인·한정후견감독인에게 피성년후견인 또는 피한정후견인의 신상보호 또는 재산관리에 관하여 필요하다고 인정되는 사항을 지시할 수 있다.
1. 「민법」 제947조의2 제2항(같은 법 제959조의6에 따라 준용되는 경우를 포함한다)에 따른 피성년후견인 또는 피한정후견인의 격리에 대한 허가
2. 「민법」 제947조의2 제4항(같은 법 제940조의7, 제959조의5 제2항 및 제959조의6에 따라 준용되는 경우를 포함한다)에 따른 피성년후견인 또는 피한정후견인에 대한 의료행위의 동의에 대한 허가
3. 「민법」 제947조의2 제5항(같은 법 제940조의7, 제959조의5 제2항 및 제959조의6에 따라 준용되는 경우를 포함한다)에 따른 피성년후견인 또는 피한정후견인이 거주하는 건물 또는 그 대지에 대한 매도 등에 대한 허가

② 가정법원은 필요하다고 인정한 때에는 언제든지 제1항 및 제38조의2의 허가 기타 지시를 취소하거나 변경할 수 있다.

[본조신설 2013. 6. 5.]

제38조의4(특별대리인의 대리권 제한) 가정법원이 성년후견인 또는 한정후견인에 대하여 「민법」 제949조의3에 따라 준용되는 같은 법 제921조(같은 법 제959조의3 제2항의 규정에 따라 준용되는 같은 법 제949조의3에 따라 다시 준용되는 경우를 포함한다)에 의하여 특별대리인을 선임할 때에는, 제68조 및 제68조의2의 규정을 준용한다.

[본조신설 2013. 6. 5.]

제38조의5(재산관리등) 제41조부터 제52조까지의 규정은 「민법」 제956조에 따라 준용되는 같은 법 제918조에 따른 재산관리인의 선임 또는 개임과 재산관리에 관한 처분 및 「민법」 제954조(같은 법 제959조의6, 제959조의12에 따라 준용되는 경우를 포함한다)에 따른 성년후견사무·한정후견사무·특정후견사무에 관한 처분에 이를 준용한다.

[본조신설 2013. 6. 5.]

제38조의6(후견사무등의 감독) ① 법 제45조의4 및 제45조의7에 따라 가정법원으로부터 사무의 실태 또는 재산상황을 조사하거나 임시로 재산관리를 할 수 있는 권한을 부여받은 사람은 그 업무 처리를 위하여 가정법원의 허가를 얻어 그 후견인 또는 후견감독인에게 그 후견사무 또는 후견감독사무에 관한 자료의 제출을 요구하거나 제출한 자료에 대한 설명을 요구할 수 있다.

② 제1항에 규정한 사람은 업무를 수행함에 있어 그 후견인 또는 후견감독인을 변경할 필요가 있거나 「민법」 제954조에 따른 조사 또는 처분의 필요가 있다고 판단한 때에는 즉시 이를 가정법원에 보고하여야 한다.

③ 제2항의 보고에 대하여는 제11조의 규정을 준용한다.

④ 가정법원은 법 제45조의4제1항에 따라 임시로 재산관리를 하는 사람에 대하여 그 재산관리에 필요하다고 인정되는 사항을 지시할 수 있다.

[본조신설 2013. 6. 5.]

제62조의7(입양의 청구) ① 미성년자 입양의 청구에는 다음의 사항을 명백히 하여야 한다.

1. 양자가 될 사람의 부모가 입양에 동의한 사실 또는 그 동의가 없는 경우에는 「민법」 제870조 제1항 각 호 및 같은 조 제2항 각 호에 해당된다는 것을 나타내는 사정
2. 양자가 될 사람에 대하여 친권을 행사하는 사람으로서 부모 이외의 사람의 이름과 주소와 양자가 될 사람의 부모의 후견인의 이름과 주소
3. 「민법」 제869조 제1항에 따른 법정대리인의 동의 또는 같은 조 제2항에 따른 법정대리인의 입양승낙, 그 동의 또는 승낙이 없는 경우에는 「민법」 제869조 제3항 각 호에 해당된다는 것을 나타내는 사정
4. 「사회복지사업법」에 의한 사회복지법인의 입양 알선에 의한 청구인 경우에는 해당 사회복지법인의 명칭 및 소재지와 양자가 될 사람이 보호되고 있는 보장시설의 명칭 및 소재지

② 피성년후견인 입양의 청구에는「민법」제873조 제1항에 따른 성년후견인의 동의,「민법」제871조 제1항에 따른 부모의 동의 또는 그 동의가 없는 경우에는「민법」제873조 제3항에 해당된다는 것을 나타내는 사정을 명백히 하여야 한다.

[본조신설 2013. 6. 27.]

제62조의8(준용규정) ① 미성년자 입양을 허가하는 심판 및 피성년후 견인이 입양을 하거나 양자가 되는 것에 대한 허가 심판의 고지에 관하여는 제62조의4제1항를 준용한다. 이 경우 "친양자 입양"은 "입양"으로, "친양자"는 "양자"로 본다. 〈개정 2016. 12. 29.〉

② 미성년자 입양을 허가하는 심판 및 피성년후견인이 입양을 하거나 양자가 되는 것에 대한 허가 심판에 대한 즉시항고에 관하여는 제62조의5를 준용한다. 이 경우 "친양자 입양"은 "입양"으로, "제62조의3"은 "법 제45조의8 제1항 각 호"로 본다. 〈개정 2016. 12. 29.〉

③ 미성년자 입양에 관한 심판에 관하여는 제62조의6을 준용한다. 이 경우 "친양자 입양"은 "입양"으로 본다.

제9절 친권과 미성년후견에 관한 사건 〈개정 2007. 12. 31., 2013. 6. 5., 2017. 12. 27.〉

제64조(친권행사방법의 결정) 민법 제909조 제2항 단서의 규정에 의하여 친권행사방법을 결정함에는 청구인이 아닌 친권자를 절차에 참가하게 하여야 한다.

제65조(미성년후견인, 미성년후견감독인의 선임·변경) ① 미성년후견인·미성년후견감독인을 선임함에는 미성년후견인·미성년후견감독인이 될 자의 의견을 들어야 한다.

② 미성년후견인·미성년후견감독인을 변경할 때에는 그 변경이 청구된 미성년후견인·미성년후견감독인을 절차에 참가하게 하여야 한다.

③ 가정법원이 미성년후견인·미성년후견감독인을 선임한 때에는 미성년후견인·미성년후견감독인에 대하여 그 후견사무 또는 후견감독사무에 관하여 필요하다고 인정되는 사항을 지시할 수 있다.

④ 가정법원은 미성년후견인·미성년후견감독인의 선임과 변경 심판을 하는 경우 그 미성년자가 13세 이상인 때에는 그 미성년자의 의견을 들어야 한다. 다만, 미성년자의 의견을 들을 수 없거나 미성년자의 의견을 듣는 것이 오히려 미성년자의 복지를 해할만한 특별한 사정이 있다고 인정되는 때에는 그러하지 아니하다.

[전문개정 2013. 6. 5.]

제65조의2(친권자의 지정 등) 친권자의 지정 또는 미성년후견의 종료 및 친권자의 지정에 관한 심판을 하는 경우 제65조 제4항을 준용한다.

[본조신설 2013. 6. 27.]

제66조(교정기관에의 위탁등의 허가와 지시) ① 가정법원이 다음 각 호의 허가를 하는 때에는, 친권자 또는 미성년후견인·미성년후견감독인에 대하여, 미성년자의 교육과 신상보호 및 재산관리에 관하여 필요하다고 인정되는 사항을 지시할 수 있다. 〈개정 2013. 6. 5.〉

1. 「민법」 제915조 및 제945조(제948조에 따라 위 각 조항이 준용되는 경우를 포함한다)에 따른 감화 또는 교정기관에의 위탁에 대한 허가
2. 「민법」 제940조의7에 따라 준용되는 같은 법 제947조의2제4항에 따른 피미성년후견인에 대한 의료행위의 동의에 대한 허가
3. 「민법」 제940조의7에 따라 준용되는 같은 법 제947조의2제5항에 따른 피미성년후견인이 거주하는 건물 또는 그 대지에 대한 매도 등에 대한 허가

② 가정법원은 필요하다고 인정한 때에 언제든지 제1항의 허가 기타 지시를 취소하거나 변경할 수 있다.

제67조(즉시항고) ① 법 제2조 제1항 제2호가목 및 이 규칙 제2조에 정한 심판사항 중 다음의 각 호에서 정하는 심판에 대하여는 해당 각 호에서 정하는 자가 즉시항고를 할 수 있다. 〈개정 2013. 6. 27.〉

1. 미성년후견인의 선임 심판 : 미성년자, 미성년자의 부모와 친족, 이해관계인, 검사, 지방자치단체의 장
2. 미성년후견인·미성년후견감독인의 변경 심판 : 변경 대상 미성년후견인·미성년후견감독인

3. 감화 또는 교정기관에 위탁하는 것에 대한 허가, 피미성년후견인에 대한 의료행위의 동의에 대한 허가 및 피미성년후견인이 거주하는 건물 또는 그 대지에 대한 매도 등에 대한 허가 심판 : 미성년자, 미성년자의 부모와 친족, 미성년후견인, 미성년후견감독인, 검사, 지방자치단체의 장
4. 친권자의 지정 심판 : 미성년자, 미성년자의 부모와 친족
5. 미성년후견종료 및 친권자 지정 심판 : 미성년자, 미성년자의 부모와 친족, 미성년후견인

② 미성년후견인·미성년후견감독인의 변경청구를 기각한 심판에 대하여는 제27조에서 정한 자 이외에 「민법」제940조에 규정한 자도 즉시항고를 할 수 있다.
[전문개정 2013. 6. 5.]

제68조(특별대리인의 대리권 제한) 가정법원이 「민법」 제921조(미성년후견인에 대하여 같은 법 제949조의3에 따라 준용되는 경우를 포함한다)에 따라 특별대리인을 선임할 때에는, 그 특별대리인의 대리권행사에 관하여 필요한 제한을 가할 수 있다. 〈개정 2006. 3. 23., 2013. 6. 5.〉

제68조의2(특별대리인의 개임) 가정법원은 언제든지 법 제2조 제1항제2호가목16)에 따른 특별대리인을 개임할 수 있다. 〈개정 2013. 6. 5.〉

제69조(재산관리등) 제41조 내지 제52조의 규정은 「민법」 제918조(제956조의 규정에 의하여 준용되는 경우를 포함한다)의 규정에 의한 재산관리인의 선임 또는 개임과 재산관리에 관한 처분 및 「민법」 제954조(제948조의 규정에 의하여 준용되는 경우를 포함한다)의 규정에 의한 미성년후견사무에 관한 처분에 이를 준용한다. 〈개정 2006. 3. 23., 2013. 6. 5.〉

제69조의2(후견사무의 감독) 미성년후견인 또는 미성년후견감독인에 대하여 제38조의6의 규정을 준용한다.

후견등기에 관한 법률 (약칭: 후견등기법)

[시행 2013.7.1.] [법률 제11732호, 2013.4.5., 제정]

제1장 총칙

제1조(목적) 이 법은 「민법」에서 규정한 성년후견, 한정후견, 특정후견 및 후견계약의 등기에 관한 사항을 규정함을 목적으로 한다.

제2조(정의) 이 법에서 사용하는 용어의 뜻은 다음과 같다.

1. "후견등기부"란 전산정보처리조직에 의하여 입력·처리된 다음 각 목의 등기(이하 "후견등기"라 한다)에 관한 정보자료를 대법원규칙으로 정하는 바에 따라 편성한 것을 말한다.
   가. 성년후견에 관한 등기
   나. 한정후견에 관한 등기
   다. 특정후견에 관한 등기
   라. 후견계약에 관한 등기
2. "후견등기부 부본자료"란 후견등기부와 같은 내용으로 보조기억장치에 기록된 자료를 말한다.
3. "후견등기기록"이란 한 사람의 피성년후견인, 피한정후견인, 피특정후견인(이하 "피성년후견인 등"이라 한다) 또는 후견계약의 위임인(이하 "후견계약의 본인"이라 한다)에 관한 등기정보자료를 말한다.
4. "후견등기관"이란 후견등기사무를 처리하는 사람으로서, 가정법원에 근무하는 법원서기관, 법원사무관, 법원주사 또는 법원주사보 중에서 가정법원장이 지정하는 사람을 말한다.

제3조(등기신청의 접수 시기 및 효력발생 시기) ① 등기신청은 대법원규칙으로 정하는 등기신청정보가 전산정보처리조직에 저장된 때 접수된 것으로 본다. 이 경우 접수번호는 그 저장된 순서에 따라 부여된다.
② 후견등기관이 등기를 마친 경우 그 등기는 접수한 때부터 효력을 발생한다.

제2장 관할 법원과 후견등기관

제4조(후견등기의 관할) 후견등기사무는 대법원규칙으로 정하는 가정법원에서 담당한다.

제5조(관할의 위임) 대법원장은 천재지변, 화재로 인한 소실, 그 밖에 이에 준하는 사유가 있을 경우 어느 가정법원의 관할에 속하는 사무를 다른 가정법원에 위임하게 할 수 있다.

제6조(관할의 변경) 후견등기사무의 관할 법원이 다른 법원으로 바뀌었을 때에는 종전의 관할 법원은 전산정보처리조직을 이용하여 그 피성년후견인등 또는 후견계약의 본인에 관한 후견등기기록의 처리권한을 다른 법원으로 넘겨주는 조치를 하여야 한다.

제7조(후견등기사무의 정지) 대법원장은 천재지변, 화재로 인한 소실, 그 밖에 이에 준하는 사유로 가정법원에서 후견등기사무를 정지하여야 하는 사유가 발생하면 기간을 정하여 후견등기사무의 정지를 명령할 수 있다.

제8조(후견등기사무의 처리) ① 후견등기사무는 관할 가정법원에 근무하는 후견등기관이 처리한다.

② 후견등기관은 후견등기사무를 전산정보처리조직을 이용하여 후견등기부에 등기사항을 기록하는 방식으로 처리하여야 한다.

③ 후견등기관이 전산정보처리조직에 의하여 후견등기사무를 처리하였을 때에는 대법원규칙으로 정하는 바에 따라 후견등기관의 식별부호를 기록하는 등 후견등기사무를 처리한 후견등기관을 확인할 수 있는 조치를 하여야 한다.

④ 후견등기관, 후견등기부 등을 관리하는 사람 또는 그 직에 있었던 사람은 정당한 이유 없이 그 직무 수행 중 알게 된 후견등기에 관한 비밀을 누설하여서는 아니 된다.

⑤ 후견등기관은 접수번호의 순서에 따라 등기를 하여야 한다.

제9조(후견등기관의 업무처리의 제한) ① 후견등기관은 자신이나 그의 배우자 또는 4촌 이내의 친족이 피성년후견인등 또는 후견계약의 본인인 경우에는 그의 배우자 또는 4촌 이내의 친족이 아닌 성년자 2명 이상의 참여가 없으면 등기를 할 수 없다. 그 친족관계가 끝난 후에도 또한 같다.

② 제1항의 경우에 후견등기관은 조서를 작성하여 그 등기에 참여한 사람과 함께 기명날인 또는 서명을 하여야 한다.

제10조(재정보증) 법원행정처장은 후견등기관의 재정보증에 관한 사항을 정하여 운용할 수 있다.

제3장 후견등기부 등

제11조(후견등기부) ① 후견등기부는 전산정보처리조직에 의하여 입력·처리된 전산정보자료를 피성년후견인등 또는 후견계약의 본인 개인별로 구분하여 작성한다.

② 후견등기부는 영구히 보존하여야 한다.

③ 후견등기부는 대법원규칙으로 정하는 장소에 보관·관리하여야 하며, 전쟁·천재지변이나 그 밖에 이에 준하는 사태를 피하기 위한 경우 외에는 그 장소 밖으로 옮기지 못한다.

④ 등기신청서, 등기촉탁서 또는 그 밖의 부속서류(이하 "등기신청서등"이라 한다)는 전쟁·천재지변이나 그 밖에 이에 준하는 사태를 피하기 위한 경우 외에는 가정법원 밖으로 옮기지 못한다. 다만, 법원의 명령 또는 촉탁이 있거나 법관이 발부한 영장에 의하여 압수하는 경우에는 그러하지 아니하다.

제12조(후견등기부 부본자료의 작성) 후견등기관은 등기를 마쳤을 때에는 후견등기부 부본자료를 작성하여야 한다.

제13조(후견등기부의 손상과 복구) ① 후견등기부의 전부 또는 일부가 손상되거나 손상될 우려가 있을 때에는 대법원장은 대법원규칙으로 정하는 바에 따라 후견등기부의 복구·손상방지 등 필요한 처분을 명령할 수 있다.

② 대법원장은 대법원규칙으로 정하는 바에 따라 제1항의 처분명령에 관한 권한을 법원행정처장 또는 가정법원장에게 위임할 수 있다.

제14조(등기신청서등의 손상 등의 방지) ① 등기신청서등이 손상되거나 멸실(滅失)될 우려가 있을 때에는 대법원장은 이를 방지하기 위하여 필요한 처분을 명령할 수 있다.

② 제1항에 따른 처분명령에 관하여는 제13조 제2항을 준용한다.

제15조(등기사항증명서의 발급 등) ① 다음 각 호에 규정된 자는 후견등기관에게 사용 목적을 지정하여 후견등기부에 기록되어 있는 사항의 전부 또는 일부를 증명하는 서면(기록이 없는 경우에는 그러한 취지를 증명하는 서면을 포함하며, 이하 "등기사항증명서"라 한다)의 발급을 청구할 수 있다.

1. 피성년후견인등 또는 후견계약의 본인
2. 제1호에 규정된 사람의 배우자 또는 4촌 이내의 친족(이하 "배우자등"이라 한다)
3. 성년후견인, 한정후견인 또는 특정후견인(이하 "성년후견인등"이라 한다)
4. 성년후견감독인, 한정후견감독인 또는 특정후견감독인(이하 "성년후견감독인등"이라 한다)
5. 임의후견인, 임의후견감독인, 미성년후견인 또는 미성년후견감독인
6. 제3호부터 제5호까지의 규정에 따른 각 직(職)에서 퇴임한 자(자기와 관련된 기록사항으로 한정한다)
7. 유언집행자, 상속재산관리인 등 제1호에 규정된 사람의 「민법」상 법정대리인
8. 국가 또는 지방자치단체(그 직무수행을 위하여 필요한 경우로 한정한다)
9. 소송·비송사건·민사집행의 각 절차에서 등기사항증명서를 제출할 필요가 있는 자(법원의 보정명령서, 사실조회서 등 등기사항증명서를 제출하도록 하는 취지의 법원 문서가 있는 경우로 한정한다)
10. 다른 법령의 규정에 따라 등기사항증명서를 제출할 필요가 있는 자
11. 그 밖에 대법원규칙으로 정하는 정당한 이해관계가 있는 자

② 제27조에 따른 사전처분에 관한 등기사항증명서에 대한 발급청구권자는 대법원규칙으로 정한다.

③ 후견등기관은 제1항 및 제2항의 청구가 후견등기부에 기록된 자에 대한 사생활의 비밀을 침해하는 등 부당한 목적에 의한 것이 분명하다고 인정할 때에는 등기사항증명서의 발급을 거부할 수 있다.

④ 등기사항증명서를 발급받거나 제출받은 자는 이를 그 사용 목적 외의 용도로 사용하여서는 아니 된다.

⑤ 등기사항증명서의 발급청구는 관할 가정법원이 아닌 가정법원에 대하여도 할 수 있다.

제15조의2(인터넷에 의한 등기사항부존재증명서 발급) ① 등기사항부존재증명서("후견등기부에 현재 효력이 있는 후견등기사항이 없다는 취지를 증명하는 서면"을 말한다)의 발급업무는 인터넷을 이용하여 처리할 수 있다.

② 제1항에 따른 발급은 본인만 신청할 수 있다.

③ 제1항에 따른 발급의 절차 및 방법 등 필요한 사항은 대법원규칙으로 정한다.

[본조신설 2017. 10. 31.]

[시행일 : 2019. 1. 1.] 제15조의2

제16조(등기사항증명서의 기재사항) ① 등기사항증명서에는 제25조부터 제27조까지의 규정에서 정하는 사항을 적는다.

② 등기사항증명서의 종류와 구체적인 기재사항은 대법원규칙으로 정한다.

제17조(등기신청서등의 열람) 등기사항증명서의 발급을 청구할 수 있는 자는 특별한 사유가 있는 경우 대법원규칙으로 정하는 바에 따라 등기신청서등의 열람을 청구할 수 있다.

제18조(수수료) 등기사항증명서의 발급 또는 등기신청서등의 열람을 청구하는 자는 대법원규칙으로 정하는 수수료를 내야 한다.

제19조(후견등기기록의 폐쇄) ① 후견등기관은 종료등기를 마쳤을 때 또는 그 밖에 대법원규칙으로 정하는 사유가 발생하였을 때에는 그 해당 부분의 후견등기기록을 폐쇄하고, 법령에 다른 규정이 있는 경우를 제외하고는 이를 보조기억장치에 따로 기록하여 보관한다.

② 폐쇄한 후견등기기록은 영구히 보존하여야 한다.

③ 폐쇄한 후견등기기록에 관하여는 제15조부터 제18조까지의 규정을 준용한다.

제4장 등기절차 및 후견등기부 기록사항

제20조(촉탁 또는 신청에 의한 등기) ① 후견등기는 법률에 다른 규정이 있는 경우를 제외하고는 촉탁 또는 신청이 없으면 하지 못한다.

② 이 법 또는 다른 법률에 다른 규정이 있는 경우를 제외하고는 성년후견, 한정후견 또는 특정후견(이하 "성년후견등"이라 한다)에 관한 등기는 성년후견인등이 신청하고, 후견계약에 관한 등기는 임의후견인이 신청한다.

③ 촉탁에 따른 등기절차에 관하여는 법률에 다른 규정이 있는 경우를 제외하고는 신청에 의한 등기에 관한 규정을 준용한다.

제21조(등기신청 방법) ① 등기의 신청은 대법원규칙으로 정하는 바에 따라 서면 또는 전산정보처리조직을 이용한 전자문서로 할 수 있다.

② 신청인이 제공하여야 하는 신청정보 및 첨부정보는 대법원규칙으로 정한다.

제22조(신청의 각하) 후견등기관은 다음 각 호의 어느 하나에 해당하는 경우에는 이유를 적은 결정으로 신청을 각하하여야 한다. 다만, 후견등기관이 기간을 정하여 보정(補正)을 명한 경우에 신청인이 그 기간 내에 잘못된 부분을 보정하였을 때에는 그러하지 아니하다.

1. 사건이 그 가정법원의 관할이 아닌 경우
2. 사건이 등기할 것이 아닌 경우
3. 사건이 이미 등기되어 있는 경우
4. 신청할 권한이 없는 자가 신청한 경우
5. 신청정보의 제공이 대법원규칙이나 그 밖의 법령으로 정한 방식에 맞지 아니한 경우
6. 신청정보와 등기원인을 증명하는 정보가 일치하지 아니한 경우
7. 등기에 필요한 첨부정보를 제공하지 아니한 경우
8. 신청정보와 후견등기부에 기록된 사항이 일치하지 아니한 경우

제23조(행정구역의 변경) 행정구역 또는 그 명칭이 변경되었을 때에는 후견등기기록에 기록된 행정구역 또는 그 명칭에 대하여 변경등기를 한 것으로 본다.

제24조(새 후견등기기록으로의 이기) 후견등기기록에 기록된 사항이 많아 취급하기가 불편해지는 등 합리적 사유로 후견등기기록을 옮겨 기록할 필요가 있는 경우에는 후견등기관은 현재 효력이 있는 등기만을 새로운 후견등기기록에 옮겨 기록할 수 있다.

제25조(성년후견등에 관한 기록사항) ① 성년후견등에 관하여는 다음 사항을 기록한다.

1. 후견의 종류, 심판을 한 가정법원, 사건의 표시 및 재판 확정일
2. 피성년후견인등의 성명, 성별, 출생 연월일, 주민등록번호 및 등록기준지(외국인인 경우에는 주민등록번호 및 등록기준지를 갈음하여 국적 및 외국인등록번호를 기록한다)
3. 성년후견인등의 성명, 주민등록번호 및 주소 또는 사무소(법인인 경우에는 명칭, 법인등록번호 및 주된 사무소를 기록하고, 외국인인 경우에는 주민등록번호를 갈음하여 국적 및 외국인등록번호를 기록한다)
4. 성년후견감독인등이 선임된 경우에는 그 성명, 주민등록번호 및 주소 또는 사무소(법인인 경우에는 명칭, 법인등록번호 및 주된 사무소를 기록하고, 외국인인 경우에는 주민등록번호를 갈음하여 국적 및 외국인등록번호를 기록한다)
5. 가정법원이 성년후견과 관련하여 정한 다음 각 목의 사항
   가. 취소할 수 없는 피성년후견인의 법률행위의 범위를 정한 경우에는 그 범위, 그 범위를 변경한 경우에는 그 변경된 범위
   나. 성년후견인의 법정대리권의 범위를 정한 경우에는 그 범위, 그 범위를 변경한 경우에는 그 변경된 범위
   다. 성년후견인이 피성년후견인의 신상에 관하여 결정할 수 있는 권한의 범위를 정한 경우에는 그 범위, 그 범위를 변경한 경우에는 그 변경된 범위
6. 가정법원이 한정후견과 관련하여 정한 다음 각 목의 사항
   가. 한정후견인의 동의를 받아야 하는 행위의 범위를 정한 경우에는 그 행위의 범위, 그 범위를 변경한 경우에는 그 변경된 범위
   나. 한정후견인에게 대리권을 수여한 경우에는 그 대리권의 범위, 그 범위를 변경한 경우에는 그 변경된 범위
   다. 한정후견인이 피한정후견인의 신상에 관하여 결정할 수 있는 권한의 범위를 정한 경우에는 그 범위, 그 범위를 변경한 경우에는 그 변경된 범위
7. 가정법원이 특정후견과 관련하여 정한 다음 각 목의 사항
   가. 특정후견의 기간 또는 사무의 범위
   나. 피특정후견인의 후원을 위하여 필요한 처분을 명한 경우에는 그 내용
   다. 특정후견인에게 대리권을 수여하는 심판을 한 경우에는 그 기간이나 범위
   라. 특정후견인의 대리권 행사에 가정법원이나 특정후견감독인의 동의를 받도록 명한 경우에는 그 내용
8. 가정법원이 여러 명의 성년후견인등 또는 성년후견감독인등이 공동으로 또는 사무를 분장하여 그 권한을 행사하도록 정한 경우에는 그 취지
9. 성년후견등이 종료한 경우에는 그 사유 및 연월일

10. 그 밖에 대법원규칙으로 정하는 사항

② 후견등기관은 제1항제5호부터 제8호까지의 기록사항이 있을 때에는 목록을 작성하여야 한다.

③ 제2항의 목록은 후견등기기록의 일부로 본다.

제26조(후견계약에 관한 기록사항) ① 후견계약에 관하여는 다음 사항을 기록한다.

1. 후견계약과 관련된 공정증서를 작성한 공증인의 성명, 소속, 그 증서의 번호 및 작성 연월일
2. 후견계약의 본인의 성명, 성별, 생년월일, 주민등록번호 및 등록기준지(외국인인 경우에는 주민등록번호 및 등록기준지를 갈음하여 국적 및 외국인등록번호를 기록한다)
3. 임의후견인의 성명, 주민등록번호 및 주소 또는 사무소(법인인 경우에는 명칭, 법인등록번호 및 주된 사무소를 기록하고, 외국인인 경우에는 주민등록번호를 갈음하여 국적 및 외국인등록번호를 기록한다)
4. 후견계약의 본인의 재산관리 및 신상보호에 관하여 임의후견인의 권한의 범위를 정한 경우에는 그 범위
5. 임의후견감독인이 선임된 경우에는 그 성명, 주민등록번호 및 주소 또는 사무소(법인인 경우에는 명칭, 법인등록번호 및 주된 사무소를 기록하고, 외국인인 경우에는 주민등록번호를 갈음하여 국적 및 외국인등록번호를 기록한다) 및 심판을 한 가정법원, 사건의 표시, 재판 확정일
6. 수인의 임의후견인 또는 임의후견감독인이 공동으로 또는 사무를 분장하여 권한을 행사하도록 정한 경우에는 그 취지
7. 후견계약이 종료한 경우에는 그 사유 및 연월일
8. 그 밖에 대법원규칙으로 정하는 사항

② 후견등기관은 제1항제4호 및 제6호의 기록사항이 있을 때에는 목록을 작성하여야 한다.

③ 제2항의 목록은 후견등기기록의 일부로 본다.

제27조(사전처분에 관한 기록사항) 성년후견등 또는 후견계약에 관하여 「가사소송법」 제62조에 따른 사전처분이 있는 경우에는 대법원규칙으로 정하는 바에 따라 그에 관한 사항을 기록한다.

제28조(변경등기의 신청) ① 성년후견인등 또는 임의후견인은 제25조 제1항 각 호 또는 제26조 제1항 각 호에서 정한 사항이 변경된 것을 알았을 때에는 이를 안 날부터 3개월 이내에 변경등기를 신청하여야 한다. 다만, 촉탁에 의하여 등기가 이루어지는 경우에는 그러하지 아니하다.

② 피성년후견인등 또는 후견계약의 본인, 배우자등, 성년후견감독인등 또는 임의후견감독인은 제1항의 변경등기를 신청할 수 있다.

③ 제27조에 따른 사전처분에 관한 기록사항의 변경등기절차는 대법원규칙으로 정한다.

제29조(종료등기의 신청) ① 성년후견인등 또는 임의후견인은 피성년후견인등 또는 후견계약의 본인의 사망이나 그 밖의 사유로 성년후견등 또는 후견계약이 종료되었음을 알았을 때에는 이를 안 날부터 3개월 이내에 종료등기를 신청하여야 한다. 다만, 촉탁에 의하여 등기가 이루어지는 경우에는 그러하지 아니하다.

② 피성년후견인등 또는 후견계약의 본인, 배우자등, 성년후견감독인등 또는 임의후견감독인은 제1항의 종료등기를 신청할 수 있다.

③ 제27조에 따라 사전처분에 관하여 기록이 되어 있는 경우 종료등기의 절차는 대법원규칙으로 정한다.

제30조(등기의 경정) ① 제28조 제1항 및 제2항에 규정된 자 또는 등기를 촉탁한 자는 등기에 착오가 있거나 빠진 부분이 있을 때에는 그 등기의 경정(更正)을 신청 또는 촉탁할 수 있다.
② 후견등기관은 등기를 마친 후 그 등기에 착오가 있거나 빠진 부분이 있음을 발견한 경우에는 지체 없이 등기를 신청한 자 또는 촉탁한 자에게 알려야 한다. 다만, 제4항의 경우에는 그러하지 아니하다.
③ 제2항에 따른 통지에도 불구하고 경정등기를 신청하는 자가 없고, 등기에 착오나 빠진 부분이 있음이 등기신청서등에 비추어 명백한 경우에는 후견등기관이 직권으로 이를 경정하고, 등기를 신청한 자 또는 촉탁한 자에게 그 뜻을 알려야 한다.
④ 후견등기관이 등기의 착오나 빠진 부분이 후견등기관의 잘못으로 인한 것임을 발견한 경우에는 지체 없이 그 등기를 직권으로 경정하고, 등기를 신청한 자 또는 촉탁한 자에게 그 뜻을 알려야 한다.

제31조(등기의 말소) ① 제28조 제1항 본문 및 같은 조 제2항에 규정된 자는 다음 각 호의 어느 하나에 해당하는 사유가 있을 때에는 그 등기의 말소를 신청할 수 있다.
1. 제22조 제2호 또는 제3호에 해당하는 사유가 있을 때
2. 법원의 판결 등에 의하여 등기된 사항에 관하여 무효의 원인이 있음이 증명되었을 때
② 후견등기관이 등기를 마친 후 그 등기가 제22조 제2호 또는 제3호에 해당하는 것임을 발견한 경우에는 제28조 제1항 본문에 규정된 자에게 1개월 이내의 기간을 정하여 그 기간 이내에 서면으로 이의를 진술하지 아니하면 등기를 말소한다는 뜻을 통지하여야 한다.
③ 후견등기관은 제2항에 규정된 자의 주소 또는 거소를 알 수 없는 경우에는 제2항의 통지를 갈음하여 제2항에서 규정한 기간 동안 관할 가정법원 게시장에 이를 게시하거나 대법원규칙으로 정하는 바에 따라 공고하여야 한다.
④ 후견등기관은 제2항의 말소에 관하여 이의를 진술한 자가 있는 경우에는 그 이의에 대하여 결정을 하여야 한다. 이 경우 후견등기관은 그 이의가 이유 없다고 인정하면 그 등기를 직권으로 말소하여야 한다.
⑤ 후견등기관은 제2항에 따라 정한 기간 내에 이의를 진술한 자가 없는 경우에는 그 등기를 직권으로 말소하여야 한다.

제5장 이의

제32조(이의신청과 그 관할) 후견등기관의 결정 또는 처분에 이의가 있는 자는 관할 가정법원에 이의신청을 할 수 있다.

제33조(이의절차) 이의신청은 대법원규칙으로 정하는 바에 따라 후견등기관에게 이의신청서를 제출하는 방법으로 한다.

제34조(새로운 사실에 의한 이의 금지) 누구든지 새로운 사실이나 새로운 증거방법을 근거로 이의신청을 할 수 없다.

제35조(후견등기관의 조치) ① 후견등기관은 이의가 이유 있다고 인정하면 그에 해당하는 처분을 하여야 한다.
② 후견등기관은 이의가 이유 없다고 인정하면 이의신청일부터 3일 이내에 의견을 붙여 이의신청서를 관할 가정법원에 보내야 한다.
③ 등기를 마친 후에 이의신청이 있는 경우 후견등기관은 3일 이내에 의견을 붙여 이의신청서를 관할 가정법원에 보내고 제28조 제1항 본문에 규정된 자에게 이의신청이 있다는 사실을 알려야 한다.

제36조(집행 부정지) 이의신청에는 집행정지의 효력이 없다.

제37조(이의에 대한 결정과 항고) ① 관할 가정법원은 이의에 대하여 이유를 붙여 결정을 하여야 한다. 이 경우 이의가 이유 있다고 인정하면 후견등기관에게 그에 해당하는 처분을 명령하고, 그 뜻을 이의신청인과 제28조 제1항 본문에 규정된 자에게 알려야 한다.
② 제1항의 결정에 대하여는 「비송사건절차법」에 따라 항고할 수 있다.

제38조(처분 전 부기등기의 명령) 관할 가정법원은 이의신청에 대하여 결정하기 전에 후견등기관에게 이의신청이 있다는 뜻의 부기등기를 명령할 수 있다.

제39조(관할 가정법원의 명령에 따른 등기) 후견등기관이 관할 가정법원의 명령에 따라 등기를 할 때에는 명령을 한 가정법원, 명령 연월일, 명령에 따라 등기를 한다는 뜻과 등기 연월일을 기록하여야 한다.

제40조(송달 등) 송달에 관하여는 「민사소송법」을 준용하고, 이의의 비용에 관하여는 「비송사건절차법」을 준용한다.

제6장 보칙

제41조(등기전산정보자료의 이용 등) ① 법원행정처장은 국가기관 또는 지방자치단체로부터 후견등기사무 처리와 관련된 전산정보자료를 제공받을 수 있다.
② 후견등기부에 기록된 사항에 관한 전산정보자료(이하 "등기전산정보자료"라 한다)를 이용 또는 활용하려는 자는 관계 중앙행정기관의 장의 심사를 거쳐 법원행정처장의 승인을 받아야 한다. 다만, 등기전산정보자료를 이용 또는 활용하려는 자가 중앙행정기관의 장인 경우에는 법원행정처장과 협의를 거쳐 등기전산정보를 이용하거나 활용할 수 있다.
③ 제2항에 따라 등기전산정보자료를 이용 또는 활용하려는 자는 승인받은 목적 외의 용도로 이용하거나 활용하여서는 아니 된다.
④ 등기전산정보자료의 이용 또는 활용과 그 사용료 등에 관하여 필요한 사항은 대법원규칙으로 정한다.

제42조(벌칙) 다음 각 호의 어느 하나에 해당하는 사람은 3년 이하의 징역 또는 2천만원 이하의 벌금에 처한다.
1. 제8조 제4항을 위반하여 비밀을 누설한 사람
2. 거짓이나 그 밖의 부정한 방법으로 다른 사람의 등기사항증명서를 발급받거나 등기신청서등을

열람한 사람
3. 제41조 제3항을 위반한 사람
4. 이 법에 따라 후견등기사무를 처리할 권한 없이 전산정보처리조직에 후견등기정보를 입력·변경하여 정보처리를 하거나 기술적 수단을 이용하여 후견등기정보를 알아낸 사람

제43조(양벌규정) 법인의 대표자나 법인 또는 개인의 대리인, 사용인, 그 밖의 종업원이 그 법인 또는 개인의 업무에 관하여 제42조 각 호의 위반행위를 하면 그 행위자를 벌하는 외에 그 법인 또는 개인에게도 제42조의 벌금형을 과(科)한다. 다만, 법인 또는 개인이 그 위반행위를 방지하기 위하여 해당 업무에 관하여 상당한 주의와 감독을 게을리하지 아니한 경우에는 그러하지 아니하다.

제44조(과태료) ① 제28조 제1항 본문 및 제29조 제1항 본문에 따라 등기를 신청할 의무가 있는 자가 정당한 사유 없이 기간 내에 등기신청을 하지 아니하면 50만원 이하의 과태료를 부과한다.
② 제1항에 따른 과태료 재판은 과태료를 부과받을 자의 주소 또는 거소(법인의 경우 주된 사무소의 소재지를 말한다)를 관할하는 가정법원이 「비송사건절차법」에 따라 행한다.

제45조(대법원규칙에의 위임) 이 법 시행에 필요한 사항은 대법원규칙으로 정한다.

부칙 〈법률 제11732호, 2013. 4. 5.〉

이 법은 2013년 7월 1일부터 시행한다.

후견등기에 관한 규칙

[시행 2016.7.1.] [대법원규칙 제2659호, 2016.4.8., 일부개정]

제1장 총칙

제1조(목적) 이 규칙은 「후견등기에 관한 법률」(이하 "법"이라 한다)에서 위임한 사항과 그 시행에 필요한 사항을 규정함을 목적으로 한다.

제2조(정의) 이 규칙에서 사용하는 용어의 뜻은 다음과 같다. 〈개정 2016. 4. 8.〉
1. "특정사항"이란 피성년후견인등(피성년후견인, 피한정후견인, 피특정후견인을 말한다. 이하 같다), 후견계약의 본인(후견계약의 위임인을 말한다. 이하 같다) 또는 사전처분의 본인(임시후견인으로부터 성년후견, 한정후견, 특정후견을 받아야 할 사람을 말한다. 이하 같다)의 성명, 성별, 출생연월일, 주민등록번호 및 등록기준지에 관한 기록사항을 말한다. 다만, 피성년후견인등·후견계약의 본인·사전처분의 본인(이하 "사건본인"이라 한다)이 외국인인 경우에는 성명, 성별, 출생연월일, 외국인등록번호(외국인등록을 하지 아니한 외국국적동포의 경우에는 국내거소신고번호를 말한다. 이하 같다) 및 국적에 관한 기록사항을 말한다.
2. "후견사항"이란 특정사항 및 특정사항의 변경·경정에 관한 사항 외의 후견에 관한 모든 기록사항을 말한다.

제3조(부기로 하는 등기) 후견등기관이 다음 각 호의 등기를 할 때에는 부기로 하여야 한다.
1. 제51조 제1항에 따른 직무집행정지 및 그 직무대행자 선임에 관한 사전처분의 등기
2. 제56조 제1항에 따른 특정사항을 변경하거나 경정한 등기사항에 대한 경정등기와 후견사항의 변경이나 경정의 등기
3. 제59조 제3항 단서에 따른 말소회복등기
4. 법 제38조에 따른 처분 전 부기등기의 명령에 의한 등기

제4조(부기등기의 번호 기록) 후견등기관이 부기등기를 할 때에는 그 부기등기가 어느 등기에 기초한 것인지 알 수 있도록 주등기 또는 부기등기의 사항번호에 가지번호를 붙여서 하여야 한다.

제5조(등기신청의 접수 시기) ① 법 제3조 제1항의 "등기신청정보"란 사건본인의 성명, 주민등록번호 및 등록기준지와 등기의 목적에 관한 정보를 말한다.
② 제1항의 정보가 전산정보처리조직에 저장된 때 등기신청이 접수된 것으로 본다.

제6조(후견등기관이 등기를 마친 시기) 법 제3조 제2항의 "후견등기관이 등기를 마친 경우"란 법 제8조 제3항에 따라 등기사무를 처리한 후견등기관이 누구인지 확인할 수 있는 조치를 하였을 때를 말한다.

제7조(후견등기부 등에 사용할 문자) ① 후견등기를 하거나 등기신청서, 그 밖의 등기에 관한 서면(「전자서명법」 제2조 제1호의 전자문서를 포함한다)을 작성할 때에는 한글과 아라비아숫자를 사용하여야 한다.

② 제1항에도 불구하고 외국인의 성명 또는 외국법인의 명칭, 대리권등목록, 주소 등의 표기에는 대법원예규로 정하는 바에 따라 로마자나 부호를 사용할 수 있다.

제8조(문서의 양식) 법 및 이 규칙의 시행에 필요한 문서의 양식은 대법원예규로 정한다.

제2장 관할 법원과 후견등기관

제9조(관할 법원) ① 후견등기사무는 사건본인의 주소지를 관할하는 가정법원에서 처리한다. 다만, 사건본인의 주소가 대한민국에 없거나 그 주소를 알 수 없을 때에는 거소지를 관할하는 가정법원에서 처리하고, 거소가 없거나 거소를 알 수 없을 때에는 마지막 주소지를 관할하는 가정법원에서 처리한다.

② 제1항에도 불구하고 법원의 심판에 따른 후견등기사무는 그 사건의 제1심 가정법원에서 처리한다.

③ 사건본인의 마지막 주소가 대한민국에 없거나 그 주소를 알 수 없을 때에는 대법원 소재지를 관할하는 가정법원에서 처리한다.

제10조(관할의 변경) 행정구역의 변경 등으로 인하여 후견등기사무가 다른 법원의 관할로 바뀌었을 때에는 종전의 관할 법원은 전산정보처리조직을 이용하여 그 사건본인에 관한 후견등기기록과 법 제25조 제2항, 법 제26조 제2항 및 이 규칙 제51조 제3항에 따른 목록(이하 "대리권등목록"이라 한다)의 처리권한을 다른 법원으로 넘겨주는 조치를 하여야 한다.

제11조(후견등기관의 식별부호의 기록) 법 제8조 제3항의 후견등기사무를 처리한 후견등기관을 확인할 수 있는 조치는 각 후견등기관이 미리 부여받은 식별부호를 기록하는 방법으로 한다.

제12조(참여조서의 작성방법) 후견등기관이 법 제9조 제2항의 조서(이하 "참여조서"라 한다)를 작성할 때에는 그 조서에 다음 각 호의 사항을 적어야 한다.

1. 신청인의 성명과 주소
2. 업무처리가 제한되는 사유
3. 등기할 사건본인의 표시와 등기의 목적
4. 신청정보의 접수연월일과 접수번호
5. 참여인의 성명, 주소 및 주민등록번호

제13조(등기정보중앙관리소와 전산운영책임관) ① 전산정보처리조직에 의한 후견등기사무처리의 지원, 후견등기부의 보관·관리 및 등기정보의 효율적인 활용을 위하여 법원행정처에 등기정보중앙관리소(이하 "중앙관리소"라 한다)를 둔다.

② 법원행정처장은 중앙관리소에 전산운영책임관을 두어 전산정보처리조직을 종합적으로 관리·운영하여야 한다.

③ 법원행정처장은 중앙관리소의 출입자 및 전산정보처리조직 사용자의 신원을 관리하는 등 필요한 보안조치를 하여야 한다.

제3장 후견등기부등

제1절 후견등기부 및 등기신청서등

제14조(후견등기부의 보관 · 관리) ① 법 제11조 제3항에서 규정한 후견등기부의 보관·관리 장소는 중앙관리소로 한다.

② 폐쇄등기부에 대하여도 제1항을 준용한다.

제15조(등기신청서등의 이동 등) ① 후견등기관이 전쟁·천재지변 그 밖에 이에 준하는 사태를 피하기 위하여 등기신청서등(등기신청서, 등기촉탁서 또는 그 밖의 부속서류를 말한다. 이하 같다)을 가정법원 밖으로 옮긴 경우에는 지체 없이 그 사실을 가정법원장(가정법원의 사무를 지원장이 관장하는 경우에는 지원장을 말한다. 이하 같다)에게 보고하여야 한다.

② 후견등기관이 법원으로부터 등기신청서등의 송부명령 또는 촉탁을 받았을 때에는 그 명령 또는 촉탁과 관계가 있는 부분만 법원에 송부하여야 한다.

③ 제2항의 서류가 전자문서(「전자서명법」 제2조의 전자문서를 말한다. 이하 같다)로 작성된 경우에는 해당 문서를 출력한 후 인증하여 송부하거나 전자문서로 송부한다.

제16조(등기고유번호 등) ① 후견등기기록을 작성할 때에는 사건본인마다 등기고유번호를 부여하고 이를 등기기록에 기록하여야 한다.

② 성년후견개시·한정후견개시·특정후견·임시후견인 선임에 따른 사전처분의 심판과 후견계약마다 각각 등기일련번호를 부여하고 이를 등기기록에 기록하여야 한다.

제17조(후견등기기록의 양식) ① 후견등기기록에는 사건본인부와 후견사항부를 둔다.

② 사건본인부에는 사건본인에 관한 사항을 기록한다.

③ 후견사항부에는 후견개시 및 종료에 관한 사항, 후견인에 관한 사항, 후견감독인에 관한 사항을 기록한다.

④ 후견등기기록은 별지 양식에 따른다.

제18조(후견등기부 부본자료의 보관 등) ① 법 제12조의 후견등기부 부본자료는 전산정보처리조직으로 작성하여야 한다.

② 후견등기부 부본자료는 법원행정처장이 지정하는 장소에 보관하여야 한다.

③ 후견등기부 부본자료는 후견등기부와 동일하게 관리하여야 한다.

제19조(후견등기부 복구 등의 처분명령에 관한 권한 위임) ① 대법원장은 법 제13조 제2항에 따라 후견등기부(폐쇄등기부를 포함한다. 이하 이 절에서 같다)의 손상방지 또는 손상된 후견등기부의 복구 등의 처분명령에 관한 권한을 법원행정처장에게 위임한다.

② 대법원장은 법 제14조 제2항에 따라 전자문서로 작성된 등기신청서등의 손상방지 등의 처분명령에 관한 권한은 법원행정처장에게, 서면으로 작성된 등기신청서등의 멸실방지 등의 처분명령에 관한 권한은 가정법원장에게 위임한다.

제20조(후견등기부의 손상과 복구) ① 후견등기부의 전부 또는 일부가 손상되거나 손상될 염려가 있을 때에는 전산운영책임관은 지체 없이 그 상황을 조사한 후 처리방법을 법원행정처장에게 보고하여야 한다.

② 후견등기부의 전부 또는 일부가 손상된 경우에 전산운영책임관은 제18조의 후견등기부 부본자료에 의하여 그 후견등기부를 복구하여야 한다.

③ 제2항에 따라 후견등기부를 복구한 경우에 전산운영책임관은 지체 없이 그 경과를 법원행정처장에게 보고하여야 한다.

제21조(대리권등목록의 작성) ① 후견등기관은 대리권등목록이 전자문서로 작성되어 제공된 경우에는 그 전자문서에 번호를 부여하고 이를 대리권등목록으로서 전산정보처리조직에 등록하여야 한다.

② 후견등기관은 대리권등목록이 서면으로 작성되어 제출된 경우에는 그 서면을 전자정보 또는 전자적 이미지정보로 변환하여 그 정보에 번호를 부여하고 이를 대리권등목록으로서 전산정보처리조직에 등록하여야 한다.

③ 대리권등목록의 번호는 서기연수의 네 자리 아라비아숫자, 후견유형별 부호문자와 진행번호인 아라비아숫자로 표시한다.

제22조(대리권등목록의 보존) 대리권등목록은 보조기억장치(자기디스크, 자기테이프 그 밖에 이와 유사한 방법으로 일정한 등기사항을 기록·보관할 수 있는 전자적 정보저장매체를 말한다. 이하 같다)에 저장하여 보존하여야 한다.

제23조(신청정보 등의 보존) ① 법 제21조 제1항에 따라 전자문서에 의한 등기신청으로 후견등기가 이루어진 경우 그 신청정보 및 첨부정보는 보조기억장치에 저장하여 보존하여야 한다.

② 제1항에 따른 등기신청이 취하된 경우 그 취하정보는 보조기억장치에 저장하여 보존하여야 한다.

제24조(대리권등목록 등의 보존기간) ① 제22조 및 제23조에 따라 보조기억장치에 저장한 정보는 다음 각 호의 구분에 따른 기간 동안 보존하여야 한다.

1. 대리권등목록 : 영구
2. 신청정보, 첨부정보 및 취하정보 : 10년

② 제1항제2호의 보존기간은 해당 연도의 다음 연도부터 기산한다.

③ 보존기간이 만료된 제1항제2호의 정보는 법원행정처장의 인가를 받아 보존기간이 만료되는 연도의 다음 연도 3월말까지 삭제하는 방법으로 폐기한다.

제2절 후견등기에 관한 장부

제25조(장부의 비치) ① 가정법원에는 다음 각 호의 장부를 갖추어 두어야 한다.

1. 후견등기신청서 접수장
2. 열람 및 증명 신청서 접수장
3. 기타 문서 접수장
4. 결정원본 편철장
5. 이의신청서류 편철장
6. 등기신청서등 편철장

7. 등기신청서등 송부부
8. 각종 통지부
9. 열람신청서류 편철장
10. 제증명신청서류 편철장
11. 그 밖에 대법원예규로 정하는 장부
② 제1항의 장부는 매년 별책으로 하여야 한다. 다만, 필요에 따라 분책 또는 합책할 수 있다.
③ 제1항의 장부는 전자적으로 작성할 수 있다.

제26조(접수장) ① 후견등기신청서 접수장에는 다음 각 호의 사항을 적어야 한다.
1. 접수연월일과 접수번호
2. 등기의 목적
3. 신청인의 성명 또는 명칭
4. 사건본인의 성명
② 제1항제1호의 접수번호는 1년마다 새로 부여하여야 한다.
③ 등기신청서와 열람 및 증명 신청서 외의 후견등기사무에 관한 문서를 접수할 때에는 기타 문서 접수장에 등재한다.

제27조(등기신청서등 편철장) 등기신청서, 등기촉탁서, 통지서, 참여조서, 취하서 및 그 밖의 부속서류는 접수번호의 순서에 따라 등기신청서등 편철장에 편철하여야 한다.

제28조(각종 통지부) 각종 통지부에는 법 및 이 규칙에서 정하고 있는 통지사항, 통지를 받을 자 및 통지서를 발송하는 연월일을 적어야 한다.

제29조(장부의 보존기간) ① 가정법원에 갖추어 두어야 할 장부의 보존기간은 다음 각 호와 같다.
1. 후견등기신청서 접수장 : 10년
2. 열람 및 증명 신청서 접수장 : 10년
3. 기타 문서 접수장 : 10년
4. 결정원본 편철장 : 10년
5. 이의신청서류 편철장 : 10년
6. 등기신청서등 편철장 : 10년
7. 등기신청서등 송부부 : 등기신청서등이 반환된 날부터 10년
8. 각종 통지부 : 2년
9. 열람신청서류 편철장 : 2년
10. 제증명신청서류 편철장 : 2년
② 장부의 보존기간은 해당 연도의 다음 연도부터 기산한다.
③ 보존기간이 만료된 장부 또는 서류는 가정법원장의 인가를 받아 보존기간이 만료되는 연도의 다음 연도 3월말까지 폐기한다.

제30조(전자적으로 작성한 장부 등의 보존) ① 법 및 이 규칙에서 정하고 있는 장부와 서류를 전자적으로 작성한 경우에는 그 전산기록을 보존하는 것으로 장부와 서류의 보존을 갈음할 수 있다.
② 제1항에 따라 장부와 서류를 보존하는 경우에는 제24조 제3항을 준용한다.

제3절 등기사항의 증명과 등기신청서등 열람

제31조(등기사항증명서 등의 신청) ① 등기사항부존재증명서의 발급 청구에 있어서는 신청대상자를 법 제15조 제1항 제1호의 자로 본다.

② 법 제15조 제1항 및 제17조에 따라 등기사항증명서를 발급받거나 등기신청서등을 열람하고자 하는 자는 등기사항증명서의 사용목적 또는 열람하는 특별한 사유를 기재한 신청서를 제출하여야 한다. 다만, 등기신청서등은 이해관계가 있는 부분만 열람할 수 있다.

③ 법 제15조 제1항 제11호의 "정당한 이해관계가 있는 자"란 다음 각 호의 어느 하나에 해당하는 자를 말한다.

1. 법 제15조 제1항 제1호, 제3호부터 제6호까지 규정된 자의 상속인 또는 포괄승계인으로서 사건본인의 과거 어느 시점의 행위능력이나 피상속인 권한 등의 확인을 위하여 등기사항증명서의 발급이 필요한 자
2. 그 밖에 공익목적상 합리적 이유가 있는 경우로서 대법원예규가 정하는 자

④ 제2항의 신청서에는 대법원예규가 특별히 규정하고 있는 경우를 제외하고는 사건본인의 성명과 주민등록번호를 기재하여야 하고 다음 각 호에 해당하는 서류를 제출하여야 한다.

1. 법 제15조 제1항 제2호 및 제7호의 경우에는 이를 소명하는 가족관계등록사항별증명서 등
2. 법 제15조 제1항 제8호의 경우에는 그 근거법령과 사유를 기재한 신청기관의 공문 및 관계공무원의 신분증명서
3. 법 제15조 제1항 제9호의 경우에는 법원의 보정명령서, 사실조회서, 촉탁서 등 이를 소명하는 자료
4. 법 제15조 제1항 제10호의 경우에는 이를 소명하는 자료 및 관계법령에 의한 정당한 권한이 있는 사람임을 확인할 수 있는 자료
5. 법 제15조 제1항 제11호의 경우에는 그 근거와 사유를 기재한 신청서 및 정당한 이해관계를 소명하는 자료와 신청인의 신분증명서

⑤ 제1항부터 제4항까지에 관하여 필요한 사항은 대법원예규로 정한다.

⑥ 대리인이 등기사항증명서의 발급이나 등기신청서등의 열람을 신청할 때에는 신청서에 그 권한을 증명하는 서면과 위임자의 주민등록증·운전면허증·여권·외국인등록증·국내거소신고증 등의 신분증명서 사본을 첨부하여야 한다.

⑦ 전자문서로 작성된 등기신청서등의 열람 신청은 관할 가정법원이 아닌 다른 가정법원에서도 할 수 있다.

제32조(사전처분이 있는 경우 등기사항증명서의 발급) 법 제15조 제2항에 따른 사전처분이 있는 경우에는 법 제15조 제1항에 규정된 자와 다음 각 호에 규정된 자가 등기사항증명서의 발급을 청구할 수 있다.

1. 사전처분의 본인 또는 배우자등(배우자 또는 4촌 이내의 친족을 말한다. 이하 같다)
2. 성년후견인등(성년후견인, 한정후견인 또는 특정후견인을 말한다. 이하 같다)·성년후견감독인등(성년후견감독인, 한정후견감독인 또는 특정후견감독인을 말한다. 이하 같다)·임의후견인·임의후견감독인의 직무대행자
3. 임시후견인

4. 제2호, 제3호의 각 직(職)에서 퇴임한 자(자기와 관련된 기록사항에 한정한다)
5. 사전처분의 본인이나 제2호부터 제4호까지 규정된 자의 상속인 또는 포괄승계인으로서 사전처분의 본인의 과거 어느 시점의 권한이나 피상속인 권한 등의 확인을 위하여 등기사항증명서의 발급이 필요한 자

제33조(등기사항증명서의 종류) 등기사항증명서의 종류는 다음 각 호로 한다.
1. 등기사항증명서(말소 및 폐쇄사항 포함)
2. 등기사항증명서(말소사항 포함)
3. 등기사항증명서(현재 유효사항)
4. 등기사항증명서(후견별)
5. 등기사항증명서(사전처분)
6. 등기사항증명서(퇴임전 사항)
7. 등기사항부존재증명서

제34조(등기사항증명서의 발급방법) ① 등기사항증명서를 발급할 때에는 등기사항증명서의 종류를 명시하고, 후견등기기록의 내용과 다름이 없음을 증명하는 내용의 증명문을 기록하며, 발급연월일과 중앙관리소 전산운영책임관의 직명을 적은 후 전자이미지관인을 기록하여야 한다. 이 경우 등기사항증명서가 여러 장으로 이루어진 경우에는 연속성을 확인할 수 있는 조치를 하여 발급하고, 후견계약 등기기록 중 후견감독인에 관한 사항이 없을 때에는 그 뜻을 기록하여야 한다.
② 현재 유효한 대리권등목록은 그 사항의 증명을 제외하는 뜻의 표시가 없는 경우에는 등기사항증명서에 이를 포함하여 발급하고, 말소된 대리권등목록은 그 사항의 증명도 함께 신청하는 뜻의 표시가 있는 경우에만 등기사항증명서에 이를 포함하여 발급한다.
③ 등기신청이 접수된 후견등기기록에 관하여는 후견등기관이 그 등기를 마칠 때까지 등기사항증명서를 발급하지 못한다. 다만, 그 후견등기기록에 등기신청사건이 접수되어 처리 중에 있다는 뜻을 등기사항증명서에 표시하여 발급할 수 있다.

제35조(열람의 방법) 등기신청서등의 열람은 후견등기관이 보는 앞에서 하여야 한다. 다만, 등기신청서등이 전자문서로 작성된 경우에는 전자적 방법에 의하여 그 내용을 보게 하거나 그 내용을 기록한 서면을 교부하는 방법으로 한다.

제36조(등기사항 등의 공시제한) 등기사항증명서를 발급할 때에는 주민등록번호 또는 외국인등록번호의 일부를 공시하지 아니할 수 있으며, 그 범위와 방법 및 절차는 대법원예규로 정한다.

제37조(중복 후견등기의 정리) 동일한 사람에 대하여 2개 이상의 후견등기기록이 있음이 명백히 밝혀진 경우에는 후견등기관은 각 후견등기기록의 최종 관할 가정법원에 그 사실을 통지하여야 한다. 다만, 임의후견감독인이 선임되기 이전의 후견계약 등기의 경우에는 임의후견인에게 그 사실을 통지하여야 한다.

제38조(후견등기기록의 폐쇄와 부활) ① 후견등기관이 어느 후견사항부에 대하여 종료등기를 하거나 그 전부를 말소하였을 때에는 해당 부분의 후견등기기록을 폐쇄하고, 후견사항부의 후견개시 및 종료에 관한 사항 부분에 폐쇄의 뜻과 그 연월일을 기록하여야 한다.
② 제1항의 등기로 인하여 사건본인의 후견사항부가 모두 폐쇄된 경우에는 사건본인부에도 폐쇄의

뜻과 그 연월일을 기록하여야 한다. 다만, 어느 후견의 종료등기와 개시등기가 동시에 이루어진 경우에는 그러하지 아니하다.

③ 폐쇄한 후견등기기록에 다시 등기할 필요가 있는 때에는 그와 관련된 부분의 후견등기기록을 부활하여야 한다. 이 경우 부활하는 부분에 그 뜻과 연월일을 기록하고, 후견등기기록을 폐쇄한 뜻과 그 연월일을 말소하는 표시를 하여야 한다.

제39조(등기사항증명서 등의 수수료) 등기사항증명서의 발급 및 등기신청서등의 열람 수수료·등기전산정보자료 사용료의 금액, 수수료의 납부 및 면제에 관한 사항은 그 성질에 반하지 아니하는 범위에서 「등기사항증명서 등 수수료규칙」을 준용한다.

제4장 등기절차 및 후견등기부 기록사항

제40조(신청정보) ① 등기를 신청하는 경우에는 다음 각 호의 사항을 신청정보의 내용으로 가정법원에 제공하여야 한다.

1. 사건본인의 성명, 성별, 출생연월일, 주민등록번호, 등록기준지 및 주소(외국인의 경우에는 주민등록번호 및 등록기준지를 갈음하여 국적 및 외국인등록번호)
2. 신청인의 성명, 주소 및 주민등록번호(법인의 경우에는 명칭, 법인등록번호 및 주된 사무소, 외국인의 경우에는 주민등록번호를 갈음하여 국적 및 외국인등록번호)
3. 신청인이 법인인 경우에는 그 대표자의 성명과 주소
4. 대리인에 의하여 등기를 신청하는 경우에는 그 성명과 주소
5. 등기원인과 그 연월일
6. 등기의 목적
7. 등기할 사항
8. 관할 가정법원의 표시
9. 신청연월일

② 등기의 신청은 1건당 하나의 후견등기기록에 관한 신청정보를 제공하는 방법으로 하여야 한다. 다만, 등기목적과 등기원인이 동일하거나 그 밖에 대법원예규로 정하는 경우에는 같은 관할 내에 있는 여러 후견등기기록에 관한 신청정보를 일괄하여 제공하는 방법으로 할 수 있다.

제41조(첨부정보) ① 등기를 신청하는 경우에는 다음 각 호의 정보를 그 신청정보와 함께 첨부정보로서 관할 가정법원에 제공하여야 한다.

1. 관할 가정법원을 증명하는 정보
2. 등기원인 및 법 제25조부터 제27조까지의 기록사항을 증명하는 정보
3. 「민법」제959조의18 제1항에 따라 후견계약의 의사표시를 철회하는 경우에는 공증인의 인증을 받은 서면과 그 의사표시가 상대방에게 도달하였음을 증명하는 정보
4. 신청인이 법인인 경우에는 그 대표자의 자격을 증명하는 정보
5. 대리인에 의하여 등기를 신청하는 경우에는 그 권한을 증명하는 정보

② 제1항 및 그 밖의 법령에 따라 가정법원에 제공하여야 하는 첨부정보 중 법원행정처장이 지정하는 첨부정보는 「전자정부법」제36조 제1항에 따른 행정정보 공동이용을 통하여 후견등기관이 확인

하고 신청인에게는 그 제공을 면제한다. 다만, 첨부정보가 개인정보를 포함하고 있어 이용에 그 정보주체의 동의가 필요한 경우에는 그 동의가 있음을 증명하는 정보를 가정법원에 제공한 경우에만 그 제공을 면제한다.

③ 첨부정보가 외국어로 작성된 경우에는 그 번역문을 붙여야 한다.

제42조(등기신청의 취하) ① 등기신청의 취하는 후견등기관이 등기를 마치기 전까지 할 수 있다.

② 제1항의 취하는 신청인 또는 그 대리인이 가정법원에 취하서를 제출하는 방법으로 하여야 한다.

제43조(행정구역 등 변경의 직권등기) ① 후견등기부에 기록된 행정구역 또는 그 명칭이 변경된 때에는 후견등기관은 직권으로 변경사항을 등기할 수 있다.

② 법령의 변경이나 그 밖의 사유로 제1항 이외의 후견등기부의 기록을 경정하는 경우에는 제1항을 준용한다.

③ 제1항과 제2항에 따라 후견등기부의 기록을 경정하는 경우에는 제56조를 준용한다.

제44조(새 후견등기기록으로의 이기) ① 법 제28조 제1항 및 제2항에 규정된 자가 법 제24조에 규정된 이기를 신청한 경우에 후견등기관은 가정법원장의 허가를 받아 새로운 후견등기기록에 옮겨 기록한다.

② 후견등기관이 법 제24조에 따라 등기를 새로운 후견등기기록에 옮겨 기록한 경우에는 옮겨 기록한 등기의 사건본인부에 같은 규정에 따라 등기를 옮겨 기록한 뜻과 그 연월일을 기록하고, 종전 후견등기기록을 폐쇄하여야 한다.

제45조(등기신청의 방법) ① 등기신청을 하는 경우에는 등기신청서에 제40조 및 그 밖의 법령에 따라 신청정보의 내용으로 관할 가정법원에 제공하여야 하는 정보를 적고 신청인 또는 그 대리인이 기명날인하거나 서명하여야 한다.

② 등기신청서가 여러 장일 때에는 신청인 또는 그 대리인이 간인을 하여야 하고, 등기신청인이 여러 명일 때에는 그 중 1명이 간인하는 방법으로 한다. 다만, 등기신청서에 서명을 하였을 때에는 각 장마다 연결되는 서명을 함으로써 간인을 대신한다.

③ 제1항의 등기신청서에는 제41조 및 그 밖의 법령에 따라 첨부정보로서 관할 가정법원에 제공하여야 하는 정보를 담고 있는 서면을 첨부하여야 한다.

④ 촉탁에 의하여 등기가 이루어지는 경우에는 전산정보처리조직을 이용한 전자문서를 가정법원에 송신하는 방법으로 할 수 있다.

제46조(첨부서면의 원본 환부의 청구) 신청인이 신청서에 첨부한 서류의 원본에 대하여 환부를 청구하는 경우에 그 원본과 같다는 뜻을 적은 사본을 첨부하여야 하고, 후견등기관이 서류의 원본을 환부할 때에는 그 사본에 원본 환부의 뜻을 적고 기명날인하여야 한다. 다만, 다음 각 호의 서류에 대하여는 환부를 청구할 수 없다.

1. 등기신청 위임장 등 해당 등기신청만을 위하여 작성한 서류
2. 인감증명, 법인등기사항증명서, 주민등록표등본·초본, 가족관계등록사항별증명서 및 재판서등본 등 별도의 방법으로 다시 취득할 수 있는 서류

제47조(인감증명의 제출) ① 다음 각 호의 어느 하나에 해당하는 경우에는 인감증명을 제출하여야 한다. 이 경우 해당 등기신청서(위임에 의한 대리인이 신청하는 경우에는 위임장을 말한다)나 첨부

서면에는 그 인감을 날인하여야 한다.

1. 우편 또는 대리로 등기를 신청하는 경우 신청인 또는 위임인의 인감증명
2. 취하서를 제출하는 경우 신청인의 인감증명
3. 그 밖에 제출되는 서면에 대한 작성자의 의사를 확인하기 위하여 대법원예규로 정하는 경우 그 작성자의 인감증명

② 법정대리인이 제1항의 서면을 작성하는 경우에는 법정대리인의 인감증명을 제출하여야 한다.

③ 제1항 각 호의 어느 하나의 서면에 한 서명에 관하여 본인이 직접 작성하였다는 뜻을 공증하는 서면으로 제1항 또는 제2항의 인감증명을 갈음할 수 있다.

④ 인감증명을 제출하여야 하는 자가 외국인인 경우에는 본국의 관공서가 발행한 인감증명을 제출할 수 있다.

⑤ 제3항에도 불구하고 인감증명을 제출하여야 하는 자가 법인(국내에 영업소나 사무소의 설치등기를 하지 않은 외국법인을 제외한다)인 경우에는 「상업등기법」 제11조에 따른 인감증명을 제출하여야 한다.

제48조(인감증명 등의 유효기간) 등기신청서에 첨부하는 인감증명, 법인등기사항증명서, 주민등록표등본·초본, 가족관계등록사항별증명서 및 재판서등본 등은 발행일부터 3개월 이내의 것이어야 한다.

제49조(등기신청서의 접수) ① 등기신청서를 받은 후견등기관은 전산정보처리조직에 접수연월일, 접수번호, 등기의 목적, 신청인의 성명, 사건본인의 표시 및 그 밖에 대법원예규로 정하는 사항을 입력한 후 등기신청서에 접수연월일과 접수번호를 적어야 한다.

② 후견등기관이 등기신청서를 접수하였을 때에는 신청인의 청구에 따라 그 등기신청서의 접수증을 발급하여야 한다.

제50조(후견등기부의 기록사항) 후견등기부에는 법 제25조부터 제27조까지 규정한 사항 외에 다음 사항도 기록하여야 한다.

1. 사항번호
2. 접수연월일 및 접수번호
3. 등기원인 및 그 연월일
4. 등기사건을 처리한 가정법원 및 등기연월일

제51조(사전처분에 관한 기록사항) ① 직무집행정지 및 직무대행자 선임에 관한 사전처분의 기록사항은 다음 각 호로 한다.

1. 성년후견인등·임의후견인·성년후견감독인등·임의후견감독인의 직무집행의 전부 또는 일부를 정지하는 사전처분이 된 때는 그 내용
2. 성년후견인등·임의후견인·성년후견감독인등·임의후견감독인의 직무대행자를 선임하는 사전처분이 된 때는 그 직무대행자의 성명, 주민등록번호 및 주소 또는 사무소(법인인 경우에는 명칭, 법인등록번호 및 주된 사무소, 외국인인 경우에는 주민등록번호를 갈음하여 국적 및 외국인등록번호)
3. 직무대행자의 권한의 범위를 정한 경우에는 그 범위 및 제1호에 규정된 자 또는 직무대행자의 권한의 범위를 변경한 경우에는 그 변경된 범위(1호에 규정된 자의 직무집행의 일부를 정지하는 사전처분이 된 경우 그 범위를 포함)

4. 여러 명의 직무대행자가 공동으로 또는 사무를 분장하여 그 권한을 행사하도록 정한 경우에는 그 취지
5. 사전처분이 효력을 상실한 때에는 그 사유 및 연월일

② 임시후견인 선임에 관한 사전처분의 기록사항은 다음 각 호로 한다.

1. 사전처분의 종류, 심판을 한 가정법원, 사건의 표시 및 재판확정일
2. 사전처분 본인의 성명, 성별, 출생연월일, 주민등록번호 및 등록기준지(외국인의 경우에는 주민등록번호 및 등록기준지를 갈음하여 국적 및 외국인등록번호)
3. 임시후견인의 성명, 주민등록번호 및 주소 또는 사무소(법인의 경우에는 명칭, 법인등록번호 및 주된 사무소, 외국인인 경우에는 주민등록번호를 갈음하여 국적 및 외국인등록번호)
4. 임시후견인의 권한의 범위를 정한 경우에는 그 범위, 범위를 변경한 경우에는 그 변경된 범위
5. 여러 명의 임시후견인이 공동으로 또는 사무를 분장하여 그 권한을 행사하도록 정한 경우에는 그 취지
6. 사전처분이 효력을 상실한 때에는 그 사유 및 연월일

③ 후견등기관은 제1항제3호, 제4호, 제2항제4호 및 제5호의 기록사항이 있는 때에는 목록을 작성하여야 한다.

④ 제3항의 목록은 후견등기기록의 일부로 본다.

제52조(사전처분에 관한 변경등기) ① 성년후견인등·임의후견인의 직무대행자 또는 임시후견인은 법 제25조, 법 제26조 또는 이 규칙 제51조에서 정한 사항이 변경된 것을 알았을 때에는 지체 없이 변경등기를 신청하여야 한다. 다만, 촉탁에 의하여 등기가 이루어지는 경우에는 그러하지 아니하다.

② 사전처분의 본인 또는 배우자등은 제1항의 변경등기를 신청할 수 있다.

제53조(사전처분에 관한 종료등기) ① 성년후견인등·임의후견인의 직무대행자 또는 임시후견인은 사망이나 그 밖의 사유에 의하여 사전처분의 효력이 상실되었음을 알았을 때에는 지체 없이 종료등기를 신청하여야 한다. 다만, 촉탁에 의하여 등기가 이루어지는 경우에는 그러하지 아니하다.

② 사전처분의 본인 또는 배우자등은 제1항의 종료등기를 신청할 수 있다.

제54조(신청이 경합된 경우의 기록방법) ① 동일한 등기를 목적으로 하는 수개의 신청이 접수된 경우에는 먼저 접수된 신청에 따라 후견등기부에 기록하여야 한다.

② 제1항의 경우에 뒤에 접수된 신청에 따라 기록한 때에는 먼저 접수된 신청에 맞추어 후견등기기록을 경정하여야 한다.

제55조(후견등기관의 조사) ① 등기신청서가 접수된 때에는 후견등기관은 지체 없이 신청에 관한 모든 사항을 조사하여야 한다.

② 법 제22조 단서의 보정명령은 등기신청인에게 말로 하거나, 전화, 팩시밀리를 이용하여 할 수 있다.

제56조(후견등기기록의 변경 등의 등기) ① 후견등기관이 후견등기기록의 변경이나 경정의 등기를 할 때에는 변경이나 경정 전의 등기사항을 말소하는 표시를 하여야 한다.

② 등기를 말소할 때에는 말소의 등기를 한 후 해당 등기를 말소하는 표시를 하여야 한다.

제57조(등기신청의 최고) 후견등기관은 등기신청을 게을리 한 사실을 안 때에는 상당한 기간을 정하여 성년후견인등 또는 임의후견인에 대하여 그 기간 내에 신청할 것을 최고할 수 있다.

제58조(직권에 의한 등기의 말소) ① 법 제31조 제2항의 통지는 등기를 마친 사건의 표시와 사건이 등기할 것이 아닌 사실 또는 이미 등기되어 있는 사실을 적은 통지서로 한다.

② 법 제31조 제3항에 따른 공고는 법원 홈페이지에 게시하는 방법에 의한다.

③ 법 제31조 제5항에 따라 말소등기를 할 때에는 그 사유와 등기연월일을 기록하여야 한다.

제59조(말소회복등기) ① 법 제28조 제1항 및 제2항에 규정된 자는 부적법하게 말소된 등기의 회복을 신청할 수 있다. 다만, 촉탁에 의하여 등기가 이루어진 경우에는 그 말소회복등기도 촉탁에 의한다.

② 후견등기관의 잘못으로 등기가 부적법하게 말소된 경우에는 지체 없이 그 등기를 직권으로 회복하고, 등기를 신청 또는 촉탁한 자에게 그 뜻을 알려야 한다.

③ 후견등기관이 등기를 회복할 때에는 회복의 등기를 한 후 다시 말소된 등기와 같은 등기를 하여야 한다. 다만, 등기 전부가 아닌 일부 등기사항만 말소된 것일 때에는 부기에 의하여 말소된 등기사항만 다시 등기한다.

제5장 이의

제60조(이의신청서의 제출) 법 제33조에 따라 후견등기관에게 제출하는 이의신청서에는 이의신청인의 성명과 주소, 이의신청의 대상인 후견등기관의 결정 또는 처분, 이의신청의 취지와 이유, 그 밖에 대법원예규로 정하는 사항을 적고 신청인이 기명날인 또는 서명하여야 한다.

제61조(이미 마쳐진 등기에 대한 이의) ① 이미 마쳐진 등기에 대하여 법 제22조 제2호 또는 제3호의 사유로 이의한 경우 후견등기관은 그 이의가 이유 있다고 인정하면 법 제31조 제2항부터 제5항까지의 절차를 거쳐 그 등기를 직권으로 말소한다.

② 후견등기관은 제1항의 이의가 이유 없다고 인정하면 이의신청서를 관할 가정법원에 보내야 한다.

③ 이미 마쳐진 등기에 대하여 법 제22조 제2호 또는 제3호 외의 사유로 이의한 경우 후견등기관은 이의신청서를 관할 가정법원에 보내야 한다.

제62조(등본에 의한 통지) 법 제37조 제1항의 통지는 결정서 등본에 의하여 한다.

제63조(기록명령에 따른 등기를 할 수 없는 경우) ① 등기신청의 각하결정에 대한 이의신청에 따라 관할 가정법원이 그 등기의 기록명령을 하였더라도 다음 각 호의 어느 하나에 해당하는 경우에는 그 기록명령에 따른 등기를 할 수 없다.

1. 기록명령이 있었으나 그 기록명령에 따른 등기 전에 양립할 수 없는 다른 등기가 되어 있는 경우
2. 후견등기관이 기록명령에 따른 등기를 하기 위하여 신청인에게 첨부정보를 다시 제공할 것을 명령하였으나 신청인이 이에 응하지 아니한 경우

② 제1항과 같이 기록명령에 따른 등기를 할 수 없는 경우에는 그 뜻을 관할 가정법원과 이의신청인에게 통지하여야 한다.

제64조(부기등기의 말소) 법 제38조에 따른 부기등기는 후견등기관이 관할 가정법원으로부터 이의신청에 대한 기각결정(각하결정, 취하를 포함한다)의 통지를 받았을 때에 말소한다.

제6장 보 칙

제65조(등기전산정보자료의 이용 등) ① 법 제41조에 따라 등기전산정보자료를 이용 또는 활용하려고 하는 자는 관계 중앙행정기관의 장에게 다음 각 호의 사항을 적은 서면을 제출하고 그 심사를 신청하여야 한다. 이 경우 신청할 수 있는 등기전산정보자료는 필요한 최소한의 범위로 한정하여야 한다.

1. 자료의 이용 또는 활용 목적 및 법률의 근거
2. 자료의 범위
3. 자료의 제공방식 · 보관기관 · 보관기간 및 안전관리대책

② 제1항에 따른 신청을 받은 관계 중앙행정기관의 장은 다음 각 호의 사항을 심사한 후 그 심사결과를 신청인에게 통보하여야 한다.

1. 신청 내용의 타당성 · 적합성 · 공익성
2. 개인의 사생활 침해의 가능성 또는 위험성 여부
3. 자료의 목적 외 사용방지 및 안전관리대책

③ 등기전산정보자료를 이용 또는 활용하려고 하는 자는 제2항에 따른 심사결과를 첨부하여 법원행정처장에게 승인신청을 하여야 한다. 다만, 중앙행정기관의 장이 등기전산정보자료를 이용 또는 활용하려고 하는 경우에는 법원행정처장에게 제1항 각 호의 사항을 적은 서면을 제출하고 협의를 요청하여야 한다.

④ 법원행정처장이 제3항에 따른 승인신청 또는 협의요청을 받았을 때에는 다음 각 호의 사항을 심사하여야 한다.

1. 제2항 각 호의 사항
2. 신청한 사항의 처리가 전산정보처리조직으로 가능한지 여부
3. 신청한 사항의 처리가 등기사무처리에 지장이 없는지 여부

⑤ 제4항에 따른 심사결과 신청이 승인되었거나 협의가 성립되었을 때에는 법원행정처장은 등기전산정보자료제공대장에 그 내용을 기록 · 관리하여야 한다.

제66조(과태료의 통지) 후견등기관은 법 제44조에 따른 과태료에 처할 사유가 있다고 인정하면 지체 없이 과태료에 처할 사람의 주소 또는 거소를 관할하는 가정법원에 통지하여야 한다.

제67조(통지의 방법) 법 또는 이 규칙에 따른 통지는 우편이나 그 밖의 편리한 방법으로 한다. 다만, 별도의 규정이 있는 경우에는 그러하지 아니하다.

제68조(대법원예규에의 위임) 후견등기절차와 관련하여 필요한 사항 중 이 규칙에서 정하고 있지 아니한 사항은 대법원예규로 정할 수 있다.

부칙 〈대법원규칙 제2469호, 2013. 6. 5.〉

이 규칙은 2013년 7월 1일부터 시행한다.

부칙 〈대법원규칙 제2659호, 2016. 4. 8.〉

이 규칙은 2016년 7월 1일부터 시행한다.

[별지 양식]

후견등기기록

등기고유번호 0000-000000

[사건본인] (사건본인에 관한 사항)		
사항번호	구 분	내 용

등기일련번호 0000-000000-000000

[00후견사항] (후견개시 및 종료에 관한 사항)		
사항번호	등기목적	내 용
(후견인에 관한 사항)		
사항번호	등기목적	내 용
(후견감독인에 관한 사항)		
사항번호	등기목적	내 용

발달장애인 권리보장 및 지원에 관한 법률

(약칭 : 발달장애인법) [시행 2017.7.26.] [법률 제14839호, 2017.7.26., 타법개정]

제9조(성년후견제 이용지원) ① 지방자치단체의 장은 성년인 발달장애인이 다음 각 호의 어느 하나에 해당하여 후견인을 선임할 필요가 있음에도 불구하고 자력으로 후견인을 선임하기 어렵다고 판단되는 경우에는 그를 위하여 「민법」에 따라 가정법원에 성년후견개시, 한정후견개시 또는 특정후견의 심판을 청구할 수 있다.

1. 일상생활에서 의사를 결정할 능력이 충분하지 아니하거나 매우 부족하여 의사결정의 대리 또는 지원이 필요하다고 볼 만한 상당한 이유가 있는 경우
2. 발달장애인의 권리를 적절하게 대변하여 줄 가족이 없는 경우
3. 별도의 조치가 없으면 권리침해의 위험이 상당한 경우

② 지방자치단체의 장이 제1항에 따라 성년후견개시, 한정후견개시 또는 특정후견의 심판을 청구할 때에는 대통령령으로 정하는 요건을 충족하는 사람 또는 법인을 후견인 후보자로 하여 그 사람 또는 법인을 후견인으로 선임하여 줄 것을 함께 청구하여야 한다. 〈개정 2016. 12. 2.〉

③ 지방자치단체의 장은 제33조 제1항에 따른 중앙발달장애인지원센터의 장에게 제2항에 따른 후견인 후보자를 추천하여 줄 것을 의뢰할 수 있다.

④ 국가와 지방자치단체는 제1항 및 제2항에 따라 선임된 후견인의 후견사무의 수행에 필요한 비용의 일부를 예산의 범위에서 보건복지부령으로 정하는 바에 따라 지원할 수 있다.

⑤ 제1항부터 제4항까지에 따른 성년후견제 이용지원의 요건, 후견인 후보자의 자격 및 추천 절차, 후견인 후견사무에 필요한 비용 지원 등에 필요한 사항은 보건복지부령으로 정한다.

발달장애인 권리보장 및 지원에 관한 법률 시행령

(약칭 : 발달장애인법 시행령)[시행 2017.7.26.] [대통령령 제28211호, 2017.7.26., 타법개정

제3조(후견인 후보자의 요건) 법 제9조 제2항에서 "대통령령으로 정하는 요건을 충족하는 사람 또는 법인"이란 「민법」 제937조에 따른 결격사유가 없는 사람 또는 법인으로서 다음 각 호의 어느 하나에 해당하는 요건을 갖춘 사람 또는 법인을 말한다. 〈개정 2017. 5. 29.〉

1. 보건복지부장관이 정하여 고시하는 법인(이하 "후견법인"이라 한다)에서 보건복지부장관이 정하는 교육을 받은 사람으로서 후견기간 동안 후견법인의 지원과 감독을 받는 사람
2. 후견법인

발달장애인 권리보장 및 지원에 관한 법률 시행규칙

(약칭: 발달장애인법 시행규칙)[시행 2017.5.30.] [보건복지부령 제497호, 2017.5.30., 타법개정]

제2조(후견인 후보자의 추천 절차) 「발달장애인 권리보장 및 지원에 관한 법률」(이하 "법"이라 한다) 제9조 제3항에 따라 후견인 후보자의 추천 의뢰를 받은 법 제33조 제1항에 따른 중앙발달장애인지원센터(이하 "중앙발달장애인지원센터"라 한다)의 장은 「발달장애인 권리보장 및 지원에 관한 법률 시행령」(이하 "영"이라 한다) 제3조에 따른 후견인 후보자를 지방자치단체의 장에게 추천하거나 같은 조 제1호에 따른 후견법인(이하 "후견법인"이라 한다)에 후견인 후보자 추천을 요청할 수 있다.

제3조(후견인 후견사무에 필요한 비용 지원) 국가와 지방자치단체는 법 제9조 제4항에 따라 후견인의 후견사무 수행에 필요한 다음 각 호의 비용 일부를 예산의 범위에서 지원할 수 있다.

1. 「민법」에 따른 성년후견개시의 심판, 한정후견개시의 심판 또는 특정후견의 심판을 청구하는 데 드는 비용. 다만, 성년후견개시의 심판을 청구하는 데 드는 비용에 대해서는 보건복지부장관이 정하는 경우에만 지원할 수 있다.
2. 보건복지부장관이 정하는 후견인의 후견 활동에 드는 비용. 다만, 선임된 후견인이 친족이거나 보건복지부장관이 정하는 성년후견인인 경우에는 비용을 지원하지 아니하고, 가정법원의 후견심판에 따른 후견기간이 3년을 초과하는 경우에는 국가와 지방자치단체가 인정하는 경우의 비용으로 한정한다.
3. 영 제3조에 따른 후견인 후보자의 교육 비용
4. 후견법인이 지원과 감독을 하는 경우에 그 지원과 감독에 드는 비용

제13조(계좌관리인의 자격 및 지정 절차) ① 특별자치시장·특별자치도지사·시장·군수·구청장은 법 제21조 제2항에 따라 발달장애인의 보호자가 없는 경우에는 「사회복지사업법」 제14조에 따른 사회복지 전담공무원 등 관계공무원을 계좌관리인으로 지정할 수 있다.

② 특별자치시장·특별자치도지사·시장·군수·구청장은 제1항에 따라 계좌관리인을 지정한 경우에 계좌관리인을 지정하였다는 사실과 계좌관리인의 기본적인 인적사항을 발달장애인과 그 가족에게 문서(전자문서를 포함한다)로 통지하여야 하며 필요한 경우에는 구두로 설명할 수 있다.

③ 특별자치시장·특별자치도지사·시장·군수·구청장은 계좌관리인 지정의 유효기간을 특정후견기간을 준용하여 정하되, 법 제21조 제2항에 따른 상당한 이유가 없어지거나 보호자가 나타나는 등의 사유를 고려하여 정하여야 한다.

치매관리법

[시행 2015.7.29.] [법률 제13112호, 2015.1.28., 일부개정]

제12조의3(성년후견제 이용지원) ① 지방자치단체의 장은 치매환자가 다음 각 호의 어느 하나에 해당하여 후견인을 선임할 필요가 있음에도 불구하고 자력으로 후견인을 선임하기 어렵다고 판단되는 경우에는 그를 위하여 「민법」에 따라 가정법원에 성년후견개시, 한정후견개시 또는 특정후견의 심판을 청구할 수 있다.

1. 일상생활에서 의사를 결정할 능력이 충분하지 아니하거나 매우 부족하여 의사결정의 대리 또는 지원이 필요하다고 볼 만한 상당한 이유가 있는 경우
2. 치매환자의 권리를 적절하게 대변하여 줄 가족이 없는 경우
3. 별도의 조치가 없으면 권리침해의 위험이 상당한 경우

② 지방자치단체의 장이 제1항에 따라 성년후견개시, 한정후견개시 또는 특정후견의 심판을 청구할 때에는 대통령령으로 정하는 요건을 갖춘 사람 또는 법인을 후견인 후보자로 하여 그 사람 또는 법인을 후견인으로 선임하여 줄 것을 함께 청구하여야 한다.

③ 지방자치단체의 장은 치매환자의 치료·보호 및 관리와 관련된 기관·법인·단체의 장에게 제2항에 따른 후견인 후보자를 추천하여 줄 것을 의뢰할 수 있다.

④ 국가와 지방자치단체는 제1항 및 제2항에 따라 선임된 후견인의 후견사무의 수행에 필요한 비용의 일부를 예산의 범위에서 보건복지부령으로 정하는 바에 따라 지원할 수 있다.

⑤ 제1항부터 제4항까지의 규정에 따른 후견제 이용지원의 요건, 후견인 후보자의 자격 및 추천 절차, 후견인 후견사무에 필요한 비용 지원 등에 필요한 사항은 보건복지부령으로 정한다.

[본조신설 2017. 9. 19.]

[시행일 : 2018. 9. 20.]

참고문헌

[단행본]

- 법원행정처, 성년후견제도 해설(2013)
- 법원행정처, 후견등기제도 해설(2013)
- 대한민국정부, 성년후견실무편람(2012)
- 보건복지부, 발달장애인 성년후견지원 사업안내(2013)
- 서울시립대학교 산학협력단, '성년후견인 양성방안에 관한 연구', 법원행정처 연구용역(2012)
- 신권철, 성년후견제도와 사회복지제도의 연계, 집문당(2013)
- 김성우, 성년후견실무, 박영사(2018)
- 킴벌리 데이튼 엮음, 제철웅 외 옮김, 세계의 후견제도 - 고령자와 장애인을 위한 의사결정지원제도의 모색, 율곡출판사(2017)
- 사법정책연구원, 성년후견제도의 운영에 관한 연구(2017)
- 김효석, 친권과 미성년후견의 실무, 도서출판 벽송(2015)
- 박은수, 알고 이용하자! 성년후견제도 - 마지막 순간까지 인간답게, 나남(2012)
- 김주수·김상용, 친족·상속법, 법문사(2015)
- 윤진수, 친족상속법 강의, 박영사(2016)

[논 문]

- 구상엽, 개정 민법상 성년후견제도에 대한 연구, 서울대학교 대학원 박사학위논문(2012. 2.)
- 배인구, 성년후견제도에 관한 연구 - 시행과 관련된 이론적·실무적 쟁점을 중심으로-, 고려대학교 대학원 석사학위 논문(2013)
- 제철웅, 성년후견법의 시행준비작업상의 몇 가지 이론적, 실천적 문제, 가족법연구 제27권 제1호 통권 제46호(2013. 3.)
- 김형석, 민법 개정안에 따른 성년후견법제, 가족법연구 제24권 제2호(통원 제38호), 한국가족법학회
- 박인환, 새로운 성년후견제도에 있어서 신상보호, 가족법연구 제25권 제2호
- 황승태, 성년후견에 관한 가사소송규칙 검토, 가정법원 50주년 기념 논문집, 서울가정법원
- 한양대학교 산학협력단, 시민후견인 활성화 방안 및 그 양성을 위한 표준교육프로그램 및 교안 개발에 관한 연구보고서, 보건복지부 연구보고서(2012)

· 동경가정재판소, 성년후견신청가이드(2011)
· 이재경, 김잔디, 일본 성년후견제도 운영, 감독에 대한 연구, 2010년도 법무부 용역과제 보고서(2010)
· 백승흠, 민법개정안의 성년후견제도와 피후견인의 신상보호, 법학논고 제35집, 경북대학교 법학연구원(2011. 2.)
· 서울가정법원, 친족후견인을 위한 성년후견제도 안내(2013)
· 최봉경, 독일의 성년후견제도에 대한 연구, 법무부 연구용역(2009)
· 이현종, 외국 성년후견제도의 비교법적 검토, 법원행정처 조사보고서(2006)
· 제철웅, 유엔 장애인권리협약의 관점에서 본 성년후견제도의 현재와 미래, 2014. 7. 1. 국회 '성년후견제 시행1년 점검' 심포지엄 발표자료(2014)
· 김윤정, 성년후견제도의 현황과 과제, 2014. 7. 1. 국회 '성년후견제 시행1년 점검' 심포지엄 발표자료(2014)
· 이현곤, 성년후견제도의 중간점검과 향후 과제, 유엔 장애인권리협약의 관점에서 본 성년후견제도의 현재와 미래, 2014. 7. 1. 국회 '성년후견제 시행1년 점검' 심포지엄 발표자료(2014)
· 김성우, 성년후견제도의 현황과 과제, 서울가정법원 후견사건 실무 워크숍 발표자료(2016)

변호사 **이 현 곤**

- 대구 능인고등학교 졸업
- 고려대학교 법학과 졸업
- 第39회 사법시험 합격(사법연수원 제29기)
- 부산지방법원 판사
- 수원지방법원 성남지원 판사
- 서울중앙지방법원 판사
- 서울가정법원 판사
- 서울가정법원 가사소년전문법관
- 2014. 2. 변호사 개업
- 現 새올법률사무소 대표변호사

성년후견제도의 이해와 활용

초 판 발 행 2015년 7월 10일
전면개정판발행 2018년 11월 1일

저 자 **이 현 곤**
발 행 인 **정 상 훈**
발 행 처 **考試界社**

서울특별시 관악구 봉천로 472
코업레지던스 B1층 102호

대 표 817-2400 팩 스 817-8998
考試界·고시계사·미디어북 817-0418~9
www.gosi-law.com
E-mail : goshigye@chollian.net

정가 38,000원 ISBN 978-89-5822-567-6 93360